I reali di Francia

da Barberino Andrea, Giuseppe Vandelli, Pio Rajna

COLLEZIONE

DI

OPERE INEDITE O RARE

DI SCRITTORI ITALIANI DAL XIII AL XV SECOLO

PUBBLICATA PER CURA

DELLA R. COMMISSIONE PE' TESTI DI LINGUA

NELLE PROVINCIE DEI L' EMILIA

E DIRETTA DA

GIOSUÈ CARDUCCI

REALI DI FRANCIA

DI

ANDREA DA BARBERINO

TESTO CRITICO

PER CURA DI

GIUSEPPE VANDELLI

Volume II — Parte II.ª

51127
17/10/01

BOLOGNA

Presso Romagnoli Dall' Acqua

Libraio Editore della R. Commissione pe' Testi di lingua

1900

Bologna 1900 - Regia Tipografia

I REALI DI FRANCIA

Qui comincia il secondo libro delle istorie [1] de' Reali di Francia, nati di Gostantino imperadore, e [2] chiamasi il Fioravante, e [3] parte di Riccieri, primo paladino e d' altri baroni poi [4], che furono cristiani

[1] *la storia del secondo libro.* f, *sechondo libro chomincia d i* O — [2] Le parole *nati di G. i e* mancano a f — [3] *e in t* — [4] *poi* manca a f.

LIBRO II.

Capitolo I

Come [1] lo re Fiorello rengnava in Francia, e 'l re Fiore in Dardenna; e 'l re Fiorello aveva per moglie una donna di Baviera, chiamata Biancadora; e come nacque Fioravante [2] col neiello [3] in sulla spalla ritta [4], e fu il primo che nacque con quello seugno.

Nel [5] tempo che rengnava lo re Fiorello, figliuolo [6] di Fiovo, che fu [7] figliuolo di Gostantino imperadore, cioè del secondo Gostantino, el quale fu fatto cristiano per mano di papa Salvestro negli anni di [8] Gesù Cristo CCCXXII, con [9] questo re Fiorello rengnava Riccieri, primo paladino di Francia fatto per Fiovo [10], il quale fu figliuolo d'uno romano, chiamato Giambarone, della

---

[1] In prima come M — [2] -te e f — [3] neello t — [4] et come al re Fiorello un fiolo cum el neielo su la spalla rita naque da una donna de baviera sua moglie chiamata lei Biancadora et lo nato fiolo hebbe nome Fioravante M — [5] Al f — [6] cheffu f f [7] Le parole che fu mancano a O — [8] domini di f, del signore nostro M il numero indicante gli anni manca a f — [9] et cum M, e questo O. — [10] Le parole fatto p. F mancano a f, ma c'è in bianco lo spazio corrispondente, dopo del quale si continua effu

schiatta degli Scipioni di Roma; e molto l'amava lo
re Fiorello, e Riccieri [11] amava lui; ed era Riccieri [12]
duca di Sansongna. Ora, regnando lo re Fiorello, ed
avendo per moglie una gentile donna, nata del sangue
di Baviera e sorella carnale di Chinamo, duca di
Baviera, ed era stato molto tempo con lei [13], che non [14]
aveva potuto [15] aver figliuoli e aveva lo re Fiorello [16]
un altro fratello, chiamato lo re Fiore, ch' era re [17]
di Dardenna, ed era figliuolo di Fiovo, come lo re
Fiorello, ma era minore di tempo [18] questo re [19] Fiore
aveva due figliuoli maschi, l'uno aveva nome Lione
e l'altro Lionello E per molte cose lo re Fiorello [20]
di Francia aveva dolore di [21] non potere aver figliuoli,
e [22] per questo fece molti boti a Dio, e andò a Roma,
e mandò al [23] Sepolcro, pregando Iddio che gli dessi
figliuoli, che governassino il reame [24] dopo la sua
morte.

E come piacque a Dio, la donna ingravidò [25] in
capo di venti anni, e partorì uno fanciullo [26] maschio,
e [27] nacque con uno segno in sulla spalla ritta, cioè [28]
con una croce di sangue tra pelle e pelle E [29] però
si dice ch' e' Reali di Francia, ch' erano diritti della
casa, avevano la croce vermiglia [30] in sulla spalla

11 ed egli f — 12 Rizieri era duca senza la cong ed M —
13 lui O — 14 chemmai non f. — 15 poterano M — 16 Le parole E
aveva l i F mancano a f, Lo re Fiorello haveva M — 17 ch'era
re manca a f — 18 di tempo minore ma per O — 19 nie O —
20 Fiorello manca a O — 21 Lo re F di F haveva dolore per
molte cose et specialmente di M — 22 e manca a O — 23 al
santo f — 24 regno f — 25 se ingravidò M 26 figliuolo f —
27 il qual M — 28 diritta M cioè manca a f — 29 E manca a O
— 30 croce di sangue f

ritta [31] Questo fanciullo fu [32] el primo che nascessi con questo seugno, e posegli [33] nome al battesimo Fioravante, che viene a dire in francioso [34] tanto come [35] — *Questo fiore vada innanzi* —, e però fu chiamato *Flois avant*, e da molti fu [36] profetato ch' egli sarebbe re di Francia e di molte altre provincie e reami, e buono principio della [37] casa di Francia per lo bel seugno ch'egli aveva recato del [38] ventre della sua madre. E così ebbono principio di gentile sangue [39] di padre e di madre e' Reali di Francia, nati di Gostantino: ma [40] quello seugno fu poi chiamato el neiello, perchè quanti ne nascevono [41] della sua generazione, aveno [42] il seugno, ma non era in croce solamente cinque ne truovo [43], ch'ebbono [44] la croce, gli altri ebbono sengno di sangue, ma non [45] in croce, e però si chiama [46] niello [47] Quegli [48] ch' ebbono la croce, el primo [49] fu Fioravante, el secondo fu [50] Buovo, el terzo Carlo [51] Maugno, el quarto fu Orlando, el quinto [52] Guglielmo d' Oringa Lo re Fiorello lo fece ammaestrare, e 'mparare lettera e molti linguaggi; e sopra tutti gli altri Riccieri

---

[31] *ritta* manca a f, *dicta* M — [32] *Questo f. f.* manca a f — [33] *posogli* f, *et al baptesimo gli posse nome* M — [34] *in* f manca a f *in franzozo viene a dire* M — [35] *quanto* f — [36] A f mancano le parole *chiamato . . . fu* per essere il copista probabilmente corso coll'occhio da *fu* a *fu* — [37] *pella* O — [38] *del* O, *nel* M, cui manca *recato*. — [39] Le parole *di g s* mancano a M — [40] *in* f, *ma* manca a M. — [41] *ne naquono* f, che tra l'*a* e il *y* ha in alto aggiunto un *na*, forse il copista volle scrivere *ne naquono*, al qual verbo segue un *poi* — [42] *avia* O — [43] *cinque solamente se truouno* M. — [44] *che* O — [45] *non era* f — [46] *chiamata* O. — [47] Qui e prima f usa la forma *neilo* — [48] *De quigli* M. — [49] *el primo chebbe la crocie* O — [50] *fu* manca a t — [51] *foe C* M — [52] *quinto fu* O

l' amava [53] e ammaestrava, ed [54] era sotto la sua guardia, ed era molto amato da cittadini e da tutti i [55] sottoposti [56]. Fioravante venne [57] molto vertuoso, intanto ch' el re Fiorello e la reina [58] non avevono altr' occhio in testa: ma [59] a Dio non piace [60] che noi amiamo più e' figliuoli che Dio, però [61] lo [62] toccò d' un poco di tribulazione, perch' egli si riconoscessi, perchè dimenticava Iddio per lo figliuolo [63].

CAPITOLO II.

Come Fioravante tagliò la barba a Salardo, e come fu preso, e come [1] 'l padre lo giudicò a morte, e fu messo [2] in prigione [3].

Poichè Fioravante ebbe compiuto e' [4] diciotto anni, e avendo udito dire le cose che l' avolo suo Fiovo [5] aveva fatte nel tempo e nella età ch' era [6] Fioravante, prese vergongna di sè medesimo di stare ozioso e di [7] perdere la sua giovinezza all' ozio. Pensando a quello ch' udiva [8] dire di Riccieri, quando era nel tempo

---

53 *Rizieri lo amava sopra tutti li altri* M — 54 *ed* manca a M — 55 *e dagli altri* f — 56 *Da citadini et da tutti i sottoposti era molto amato* M. — 57 *viene* O — 58 *la reina el re* f — 59 *ma perche* M — 60 *piaque* O. — 61 *però* manca a f — 62 *li* M — 63 *per egli* (sic) *se recognoscesseno et non per lo figliolo dimenticasseno dio* M

1 *Come* manca a O — 2 *fello rimettere* f — 3 *et come el padre lo fe pigliare et mettrolo in presone et come per questo el zudicoe a morte* M — 4 *e* manca a O M — 5 *Fioio* manca a f *le cose grande che fioio suo aio hovera facto* M — 6 *in che era* M; *chegli era* O — 7 *di* manca a M — 8 *avea udito* f.

ch' [9] era allora Fioravante, si vergongnò di stare piu
alla [10] scuola; e una mattina, tornato lo re Fiorello
dal tempio e sedendo [11] in sulla sedia dava [12] udienza,
Fioravante n' [13] andò dinanzi da [14] lui, e 'nginocchiato
dinanzi al re Fiorello gli [15] domandò che lo facessi
cavaliere e che gli donasse arme e cavallo [16], chè [17]
egli voleva provare sua ventura [18] e [19] acquistare reame
per sè. El padre [20] e' baroni se ne cominciarono a
ridere, e [21] nondimeno parve a tutti buono sengnale
Rispose lo re Fiorello· « O figliuolo [22], tu non se' ancora in età di [23] fare fatti d'arme, e non ài studiato
ancora [24] quello che bisongna a fare l'operazione di
cavalleria e [25] voglio che tu impari prima a schermire [26]. » Fioravante [27] rispose [28]· « Padre mio, di questo
sono io molto [29] contento; e priegovi che voi [30] mi facciate insengnare » Lo re Fiorello comandò e ordinò [31]
che si cercassi d'uno maestro di schermaglia [32] de' migliori del mondo E' [33] baroni gli [34] dissono· « O singnore [35], in tutto il mondo non è [36] migliore maestro

---

[9] di che O , del tempo in che M. — [10] a lleggiere cioe alla f
— [11] et sedendo M esendo O , se n'andò allo re Fiorello essendo
tornato dal tempio sedendo f. — [12] su la sedia de una M, cui
manca il preced. in — [13] n manca a M — [14] a M — [15] engi-
nocchiatosi lo f. — [16] caragli M. — [17] e che O — [18] persona O
— [19] zoe ad M — [20] el re f, padre cum li M — [21] e manca a
M. — [22] et lo re Fiorello rispore. figliolo mio M — [23] da f —
[24] et anche t n a s M; e none ai ancora s. O. — [25] io M —
[26] el scrimere M — [27] e F. f — [28] , e dise O — [29] di questo
c io mancano a f, io sono M, cui manca molto — [30] voi manca
a f. — [31] Le parole e ordinò mancano a O — [32] scrimire O;
scrimia M — [33] Ma i O — [34] gli risposono e f 35 Le parole
O Singnore mancano a f — [36] è el f

che [37] Salardo, duca di Brettangna. Se voi mandate per lui e pregatelo ch'egli gl'insengni, egli [38] lo farà. » Allora lo re [39] mandò per Salardo.

E da indi [40] a pochi giorni Salardo venne, e lo re lo pregò che gli piacessi d' [41] insegnare a Fioravante Ed egli [42] ringraziò il re, e dissegli [43] ch' egli non era dengno [44] d' insegnare a sì [45] nobile giovanetto quanto [46] era Fioravante, ma ch' egli gl' insegnerebbe volentieri [47], e disse al re [48] « Santa Corona, el discepolo, che si tiene da più ch' el maestro, non impara mai bene, s' egli non teme el maestro » Allora [49] disse lo re Fiorello [50] a Salardo in [51] presenza di tutti i baroni e di Fioravante: « Io ti do Fioravante, che tu gl'insengni, e giuroti sopra [52] questa corona » e puose [53] la mano alla [54] corona ch' avea [55] in capo « che, se Fioravante facessi contro [56] a te alcuna cosa contro a ragione e non ti ubbidirà [57], io ne farò tal [58] punizione, che sempre si dirà di tale disciplina » Per queste parole Salardo [59] s'assicurò d'insegnargli, pensando al pericolo dell'adolescenza de' giovani Lo re, perchè non fusse dato loro [60] impaccio, assegnò loro [61] uno bello giardino fuori di Parigi a una lega, dov'era

---

[37] maistro de scrimia simile a M — [38] egli manca a O — [39] Le parole lo re mancano a O, lo re aloru M. — [40] eru O da lì M — [41] d' manca a f — [42] Salardo senza l' ed M, egli lo f, cui mancano le parole il re — [43] disse M — [44] che non era da tanto O — [45] tanto M — [46] giovane come f — [47] volentiera li insignarebe M — [48] Le parole al re mancano a O — [49] Allora manca a O — [50] el re fiorello alora disse M — [51] in la M — [52] sopra a M. — [53] missesi f. — [54] su la M — [55] Le parole alla c e a mancano a f — [56] contro manca a f — [57] ubbidissi f — [58] sì fatta O — [59] Salardo per queste parole M — [60] a loro dato M. — [61] loro assignò M.

una ricca magione [62]; e quivi [63] gli cominciò a 'nsen-
gnare; e ischermivono a loro piacere E [64] la loro vita
era questa, di [65] schermire da ora di terza insino a
ora di mangiare, e poi ch' avevono mangiato [66], piglia-
vono molti piaceri, e [67] alcuna volta dormivano alle
loro camere ed alcuna volta in sull' erba [68] dello giardino, e, passata [69] nona, tornavono a schermire insino
a [70] vespro, pigliando poi alcuno sollazzo [71]; e [72] quando
facevano colazione, e [73] poi tornavono [74] a schermire,
assai [75] volte, poi ch' avevono mangiato, per loro piacere andavono a [76] schermire in su certi praticelli [77]
ch' erono nel giardino, perchè erono soli E [78] questa
vita tennono quattro mesi, intanto [79] che Fioravante
sapeva così [80] bene schermire come Salardo, e [81] tanto
lo vantaggiava, quanto [82] era più giovane e più destro
della [83] persona E Salardo era vecchio, ed era molto
superbo, ed era molto ricco e savio [84], e quasi tutta
Francia per lo [85] suo senno si governava, ed era el [86]
più antico barone [87] de' Cristiani, ed eragli renduto [88]
grande onore

[62] *stanza* f. — [63] *qui Salardo* M — [64] *E* manca a M. —
[65] Le parole *e ischerm   questa di* mancano a f — [66] L' *e*
davanti a *poi* manca a O, *da hora de terza fino a hora de mangiare egli scrimeano poi mangiavano· et poi* M — [67] *e* manca
a M — [68] *erbe* f. — [69] *Passata la senza e* M — [70] *al* M —
[71] *pigliavano poi alcuni sollazzi* M — [72] *e* manca a O, che aggiunge
poi dopo *faceano* — [73] *cossì* M — [74] *echonfortati tornarono
poi* O. — [75] *eciente* f — [76] *poi per* O — [77] *prategli* t — [78] *E*
manca a M — [79] *tanto* f — [80] *sì* O — [81] *et ancora* M — [82] *in
quanto* M, *quanto egli* t.   [83] *della sua* f — [84] *era ancora superbo assai ricco savio* M — [85] *lo* manca a f — [86] *se governava
per lo suo senno era questo lo* M   [87] *era de più antichi* O -
[88] *fatto* O.

Intervenne che per disavventura uno giorno [89] nel giardino, poi che ebbono mangiato, Salardo [90] per fare pruova di Fioravante, molto s' affaticorono nello schermire [91], e, poi che alquanto si furono affaticati, si puosono a dormire all' ombra di certi alberi in su 'n uno praticello [92] Salardo era vecchio, ed aveva la barba molto grande [93], ed [94] era bell' uomo, e molto teneva la barba pulita; e [94], come fue posto [95] a giacere, perch' egli era vecchio, sì [96] per la vecchiezza, sì [97] per l' affanno e sì per la vivanda, cominciò molto forte a russare [98], per modo che Fioravante non poteva dormire, e adirato, come giovane, prese la spada per tagliargli [99] la testa dicendo · « Questo vecchio brutto [100] non mi vorrà lasciar dormire? » E quando gli fu sopra [101], si vergongnò, e disse a [102] sè medesimo [103]. « Sempre saresti vituperato, e non si direbbe perchè l' avessi morto; ma direbbesi per la invidia dello schermire; ma io mi vendicherò pure dell' oltraggio [104] » E trasse fuori uno [105] coltello e tagliògli la barba allato al mento sì pianamente, che Salardo [106] non si risentì, e [107] poi si dilungò da lui, e andò a dormire sotto un altro [108] albero, e fu [109] addormentato

---

[89] *Per disaventura interiene che* u y M, *intervenegli uno giorno per disaventura* O — [90] *Salardo* manca a f. — [91] *nello ischermire safatichiarono* O, *nel scrimire molto se affatuarono* M [92] *uno certo pratello* f — [93] *lunga* f — [94] *e* manca a M — [95] *come chel* M — [96] *e* f — [97] *e sì* O — [98] *runfare* M — [99] *per li tagliare* M — [100] *bruto rechio* M — [101] *di sopra* O, *sopra uccapo* f — [102] *fra* f — [103] *et si medesimo disse* M. — [104] *pure* manca a f, *nondimeno de lo ultragio me vindicarò* M. — [105] *e tolse un* f — [106] *chel* M *Salardo* manca a O — [107] *e* manca a O. — [108] *altro* manca a O, le parole *e andò* mancano a f — [109] *fusi* f; *et come fu* M.

Salardo poco istette che fu risentito [110]; e, posto
la mano alla barba, trovatola [111] tagliata, subito immaginò che veruna persona noll'arebbe [112] fatto altro [113]
che Fioravante; e, levato ritto, e' [114] cominciò a cer-
carlo [115] per lo giardino. E come l'ebbe trovato, subito
trasse fuori la [116] spada per tagliargli la testa, e pure
pensò [117] « Che fo io? Egli è pure figliuolo del re
di Francia; e non si dirà ch'io l'abbia morto per la
mia barba, ma perchè egli [118] sapeva meglio di me
schermire meglio [119] è ched io me ne vada al [120] suo
padre e mosterrogli [121] l'oltraggio ched egli [122] m'à
fatto; e s'egli non mi vendicherà [123], io gli farò tanta
guerra, ch'egli perderà el rengno [124] di Francia io
m'accorderò con quegli di Spangna e di Guascongna. »
E con questa superbia e ira si partì [125] solo, e montò
a cavallo, e andonne a Parigi, e così adirato [126] giunse
dinanzi [127] al [128] re Fiorello, il quale, vedendolo così
turbato nella faccia [129], lo domandò della cagione.
Salardo minacciando ghiele [130] disse rimproverandogli [131]
che [132] suo padre era stato morto a Roma in servigio
di Fiovo, suo padre, e di Gostantino, suo avolo, e
quante ferite aveva sostenute Salardo [133] nella sua per-

sona [134]; « e ora [135] el tuo fighuolo, perchè [136] io sono
vecchio, mi schernisce, e àmmi tagliata la barba nel
giardino, mentre che io dormivo, come tu vedi [137]. »

Lo re Fiorello, adirato contro al figliuolo, promisse di farne [138] sì aspra vendetta, che sempre ne
sarebbe [139] ricordanza; e confortava Salardo, e disse [140]:
« Io ti mosterrò ched io amo più Salardo, che lo
iniquo e ingrato [141] figliuolo » E fatto [142] venire un giustiziere, domandò [143] Salardo dov' era Fioravante, ed
egli glielo disse El Re comandò al giustiziere che lo
andassi a pigliare come ladrone, e menasselo dinanzi
da [144] lui. El giustiziere n' [145] andò al giardino con
molti armati, e trovarono Fioravante che [146] ancor dormiva El giustiziere nollo chiamò, ma [147] fecelo in
prima [148] legare, temendo ch egli non si lascerebbe
pigliare, e [149] quando l ebbono legato, lo [150] destarono,
e quando Fioravante [151] fu desto, domandò che gente
egli erano e perchè [152] l' avevono preso sì [153] villana-
mente. El giustiziere gli disse tutto 'l fatto, e come il
padre lo faceva pigliare per la barba ch' egli aveva
tagliata [154] a Salardo Molto si doleva Fioravante [155],

[134] et le ferite tutte che lui salardo in la sua persona haveva
sostenute M — [135] e ora manca a f — [136] che O — [137] In O il
discorso di Sal finisce con giardino — [1 8] fare f — [139] se ve
serebbe M. sarà O — [140] e chonfortando S disse O, e c S. dicendo M — [141] iniquto (sic) f — [142] Fece incontinente M. —
[143] e d M — [141] a M. — [145] e 't, n' manca a M — [146] che
Fioravanti M — [147] e O. — [148] in prima lo fece M. — [149] e
manca a f — [150] elli lo M — [151] pigliare e quando libbon desto
e Fioravante f — [152] erono che O — [153] cossì M — [154] perche
haveva tagliata la barba M — [155] Fior s d m M; le parole
molto s. d mancano a f

perchè l' avevono trovato a dormire; e così legato
ne lo [156] menarono a Parigi [157], e missollo nella prigione, e singnificarono al Re com'egli era in prigione,
e avevallo menato coperto e segretamente [158] tanto,
che non se n' era avveduto persona E la Reina,
sua madre, non ne seppe niente, intanto che, apparita [159] l' altra mattina, la Reina [160] a buon' otta [161]
montò a cavallo, e andò con molta compangnia [162] a
una festa ch' era [163] fuori di Parigi; per lo [164] perdono,
e, udito una messa, si ritornò [165] inverso [166] Parigi

Capitolo III.

Come lo re Fiorello giudicò a morte Fioravante, suo figliaolo [1], per la barba ch' aveva tagliata [2] a Salardo.

La mattina lo re Fiorello fece ragunare tutti e'
baroni a corte, e poi si levò ritto, e parlò [3] in questa
forma· « Nessuno uomo non doverrebbe porre speranza se nonne nelle [4] cose sagre e divine di Dio [5],

---

[156] -ne lo legorono lo f — [157] et che lo menarano a parise
così legato M — [158] segreto f. — [159] apparì f — [160] ella madre f,
significarlo al re come lo haverano menato secretamente et tanto
coperto, che persona non se ne era aveduta et come ello era in
presone. La raina sua madre non ne seppe niente. Apparita donca
l'altra mattina, la raina M — [161] Le parole a buona otta mancano
a O — [162] andò fuori f, et cum molta compagnia andoe M —
[163] ch' era manca a f — [164] a una lega al f — [165] si tornò O.
ritornò senza il si M. si ritornava f — [166] verso M

[1] Le parole a morte F s f mancano a f. Fioravanti suo
f a m M — [2] perchè havera tagliata la barba M — [3] disse M,
parlò lo re f — [4] ale M — [5] di Dio manca a O

il quale dà e toglie tutte le cose come [6] a lui è di piacere [7]; e chi à a correggere gli stati mondani, de' sopra tutte le cose [8] amare e mantenere la giustizia, e non dee [9] pigliare parte, imperò che quel [10] che piglia parte, non può giudicare diritto [11]; e quanto l' uomo è maggiore nella singnoria, tanto dee giudicare più [12] diirittamente, perchè gli altri piglino essempro da lui; e nessuno non de' pregare el suo singnore, che faccia cosa che sia di sua vergongna nè che sia abbassamento della sua [13] singnoria; e dee [14] considerare il pericolo [15] del suo singnore, prima che gli addimandi alcuna [16] grazia per sè o [17] per altrui. E [18] però vi comando, per certo caso che m' è [19] occorso, che nessuno mi [20] addimandi di qui a tre giorni niuna grazia nè per sè nè per altri [21] a pena di perdere la testa. » E [22] detto queste parole, mandò per lo suo figliuolo Fioravante [23], e, come giunse dinanzi da [24] lui, comandò al [25] giustiziere che lo menasse alle giubbette, cioè alle forche [26], e ivi [27] lo 'mpiccassi per la gola come piopio ladione [28] dispiegiatore della Coiona di [29] Francia, el quale per [30] dispregio e per disonore aveva viziosamente [31] con disonore della Corona [32] tagliata la

<hr>

[6] che O — [7] piaze M .— [8] sopia tutto f — [9] da M — [10] colui f. — [11] diieto M, errore di stampa, che fu nelle successive edizioni facilmente corretto in diicto, diitto — [12] più indicaie M. — [13] de sua M. — [14] o deie (sic) O — [15] i peiicoli O — [16] alcuna manca a f — [17] nè M — [18] E manca a M. — [19] el quale e M — [20] non mi f. — [21] altrui O, nè pei sè nè pei altii pei di qui a tre giorni niuna giazia f. — [22] E manca a M. — [23] pei Fioiaianti suo fiolo M — [24] a M — [25] al suo O — [26] menasse a le f M — [27] li M — [28] latrone et M, come dispi. f — [29] di nostio iegno de M — [30] per dispetto e pei O — [31] iituperatamente f. — [32] A f mancano le paiole della coiona, a O le paiole con disonoie.

barba al duca Salardo di Brettangna, essendo Salardo
a dormire E comandò al giustiziere che lo menasse
via [33], e con grande pianto si partì el giustiziere, e
non v'era nessuno che ardissi di [34] parlare al Re di
questo fatto [35] per lo comandamento ch'el Re [36] aveva
fatto in prima Tutta la corte [37] si riempiè di pianto,
nè altra difesa non si faceva. Fioravante addimandava
misericordia al padre e a Salardo, ma [38] nessuno no [39]
gli attendeva, egli [40] chiamava e' baroni dicendo
« Aiutatemi! », ma nessuno [41] aveva ardire [42] di
muoversi [43].

E fue fasciato dinanzi agli occhi di Fioravante
una benda [44] Molte volte Fioravante [45] chiamava [46]
Riccieri dicendo. « Perchè non mi aiuti, o caro mio
Riccieri? », credendo ch'egli fussi colla baronia; ma
Riccieri era fuori della città a una sua possessione a
darsi piacere. Alcuni gli avevono mandati messi, ma
tardi sarebbono venuti [47], perch'egli [48] era una lega e
mezzo di lunge alla [49] città e' messi andorono, quando
Fioravante fu menato dinanzi dal [50] Re nel palazzo
E [51] fu menato Fioravante fuori del palazzo, e [52] inverso la giustizia s'inviarono [53] Tutta la gente pian-

[33] via manca a O — [34] a f — [35] et partisse el giusticiero
cum grande pianto. Non era alcuno che questo tal fatto ardisse
parlare al re M. — [36] che lui M — [37] la corte tutta M — [38] e O
— [39] no manca a M. — [40] ed egli f, egli cum grande lacrime M
[41] e n. O; Neguno però M. — [42] non ardiva f — [43] de se morere M — [44] e fugli fasciati agli ochi una benda O; foglie fasciati
li ochi a Fioravanti cum yna benda M. — [45] el M — [46] chiamando F O — [47] giunti f, ma il serebbe venuto tardi M. — [48] lui M
— [49] fuori della O — [50] al M — [51] E manca a M. — [52] e manca
a f. — [53] s'inviarono manca a M

gneva [54], e 'l giustiziere pregava Iddio ch' egli fussi
tolto, e andava più adagio che non soleva andare.

Capitolo IV

Come la reina riscontro i Fioravante, suo figliuolo [2], che andava alla morte [3], e come fue campato da morte.

Mentre ch' el giustiziere voleva uscire [4] fuori della
porta, ed eghno scontiarono [5] la reina che tornava
dalla [6] festa; e vedendo tanta gente [7], si maravigliò, e
fermossi per vedere colui ch' andava alla giustizia [8];
e ongnuno la guatava [9], e nessuno nolle [10] diceva niente
Quando [11] giunse Fioravante [12] pei me' la madre, e la
reina nollo [13] conosceva, perch' egli aveva fasciati gli
occhi, ma pure gli parve molto giovanetto, e disse:
« Iddio ti faccia forte, ch' egli è [14] pure gran [15] peccato che uno sì [16] giovanetto sia condotto alla morte [17] ».
Fioravante, come l' udì parlare, la riconobbe, e disse
forte « Omè, madre, pregate [18] Iddio per me! »
Quando la reina [19] udì il suo [20] figliuolo, sarebbe per
dolore caduta [21] da [22] cavallo, ma ella fue abbracciata

---

54 *la zente pianceva tutta* M.

1 *scontrò* f. — 2 Le parole *suo figliuolo* mancano a O. — 3 *a
mmorire* f. — 4 *andava* f. — 5 *et el se contrarono* M — 6 *de la* M.
— 7 *la zente sì granda* M; *la zente* f, che dopo *maravigliò* aggiunge
di tanta gente — 8 *a g* f; *et per vedere collui el quale and. ala g
se fermò* M — 9 *ogne persona la guardava* M. — 10 *-suno le* O. —
11 *e quando* f. — 12 *F. giunse* M — 13 *ella non* M — 14 *perchè egli
era* O — 15 *uno grande* O — 16 *cossì* M — 17 *a m* O; *attal m.* f.
— 18 *madre mia priega* f — 19 *la madre* f — 20 *parlare el f* f.
— 21 *cascata* f — 22 *del* M

dalla sua compangnia [23], e, rinvenuta in sè, disse ·
« O malvagio giustiziere, com' ài tu ardire di menare
el mio figliuolo alla morte? » Allora lo giustiziere
piangendo le contò tutta la cosa come ell'era, e come [24]
el re ghiele [25] faceva fare a mal suo grado. La reina
gli comandò ch'egli ritornassi [26] indrieto [27] insino al
palazzo; e così fece

E tornati [28] verso la [29] piazza e la reina giunta
in piazza [30], era sì grande la moltitudine, ch'ella non
poteva [31] passare, e le grida rinsonavono insino al [32]
palazzo. Per questo romore [33] el re si fece al balcone [34],
e vide che rimenavono indrieto Fioravante [35]. El re
smontò le scale, e tutti e' baroni lo seguitarono [36], e,
giunto in piazza, chiamò il giustiziere, e domandò della
cagione [37], perchè rimenava indrieto Fioravante. Rispuose il giustiziere [38]. « Per lo [39] comandamento della
reina. » Allora il popolo, gittati [40] ginocchioni in [41] sulla
piazza, gridavono [42] misericordia El re, investigato dal
dimonio [43], comandò [44] ch'elli facessi quello ch'egli gli
aveva [45] comandato [46], appellandolo servo traditore e

[23] conpagnia sua f. — [24] e come mancano a f el giusticiero
alora pianse et cossì pianzendo le conto la cosa come era et che M
— [25] glie O. — [26] tornasse O. — [27] adruto M. — [28] tornato O,
tornando senza l'e M — [29] alla f — [30] giunse alla f — [31] potè f
— [32] il senza insino — [33] la raina non poteva passare per la
moltitudine grande. Al palazo le cride resonavano et per questo
romore tanto grande M — [34] a balchoni O — [35] Fi ind Per
questo M. — [36] seguitarono f, seghuirono O — [37] Le parole della
cagione mancano a M, f aggiunge il — [38] el giust risp M, il
giustiziere manca a f. — [39] lo manca a M — [40] gitato O; El po-
pulo alora g tutti in M — [41] in manca a M — [42] gridava M —
[43] Le parole ini d d mancano a OM. — [44] gli e f — [45] avea
imposto e f, lui li havea M — [46] chom lui O

disubbidiente, e 'l giustiziere prese la sua via per menare [47] Fioravante alle forche a 'mpiccarlo La reina, udito il comandamento del re, sì gli gittò ginocchione a' piedi [48], e disse [49] · « O singnore mio [50], quanto tempo bramasti d'avere uno figliuolo! E [51] Iddio te l'à dato, e ora [52] per così piccola cagione te lo togli O singnore [53] mio, uccidi me [54], misera madre, col-lui, o tu me lo rendi vivo! ». Lo re, avvolto [55] in grandissimo dolore, le rispose: « Reina! Reina! Se tu parli più di questo, io ti farò ardere. » Ella, vedendolo fermo in questo [56] openione e veduto Salardo poco di lungi dal re, andò a lui [57], e gittossi ginocchione a' piedi di Salardo; e [58] Salardo la fece levare ritta, e la reina piangendo disse [59] « O nobilissimo [60] duca, la fama de' tua [61] antichi e la vostra [62] ene risplendiente per tutto 'l mondo, ch'eglino [63] furono e' primi che per la nostra fede combatterono [64]. Io ti priego che in piccolo punto tu [65] non brutti [66] la gloria di tanta fama, e che poi si dica — Salardo fece impiccare el figliuolo del re di Francia per sì leggere cagione —; ma fate pace con Fioravante e fategli portare alcuna [67] pena del suo fallo: fategli dar bando del reugno, ed io vi prometto, se mai torna [68] per alcuno tempo, io farò con voi parentado [69],

---

[47] rimenare O — [48] a' piedi manca a O, a li piedi in ginocchioni M — [49] diciendo O — [50] mio manca a f — [51] E manca a O. — [52] ora a tu M. — [53] figluolo f — [54] anche et a me M — [55] ruolto t — [56] quella M — [57] poco di là da lui f — [58] Le parole di S e mancano a O — [59] da lunzi dal re andò là da lui la rama piangendo et dire M — [60] nobile f — [61] tua nobili O, duca fama de tutti vostri M. — [62] tua O — [63] per tutto el mondo e resplendente. Elli M — [64] conbattessimo t — [65] che tu O — [66] butti M — [67] mutate (sic) pure a F portare la O — [68] ritornerà O — [69] di fare parentado con voi t, per alcuno tempo el ritorna farò c i p M.

e darògli la vostra figlinola per moglie » Salardo [70], udendo le parole della reina, si mosse a piatà [71] per la promessa ch'ella gli faceva [72], e presela per [73] mano, ed impalmolla, ed [74] ella lui, d'ottenergli [75] la promessa Disse Salardo [76] « Come volete [77] ch'i' faccia? » Ella [78] disse [79] « Dimandatelo al re [80] di grazia »

Salardo andò [81] dinanzi dal [82] re, e disse· « Santa Corona, tu ài fatta pena la testa a [83] chi [84] dimanda grazia insino a tre giorni; e però io non ti addimando grazia, ma io fo' [85] grazia a Fioravante, e perdonogli la vita e l'offesa, salvo ched i' voglio che tu gli dia bando di tutta la fede cristiana. » Lo re, udito Salardo, pianse d' [86] allegrezza, e disse « Così sia, come voi avete detto! »; e comandò che Fioravante fussi rimenato. Più di mille furono gli messaggeri, che corsono [87] drieto al giustiziere, e ritornò al palagio [88].

El re era ritornato in sul palazzo, e fugli rimenato dinanzi Fioravante; e Fioravante s'inginocchiò dinanzi al padre [89], ed [90] e'gli [91] disse: « Va', 'nginocchiati dinanzi a Salardo! » Ed egli così fece, e dimandò [92] perdonanza a Salardo [93]. Disse Salardo· « O Fioravante [94], come non [95] ti vergognasti non tanto per

la barba, quanto per lo [96] dispregio della Corona e di
me [97]? Tu non [98] sai quanto sangue io e' miei [99] abbiamo [100] sparto per mantenere la vostra schiatta,
ma [101] tu anderai cercando l'altrui terre per mia vendetta; e basti a te ched io t'ò liberato da morte. »
E licenziollo [102]

Capitolo V

Come lo re Fiorello diede bando a Fioravante, suo figliuolo; e la madre l'armo; e partissi da Parigi soletto armato [1].

Lo re Fiorello domandò Fioravante, come Salardo
l'ebbe licenziato, e dissegli [2] « Figliuolo, per lo grande
fallo che tu ài fatto, ti comando che, per di qui a tre
giorni, tu abbia abbandonato e sia fuori di tutta la
fede cristiana a pena della [4] testa, e [5] da tre giorni
il-là, se tu sarai preso, io ti farò tagliare la testa dallo
'mbusto ». Fioravante [6] gli baciò e' piedi, e tutta la
baronia inchinò, raccomandandogli [7] tutti a Dio. non
vi rimase [8] nessuno [9] che non piangessi Quando si partì
dal padre e da' baroni [10], la sua madre lo prese per [11]

[96] lo manca a O. — [97] e di me manca a O — [98] e no O,
Non sai tu M — [99] sai i miei quanto sanghue O — [100] abino t
— [101] Or M — [102] O aggiunge Salardo da sse

[1] armato manca a O, come la rama lo armò, et come armato
et solo el se partì da Parise verso balda M — [2] disse t — [3] del
tereno della O, tu habi un sito fuora del territorio della M —
[4] la f — [5] e manca a M. — [6] e fioravante O — [7] et inchinosse a
tutta lo baronia M, e accomandogli t lanchinò i achomandandolo O — [8] fu O. — [9] reruno f — [10] Le parole e d. b mancano a f. — [11] per la M

mano e menollo alla sua camera. Lo re Fiorello fece
andare uno bando per tutta la città di Parigi, che,
passati e'[12] tre giorni, ongni[13] persona che gli dessi
preso o morto Fioravante, arebbe dalla camera del Re
mille marche d'oro, sì veramente che[14] s'intenda[15]
essere preso o morto nelle terre[16] de' Cristiani ancora
allegò[17] nel bando, che qualunque persona[18] lo rite-
nesse o accompangnassi, cadeva nel bando della testa

Quando la Reina seppe del bando, con pianto[19] e
con sospiri abbracciò Fioravante[20], e disse « O caro
mio fighuolo[21], a che partito ti[22] perdo! Ahimè[23]!
Lassa a me, ched io non ti rivedrò mai più[24]! » E
tutta piena di dolore[25], tenendolo abbracciato, gli disse
« Caro[26] mio fighuolo[27], da[28] che 'l tuo padre ti fa
dar bando, non indugiare, fighuolo, la dipartenza, che
sarà[29] al mio core aspro coltello » Ed egli[30] la confortò, pieno di potenza[31], e disse « Madre, non temere di quello[32] armami, madre, e abbi sofferenza
Dammi una buona spada e[33] cavallo bello; chè in[34]
questa andata, madre, mi dà el cuore[35] d'acquistare
fama e[36] onore. » Allora[37] la madre gli donò una

12 e' manca a M — 13 chongni O — 14 che veramente M —
15 chess' intendesse f — 16 in terra M — 17 Allegò anchora M —
18 persona manca a f — 19 pianti M — 20 et basò F M — 21 f.
m M — 22 io te M — 23 Oime O — 24 ti redrò più mmai t, mai
più io te rivardò M — 25 de d piena M — 26 O caro O — 27 fig.
m c M — 28 poi t — 29 sa O, La tua dipartenza figliolo mio
serà sempre M — 30 Fioravanti senza l'ed M — 31 de grade
animo M — 32 non ti sgomentare di questo t — 33 el O — 34 e
con t — 35 et diregli. Di quello madre non temere, dame uno bello
cavallo et una spada et armame et habi madre mia pacientia In
questa mia andata el cuore me da M. — 36 e di reme a O —
37 Allora manca a f; in M sta dopo madre.

armadura buona e perfetta [38] a suo dosso, ed ella medesima ghele misse, e missegli [39] una sopravvesta verde [40], la quale [41] singnificava giovane innamorato, e donògli una spada, la quale [42] i Franciosi chiamavono [43] Gioiosa, e un cavallo gli donò [44], ch'era chiamato Gioioso E come [45] fue armato, montove a cavallo; e la madre gli porse [46] lo scudo, il [47] quale aveva il campo bianco e la croce d'oro; e nel partire inchinò la madre e la companguia [48], e partissi collo scudo al collo e colla lancia in mano [49] La dolente madre rimase tramortita, e, ritornata in sé, se n'andò alla sua camera.

Fioravante [50] se ne uscì così soletto [51] di Parigi: per lo bando del Re nessuno nollo accompagnò [52]. Per [53] ventura si mise a 'ndare inverso [54] Balda, non sappiendo però dove s'andassi, e raccomandossi a Dio [55].

---

38 *perfecta et bona al* M; *buona e perfeta arme* O. — 39 *Le parole* ghele misse *mancano a* O. — *sima gle messe* M. — 40 *tuta rerde* O — 41 *che* f — 42 *e quali* f, cui manca il seg i — 43 *chiamano* f — 44 *et donogli uno caiallo buono* M — 45 *Quando* M, senza l' *e* — 46 *pose* f — 47 *mel* f — 48 *alla madre chon chonp* O — 49 *Nel suo partire se inzenochiò a la madre et partisse solo cum la lanza in mano et cum lo scudo al collo* M — 50 *e F* O — 51 *cossì soletto uscì fuora* M — 52 -*uno lachonpangnuò* O, *nessuno lo accompagnò per lo bando del re* M — 53 *e per arentura* f — 54 *rerso* O — 55 *a dio si rachomandara* O, *a dio se acomandò* M.

Capitolo VI.

Come Riccieri, primo paladino[1], andò[2] drieto a Fioravante, e la Reina gli die' una barba[3] d'erba vertudiosa[4] contro a' beveraggi e veleni[5].

Partito[6] Fioravante, la reina rimase[7] molto addolorata[8]. Essendo nella sua camera, pensando[9] dove la fortuna conducerebbe il suo figliuolo, e quanto le pareva essere[10] istrano caso stato[11] quello ch'era addivenuto, e ravvolgendo molti pensieri nell'[12] animo, e mentre ch'ella stava in questi pensieri[13] giunse el paladino Riccieri; e, dimandando[14] di Fioravante, alcuno che non sapeva che fosse partito, gli disse[15] ch'egli era alla stanza della reina Riccieri andò a smontare alla stanza della reina, cioè alla porta[16], che andava a quella parte[17] del palagio, che[18] stava la reina; e, giunto alla camera, trovò la reina che piangeva Temendo Riccieri[19] che Fioravante non fusse morto, la domandò che era[20] di Fioravante, e[21] la reina, vedendo Riccieri, gli[22] disse: « Oimè, caro fratello[23],

---

[1] -mo de Franza M — [2] ne va f. — [3] iudue f. — [4] virtuosa M, con vertudiosa finisce la rubrica in f — [5] et al veleno M; e manca a O — [6] P. da Parise M — [7] rimase la reina O — [8] molto addolorata rimase et M — [9] pensosa M. — [10] essere manca a t — [11] essere stato in istrano caso M — [12] nel suo M — [13] Le parole L mentre pensieri mancano a M — [14] dimando t — [15] alcuni e non sapeano e f p q dissono t — [16] andò a quella porta O — [17] Le parole che andava a quella parte mancano a t — [18] onde M — [19] Rizieri temendo M — [20] che era manca a O — [21] e manca a M — [22] gli manca a M — [23] fratello mio caro M

io [24] non so dove si sia· io non [25] ispero più già mai [26] di vederlo », e poi [27] gli contò dal principio alla fine tutta la cosa come istava [28]

Quando Riccieri [29] sentì come [30] Fioravante era partito, domandò la [31] reina che via aveva presa, e certi altri [32], e quanto era che s'era partito Saputo questo, disse alla [33] reina: « Non vi date [34] maninconia, ched io non [35] ristarò mai ched io lo troverrò [36]. » « Omè! » disse la reina « Non fare [37], imperò che [38] lo re Fiorello à mandato un bando a pena della testa, che veruna persona [39] nollo accompangnassi nè ritenessi [40]; e più mi dolse [41] ch'el mio figliuolo se n'ebbe a 'ndare [42] solo » Disse Riccieri [43] « Madonna, se lo re mi darà [44] bando, quando Fioravante tornerà [45], sarò ribandito; imperò che mai non [46] tornerò, ched io lo ritroverrò [47] »; e volevasi partire E [48] la reina si ricordò d'una prieta preziosa ch'ella aveva, la quale aveva [49] questa vertù, che chi l'aveva [50] a dosso, nes-

---

[24] *Io* manca a f. — [25] *sia e non* f, *el si sia non* M — [26] *già mai più* M. *già* manca a f, *più* manca a O — [27] *del vedere Poi* M — [28] Le parole *come istava* mancano a f, *la cosa tutta come era stata* M, *chome la cosa istava* O — [29] *rizieri quando* M — [30] *che* M — [31] *a la* M. — [32] *fatto e ttenuta o presa certi altri* f, le parole *e certi altri* mancano a M, e veramente la lezione è poco chiara, per avere un senso considero *e certi altri* come un secondo oggetto del verbo *domandò*. — [33] *questo dalla* f, *queste cose d'a* M — [34] *dati più* M — [35] *nol* f — [36] *ritroverrò* f — [37] *fate* f, cui manca *imperò* — [38] *la rama gli dise come non fare pero chel* M — [39] *chi a pena d t nessuno* M — [40] *tenesse* O — [41] La *s* di *dolse* non è ben chiara in O, *duole* f — [42] *al mio figliuolo chonvenne* O, *dolse chel sia andato* M — [43] *Rizieri dixe* M — [44] *dà* f — [45] *sera ritornato* M — [46] *non ti* f — [47] *troverò* M — [48] *l* manca a M — [49] *ch'avea* f — [50] *avesse* O· *quel che la portava* M

suno beveraggio o loppio o altri sughi d'erbe [51] non
gli potevono [52] nuocere, nè tenerlo [53] addormentato
(alcuno libro dice ch'ella fu [54] una radice, ovvero barba
d'erba [55], ch'aveva questa vertù, ma a me pare più
verisimile una prieta preziosa, o corno di lioncorno [56],
perchè [57] dice ch'era buona contro al [58] veleno, o corno
di dragone, ch'è contrario a veleni e a loppio [59]); e
diella a Riccieri, e disse « Io mi dimenticai di dare
questa prieta preziosa [60] al mio figliuolo » Ell'era in
uno piccolo borsellino [61] Riccieri se l'appiccò [62] al collo,
e mandolla giuso insino [63] in sulle carne, e [64] dissegli
la vertù ch'ell'aveva

Riccieri era armato: e partissi della reina [65], e
andò a montare a cavallo, e appresso [66] domandò [67] el
cammino dricto a Fioravante, el quale gli [68] era innanzi di [69] du' ore cavalcato, ma perchè Fioravante
aveva migliore [70] cavallo, andava più forte che non andava [71] Riccieri, per lo migliore cavallo [72].

---

[51] erbbe velenosse O. — [52] poteva M — [53] teneri t   [54] ora t
— [55] erba vertudiosa f — [56] unicorno M, liofonte f — [57] che O
— [58] a ogni t, a M — [59] a veneno et a opio M — [60] preziosa
manca a f — [61] borsello f. — [62] la pose t, la pico M   [63] in
seno M — [64] e manca a t, tutta la frase e dissegli la ... a
manca a M. — [65] da llei f — [66] prese e f — [67] a domandare M
— [68] gli manca a M. — [69] di manca a O — [70] assai più megliore M — [71] Le parole non andava mancano a O — [72] Le parole p l m cavallo mancano a f

Capitolo VII

Come Fioravante patì grande fame, e come deliberò[1] una sua
cugina[2] delle mani di tre[3] saraini che l'avevono rubata, non conoscendo Fioravante chi ella fusse.

Poichè Fioravante[4] fue partito di[5] Parigi, cavalcando[6] entrò per[7] una selva, la quale era tra la
Francia e la Dardenna· e non sappiendo tenere el
cammino ismarrì[8] la via, ed entrato[9] per la selva,
alla ventura cavalcò due dì e due notti, e[10] abergò
nella[11] selva sanza mangiare, e diliberato avia[12] di
non[13] tornare adrieto, ma di seguire l'ordine de'cavalieri erranti d'andare alla ventura[14], e però tolse molto
campo a Riccieri[15]. La terza mattina, non trovando
abitazione[16], s'inginocchiò e raccomandossi a Dio, perchè la fame colla fatica molto lo noiava, e[17] poichè
fu[18] rimontato a cavallo, cavalcando per la selva[19],
vide uno monte, in sul quale egli salì col[20] cavallo

---

[1] liberò f — [2] sorella O — [3] de O — [4] Fioravante poi che O,
el nobile Fioravanti M — [5] da O — [6] cavalcando manca a O
— [7] in O per entro M — [8] si smarrì f — [9] e dentro f — [10] e
manca a OM — [11] nella dieta M — [12] avia manca a f Havea
gia deliberato M — [13] non manca a O — [14] Le parole ma d's
ventura mancano a M, che continua ma però — [15] dirà e per tal
modo intervenne a Riccieri f — [16] abitazione manca a f — [17] e
manca a M — [18] ello fue M — [19] Le parole per la selva mancano a O, che ha la parola selva tra uno (correzione di una) e
monte, parola cancellata con una lincetta che l'attraversa in tutta
la sua lunghezza — [20] a O

per guardare dattorno [21] s'egli vedesse [22] abitazione,
e [23] non vedeva altro che [24] boschi e diverse [25] ruine
e valloni scuri [26] allora ebbe maggiore temenza che
prima [27] Lamentandosi della sua fortuna [28], rammen-
tando le ricchezze [29] di Francia, e quanti servi soleva
avere, e quanta roba [30] si consumava in corte di [31] suo
padre, ed egli non aveva del pane, e stando sopra
questo pensiero [32], egli [33] udì una boce gridare· «Vergine Maria, aiutami [34]! » Fioravante alzò la testa, e,
udita la seconda boce, imbracciò [35] lo scudo e impugnò
la lancia e ispronò il cavallo, e inverso quella boce
n'andò. E scendendo del [36] poggio, giunse in su 'n uno
prato giuso [37] in uno vallone, e [38] vidde uno [39] saraino
ch'aveva una damigella per lo braccio, e battevala con
uno bastone e [40] Fioravante saltò nel prato in quella [40],
e quello saraino lasciò la damigella. Ella vide [41] prima
Fioravante, ch'el [42] saraino; e perch'ella vide la croce
nello scudo, cominciò a correre [43] verso lui gridando [44]
« Cavaliere cristiano, abbi piatà di me, misera cristiana
assai [45] di gentile lengnaggio! » E [46] quello che l'aveva

---

[21] attorno O — [22] redeia f. — [23] ma M. — [24] non vedendo se nnon f. — [25] e di diverse O — [26] e scuri f — [27] in
prima f — [28] de la sua fortuna lamentandose et M. — [29] ramen-
tandosi della ricchezza f. — [30] et de la roba che M — [31] del O
— [32] i su questi pensieri O — [33] ed egli f. egli manca a O. —
[34] atutami O — [35] A M mancano tutte le parole da imbracciò
fino a loce, e l'n' davanti ad andò — [36] descendendo gioso del M,
il O. — [37] giuso manca a O — [38] e li M — [39] vallone onde uno f
— [40] Le parole e ed in quella mancano a f — [41] et in quella
quel e la lassoe La damigella vide M — [42] che no fe il O —
[43] chorse O. — [44] dicendo f, gridando disse O — [45] e asai O
— [46] E manca a M, era O.

battuta, le correva drieto Fioravante [17] disse [48]
« Donna [49], non aver paura, chè, se [50] fussino cinquanta come egli è uno, non ti faranno oltraggio. »
Disse quello saraino « Tosto a' tu [51] trovato ama-
dore [52]! », e disse verso Fioravante [53]. « Cavaliere [54],
va' alla tua via, e lascia stare questa [55] damigella; se
non [56], tu proverrai la morte » « Molto m'ài di leggere morto! » disse Fioravante [57] « Ma [58] a me incresce [59]
che tu non se' meglio [60] armato e con più compangnia,
chè [61] mi fa vergongna a [62] combattere teco, e [63] veramente ti lascerei innanzi [64] che combattere [65]. Ma [66]
questa damigella mi s'è raccomandata, e vergongna
mi [67] sarebbe a nolla [68] aiutare, se tu non ài miglior
ragione di lei » El saraino, adirato [69], corse all'alloggiamento, dov'erono altri [70] suo' duo compangni, e [71]
montò a cavallo, e [72] con una [73] lancia in mano tornò
contro a [74] Fioravante, il quale, quando lo vide venire,
cominciò a ridere, e disse. « Costui vorrà pure [75] morire! » Egli assalì [76] Fioravante colla lancia arrestata,
e diegli in sullo scudo; ma [77] Fioravante aveva la [78]

47 *E Fierav. †* — 18 *disse fioravante* O. — 49 *donna* manca
a O — 50 *s'eglino* f — 51 *tu* manca a O; *Quello saraino dixe
tu hai tosto* M — 52 *altro amante* f — 53 *verso Fioravanti dire* M.
— 54 *Cavaliere* in f sta dopo *via* — 55 *la* O — 56 *et se no* M —
57 *Fioravante dire molto de lizero me hai morto* M — 58 *Ma*
manca a f — 59 *el me rencresce* M — 60 *più* M — 61 *perchè* M
le parole che mi f e mancano a f — 62 *a* manca a M — 63 *o* f.
— 64 *manzi te lasserei* M — 65 *ere treco* M — 66 *ma perchè* M —
67 *il me serebbe vigogna* M — 68 *non li* M — 69 *I'denda queste
parole il saraino sadiro e* O — 70 *altri* manca a O, che legge
poi *dua sua* — 71 *dua altri et* M — 72 *e* manca a f — 73 *una
grossa* f — 74 *verso* f — 75 *prima* O — 76 *echosi (sic)* O —
77 *ma* manca a M — 78 *arrata la* O

lancia sotto mano, e ficcogliela [79] per lo petto · e 'l [80] saraino cadde morto.

E [81] Fioravante corse insino a mezzo 'l [82] piato, e vidde una piccola trabacca, ed eravi [83] du' altri saraini l' uno volgeva un grande pezzo di carne al [84] fuoco, e [85] l' altro montava a cavallo gridando « Traditore! tu ài morto el nostro [86] companguo; ma tu l' accompaugnerai [87] allo 'nferno »; e assalillo. Fioravante [88] uccise lui come el compangno; e [89] quello che volgeva l' arrosto, lasciò [90] ongni cosa e cominciò a fuggire, vedendo morti amendua i [91] compangni Fioravante per non lasciare la damigella soletta, tornò a [92] lei, e insieme andorono [93] alla trabacca, e [94] smontò [95] da cavallo, e cavossi l' elmo di testa [96] E la donzella disse [97] « O [98] nobile cavaliere, quanto ò io da lodare Iddio, che t' a mandato in queste [99] parte, e àmi campato da [100] tanto vitupero! E però fa' di me quello che t' è di piacere [101]; ma prima ti priego che tu oda la mia disavventura, acciò che tu non dispregi cavalleria » Fioravante l'abbracciò e baciolla [102], e disse « Damigella, non temere, chèd io non brutterò [103] el tuo onore nè 'l mio Io ti priego, perchè [104] ò grande

[79] -la manca a O· ficcola M — [80] al M, che inserisce un' et davanti a cadde · [81] E manca a f et lui M — [82] 'l manca a M — [83] in la quale erano M — [84] a O — [85] e manca a M [86] tu ài morto traditore el mio f — [87] la chonperai O cui mancano le quattro parole seguenti. — [88] ma l' f — [89] F' asalito da lui lucisse e O [90] lasciò stare f — [91] morti gli altri f — [92] verso M — [93] andarono insieme M [94] Le parole soletta trabacca e mancano a O, che legge saltò in luogo di smontò — [95] smontati f — [96] di testa l'elmo M, cui manca l' e seg — [97] gli disse M — [98] O manca a f — [99] questa O — [100] chamato di O — [101] che ti piace f — [102] -olla molto istretta mente O — [103] brutterei f — [104] perched io f

bisogno, se ci è niente da [105] mangiare, che tu n'[106] arrecchi. » Ella [107] prestamente trovò del pane e uno barlotto di vino, e tolsono la carne, ch'era arrostita al fuoco mezza cotta, e mangiò Fioravante e la damigella a loro piacere E [108], mangiando, la damigella disse [109]· « Cavaliere, non ti maravighare, perchè io, tapinella [110], sia condotta in questo luogo. Sappi che mio padre è [111] re di Dardenna [112], e la cagione che m'à [113] condotta in questa [114] parte fu questa Il mio [115] padre à fuora [116] di Dardenna uno giardino presso alla terra a uno miglio, al [117] quale fa oggi tre giorni che io [118] con molte damigelle v'[119] andai. El mio padre fa guerra con uno re ch'à nome [120] Balante di Balda [121], e certi [122] della gente di Balante corsono [123] la mattina insino alle porte di Dardenna, che s'erano la notte messi [124] in agguato; e presono il giardino e furono [125] prese tutte le mie compangne, e menate [126] chi in qua, chi [127] in là, e [128] io, tapinella, fui presa da questi tre saraini E poco fa che noi giugnemmo in questo lato [129], e quando voi giugnesti, pure [130] allora avevano fornito [131] di tendere questa [132] trabacca, sicchè non è quattro ore che giun-

---

105 *bisogno di* f. — 106 *me ne* M — 107 *ed ella* f — 108 *et cossì* M. — 109 *e mangio ella damigiella mentre che mangiarono disse la damigiella* O — 110 *tapinella* manca a O — 111 *si è el* M. — 112 *e anome fiore* O — 113 *che son* M — 114 *queste* M — 115 *fune il* O; *che il* f — 116 *di fuori* O — 117 *il* O — 118 *io* manca a M — 119 *v* manca a M — 120 *chiamato* O — 121 *di Balda* manca a O. — 122 *certe* O. — 123 *et certa parte de la sua gente corsono* M — 124 *missi la notte* M — 125 *-ato entruti nello giardino funono* O, *e presono tutte* f — 126 *-ate in a* M — 127 *e chi* f; *i due in* mancano a O — 128 *e* manca a M — 129 *luoco* M — 130 *qui pure* f — 131 *chonpiuto* O — 132 *questa loro* M

gnemmo [133] qui, e giucorono per sorte chi di loro mi
dovessi torre [134] la mia verginità, e toccò a quello che
voi prima [135] uccidesti Ed io mi raccomandai alla
divina donna e [136] madre de' peccatori· ella [137] m'as-
saldì e' miei prieghi; sempre ne [138] sia ella ringra-
ziata, ched io non ò perduto l'onore nè la verginità
mia, e voi [139] m'avete tratto di tanto vitupero, e [140] però
tutta mi do a voi. Ora avete saputo in che modo io [141]
sono capitata in questo luogo. » Fioravante la confortò
e disse. « Da me [142] non temere, ched io prometto a
Dio e a te di rimenarti giusta mia possanza [143] al tuo
padre pura e netta come io [144] t' ho trovata »

E [145] quando [146] ebbono mangiato, Fioravante prese
uno do' cavagli [147] de' morti saraini [148], e misevi su la
damigella, e poi montò a cavallo, e raccomandossi a
Dio La damigella lo menò per la via ch'avevono
fatta quegli saraini al venire [149], e così lo trasse di
quella [150] selva. E [151] Fioravante la domandò com'ella
aveva [152] nome Rispose [153] « I' ò nome Uliana; ma
voi, cavaliere, come avete nome? » Rispose « I' ò
nome Guerrino »; e tramutò nome [154] per non essere
conosciuto, ch' egli era [155] suo cugino [156].

[133] giunsono O — [134] Le parole chi   torre mancano a f.
— [135] a questo chur prima voi O — [136] donna e manca a f. —
[137] ed ella f il seguente m' manca a O. — [138] ne manca a O —
[139] el mio honore ne la mia vinginita et anche rengratio vui
che M — [140] e manca a M. — [141] io manca a f. — [142] Dama M.
[143] possa f, che giusta mia posanza di rimenarti O. — [144] io
manca a f — [145] E manca a M — [146] come f. — [147] uno cha-
vallo O — [148] de li sarracini morti M — [149] via ch'eglino
l'averono menata f — [150] questa M — [151] E manca a M —
[152] haveva ella M. — [153] lea rispoxe M   ed ella disse O — [154] el
nome M: tiamutato nome f. — [155] perch'era f. — [156] cugino primo O.

Capitolo VIII.

.

Come Fioravante combatte con Finaù, e come fu preso e
tratto [1] fuori di strada e menato in uno casolare [2] disfatto tra certe muraglie vecchie e legato a una colonna.

Cavalcando Fioravante con questa damigella arrivò [3] presso a Balda a tre miglia, e scontiò in sulla
strada un cavaliere armato [4], el quale era figliuolo
del re Galerano di Scondia [5], fratello del re Balante,
sicchè Balante [5] era suo zio, e aveva nome Finaù.
Questo era [6] il più franco saraino di quello paese [7] e
'l più superbo; e, veduto Fioravante, egli si fermò nel
mezzo della strada Egli era [8] solo e disse [9]: « Cavaliere, donde [10] se' tu? » Fioravante [11] rispose [12]: « Io [13]
sono del reame di Francia » Disse Finaù· « Com' ài
tu nome? » Rispose Fioravante· « Ò nome Guerrino »
« Dove [14] meni [15] tu questa damigella? » disse il saraino [16]. Fioravante rispose [17]. « A [18] casa del suo padre. »
« Per mia fè, » disse Finaù [19] « che tu nolla menerai
più avante, ched [20] io la voglio per la mia persona
E [21] perchè tu se' sì bello cavaliere, ti voglio rispar-

---

[1] tolto f — [2] casalino M, chasolaracio O, cui mancano le
parole tra e in i — [3] Fioravante capitò f — [4] tutto armato M
— [5] Le parole di Scondia e sicchè Balante mancano a f — [6] ed
era f — [7] del mondo f — [8] et era M, la proposizione egli era
solo manca a f — [9] dire a fioravanti o M — [10] onde f —
[11] L. F. f — [12] disse O — [13] Io manca a f. — [14] disse dove O,
e dove f — [15] Dopo Franza M continua Finaù dixe dove mena
tu etc — [16] Le parole disse il s. mancano a O M. — [17] disse
fioravante O — [18] io la meno a M — [19] Finaù disse per la mia
fe M — [20] ched manca a M — [21] E manca a O

miare la [22] morte, e va' a tuo viaggio [23] » Disse Fioravante· « Per [24] mia fè, ched [25] io voglio innanzi morire, che chiamarmi la [26] vita da te. Ò [27] giurato a questa damigella prima morire che abbandonarla; e per questo [28] tu nolla puoi avere se nonne per la punta del coltello· e [29], innanzi che tu l'abbia, credo ch'ella ti costerà cara. » « Come! » disse Finaù [30]. « Credila tu difendere? Che [31] se tu [32] fussi venti [33] come tu se' solo uno [34], non la difenderesti. » Fioravante disse [35]. « O tu ci da' la via, o tu ti difendi » Finaù lo sfidò, e presono [36] del campo. e minacciava di farlo morire e farlo [37] mangiare a cani, e lei fare [38] vituperare [39] per le stalle. » La donna smontò da cavallo, e [40] inginocchiossi, e pregava Iddio che aiutassi el suo campione. Eglino ruppono le lance, e colle spade in mano tornò l'uno verso [41] l'altro. Molto si maravigliò [42] Finaù che Fioravante non era caduto, e gridando disse « O cavaliere, di te m'incresce, perchè se' giovanetto. E non pensare durare [43] a questa spada; nulla armadura da [44] lei si può difendere: questa spada si chiama Durlindana » La damigella tremava di paura vedendo la spada e udendo le parole [45]. Fioravante rispose « O Saraino, tu non ài el vantaggio

[22] perdonare O M — [23] al t v M, alla tua via f — [24] Fioravanti dixe per la M — [25] ched manca a M — [26] la mia O — [27] ed ò t, Io ancoru ho M — [28] però f — [29] e manca a O — [30] Come manca a O, Finau dixe et come M — [31] Che manca a M — [32] toi O. — [33] cum tuti M — [34] solo manca a O. uno manca a f — [35] disse fioravante O. — [36] preso f. — [37] Le parole morire e farlo mancano a O M — [38] farla f — [39] et de fure vituperare lei M — [40] e manca a O — [41] inverso a O. — [42] maravigliatu f — [43] durare manca a O. — [44] a O — [45] parole di f

che [46] tu credi: questa, ch' i' ò in mano, si chiama
da' Cristiani [47] Gioiosa, e però ti difendi, chè ti fa [48]
grande mestieri [49] » E, detto questo, mosse il [50] cavallo
e diegli un grande colpo in sull' elmo [51]. Finaù assalì
Fioravante e un [52] grande colpo gli rendè [53]. Fioravante tutto intronò, e [54] disse « O vero Iddio [55], aiutami
contro a questo cane, nimico della tua [56] fede! » E
strinse la spada, e percosse [57] Finaù di tale forza [58],
che gli tagliò tutto il cimiere e molti adornamenti
dell' elmo [59] gli levò E tutto intronò Finaù, e [60] molto
si maravigliò, e con grande ira percosse Fioravante [61] ·
l' uno percoteva l' altro tagliandosi l' arme e gli scudi.
E [62] durò el primo assalto per ispazio di mezza ora,
e [62] l' uno e l' altro era molto affannato [63]; Finaù [64]
aveva due [65] piaghe e perdeva molto sangue [66], e
pigliando alquanto [67] di lena, scostati [68] co' petti de'
cavagli [69] e colle spade in mano [70], stavano saldi. Disse
Finaù [71]. « Cavaliere, qual tu ti sia, non so [72]; ma
ben ti puoi vantare di quello che non potè mai altro [73]
cavaliere, avermi tanto durato [74] innanzi a [75] questa

---

46 tanto vantagio come M. — 47 da cristiani se chiama M —
48 fie f — 49 bisogno M, cui manca l' e seguente — 50 el suo M —
51 su l'elmo uno grande colpo M — 52 fieramente (sic) d'uno O —
53 et rendegli uno grande colpo M — 54 et per questo M — 55 vero
manca a f, o dio vero M — 56 nostra f, tua sancta M — 57 fedì f

58 possa f — 59 Le parole dell'elmo mancano a O — 60 e manca
a f — 61 -igliò chome fioravante (sic) O, se maravigliò assai et
come desperato se ferì F M — 62 E manca a M — 63 anato O
— 64 ma Finaù f. — 65 due grande M. — 66 sangue assai M di
molto O. — 67 un poco f. — 68 e se alquanto f. — 69 cho charag-
gli O, da petti d c M — 70 mano e f — 71 Finaù disse M. —
72 Le parole non so mancano a f — 73 che ninno altro f —
74 che a ci laudare mai non se pode Havermi zoe durato tanto M
— 75 innanzi manca a f, inanzi e chon O

spada; ma pure [76] alla fine ti converrà morire, imperò che, benchè [77] tu vincessi me [78], tu non potrai campare da quegli [79] del paese E però [80] ti consiglio che tu lasci questa damigella, la quale tu non potrai difendere » Disse Fioravante. « S' io [81] vengo [82] sopra [83] di te, poco farò conto de' villani, la qual cosa non può campare [84], perchè la mia fe è [85] migliore che la tua [86] Ma se tu se' gentile cavaliere, perchè fai forza [87] a quegli che passano per la via? Lasciami andare colla mia compangna, e non volere combattere contro [88] alla ragione » Disse Finaù [89] « I' sono singnore di questo paese [90], e chi entra nell' altrui rengno, conviene fare quello che vuole il [91] singnore· e [92] però non ti fo torto » Disse Fioravante [93]· « Com' ài tu nome, che [94] di' d' [95] essere singnore di questo paese [96] ? » Rispose: « I' ò nome Finaù, fighuolo [97] del re Galerano; e però mi da' [98] questa donna, e va' al [99] tuo viaggio » Disse Fioravante [100]· « Ora vedrai. s' io te la darò [101] », e strinse la spada, e corse sopra a lui [102], e aspramente lo ferì, e [103] Finaù feriva [104] lui. All'altro colpo Fioravante [105] gli ruppe la visiera, e fegli gran

---

[76] *ma pure* manca a O, *ma* manca a M, che mette *pur* dopo *fine.* — [77] *e però bene che* O. — [78] *me* manca a O — [79] *questi* f — [80] *anchora te dico se tu uccidisse a me da quigli del puese non poderai campare però* M. — [81] *Fior dixe. Se io pur* M — [82] *inno* f. — [83] *al di sopra* O. — [84] *mancare* M — [85] *mia fie (o fie)* O. — [86] *tua ispada* O *rotta* f. — [87] *villania* f — [88] *mecho e contro* O — [89] *Finaù dixe* M — [90] *reame* O M — [91] *fare a inmodo del* f. — [92] *e* manca a M — [93] *Fior dixe* M — [94] *che tu* M — [95] *d'* manca a O — [96] *questi paesi* M — [97] *et sono* f M — [98] *-rano p. doname* M — [99] *per lo* O. — [100] *Fiorar disse* M — [101] *do* f. — [102] *corseglì sopra* M — [103] *e* manca a M — [104] *ferì* f. — [105] *feriva. Fioravanti o l'altro colpo* M

paura [106]; e veramente Finaù [107] aveva il piggiore [108] della battaglia, e arebbe perduta la battaglia con Fioravante, se [109] non fussi [110] il caso che 'ntervenne

Egli era passata nona [111], che lo re Galerano, padre di Finaù, essendo a Balda e avendo mangiato, andò a dormire; e, come fu addormentato, gli apparì in visione [112] Finaù, che [113] chiamava soccorso, e [114] combatteva con uno lione, e 'l lione [115] l'aveva in più parte addentato e morso El padre lo soccorreva, e, vinto el lioncello [116], un altro lione appariva [117], che [118] uccideva il figliuolo e [114] molti altri, e poi si volgeva [119] a lui. E fu sì grande la paura [120], ch' egli si destò [121] gridando daddovero [122] ad alte boce La gente trasse [123] al romore, ed [124] egli addimandò Finaù, suo figliuolo, e fu cercata tutta la corte e la città [125], e, non trovandolo, disse lo re Galerano [126]: « Egli è morto, o egli è [127] presso alla morte armatevi e cercate di lui [128] » Allora corse tutta la corte all' [129] arme, e uscirono fuori [130] della città da ongni parte, e abbatteronsi [131] a uscire da quella porta, dond' era uscito

106 *piagha* O — 107 *Finaù veramente* senza l' e M — 108 *peggi* O. — 109 *et cum Fioravanti harebbe perduto sel* M — 110 *fosse sta* M. — 111 *la hora de nona* M — 112 *in visione gli apparse* M. — 113 *e t* — 114 *e* manca a O — 115 *lo quale* f. — 116 *el duto lione* M le parole *vinto el l* mancano a O — 117 *apparì un altro lione* f — 118 *et* M — 119 *volgienono* O — 120 *La paura fo sì gronda* senza l' E M — 121 *levò* f. — 122 *daddovero* manca a O. — 123 *corse* M· *trasse là* O. — 124 *ed* manca a M — 125 *-atu tutta la terra* f, *per tutta la corte et per l c* M. — 126 *Galarano dice a tutti* M — 127 Le parole *egli è* mancano a M — 128 *cercatilo da fora la città et per tutto* M — 129 *ad* O. — 130 *fuori* manca a O — 131 *parte e abattessi* f, *porta e a* O

Fmaù [132], tre cavalieri armati colle lance in mano
E tanto cavalcorono, che giunsono dove combattevono;
e, vedendo che Fmaù aveva el piggiore della battaglia, corsono addosso a Fioravante colle lance in
mano [133], e gittorollo da cavallo; e poi smontarono, e
con loro Fmaù, e per forza presono [134] Fioravante, e
legarogli le mani di drieto, poi [135] che l' ebbono disarmato, e [136] presono di quegli tronconi [137] dell' aste, e
bastonavollo [138] Fmaù prese la damigella, e gittossela
con vituperoso modo [139] sotto nel mezzo della strada
Uno [140] di quegli cavalieri gli disse « O singnore,
non fare [141] per tuo onore Andiamo qui fuori di [142]
strada, che [143] ci è uno casamento [144] disfatto, che vi [145]
fu già uno castello; e quivi farai la tua volontà [146]. »
E uscirono di [147] strada, e menaronne [148] Fioravante e
la damigella e tutti i loro cavagli. legarono [149] Fioravante a una colonna in un cortile, che non potevano
esser veduti, ed [150] erano fuori di [151] strada circa a [152] dugento braccia, e cominciarono [153] a disarmarsi, e avevono
portato quivi [154] l'arme di Fioravante. Essendosi [155]

---

[132] *La corte alora tutta corse ale arme et da ognè parte uscivano f d c da quella parte donde era uscite Fmaù, se abbateno
uscire* M — [133] Le parole *colle l i m* mancano a f — [134] *e
Fmaù smontò cum loro, et presono per forza* M — [135] *e poi* O. —
[136] *e* manca a M — [137] *tronconi* M — [138] *bastonaiollo* f, *et cum
quigli lo bastonaiano* M — [139] *chon uitupero* O, *-osi muodi* M —
[140] *ma uno* O. — [141] *istare* f, *non fare signore* M — [142] *della*
M — [143] *qui andiamo qua che* t. — [144] *casolare* f — [145] *ri*
manca a f, *gli* M — [146] *iolontà tua senza l'E seg* M — [147] *da
fuora la* M — [148] *menarono* O — [149] *e ley* f, in O c'è un'e
dopo *legarono* — [150] *zà* M — [151] *de la* M — [152] *a* manca a M.
— [153] *inchomenciarono* senza l'e O — [154] *Qui haievano p* senza
l'e M — [155] *esendone* O; *Et essendo* M.

disarmati, due cominciarono a disarmare Finaù per fasciagli le piaghe, che sanguinavono [156]; e [157] l'altro tolse una verga[158] verde, e [159] dava a Fioravante nelle[160] gambe e su [161] per le braccia, ond' egli traeva gran guai La damigella stava ginocchioni piangendo [162] colle mani verso il cielo, pregando [163] Iddio, che gli soccorressi· e' porci saraini la [164] minacciavano con vituperose parole, e parte si disarmavono, e disarmavono Finaù.

Capitolo IX.

Come Riccieri uccise quello [1] Saraino ch'era fuggito a [2] Fioravante nel bosco[3], e come ritrovo Fioravante [4] legato, e uccise Finaù, e liberò Fioravante [5].

Torna la storia al paladino Riccieri, che, partito dalla reina, cavalcava [6] dieto a Fioravante, e [7] per molte ville del paese lo seguiva, e, domandando [8], trovato [9] il bosco dov' era entrato Fioravante, lo seguitava alle pedate del cavallo con poco riposo, dubi-

156 *insang* O. — 157 *e* manca a M — 158 *vergiella* M — 159 *et cum quella* M — 160 *nelle ghambe a fioraiante* O, *su pei le* f. — 161 *su* manca a f. — 162 *in g p* M, *piangeia e staia ginochione* f, le parole *colle mani* mancano a O — 163 *priegaia* M — 164 *e pocia la* O; *li saruaini porci cien it p. la m.* M.

1 *il* f — 2 *dinanzi da* O   3 Le parole *nel bosco* mancano a O. — 4 *Fioraiante* manca a O — 5 *e liberollo uccise finaù* O, *et liberolo uccidendo Finaù* M — 6 *cavalcando* f. — 7 *e* manca a O — 8 *ville ne domandò* f, *adomandando lo seguia et* M. — 9 *e trouando* O

tando più di Fioravante che di sè [10] El terzo giorno
capitò in sul [11] poggio, dove si fermò [12] Fioravante,
e [13] così si fermò ancora [13] Riccieri [14] pregando Iddio,
che gli dessi grazia di ritrovarlo; e così stando, sentì
uno [15] lamentare e piangere Riccieri mosse el cavallo
verso quel pianto, e giunse in sul [16] prato, dove Fioravante aveva campata [17] la damigella e morti i due [18]
Saraini, e vidde uno sopra' due morti che [19] piangeva
Riccieri lo salutò e dimandollo [20]. « Sarebbeci passato [21] un cavaliere con una sopravvesta verde e uno
scudo bianco con [22] una croce d'oro nello scudo? »
Quello saraino no gli rispose insino che non fu a
cavallo montato [23], e poi rispose e dissegli [24]: « E' ci
passò, ed àmmi morti [25] questi miа [26] compangni, e
tolseci una damigella, ma, per lo iddio Balain, che
quello ched io non potè fare a lui, ched [27] io lo farò
a te! » E spronò el cavallo contro a Riccieri dicendo
« Traditore famiglio, tu porterai le pene del [28] tuo
singnore » Riccieri se ne [29] rise, e riparò el colpo in
sullo scudo, e poi gli [30] disse · « Compangnone, non
fare, se tu non vuoi morire » El Saraino prese ardire [31],

[10] *Fioravanti era intrato dubitando più de Fioravanti che de
sè instesso cum pioco riposo a le pedate del cavallo lo seguiva* M
— [11] *su quel* f — [12] *s' era fermato* f — [13] *e e ancora* mancano a O — [14] *ancora se firmò lui* M. — [15] *uno* sta in O dopo
piangere — [16] *su quelo* O. — [17] *combatutto* f — [18] *morti* O.
[19] *Sopra questi dui saraini morti el ride uno altro uno che*
M. — [20] *disse* O *et domandandolo dire* M. — [21] *passato de qui* M
— [22] *el cum* M, cui manca l' *e* dopo *verde* — [23] *montato* manca
a f. — [24] Le parole *rispose e* mancano a O; *cavallo poi chel fue
montato a cavallo li dixe* M — [25] *et lui hane morti* M —
[26] *due* f — [27] *ched* manca a M — [28] *per lo* f — [29] *la* M —
[30] Le parole *poi gli* mancano a f — [31] *prese cuore* O M

e, tratta la spada, gli [32] tornava a dosso. Riccieri non
potè [33] più comportare, e colla lancia [34] sopra mano
gli die' nel petto e diegli la morte [35], e poi se [36] n'andò
a [37] quella trabacca, e, trovato del pane [38], un poco [39]
mangiò, e poi [40] seguitò [41] drieto alle pedate de'cavagli
di Fioravante e della damigella [42]

E, giunto [43] dove Fioravante aveva combattuto,
trovò [44] el pennoncello della lancia [45] e la cavezza del
cavallo di Fioravante e molti pezzi d'arme. Fermossi [46],
e disse [47]· « Qui è stata battaglia », e [48] diceva: « O
Iddio, che sarà addivenuto di [49] Fioravante? », e volevasi [50] affrettare di cavalcare In questo [51] egli udì
gridare [52] una boce Riccieri si fermò e pose orecchi
ed egli udì gridare· « Misericordia, Iddio! » « O me, »
disse Riccieri [53] « che quello è Fioravante! » E spronò
el cavallo verso quello castellaccio [54] disfatto, e vide
Fioravante legato, e vide questi tre che si disarma-
vano [55], e quello che dava a Fioravante, ma non potè [56]
vedere la donna [57]. Riccieri si raccordò che Fiora-

32 *spada da gli* (sic) M — 33 *poteva* f — 34 *coll'aste* f —
35 *et ucciselo* M — 36 *se* manca a O , e manca a M — 37 *in* M
38 *trovò del pane e* f — 39 *alquanto* M — 40 *pane ed altro mangiare e poi* O — 41 *s'invio* f. — 42 *donzella* t , *e poi dieto a p
d c d F e d d seguitò el cammo* M, cui manca il seg *E*
43 *giunse* t — 44 *e trovò* f -- 45 Le parole *della lancia* mancano
a t che subito dopo *pennoncello* mette *di Fioravante* — 46 *e
fermosi* O, -ossi li M — 47 *diceva* O M — 48 *la b poi* M — 49 *in-
contrato a* M — 50 *volsessi* O — 51 *quella* t — 52 Mancano a
M le parole *gridare e Riccieri udì gridare* — 53 *Riccieri*
manca a t, *O me'* manca a O, *Rizieri dixe ome* M, cui manca,
come a O, il seg *che* — 54 *castello* f. — 55 *disarmano* O, *questi
tre cavalieri non erono forniti di disarmare e che* f — 56 *poteva*
O M — 57 *damigiella* O

vante [58] s'era vantato di combattere con cento cavalieri, disse Riccieri tra sè medesimo [59]: « Costui [60] non
è Fioravante, e, s'egli è desso, non è [61] fighuolo del
re Fiorello, chè [62] s'à [63] lasciato pigliare a [64] quattro
ribaldoni [65] »; e volse el cavallo alla [66] strada, e la-
sciollo stare, e tornò insino alla strada, e vide tanti
pezzi di [67] lance rotte. Allora si [68] ricordò di [69] quello
ch' [70] aveva promesso alla reina [71], e ritornò per aiutare [72] Fioravante, e, come lo vide, si pentì e tornò
alla strada [73], e riveduto le lance, disse [74]: « O lass'a
me, che, quando si [75] saprà che tre volte andai dal
castello [76] alla strada, ognuno dirà ch'io l'abbi fatto
per paura! » Allora imbracciò lo scudo, e impugnò
la lancia, e toccò di sproni [77] el cavallo, e, giunto a
quello casolare, saltò diento e misse un grido, e colla
lancia sopra mano percosse Finaù, e passollo dall'altra
parte e gittollo morto a terra. E tratta [78] la spada,
uccise due de' compangni; el terzo s'affrettò e salì
in sul [79] cavallo, e cominciò a fuggire. Allora Riccieri
sciolse [80] Fioravante, il quale non [81] parlò niente a
Riccieri, ma egli prese [82] la spada di Finaù, e montò
sopra [83] a Gioioso, suo buon cavallo, e corse drieto a

[58] *Fioravante* manca qui a O che mette questo nome dopo
cavalieri — [59] *tra sì medesimo dixe* M — [60] *costui* manca a t
— [61] *è* manca a O — [62] *che* manca a M — [63] *è* O — [64] *de* M.
— [65] *ribaldi* f. — [66] *verso la* M — [67] *darme e di* O — [68] *et
redendo li p d l rotte si* M — [69] *di* manca a t — [70] *chegli* O
— [71] *madre* t — [72] *aiure a* O — [73] *tornò adrieto al prato* f —
[74] *disse* manca a t — [75] *che* manca a M, *si* manca a t, *che
questo si* O — [76] *casello* M — [77] *e sprono* O — [78] *in terra
morto ebatto* O, *et morto lo gittò in terra. Tratta poi* M —
[79] *montò a* t — [80] *Rizieri alora deslegoe* M — [81] *e non* f —
[82] *et prese* M. — [83] *a cavallo sopra* M, *in su* t

quello che si [84] fuggiva, e, giuntolo, gli partì per [85] mezzo la testa insino al petto, dicendo [86] « Tu proverrai se Durlindana [87] taglia »; e ritornò a Riccieri. Ivi [88] fu grande allegrezza: Fioravante molto lo ringraziò, e l'uno [89] disse all'altro la sua ventura. Quando Riccieri udì [90] com'egli era stato preso, si dolse molto perchè [91] nollo soccorse [92] la prima volta Fioravante voleva dare Durlindana a [93] Riccieri, ma [94] egli nolla volle; Fioravante [95] gli donò Gioioso E [96] riarmati montorono a cavallo Uliana [97] molto ringraziò [98] Iddìo, che l'aveva mandato soccorso e campato da [99] tanta fortuna Riccieri, udito che Fioravante si chiamava Guerrino, si chiamò [100] per nome Buon Servo; e [101] presono loro cammino verso Dardenna, passando il terreno di Balda, e non andorono alla città [102]

84 se manca a M — 85 per lo O — 86 dicendogli O — 87 di durlindana chomi O — 88 ritornatto a R. ti O — 89 poi el ritornò a R cum grande all et molto lo rengratiò L'uno da poi M — 90 oldì Rizieri M. — 91 come O come perchè f — 92 avea soccorso f — 93 al paladino M — 94 ma manca a f — 95 e F O M. — 96 E manca a M. — 97 e uliana O. — 98 lodò M — 99 champati di O. — 100 egli si facia chiamare O — 101 e manca a M. — 102 Dardena passando et anduo ala città M

Capitolo X

Come Fioravante e Riccieri[1] furono ingannati da uno briccone[2] con beveraggio, e uccisollo[3], e vannosene[4] verso Dardenna.

Andando verso Dardenna trovarono molte villate[5] arse e guaste per la guerra[6], e la sera albergarono in una villa abbandonata, e non ebbono che mangiare. La mattina di[7] buon' ora montarono a cavallo, e insino a nona cavalcarono sanza mangiare o[9] bere per lo paese abbandonato[10]. E uno briccone ladrone, vestito[11] come[12] pellegrino, gli vide da lunge, e posesi a una fonte d'acqua chiara, ch'era allato alla strada, e tese in[13] su l'erba[14] un pezzo di[15] mantiletto, e posevi suso pane e carne cotta; e[16], quando costoro giunsono, disse[17] « Bene vada quella[18] compangnia! Piacerebbevi di mangiare meco uno boccone?[19] » Fioravante aveva fame, e disse. « No' faren teco colezione[20]. » Ed ismontati[21] tutti e tre e lavato le mani, cominciarono a mangiare. E, mangiato alcuno boc-

---

[1] *Riciери e fioravante* O — [2] *obriachone* O — [3] Le parole *e uccisollo* mancano a O — [4] *et uccisolo andarono* M, *vanno* O — [5] *villaje* M — [6] Le parole *per la guerra* mancano a O [7] *a* f — [8] *e* manca a O. — [9] *et senza* M — [10] Le parole *per lo paese abbandonato* mancano a O — [11] *uscito* f — [12] *chome uno* O — [13] *in* manca a M — [14] *insunuino praticello* O. — [15] Le parole *pezzo di* mancano a O — [16] *e* manca a M — [17] *lui disse* M [18] *questa* O — [19] Le parole *uno boccone* mancano a f — [20] *io faro techo charita* O — [21] *ismontarono* f

cone [22], disse Fioravante [23] « À' tu niente di vino da
bere [24]? » E quel briccone si dicinse [25] uno bailotto [26],
e diede bere a Fioravante e poi a Riccieri, e poco
stettono che amendue caddono addormentati in sul
prato [27], perchè [28] quello era [29] beveraggio alloppiato
Subito quello briccone [30] trasse la spada da lato [31] a
Fioravante, e, cavato loro l'elmo [32], prese la spada,
e disse verso Uliana [33] · « Damigella, ora ti goderà la
mia [34] persona, ch' [35] io n' ò tanti morti a [36] questa
fonte, ch'io [37] sono ricco; e [38] per godere la tua persona non volli [39] dare a te del beveraggio »; e [40] alzava
la spada per tagliare loro la testa Disse Uliana [41] ·
« Se tu ami la mia persona, no gli uccidere; ch'io [42]
prometto a Dio, che se tu [43] gli uccidi, ched io me
ucciderò, e [44] se tu gli rubi e lasciagli stare, io t'amerò
più che uomo del mondo. » E [44] questo ribaldo [45] gli
disarmò, e tolse loro l'arme e' giubberegli e le calze,
e lasciògli in camicia e in brache [46], e misse ogni
cosa in su [47] 'n un cavallo, e fece montare la donna

---

[22] In M sono omesse le parole *aveva fame e disse alcuno
boccone* — [23] *Fioravante* manca a M — [24] *niente che bbere* t,
le parole *da bere* mancano a O. — [25] *si cinse da lato* O, *trasse
fuori* t — [26] *-otto de vino* M, *-otto che aveva cinto* f — [27] *in su
el prato a dormire* M, *in sul prato adormentati* O — [28] *presso*
O — [29] *era* manca a O — [30] *quel br s* M — [31] Le parole *da
lato* mancano a O. - [32] *gli elmi* f — [33] *e U dire* M. — [34] *Damigella* manca a O, *ti guarderà la tua* f — [35] *ch'* manca a M,
io ch' t — [36] *morti tanti in* M — [37] *io* manca a M — [38] *e*
manca a O — [39] *voglio* M — [40] *et dicendo tal parole* M —
[41] *l'. d* M — [42] *io te* M — [43] Le parole *che se tu* mancano a M
e anche a O, che ommette anche le parole segg fino a *ucciderò*
— [44] *e* manca a M — [45] *mondo per questo ribaldo* O — [46] *mu-
tande* f -- [47] *ogne cossa misse su* M

ın sull' altro, ed egli montò ın su[48] Gioioso, e prese
la sua vıa verso Balda[49]. Disse la donna « Per Dio[50],
andıano[51] verso Dardenna! » : el malandrino non volle
La[52] donna[53] aveva grande ıra e dolore[54], e[55] temeva
la morte, perch' e' s' aveva cinte amendune le spade[56],
e cavalcando la donna dısse. « Andıano pıano, ch' ıo
sono grossa. » Disse el rıbaldo[57]. « Noi possıano andare a bell' agıo, chè sarà[58] domattına terza, ınnanzı
che sı risentıno[59] nıuno dı loro » E così andaıono[60]
a bell' agıo

Gli duo cavalierı, che dormivano, non sanno com'e-
glino[61] stanno. Riccıerı aveva la borsa[62], che glı[63]
dıe' la reına, al collo sotto[64] la camıcıa[65], e[66] per
ventura el malandrino noll'[67] aveva veduta, onde Rıccıerı per la[68] vertù della pıetra[69] non poteva dormıre
e[70] rıvolgevası[71] ın qua e ın là, tanto che cadde ın
una fossa d'acqua[72] che era a pıe' della fonte. e[73]
per questo sı destò[74] Ed à[75] el loppıo questa vertù,
che, come l' alloppıato sı desta, el loppıo à perduta
la sua vertù[76], e[77] per quella volta non può fare più
addormentare. Quando Riccıerı fu desto e[78] pose mente

[48] su el M — [49] -oso verso Balda s'arıuaıono f — [50] de f — [51] la
dona dıxe andıano per dio M — [52] ella O — [53] dama f. — [54] dolore
eua O — [55] ma M. — [56] spade zoe durındarda et gıoıosa M, cuı
manca l' e seguente. — [57] el ı dıxe M — [58] fıa O — [59] rısentı
O, le parole nıuno dı loro mancano a M. — [60] andando f. —
[61] come sı f. — [62] barba f — [63] glı manca a M — [64] da sotta
M — [65] Le parole al e s l camıcıa mancano a f — [66] le quale M
— [67] non M — [68] la manca a O — [69] dell' erba f, petıa pre-
cıosa M — [70] ma M — [71] rıuolgendosı f — [72] ch' areua alquanto
d' aqua f — [73] e manca a O. — [74] fu desto f — [75] à manca
a f — [76] uırtù sua M — [77] e manca a O — [78] e manca a f

a sè e al compaguo, si [79] raccordò della prieta che la
reina gli aveva data, e trassela del borsellino [80], e
missela in bocca a [81] Fioravante, il quale poco stette
che [82] si risentì Disse Riccieri [83] · « No' siamo due
be' campioni ' » ; e disse [84] « Omè ' Come faremo noi? »
Rispose Fioravante [85] «Pur male, imperò ch' [86] io penso [87]
che noi abbiano dormito da ieri in qua [88] » Disse Riccieri « E' [89] non può essere, imperò che tua madre [90]
mi die' una prieta preziosa, ch'è buona a [91] questo
beveraggio » Fioravante si rallegrò [92], e disse · « Adunche e [93] son poco lontami. » E pose mente alle pedate [94], e disse « E' vanno verso Balda. Venite dieto
a me, e io [95] correrò » E così fe', e [96] poco andò che
gli vide. La damigella spesso si volgeva [97], e, veduto
Fioravante, disse al [98] briccone « I' ò grande volontà
di baciarvi [99] » El ribaldo credette ch' ella dicessi
davvero, e accostossi a lei, e abbracciolla, ed ella
abbracciò lui, e stringnevalo forte, e gridò [100] « Ve-

---

[79] di subito si O — [80] dal b M, borsello f. — [81] di O. —
[82] chegli O, stette puoco et M, cui manca il si seg — [83] Rizieri
gli disse M — [84] Le parole e disse mancano a M, che subito dopo
campioni, soggiunge et come faremo?, f poi sconvolge il breve
dialogo, chè dopo campioni prosegue così Rispose Fioravante
Omè Riccieri. Come faremo pur male — [85] Fioravanti rispore M
— [86] imperò che manca a M — [87] dubito f. — [88] -ito troppo
Rispose Riccieri Quanto troppo? — Disse Fioravante Da ieri in
qua f — [89] E" manca a f. — [90] t. m. la reina O — [91] contra
a M — [92] si lagnò f — [93] e' manca a M, e sono dunque O —
[94] pedate de' cavagli f — [95] e manca a M, io a t — [96] Fioravante e f e manca a M — [97] se volgea spesso M. — [98] che ride
la damigiella credutolo fioravante disse la damigiella al O. —
[99] baciarti O d'abracciarvi e baciarvi f — [100] cominciò a gridare O M

nite tosto, cavalieri, ch' egli non può [101] fuggire »
Fioravante s' affrettò di correre, e 'l ribaldo si sco-
teva [102], ma ella nollo lasciò imperò, e' [103] cavagli si
discostorono [104], e per questo caddono amenduni a terra
de' cavagli· ella [105] nollo lasciò per questo Fioravante
giunse [106], ch' [107] aveva tolto campo a Riccieri [108], e
poseghi Fioravante le mani [109] a dosso, e disse· « Donna,
lascialo a me »; e subito [110] lo spogliò, e [111] col pomo
della spada l'uccise Riccieri [112] giunse, e armoronsi [113]
e montorono a cavallo, e [114] molto lodorono [115] Iddio,
e presono loro cammino [116] verso Dardenna, (e mentre
che Fioravante vivette, si rideva della beffe di questo
paltoniere, quando se ne ricordava [117]): e cavalcando [118]
passorono molti paesi [119] abbandonati

101 può può M — 102 scassava M — 103 che O — 104 si
schostarono O — 105 lasciò li caralli però se squassarono et poi
questo amendò a terra de li caragli in ella M — 106 intanto y
O. — 107 perchì M — 108 -ieri perchera più giovane O — 109 la
mano f — 110 dixe a lu donna lassolo etc M, lacia fare ame
chio il pagherò bene subito O — 111 delle spade e O — 112 in
tanto Riccieri O. — 113 Le parole e armoronsi mancano a O —
114 e manca a M — 115 lodarono f; dio lodando M. cui manca
l' e seg — 116 il c. O. — 117 Fioravante sempre in sua vita dela
beffa de questo paltoniero quando se ne ricordava rideva M. rideva
di questo poltrone della beffe che fato gli fu quando egli se ne
r O — 118 poi camminando M, le parole e cai. mancano a f,
che mette al loro posto un eglino. — 119 paesi deserti et M.

Capitolo XI.

Come Fioravante e Riccieri combatterono col re Mambrino, nipote del re Balante 1; e Tibaldo di Lima gli 2 soccorse con mille cavalieri, e fu riconosciuta Uliana 3, e verso Dardenna n'andarono 4.

Quella mattina che Fioravante e Riccieri giunsono presso 5 a Dardenna, avevono e' Saraini 6 fatto una correria a Dardenna 7 sotto el conducimento del re Mambrino, figliuolo del re Balugante di Scondia, fratello che fu di Balante e del re Galerano, e 8 furono cinquemila Saraini E, tornando colla preda di bestiame e di prigioni 9, Fioravante fu il primo che gli vide, e 10 udì el romore, e disse a Uliana 11 « Che gente sarà questa? » Ed ella, come 12 gli vide, disse « O lass' a me, chè 13 sono Saraini! » Allora la nascosono in una gran boscaglia di 14 spine, ch' era presso alla strada, ed 15 eglino s' allacciorono gli elmi in testa, e colle lance in mano si feciono contro 16 a' nimici E' saccomanni, che gli vidono, sì feciono loro assalto 17, ed eglino si difendevano francamente. Intanto 18 giunse

---

1 *Balante di Balda* f. — 2 *lo* f — 3 *feciono ischorta a l' O, Uliana foe cognossuta* M — 4 *s' arriuono* f, *andarono verso la reale citade de Dardena* M — 5 *presso* manca a f. che dopo *Dardenna* aggiunge· *cioè presso* — 6 *li sarraini au* M. — 7 Le parole da *arevono* a *Dardenna* mancano a O — 8 *e* manca a O — 9 *e chol b e chop* O, *de presine et di bestiame* M — 10 *et che* M — 11 *Uliana dixe* senza il preced· *e* M. — 12 *et come ella* M — 13 *il* M — 14 *piena di* O — 15 *ed* manca a M. — 16 *inchontio* O — 17 *è gli assantorono* f — 18 *e 'ntanto* f

lo re Mambrino, e fe' ristare la battaglia, e domandò
chi egli erano e donde venivano [19]. Risposono ch'erono
franciosi e che andavono alla ventura. E favellando
lo re Mambrino [20] con loro, riconobbe la spada di
Finaù, suo cugino, e [21] disse a Fioravante [22]. « Questa
spada dond' ài tu avuta? [23] Ella mi pare la spada
del mio fratello Finaù [24] » Disse Fioravante [25] « Io
l'acquistai per battaglia d'uno cavaliere con ch' io
combatte' », e narrolli el nome del cavaliere, e 'l
dove, e come [26] Finaù era morto Allora lo re Mambrino gridò a' sua cavalieri, che lo [27] uccidessino; e [28]
furono a gran pericolo, ed eglino [29] fiancamente si
difendevano. Delle prodezze di Fioravante molto si
maravigliava [30] Riccieri, ma pure sarebbono per la
moltitudine [31] periti, ma per [32] lo romore ch'era stato
a Dardenna, uno barone del re Fiore, ch'aveva nome
Tibaldo di Lima, era corso al romore con mille cavalieri, e giunse alle mani con questa gente, e cominciò
con loro [33] aspra battaglia E [34] giunto Tibaldo nella
zuffa, vide lo re Mambrino che si affaticava molto [35]
di fare morire li dua cavalieri, e vide agli [36] scudi

[19] *veniano e come avevano nome* f. — [20] *Lo re Monbrino favellando* M — [21] *Le parole riconobbe . . . cugino e mancano a* f.
— [22] *Fioravante dise* M; *verso Fioravante* f — [23] *la hai* f *l'hai*
M, *donde ài tu auta questa ispada* O — [24] *di l'inaù mio fratello* f — [25] *Fioravante dise* M — [26] *narrogli dove et disegli el
nome del cavaliero et come* M, *e datogli il nome el dove chome* O
el nome eddove el nome del cavaliere e f. — [27] *gli* O. — [28] *et
cossì* M — [29] *ma egli* M — [30] *si maravigliava forte* O — [31] *Rizieri se maravigliava molto de le prodezze de Fioravanti l'un per
la moltitudine se harebbono* M — [32] *chesse non fussi stato per* f
— [33] *cum loro commincio* M — [34] *E manca a* M. — [35] *molto
manca a* O, *molto se affaticava* M — [36] *negli* f

ch' egli [37] erano cristiani e [38] come francamente si difendevano Tibaldo si misse in loro aiuto, e la sua gente francamente lo seguiva, e sempre [39] di verso Dardenna [40] giungneva gente Questo romore impaurì per modo e' Saraini [41], che lo re Mambrino cominciò a fuggire dinanzi a Tibaldo, e uscendo di via [42] con alquanti [43] compangni, così [44] fu abbandonato la battaglia, ch' era dintorno [45] a Riccieri e a [46] Fioravante. Fuggendo lo re Mambrino fuori di [47] strada, vidde la bella Uliana, e corsono [48] verso lei, e piesonla, e per forza ne [49] la menavano; ma, essendo libero Fioravante e Riccieri [50], allora Tibaldo e Fioravante e Riccieri [51] rompendo [52] e uccidendo e' nimici da ougni parte, gli avevano [53] in volta. Fioravante vidde che molti fuggivano per quello luogo [54] dove avevano nascosa [55] Uliana· egli [56] spronò il cavallo verso quella parte. Riccieri lo vidde, e andò presso [57] a lui; Tibaldo, confortando [58] la sua gente, seguitò la traccia [59]. Fioravante e Riccieri per forza di cavalli tanto seguitarono,

---

[37] checharaluri O — [38] ridendo Monbrino ali scudi de gli caralieri che egli erano cristiani. Tibaldo anche questo cognoscendo et redendo M. — [39] Con le parole e sempre siamo al principio della carta 81, nella quale ricomincia la consueta scrittura di F. — [40] direrso Dardena sempre M — [41] li sarracini per modo M. — [42] tibaldo in ria O. — [43] alquanti e M — [44] così manca a M. — — [45] intorno M mazi O — [46] a manca a M — [47] de la M — [48] andoronne F. — [49] ne manca a M. — [50] Le parole ma Riccieri mancano a M. — [51] Rizieri et Fioravante M. allora amendue e Tibaldo in loro compangnia F — [52] ronperono O. — [53] mettevano F — [54] da quella parte F. — [55] ascosa M, lasciata F — [56] egli manca a M — [57] dietro M — [58] -ando et animando M. — [59] seguita la traccia confortando e' suoi ma F.

che giunsono[60] il re Mambrino: Fioravante[61] cominciò
la battaglia con lui, e[62] Riccieri con l'altra gente[63]
Giunse in questo Tibaldo[64], e assalì[65] lo re Mambrino,
che combatteva con Fioravante, e qui[66] l'uccisono:
non fu certo[67] chi di loro l'uccidesse, perchè Fioravante dava l'onore a Tibaldo, e Tibaldo a Fioravante[68] E così furono sconfitti li Saraini e racquistata
Uliana Ella era tanto[69] trasfigurata, che Tibaldo nolla
conosceva[70]. Poichè Tibaldo[71] ebbe raccolta sua[72]
gente, fece grande onore a' due cavalieri, domandando
chi egli erano[73] Risposono[74] ch' erano[75] cavalieri di
Francia, « e andiamo[76] cercando nostra[77] ventura » ;
e[78] come avevano trovata questa donzella[79], e dove e
come[80] avevano morto Finaù, figliuolo del re Galerano
di Scondia[81]. « E questa è la sua spada, » disse Fioravante[82], « e io ò nome Guerrino, e il mio[83] compangno
à nome[84] Buonservo, e questa damigella è[85] Uliana,
figliuola del re Fiore di Dardenna » Quando Tibaldo[86]
sentì che questa era Uliana, ebbe grande allegrezza e

---

[60] *cavalcarono che giunse* F. — [61] *che Fioravante* O, *come
Fieravante l'ebbe giunto* F. — [62] *e manca a* F — [63] *parte* F —
[64] *Tibaldo in questo giunse* M, *in questa giunse* T O — [65] *asa-
liva* O — [66] *ivi* F — [67] *cierco* F — [68] *Tibaldo dava l'onore a
Fieravante, e Fieravante a llui* F, *el dava a* F M — [69] *la quale
era t.* M, *tutta* F — [70] *non recognoscea* M — [71] *-rata e Tibaldo* F,
senza l'ebbe che segue — [72] *la sua* T — [73] *forestieri e chi egli
erano domandò* F. — [74] *e rispuosono* O. — [75] *nui siamo* M —
[76] *chandauono* O — [77] *la loro* O — [78] *et dixeno* M — [79] *trovata
Uliana* M. — [80] *Le parole dove e mancano a* F, *le parole e come*
a O — [81] *Le parole di Scondia mancano a* M — [82] *Le parole
disse Fior. mancano a* T, *a* M *l'e seg* — [83] *et mio* M — [84] *Le
parole à nome mancano a* F — [85] *damigella manca a* O, *ha
nome* M. — [86] *Tibaldo quando* M.

grande dolore; allegrezza[87] ebbe, perchè ella era ritrovata e tornava[88] dal suo padre, il quale per lo tempo passato l'aveva promessa a Tibaldo per[89] moglie; e dolore aveva[90], perchè pensava che 'l padre la daria[91] a questo Guerrino, che l'aveva racquistata, pure[92] tenne celato il suo pensiero Nondimeno fece loro[93] onore, e venne con loro verso la città. El re Fiore[94] aveva mossa gran gente della città[95], e seguiva[96] e' Saraini, ma quando sentì ch'egli erano rotti per Tibaldo, s'era[97] tornato drento alla città, e ponevasi a tavola per mangiare, quando costoro entrarono nella città[98].

CAPITOLO XII.

Come Fioravante e Riccieri e[1] Tibaldo di Lima[2] presentarono Uliana al[3] padre, re Fiore di Dardenna, e la[4] grande allegrezza[5]; e come la marito a Tibaldo con parola di Fioravante[6].

Entrati e' tre baroni[7] nella città[8], andorono a smontare al reale palazzo[9] Fioravante e Riccieri pre-

[87] e alegrezza O — [88] ella era ritornata et ritrovata M; ella era ritornata F — [89] gliela havea promessa per M — [90] havera et dolore M avera manca a F, el dolore avera grande O — [91] pensa .. dard F, dicia il padre Re Fiore la dara per moglie O. — [92] e pure F. — [93] et nondimeno lor fece M — [94] Fiorello O — [95] da la città grande zente M — [96] per seguire F. — [97] se n'era F — [98] città de Dardena M

[1] e manca a M — [2] Le parole e T di L. mancano a O — [3] al suo O. — [4] Dardenna suo padre et de la M — [5] Le parole e la gr all. mancano a F — [6] -eza che lui hebe et come cum parola de Fioranti la maritò in lo valoroso et zentile caraliero Tibaldo M — [7] dentro i baroni O. — [8] città de Dardena M — [9] palazo del re M

sono Uliana in mezzo di loro due, e salirono le scale,
e giunti dinanzi al [10] re, Uliana s'inginocchiò, e così
tutti gli altri; ella lo salutò con grande riverenza
Quando il padre la vidde, pianse d'allegrezza, e cor-
sela a 'bbracciare. La novella andò a Florinda, sua
madre [11], che fu figliuola del re Misperio di Scondia, ed
era sorella di [12] Balante e di [12] Galerano [13]· ella venne
in sala L'allegrezza vi fu grande, ella l'abbracciava
e baciava piangendo di letizia [14], ella domandando [15]
e [16] Uliana rispondendo [17]. Tibaldo fu il primo che disse
al re tutta la cosa come Fioravante aveva detto [18] a lui,
e la morte di Finaù e del re Mambrino, e la loro
franchezza.

Di questo fu molto contento [19] il re Fiore e tutta
la corte, perchè molto era temuto [20] Finaù e 'l re

[10] *dal* F   [11] *n'andò alla madre sua Florinda* F — [12] *de re* O
— [13] Le parole *che fu... Galerano* mancano a M Ciò che qui e
nei capitoli seguenti si dice del parentado di Florinda, non con-
corda con quel che leggiamo nel capitolo XXV del libro I, dove
essa è detta *figliuola del re Asiadon*, epperò *nipote* di Misperio,
padre (lib I cap. XXVI) così di Asiradon, come di Balante e
Galerano. Tale incoerenza si può senza dubbio spiegare con una
falsa lezione *(figliuola* per *sorella)* insinuatasi nell'archetipo di
F O M nel passo citato del lib I cap. XXV ma io non sarei
alieno dall'attribuirla a smemorataggine dell'autore, poichè nel
nel libro I ci è presentata Florinda come *fanciulla*, quando e
Asiradon e Balante e Galerano sono già re e capitani, sicchè ivi
le converrebbe meglio la qualità di *figliuola* che quella di *sorella*,
invece, nel libro II, la qualità di sorella serve meglio per ispie-
gare il tradimento di Lione e Lionello (cfr cap XIII). — [14] *sala
et de grande allegreza piangendo la brazaia et basaia* M — [15] *dimando* F — [16] e manca a O. — [17] *a le domande rispondendo* M.
— [18] *gli haveia dicto* M. *Fioravante* in O sta dopo *lui.* —
[19] *alegro* O — [20] *tenuto* O.

Mambrino [21] Allora disse Tibaldo [22] « Santa Corona, parola di re non dee mentire. Voi mi promettesti Uliana per mia sposa; ella è tornata per la grazia di Dio e di questi cavalieri » Disse il re [23]. « Tu di' vero [24], ma io farei torto a questi cavalieri, che l'ànno racquistata E per tanto, se questo Guerrino lo vorrà, egli è ragione che ella sia sua, e però io [25] voglio prima [26] parlare. » E posonsi [27] a mangiare, e [25] poi ch'ebbono mangiato, lo re e' baroni feciono grande onore a Fioravante e a Riccieri, non conoscendo chi egli erano [29], e [25] appresso gli domandò, s'egli era di loro piacere [30], che darebbe a Guerrino la sua figliuola per moglie, e, quanto [31] che loro non la volessimo, la darebbe a Tibaldo di Lima Disse Fioravante. « O franco re [32], a me non si confà una gentile donna [33], però ch'io sono figliuolo d'uno borgese di Parigi [34], ed ècci molto a grado [35] che voi la diate a Tibaldo, valentissimo barone [36]. » Lo re [37] chiamò Tibaldo, e diegli la figliuola per moglie. E [25] la terza notte s'accompagnò con lei [38], e ingravidò [39] in uno [40] figliuolo [41] maschio, che ebbe

---

[21] Le parole *e la loro franchezza. . e 'l re Mambrino* mancano a M evidentemente si saltò coll'occhio da *Mambrino* a *Mambrino* — [22] *Tibaldo dire al re* M — [23] *ella per la g d D. prima et poi de questi cav è tornata el re dice* M — [24] *il vero* F — [25] *io ghiene* F — [26] *ni prima* M — [27] *possese* M — [25] *e* manca a M — [29] *eglino si fussono* F — [30] *era a egli da piacere* M — [31] *in quanto* F — [32] Le parole *O franco re* mancano a F *Fioravanti dire o magno re* M — [33] *dona sì zentile* M — [34] Le parole *di Parigi* mancano a F — [35] *et a noi è molto grato* M, *ecci grande piacere* F. — [36] *barone valentissimo* M — [37] *re incontinente* M — [38] *cholia* O. — [39] *ingravedose* M — [40] *d'uno* F. — [41] *fanciullo* O.

nome Ugone lo fiero, e fu [12] uno franco cavaliere, e levò Tibaldo l'odio da [43] Fioravante per Uliana [44].

Aveva lo re Fiore [45] due figliuoli, valenti [46] d'arme, e [47] l'uno aveva nome Lione e l'altro Lionello, e grande onore facevano [48] a Guerrino e a Buonservo Lo re Fiore, avendo inteso le [49] prodezze de' cavalieri, immaginò di trarre a fine la sua guerra [50] con Balante e con Galerano [51], suoi congiunti, fratelli della reina.

CAPITOLO XIII.

Come Fioravante fu fatto capitano della gente del re Fiore; e dello odio che gli portava Lione e Lionello, e 'l [1] tradimento ch' eglino [2] ordinorono col re Balante [3].

Essendo passata [4] la festa della tornata d' Uliana e [5] delle nozze fatte [5] per Tibaldo, e [6] lo re Fiore, ragunati in una camera e' suoi figliuoli e Tibaldo di Lima e certi altri, dicendo loro [7]: « Noi abbiamo nella no-

---

[12] et fu in sua età M — [43] de M. — [44] l'odio che avea a Fioravante F, cui mancano le parole per Uliana — [45] Fiore manca a M — [46] valenti uomini F — [47] e manca a M — [48] li quali facciano grande honore M — [49] havendo inteso lo re le M, le loro F, cui mancano le parole de' cavalieri — [50] guerra sua M — [51] e contro al re Balante e Gal. F

[1] che portavano Lione et Lionello a Fioravanti et del M — [2] eglino manco a F — [3] -ante amendua O, contra ello cum el re Balante a Monault M — [4] posata F — [5] Le parole d' Uliana e e fatte mancano a O — [6] e manca a M — [7] -endolo loro O; loro manca a M. Questo periodo, mancando della proposizione principale, sintatticamente non si regge, ma l' essersi dato in questa forma concordemente dai nostri tre testi, impone all' editore il dovere di lasciarlo immutato e di considerar questo come un

stia corte [5] due cavalieri, c'[9] migliori di questo paese [10].
A me parrebbe che voi con loro insieme andassi [11] al
nostro [12] castello di Monault con diecimila cavalieri a [13]
fare la guerra francamente contro a' [14] nostri nimici »
E a questo [15] s' accordorono. El [16] re Fiore mandò per
lo franco Guerrino [16 bis] e per Buonservo, e parlò loro di
questa guerra Fioravante e Riccieri molto si rallegra-
rono di questa impresa [17] Lo re fece Fioravante capitano [18] di cinquemila cavalieri, e Tibaldo di Lima fece [19]
capitano d'altri cinquemila [20], e [21] con loro mandò Lione
e Lionello al castello detto Monault, ch'era presso a
Balda a dieci miglia

Lione e Lionello, addolorati della capitaneria data
a Fioravante e a Tibaldo e none a loro, come inve-
stigati [22] dal dimonio, cominciorono [23] a odiare prima
el loro padre, e poi [24] Fioravante e Tibaldo, e [21] come
giunseno a Monault, entrarono insieme loro due [25] in
una camera del loro alloggiamento; e l'altra gente tutta

esempio di anacoluto da aggiungersi agli altri che occorrono in
quest opera Nelle stampe posteriori a M il periodo corre, in quanto
si muta *ragunati* in *ragunò* — [8] *città* O — [9] *certamente li* M.
— [10] *che sieno in questi paesi* O. — [11] *insieme cum loro a* M,
voi andassi contro a-lloro F — [12] *rostro* F. — [13] *e* F — [14] *fare
francamente guerra a a'* M — [15] *e questi* O — [16] *Aloru el* M —
16 bis Il copista di O cassò *guerr* e scrisse *fiara* nello spazio interlineare, mutando -*no* in -*nte* — [17] *et cum loro parlò di questa impresa* M, a cui le parole *guerra . di questa* mancano qui, ma furono
aggiunte una riga dopo. Cfr nota 20 — [18] *capitano Fioravante* O
— [19] *anche fece* O — [20] *de altrettanto. Fioravante et Riccieri molto
si ralegrarono de questa impresa* M. — [21] *e* manca a M. —
[22] *mandò el re li dui sui figlioli adolorati de la capitania a egli
data, et non a loro Et come instigati* M. — [23] *per questo com* M
— [24] *di poi* F. — [25] Le parole *loro due* mancano a F.

era [26] alloggiata, perchè il castello era molto [27] grande
e bene fornito di vettuvaglia, e [21] i capitani furono alloggiati in uno grande palazzo. Essendo disarmati li
due fratelli [28] Lione e Lionello, mandorono li loro famigli [29] fuori della camera, mostrando di volere [30] posare; ed essendo [31] soli, disse Lione verso [32] Lionello:
« O carissimo fratello, non vedi tu quanto poco amore
nostro padre ci porta? Chè ci à tolto l'onore [33] e da-
tolo a uno strano; e noi, che doveremo [34] essere ubbi-
diti, siamo vassalli [35], e non sappiamo di cui [36] Per la
quale cosa, se tu farai a [37] mio senno, noi gli rende-
remo simile merito, e [38] uccideremo questi capitani [39],
e daremo questo castello allo re Balante e al re Galerano, i quali [40] sono nostri zii, fratelli della nostra
madre. Eglino non ànno più figliuoli maschi, però ch'è [41]
morto lo re Mambrino [42] e Finaù; e [43] per avventura
potremo ancora [44] essere loro erede dopo la morte loro »
Lionello acconsentì e rispuose « Pienamente [45], fratello
mio, io sono contento. » E accordati di fare questo [46]
tradimento, Lione chiamò uno suo sagreto famiglio, e
fecegli giurare per sagramento tenere [47] segreto quello

26 *era tutta* M, queste due parole mancano a F — 27 *molto*
manca a M — 28 Le parole *li due fi* mancano a M — 29 *el
famiglio loro* M — 30 *volessi* O — 31 *Come furono* M — 32 *contro a* F — 33 *Fratello carissimo tu vidi quanto poco amore ce
porta nostro padre il ne ha tolto l'honore* M, *non vedi tu lonore
che nostro padre cia tolto lonore* (sic) O — 34 *doviamo* F — 35 *fatti
servi* F. — *'o de chi* M — 37 *al* M — 38 *merito mio* M — 39 La
proposizione *e uccid questi capitani* manca a F. — 40 *che* F —
41 *perchè eglie* O — 42 *el re Mombrino è morto et Finaù* M —
43 *e* manca a O — 44 *ancora* manca a F — 45 *prima mente* O,
et pienamenti rispore M; *pienamente manca a* F — 46 *acordiamo
di fare quello* F — 47 *di tenere* F.

che egli gli dirà e fare il suo comandamento [48] Il [49]
famiglio così giurò di fare [50] Disse Lione· « Vattene
istanotte [51] a Balda al re [52] Balante, mio zio, e da nostra parte lo saluta, e dagli [53] questa lettera » El famiglio la notte [54] si partì segretamente Lione e 'l fratello [55] vennono al palagio di Tibaldo; e [56] aveva Tibaldo [57] udito da certi, come Lione e Lionello erano
malcontenti che Guerrino e Tibaldo erano loro capitani; e giunti dinanzi da [58] lui, gli vidde turbati: domandò della cagione Rispose Lione [59]: « Abbiamo un
poco dormito [60] »; e in [61] tutti e' loro atti mostravano
l'[62] odio e lo sdengno [63]. Tibaldo cominciò a temere di
loro e a non si fidare [64] di loro nondimeno [65] faceva
di sè buona guardia, e disse a Fioravante [66] ch'egli [67]
avesse cura della sua persona, ma [68] non gli [69] disse la
cagione. E [70] poi che la sera fu dato l'ordine alle [71]
guardie, andarono [72] a cenare e al tempo andarono a
dormire

El famiglio andò la notte a Balda al [73] re Balante,
e fecegli l'ambasciata, e diedegli la lettera, e [74] quando

---

[48] et de fare el comandamento suo M — [9] e il F — [50] giurò
di fare così M — [51] Lione dire in questa nocte secretamente M
— [52] Balda dalt e a (sic) F — [53] portagli M — [54] la nocte el
famiglio M — [55] e Lionello F — [56] e manca a O — [57] el quale
haveia M — [58] a M — [59] Lionello O, Lione rispose M — [60] dormito un puoco M — [61] e manca a M, in a O — [62] l' manca a O
— [63] desdegno M — [64] enusi fidata O, et de non se ne fidare M,
cui mancano le parole di loro — [65] e nondimeno F — [66] bona
guarda de si et a Fioravanti disse M — [67] egli manca a F —
[68] ma il M — [69] gli manca a F — [70] L' manca a M — [71] delle F
— [72] et and M — [73] eare· così erasi scritto in O, ma poi fu
cancellato l'e con una lineetta che l'attraversa verticalmente,
dal M — [74] e manca a O

Balante ebbe la lettera [75] in mano, la lesse; e mandavano a dire li due traditori [76]: « Carissimi zii, a voi
ci raccomandiamo, e preghianvi [77] che noi vi siamo
raccomandati »; e dicevano l'oltraggio [78] che aveva
fatto loro [79] il loro [80] padre, che di singnori gli aveva
fatti vassalli d'uomini strani; « e [81] pertanto, se voi
ci volete accettare per [82] vostri figliuoli, noi rinneghe-
remo la fede de' Cristiani [83], e darenvi Monault, e arete
vinta la guerra. Rispondetemi [84] per vostro [85] famiglio
sott'ombra di domandare la pace, acciò che Tibaldo
non se ne avvegga. » Lo re Balante chiamò [86] Galerano, suo fratello, e, mostratogli la lettera de'nipoti [87],
onorarono molto il messo [88], e subito rispuosono per [89]
loro famiglio [90], che gli avevano molto cari [91] e ch'eglino
dessino l'ordine come e quando E il messo giunse la
mattina [92] nel castello di Monault [93], e trovato [94] Lione
e Lionello in [95] su la piazza armati, e 'l messo [96] diede
loro [97] due lettere l'una [98] fu uno piccolo brieve [99],
l'altra [100] fu palese — ma non il breve [101] —, la quale lettera [102] addimandava di [103] fare pace. Tibaldo giunse in

---

[75] Le parole *e quando*. *lettera* mancano a M, che dopo *mano*
aggiunge un *et.* — [76] *i dua traditori a dire chossi* O *li due traditori mandarono a dire in la lettera in tal forma* M — [77] *si
re pregamo* M — [78] *dicera lo strazio* F: *a loro loltragio* O —
[79] *loro haciera fatto* M — [80] *loro* manca a O — [81] *e* manca a M
— [82] *come* M — [83] *cristiana* O — [84] *rispondetine* M — [85] *pello
rostro* O, *questo* F — [86] *chiamato* F — [87] *del nipote* F — [88] *famiglio* F — [89] *per uno* M — [90] *messo* F — [91] *che elli haciano
caro tal facenda* M — [92] *La matina el messo giunse* M — [93] *Le pa
role di Monault* mancano a M — [94] *troiarono* O M — [95] *in* manca
a M — [96] *messo del re* F. — [97] *loro diede* M — [98] *e l'una* F —
[99] *un poco b* F, *fu picolo secreto* M. — [100] *la letera* O — [101] *ma
il briere no* F, queste parole mancano a M — [102] *lettera* manca
a M. — [103] *da* O, *di* e *fare* mancano a F.

piazza, e subito vidde la divisa del re Balante in dosso
al famiglio, ed [104] egli s'accostò a Lione e disse [105]
« Che à a [106] fare qui il famiglio di Balante? » Rispuose Lione [107]: « Leggi la [108] lettera Manda [109] a dimandare accordo [110], ma io gli rispondo [111] che la pace
faranno le nostre spade » Disse Tibaldo [112]: « Io ti
priego che tu guardi, che non ci sia altra trama, e
abbia riguardo al tuo onore e al tuo vecchio padre [113]. »
Tibaldo temeva di [114] tradimento, ma per non fare traditore il sangue reale, non si dimostrò [115]. Lione rispuose
al famiglio a bocca [116] e diegli commiato, ma [117] la notte
mandò un altro famiglio, e rispose per un altro brieve
al re Balante, el quale fece raccogliere molta gente, e
la terza notte [118] venne [119] a campo a Monault. E menò
lo re Galerano [120] con quaranta migliaia [121] di Saraini,
e [122] giunse in [123] sul mattino [124], e [125] aveva ordinato che
nessuno romore nè stormento non si [126] sentisse nel-
l'oste, e posesi [127] a campo ‖ in quella [128] parte dove il
tradimento era ordinato.

104 ed manca a M. — 105 -iglio e disse a Lione Γ — 106 da M
— 107 disse L F, Lione rispoxe M. — 108 questa M. — 109 il
manda M — 110 pacie F — 111 mundo a due F. — 112 le nostre spade farano la pace. Tibaldo dire M — 113 Le parole e
abbia.. padre mancano a M — 114 del M — 115 dimostra F
disonesto M — 116 a boca a quel famiglio M. — 117 e F — 118 la
terza nocte fece raccogliere molta gente et M. — 119 vennono Γ —
120 ne Galerano e meno secho O a Γ manca il seg con. — 121 milia M senza il di. — 122 e manca a O. — 123 in manca a M — 124 Le
parole e g.. mattino mancano a F — 125 e manca a M. —
126 non si facesse e che stormento non si F, istormenti n. s. O,
nì instrumento nessuno sonasse nè altro strepito se M. — 127 Possegli M, cui manca l'e precedente. — 128 Con le parole in quella
incomincia la parte del nostro romanzo, nella quale F, in luogo

In questa sera medesima [129] Tibaldo avia ordinato [130] a Fioravante, che facessi attendere [131] a buona guardia; e [132] Fioravante, perchè lo vide sollecito e [133] leale, gli disse chi egli era e chi era Riccieri, e puoseglie in segreto per lo bando ch' avia riceuto dal padre. Per questo molto l' amava Tibaldo chiamandolo singnore [134]

del testo di Maestro Andrea, ci ridà quasi alla lettera un testo del Fioravante, sicchè siamo obbligati a ricostituire la lezione solamente su O e M, e propriamente su O (V Prefazione, pp LXV-LXXV e p XCI) Perchè poi in luogo di ridurre grafia, fonetica e morfologia alle abitudini del copista di F, come è detto nella Prefazione a p. CXVII, io mi sia risoluto ad attenermi ad O, e quali avvedimenti abbia seguiti nella riproduzione di O, chi voglia, potrà leggere nella NOTA aggiunta in fine di questo volume A pie' di pagina aggiungo il testo di F — [129] *medesima sira* M. — [130] *detto* M — [131] *attendere diligentemente attendere* (sic) M — [132] *e manca a* M — [133] *a Tibaldo et* M — [134] *et per il bando che haveva receuto dal padre qiel posse secreto Tibaldo per questo molto lo amara et chiamalialo signore* M.

F) intorno al castello E la mattina Tibaldo si levò, e venne alla finestra, e vidde quella gente. Incontanente mandò per Fieravante, e Fieravante venne a-llui, e Tibaldo disse « Vedi, Fieravante, che noi siano assediati qui. » E Lione venne a Tibaldo e disse « Sire Tibaldo, che vogliamo noi fare? » Allora disse Tibaldo: « Lione, vattene, chè io farò bene quello che io arò a-ffare » E egli se n' andò molto adirato, e trovò Lionello, e disse. « Fratello mio, Tibaldo m' à cacciato » E stettono tutta quella notte e il dì, e Tibaldo non aveva detto a Fioravante questo come egli facesse, e andossene la sera a dormire egli e Riccieri. E Tibaldo mandò per tutti a dieci capitani che

Capitolo XIV.

Come Lione e Lionello diedono ai-re Balante Monault a¹ tradimento, e come Fioravante e Riccieri furono presi.

Essendo la notte Lione e 'l fratello andati alla guardia ², avevono iscanbiato Tibaldo, il quale, sendo tornato al suo alloggiamento, comandò alla sua gente, che nos-si disarmassino, come colui che dubitava; ed egli medesimo si gittò a dormire coll'arme in dosso ³ Era passato ⁴ i dua terzi della notte, quando le scolte ⁵ di fuori fecioro assapere, che gente era giunta di fuori ⁶ e accanpati molto ⁷ chetamente Allora disse Lione ⁸ alla gente, ch'erono ⁹ col-lui· « Io voglio andare a

---

¹ *Monault al re Balante per* M — ² *andati la nocte a la guardia Lione et Lionello* M — ³ *come chel non se domandara a desarmarse perchè il dubitava ma cossì armato se gittò a dormire* M — ⁴ *Eran già passati* M, *cui manca l'i seg* -- ⁵ *lo asculto* M — ⁶ *a sapere fece che de fuora era giunta zente* M — ⁷ *molto manca a* M — ⁸ *Lione alora dire* M — ⁹ *era* M

---

erano sotto di lui, e disse loro « Non vi disarmate, e state tutti acconci; e, quando voi udiete sonaie il corno, siate tutti quanti a-mme. » E eglino rispuosono « Messere, e' sarà fatto il vostro comandamento. » E Tibaldo vegghiò tutta quella notte, e, quando venne l'oia della mezzanotte, e Lione e Lionello s'armorono di tutte arme, e montoiono a cavallo, e usciono fuori, e giunsono alla porta, e-lle guardie sentirono, e comiciaiono a saettare Allora eglino dissono « Non saettate, chè noi siamo Lione e Lionello. » Allora fu loio aperta la porta, e eglino dissono « Noi andieno a guadangnare » E usciiono del castello, e ando-iono verso el campo, e giunsono al padiglione dove era il

sentire [10] che gente è questa, s'io potrò, segretamente;
e voi attendete [11] a buona guardia. » Disse Lionello [12]
« Io voglio venire con teco. » E [13] così andarono fuori,
e menarono dua iscudieri. Come [14] giunsono nel canpo,
ammazzarono questi dua famigli, e andorono dov'era [15]
Balante, che gli aspettava. E' fece loro [16] grande onore,
e giurarono d'attenere la promessa l'uno all'atro, come
per lettera [17] s'avevano iscritto; e fecionsi dare tre
prigioni e certe some di carriaggio [18], e tutte le sopravveste si stracciarono per mostrare avere [19] fatto battaglia. Colle [20] ispade im-mano sanguinose [21] tornarono al
castello con ordine che-rre [22] Balante con diecimila cavalieri venisse appresso di [23] loro e re Galerano con
tutto ir-resto [24] appresso ar-re Balante, e, giunti alla

[10] grentire O — [11] secretamente se io poterò Attendite voi M.
— [12] Lionello dixe M — [13] E manca a O. — [14] et come M —
[15] era il re M. — [16] A la lor gionta el re Balante gli fece M
— [17] l'uno et l'altro giuraono de attendare la promessa come
per loro littere M. — [18] Lione se fece dare tre presoni et certe
some de alcuno careagio M. — [19] de havere M. — [20] et cum le M.
— [21] sanguinose in mano M. — [22] questo ordine tale El re M —
[23] venne dovesse apresso a M. — [24] l'avanzo M

re Balante che giucava a scacchi co' suoi baroni a lume
di torchi E Lione e Lionello salutorono il re, e il re alzò
la testa, e vidde e' suoi nipoti, e corse incontanente a b-
bracciargli, e disse « Voi siate e' benvenuti », e trassegli
da una parte e disse « Come avete voi fatto di quello che
voi mi mandasti a dire poi lo vostro valletto? » Rispose
Lione e Lionello « Noi faremo sì, che noi vi dareno il
castello; e poi noi vogliamo stare con voi » Allora disse
il re « Bene mi piace », e incontanente fece recare uno
libro, e giurorono che farebbono quello che eghno avevano
a fare. E allora dissono Lione e Lionello « Voi ci darete
quantità di moneta d'oro e d'argento, acciò che paia che

porta, fu aperto a' dua traditori. Come [25] furono dentro,
chiamarono le guardie ch'erono in sulla porta, e do-
norono [26] loro queste some, e dissono loro [27] ch'e' dua
iscudieri, ch'andarono col-loro erono istati morti nella
zuffa Comandarono a certi caporali ch'andassino a
torno destando le guardie, e isforni [28] la porta, quanto
potè, di gente. E, quando gli parve il tenpo [29], calò il
ponte, e apersono [30] la porta, e cominciorono a gridare:
« Viva ir-re Balante, e muoia [31] i traditori capitani! »
Per questo Balante [32] entiò sanza contrasto nel castello,
uccidendo ongni gente che iscontravono. E'traditori corsono alla camera di Fioravante e di Riccieri, e assa-
lirogli nel letto, e nos-si poterono difendere, e preso-
gli, e a pena lasciarono loro [33] i farsettini, e [34] iscalzi
e sanza niente in capo gli menarono innanzi [35] ar-re

---

25 *et come* M — 26 *donò a* M — 27 *loro* manca a M. — 28 *et
forni* M — 29 *zente. Quando chel tempo gli parse atto* M —
30 *aperse* M — 31 *morano* M — 32 *Balante per questo* M — 33 *defendere perchè erano nudi, et cum tanta furia furono presi che
a pena gli lassarono mittere loro* M — 34 *e* manca a M. —
35 *dinanzi* M.

---

noi abbiamo rubato; e poi voi verrete con la vostra gente,
e noi faremo sì, che la porta ci sarà aperta » Allora disse
il re: « Ben mi piace », e fece dare loro buona quantità
di moneta d'oro e d'argento, acciò che paia ch'eglino abbino rubato. E' dissono « Poi voi verrete con la vostra
gente, e noi faremo sì, che la porta ci sarà aperta » E il
re fece dare loro alquante some di panni e altre cose.
Allora Lione e Lionello si partirono, e vennono alla porta,
e dierono alle guardie certe di quelle monete e altre robe,
e dissono alle guardie « Queste abbiamo noi guadangnate
stanotte; e togliete e portate a casa vostra, e noi guarderemo la porta tanto che voi tornerete » E tutte le guardie

Balante e a re Galerano [36] dicendo· « Ecco uno [37] de' capitani! » E [34] vedendo lo re Galerano sì bello cavaliere com' era [38] Fioravante, gli [39] domandò pella sua fe', che gli dicessino chi [40] egli erono. Rispuose ch' eran [41] di Francia; e così disse Riccieri No gli domandò d' altro, e [42] comandò che [43] fossono menati a Balda e messi in prigione in uno [44] fondo d'una torre Tibaldo sentendo ir-romore, corse alla piazza, e [45] no potè riparare a tanta moltitudine. onde egli fuggì con tremila cavalieri· l'avanzo gli fu morto [46], e 'l castello rubato e [47] messo a fuoco e arso e disfatto [48] insino a' fondamenti e ispianato [49]. E [50], fatto questo, lo re Balante e-ne Galerano tornorono colla loro gente a Balda, e tenevono Lione e Lionello per loro figliuoli,

[36] *Chalerante* O, cui manca il seguente *dicendo*, necessario per il senso -- [37] *l' uno* M — [38] Le parole *com' era* mancano a M — [39] *el* M. — [40] *chel gie dicesse per la sua fe' donde* M. — [41] *era* O. — [42] *de altro non li domandò ma* M — [43] *ch' egli* M. — [44] *nel* M. — [45] *ma* M — [46] *li altri fuono tutti morti* M — [47] *Poi fu* M — [48] Il copista di O aveva scritto prima *abruciato*, poi cancellò e scrisse in alto nello spazio interlineare *disfato*. — [49] *et spianati infino a li fondamenti* M — [50] *E* manca a M

dissono· « Bene ci piace », e tutta la roba portarono a casa loro e Lione e Lionello rimasono alla porta. E allora il re Balante fece armare tutta sua gente, e montorono a cavallo e vennono su nel poggio, e vennono su al castello; e, quanta gente trovorono, tutti gli missono al taglio delle spade, e Lione e Lionello gli missono per così fatto modo voi avete udito Molto poca gente ne camporono, che non fossono mandati al taglio delle spade e delle lance: e poi andorono dintorno al palagio, e trovorono a dormire Fioravante e Riccieri e legarono loro le mani innanzi ch'eglino si risentissino, sì dormivano forte, e, quando eglino gli ebbono così legati, eglino gli fecion risentire. E quando

5

i quali rinnegarono [51] la fede di Cristo e adoravono
Bilis e Balain, idoli falsi, come [52] i Saraini.

CAPITOLO XV.

Come Drusolina e Galerana innamororono [1] di Fioravante, e Galerana morì di dolore [2].

Riccieri, primo paladino di Francia, e Fioravante
furono messi in prigione in uno [3] fondo d'una torre a
Balda [4]. Ed era in quello tenpo tra' singnori usanza,
quando alcuno [5] cavaliere era preso in fatti d'arme,
che-lle chiavi delle prigioni [6] si davono a guardia alla
più [7] giovine damigella della [8] corte, cioè del parentado
di quello singnore che l'avevono prigione [9]; e però

---

[51] *renegarano* M. — [52] *come ferano* M

[1] *se inamoraro* M — [2] *et come di dolore Galeana morì* M
— [3] *nel* M. — [4] Le parole *a Balda* mancano a M, che continua:
In quel tempo era — [5] *alcuno zentile* M — [6] *de la presone dove*
eli erano messi M — [7] *più bella* M — [8] *de* M. — [9] *che lo* (sic)
in presune M, cui manca l'*e* seguente.

Fieravante si sentì così preso e legato, trasse gran guai e
disse « O me lasso! Chi-mm'à così preso? Siete voi saraini o cristiani? » Allora rispuosono: « Noi siamo saraini,
e non siamo cristiani. » E incontanente feciono torre tutte
l'arme di Fieravante e di Riccieri e i loro buoni destrieri,
e così legati amendue gli menarono dinanzi al re Balante.
Quando lo re gli vidde, egli disse « Per mia fe', costoro
sono bene cavalieri, ch'io non voglio che muoino! »: e comandò che fussino amendue bene guardati.
Quando lo re Balante entrò driento con la sua gente,
Tibaldo lo sentì, e inmantanente uscì fuora celatamente

furono dato le chiavi di questa torre[10] a dua damigelle[11], l'una era figliuola der-re Balante, e avia nome
Drusolina; l altra, figliuola dei-re[12] Galerano, e avia
nome Galerana E queste[13] damigelle mandavano[14] la
vivanda alla prigione a questi dua cavalieri[15], no sappiendo però come avevono nome, ma bene avevono
udito ch' egli erono di Francia Essendo istati questi
dua cavalieri[16] presso a uno mese in prigione, intervenne uno giorno[17] che queste damigelle, come coloro[18]
ch' avevono poca faccenda, dissono l' una all' atra[19].
« Deh! quanta viltà è-lla nostra! Chè[20] noi abbiano
dua[21] cavalieri prigioni e no gli abbiano mai veduti.
Voghangli[22] noi andare a vedere noi dua nella prigione? » E furono d' accordo[23] d' andarvi, e segreta-

[10] le chiavi de questa torre fuorono date M. — [11] -igelle belle M
— [12] l'altra era del re M — [13] Queste doe M, senza l'E — [14] fi-
gliole degli dicti re mand M — [15] manda a questi dua prigioni
chon altri chavalieri O — [16] prigioni O — [17] in presmi presso
a uno mese uno giorno interviene M — [18] coloro manca a O —
[19] et pochi pensieri l' una l' altra dixe M — [20] che manca a M
— [21] tanti giorni sono dui M — [22] gli manca a M — [23] vedergli
ne la presone cossì solette? Fuorono d' acordo prima M.

per una altra porta con alquanti della sua gente, e andò
in Dardenna, e fu dinanzi al re Fiore

CAPITOLO XIV.

Come il re Balante fece disfare il castello di Monalto, e come ne menorono presi Fieravante e Riccieri in Balda

Essendo presi Fieravante e Riccieri, il re Balante
die' ordine a fare disfare il castello e di menare Fieravante e Riccieri in Balda per mettergli in prigione, e molti
baroni e cavalieri E fece imprigionare Fieravante e Riccieri in assai cortese prigione, e diegli a guardia a due

mente tolsono [24] le chiavi, che altra persona no se ne
avvidde [25], e andorono a una cateratta della [26] torre,
dove [27] con una iscala si poteva andare [28] dov' erono i
dua cavalieri, e, aperto la cateratta, si puosono a sedere, e istavono a 'scoltare quello che costoro dicevono.
E [29] Fioravante, no credendo essere udito, fra [30] l'atre
parole, cominciò a dire. « Carissimo padre mio, perchè
se' [31] istato cagione della mia morte? E [29] volesse [32]
Iddio che queste pene toccassono a me solo, e no morisse con meco colui che à difesa tutta la nostra fede
al tenpo dell' avolo mio, e difese mio padre, e me à
canpato di morte [33]! » Riccieri, udendo il lamento di
Fioravante, disse « O caro mio singnore, no dite [34]
così! »; e molto lo confortò, « inperò che poco danno

---

[24] et poi tolsono secretamente M — [25] non seppe mente M —
[26] duna O — [27] donde M. — [28] intrare M — [29] E manca a M.
— [30] tra M — [31] O padre mio carissimo perchè sei tu M —
[32] fosse O — [33] questa pena tocasse a me solamente et cum meco
non morisse cum tanta pena colui che al tempo de l'avolo mio
tutta nostra difexe (sic)· colui che a mio padre difese et da la
morte a me ha campato M — [34] O bello et dolze signore mio
non dire M

---

donzelli di Gallerana e di Drugiolina la bella, fighuole del
re Balante, e il re Balante chiamò quelle due donzelle, e
disse loro: « Fighuole mie, questi due cavalieri cristiani
mi paiono due de' più belli cavalieri del mondo; e-sse eghino
volessimo tornare alla nostra fede, io darò per marito l'uno
di loro a una di voi, e l'altro all'altra. E però vi comando che voi guardiate, ch'eghino non abbino niuno disagio di mangiare nè di bere nè di dormire; ma io vi voglio bene ricordare, che voi abbiate l'occhio ch'eghino siano
bene guardati per gli vostri donzelli, a cui io gli ò dati in
guardia » Allora rispuose Gallerana e Drugiolina la bella.
« Fatto sarà vostro comandamento » E passati alquanti

omai sarà di me, che sono invecchiato e pieno di vecchiezza (?) [35], e tu vieni in fortezza Volesse Iddio [36] che
a me fussi tagliata la testa e tu canpassi, chè certo
sono che-lla mia morte sarebbe vendicata pella virtù
della vostra persona [37]. » Fioravante rispuose a lui le
simile [38] parole; appresso disse [39]· « Oh, quanti vassalli [10]
mangiono il mio pane e beono il mio vino! E noi,
miseri, moiano [41] di fame in prigione! » Per queste [42]
parole le due damigelle cominciarono a piangere. Disse
Drusolina « Per [43] mia fede, noi facciano grande peccato a lasciare morire dua tali gentili uomini di fame,

[35] e pero di resuzza O; dicendo· ormai de mi, signore mio, serà
poco danno, però che sono in vechia etade et sono de recheza pieno M,
donde ho ricavato il pieno di recchiezza, che ho messo nel testo
in luogo della strana lezione di O, ma che non mi soddisfa
molto per essere una ripetizione del precedente invecchiato —
[36] Dio volesse M — [37] son certo che per virtù de la vostra persona la mia morte serebbe vendicata M. — [38] gli rispose simile M.
— [39] dicendo· et anche di più M. — [40] vassalli in casa M. —
[41] qui ce moriamo M — [42] queste tale M — [43] et Dusolina dixe·
per la M.

giorni, disse uno giorno Gallerana, ch' era la maggiore, a
Drugiolina· « Vogliamo noi andare a vedere e'nostri prigioni? » Disse Drugiolina « Facciamo quello che-tti piace »
Allora elle si mossono, e andorono alla prigione dove era
Fieravante e Riccieri, e chiamorono le guardie loro, e entrorono drento E viddono Riccieri e Fieravante che sede-
vano, e Fieravante molto si lamentava e diceva: « Molto
mi duole, compangno mio, che per me tu-sse' preso et
se' imprigionato; ma se tu fussi di fuori e tu sapessi ch'io
fussi in prigione, io congnosco ch'egli è tanto l'amore che
tu-mmi porti, che tu ti metteresti a partito di morire per
iscamparmi. » E Riccieri disse « Metter[e']mi a ongni

ch' a loro parlare debbono essere [44] gentili uomini.
Andiano e portereno loro [45] da mangiare. » E d'accordo tornarono alle [46] loro camere, e feciono arrecare
pane [47], vino e carne, e pure [48] loro dua tornorono alla
prigione, e misono alla cateratta [49] una iscala E [50]
quando Fioravante e Riccieri le vidono venire nella
prigione, molto si maravigliorono. Le donne [51] gli salu-
tarono cortesemente; egli rispuosono loro onestamente
e molto vergongnosi [52], perch' erono molto [53] male ve-
stiti E-lle [54] donne domandarono s'eghno volevono da [55]
mangiare Rispuosono di sì. E-lle donne diedono loro [56]
la vivanda ch'elleno [57] avieno portata e perch'ellino [58]
mangiassino sicuramente, feciono loro [59] la credenza,

<hr>

44 che certamente al parlare ch'egli fano, egli sono grande et M
— 45 portarenogli M — 46 amendoe a le M — 47 pane et M —
48 et anchora pur secretamente M — 49 et per la catheratta mes-
seno M — 50 E manca a M — 51 danigelle M — 52 et egli hone-
stamente gli rispoxeno et cum molta rergogna M. — 53 molto manca
a M — 54 E manca a M. — 55 da manca a M. — 56 sì le done
loro diedono M. — 57 che gli M — 58 Il pronome ellino manca
a M, portata chelino O. — 59 e fere loro O, sicuramente man-
giasseno lor feceno M.

<hr>

grande pericolo, ben ch'io credessi morire, pure che tu
campassi, imperò ch'io conosco in voi tanta prodezza che
bene mi caveresti d'ongni pericolo E se-noi non fossimo
stati a dormire, veramente noi non saremmo così trista-
mente stati presi e legati, pure che noi avessimo potuto
porre le mani in su le nostre arme, però che con le spade
i-mano aremmo dato loro delle nostre ferite (*) Ora siamo
e-ttu e io in prigione, e non possiamo pure avere del pane
per mangiare » Udendo le donzelle così lamentare Fieravante, disse Drusolina la bella « Che peccato è di così

(*) Nel manoscritto la parola non è ben chiara pare fratti

ed [60] eglino mangiarono. E [54] quando ebbono mangiato, elleno [61] si fermarono a guatagli [62] amendua, e avevono l'occhio a dosso a Fioravante, perchè era tanto bello, e amenduni innamorarono [63] di lui, e con alquanti sospiri si partirono [61] e infiammate d'amore ardente [65], e ritornarono nella camera. La maggiore, udendo sospirare — la maggiore, cioè Galerana udì sospirare — Drusolina, ebbe [66] sospetto: domandò [67] perchè sospirava; ed ella [68], no potendo celare la fiamma d'[69] amore, non pensando che-lla cugina fosse innamorata, rispuose « Io sono forte innamorata d'uno di quegli cavalieri. »

[60] *ed* manca a M — [61] *egli* M — [62] *guardargli e* M — [63] *se inamoiaiono* M — [64] *presono licentia* M, senza l'*e* seguente — [65] *d'ardente amore* M, senza l'*e* seguente. — [66] *udendo sospirare la minore che era Galeana· et Galeana sentì suspirare Drusolina Drusolina hebbe* M Avendo qui il copista del testo su cui è condotto M, forse per non aver ben intesa la lezione del codice che esemplava, fatto di *Galerana* la minore delle due giovani (mentre così nel Fioravante come in F è essa la maggiore), fu poi costretto a ritoccare o piuttosto a guastare in più luoghi il testo della scena tra Drusolina e Galerana, come si vede dalle varianti seguenti. — [67] *de Galeana et domandola* M — [68] *Galeana* senza l'*ed* M. — [69] *de l'* M.

bellissimi cavalieri a lasciargli morire in cotale maniera! E perchè e' siano cristiani, forse che torneranno alla nostra fede, e torrannoci per moglie. Però a-mme pare che noi non gli abbandoniamo » Rispose Gallerana « In verità tu ài bene detto, e così facciamo sanza alcuno dimoro. » Le donzelle si tornarono alle loro magioni, e molto dilicatamente feciono provvedere da mangiare e da bere, e feciono portare a-lloro; e quando le donzelle scesono giù, e feciono recare giù queste buone vivande, eglino ne feciono grande maraviglia, e Riccieri disse « Ancora ò io speranza in Dio, nostro Singnore, che non ci lascerà perire » E-lle donzelle giunsono a-lloro e salutoronglì molto gentilmente,

Subito Galerana [70] la domandò. « Di quale? » Ed ella [71] disse: « Di quello [72] più giovane. » Galerana [73] alzò la mano e dielle una grande guanciata, e minacciava di farle peggio, chè Galerana era maggiore di tenpo [74], e disse: « Io ne 'nnamorai prima di te. » Drusolina [75] le rispuose e disse: « E'non è [76] vero, imperò che, come entrammo nella prigione, ne 'nnamorai, ch'egli guatò me ed io lui, ed [77] ero già di lui innamorata, quando l'udimmo parlare; però [78] dissi prima — Portiano loro [79] da mangiare — » Disse Galerana: « E così [80] innamorai ancora io; e [81] perchè io sono la maggiore [82], dea rimanere a me. » Disse Drusolina [83] « Anzi egli [84] debba [85] rimanere a [86] quella che più gli piace, e [87] però

[70] *Dusolina subito* M. — [71] *Galeana* M. — [72] *del* M. — [73] *Dusolina* M — [74] *perchè ella era magiore* M — [75] *me inamorai de lui prima che ti Galeana* M, cui manca il seguente *le* — [76] *rispose non è el* M — [77] *me inamorai, che ello quando mi et mi guardai lui et io* M. — [78] *Disse Dusolina et però te* M — [79] *gli* M. — [80] *Galeana dixe. Cossi me* M — [81] *e* manca a O. — [82] *di tempo magiore di te* M — [83] *Dusolina dire* M — [84] *egli* manca a M, *gli* O — [85] *de* M — [86] *a* manca a O. — [87] *e* manca a M

e eglino risposono loro molto graziosa- e benigna-mente, e molto si vergongnorono, e quando viddono venne quelle due donzelle a-lloro, si feciono grande maraviglia E-lle donzelle dissono: « Noi v'abbiamo recato da mangiare » Rispose Fieravante « Grande bisongno n'abbiamo » Allora le donzelle trovarono il pane e 'l vino e l'altre buone vivande, che avevano fatto apparecchiare, e puosonsi le donzelle a mangiare con loro. Quando Fieravante e Riccieri ebbono mangiato, e tornò loro il colore alquanto nella faccia, allora Drusolina la bella raguardò Fieravante, e incontanente fu presa del suo amore, e similemente ancora Galleiana, e ongnuna di loro non si ardiva di dirlo all'altra,

andiano a lui, e domandiallo [88], a quale di noi egli
vuole meglio. » E [87] così d'accordo ritornarono alla
prigione dinanzi a' dua cavalieri Galerana appellò Fioravante, e disse « O giovane gentile, odi uno poco la
nostra quistione Sappi ch'io sono di te [89] tanto innamorata [90], ch'io temo di no morire pello tuo amore;
però ti priego che ti sia di piacere darmi il tuo amore [91],
come io one dato il mio a-tte [92] » Disse Drusolina [93]·
« Tu no di' la ragione mia [94] e nonne inponi la quistione come ella istà » Allora pregò [95] ch'egli udisse
la sua ragione e marrò tutta la quistione come ella
istava, e poi [96] disse « Or giudica quale è di noi [97]
più bella, che più ti piaccia [98] e a quella dona il [99] tuo

[88] domandiamo M — [89] de ti sono M — [90] inamorato O —
[91] Per essersi corso coll'occhio da amore a amore, mancano ad O
tutte le parole però ti   amore, necessarie per il senso, e ch'io
ho rifatte in forma toscana su M però te priego chel te sia de
piacere dareme el tuo amore. — [92] come che a ti ho io dato el
mio M. — [93] Drusolina dixe M. — [94] mia ragione M. — [95] el
pregò M — [96] stara, poi gli M — [97] di noi è la M — [98] et
quale di noi più te piace M — [99] e quale donna è il O; tutto
el M

e non sapevano la voglia l'una dell'altra Ma quando elle
ebbono mangiato a-lloro piacere, disse Gallerana· « Sorella
mia, io sono sì innamorata d'uno di quelli due cavalieri, che
non trovo luogo nè riposo » Rispose Drusolina. « In verità ti dico ch'io sono sì innamorata, che io non so che mi
fare nè che mi dire » Disse Gallerana « Deh, dimmi sorella, di quale tu-sse' innamorata? » E ella rispose « Sono
innamorata di quello più giovane e più grande della persona » Rispose Gallerana. « Io innamorai di lui prima
di te » Rispose Drusolina « Incontanente egli mi gittò
e' suoi occhi a dosso » Allora Gallerana levò la mano, e
vollele dare nel viso Allora disse Drusolina; « Se non fusse

amore. E io ti prometto, che, se tu no doni amore a me [100], come io one donato [101] il mio [102] a te, che, come io sarò fuori di questa torre, colle mie proprie mani m'ucciderò. » Galerana [103] le comandò ch' [104] ella non parlassi più, « imperò che gli è [105] ragione che sia mio, perch'io sono maggiore di te. » Ongnuna [106] lo pregava, ch'egli rispondesse. Fioravante cominciò a ridere, ed [107] elleno pure lo pregavano ch'egli asciogliessi la loro quistione, ed egli rispuose e disse « Voi siete amendua [108] belle quanto si possa dire; ma s'io [109] fussi messo alle prese, io piglierei questa », e puose le mani a dosso [110] a Drusolina, la quale, come lo intese [110 bis], sanza riguardo niuno, vinta dall'amore, sì gli si [111] gittò al collo colle braccia istringendolo. E [112] Galerana uscì

---

100 *ad me el tuo amore* M. — 101 *dato* M — 102 *-ato io* O — 103 *Et dite queste parole Galeana* M, cui manca il *le* seguente — 104 *a Drusolna che* M — 105 *che la* M — 106 *et cossì cadauna* M, *ongniuno* O — 107 *ed* manca a M — 108 *-one, el rispoxe Voi amendoe siti* M — 109 *si già io* M. — 110 *la mane suso la spalla* M — 110 bis *lantese* O. — 111 *tinto d a s g s* O, *come intese e Fioravanti havere dito in questo modo, vinta da lo amore, senza riguardo ella se gli* M. — 112 Le parole *istringendolo E* mancano a M.

---

che tu se' mia maggiore sirocchia, io ti darei tale (*), che tu non paresti mai femmina fra l'altre » Rispose Galleiana « Non facciamo quistione insieme, ma facciamo una cosa andiamo a-llui alla prigione e sappiamo da-llui chi egli ama più, o te, o me. » Disse Drusolina « Tu èi ben detto, andianvi » E quando furono alla prigione, ellono si posono amendue a sedere, e Gallerana disse. « Sire cava-

---

(*) Qui pare che manchi un sostantivo Il *Fioravante*, edito dal Rajna, ha (p 392) *ti darei tale nella bocca, che-llù*, ecc, dove il sostantivo non c'e, ma l'aggiunta *nella bocca* può in qualche modo considerarsi come espressione che faccia le veci di un sostantivo, quale sarebbe *boccata* nel senso di *labbrata*

della prigione, e tornossi alla camera, e giunta dinanzi alla figura d'Apollino, disse queste parole lagrimando [113]· « O padre Apollino, a voi rendo l'anima
mia della falsa Venusse abbandonata, percossa dalla infernale Furia [114] Omè! Misera a me, avvolta [115] nel
tristo ammanto degli abbandonati [116] amanti in [117] conpagnia della abbandonata Adriana e della iscacciata
Medea! O misera Isifile, o ingannata Enone [118], o cortese
Didona, ricevete la misera conpagna ch'a voi viene,
e [119] voi tutte, ingannate [120] da traditori amanti [120 bis],

[113] *lacremando et suspirando dixe* M. — [114] *la anima mia da
la falsa Venus abbandonata et da le infernale furie percossa a
voi rendo* M. — [115] *involta* M — [116] *amando degli abandonanti* O
— [117] *in la* M — [118] Tanto l'epiteto *ingannata*, quanto il nome
Enone, sono mie congetture In O leggiamo *ingniata ferona*, e
in M *iguana renona* Enone (o Enona) sarebbe colei che Paride
abbandonò per Elena, e che è messa tra le amanti sventurate
anche dal Petraica nel *Trionfo d'Amore*, cap I, insieme con
Adrianna, Medea, Isifile ed altre, ed è poi una delle donne da
cui Ovidio immagina scritte le *Froidi*, opera ben nota al nostro
autore (V Prefaz p c sg) L'epiteto d'*ingannata*, mentre conviene ad *Enone*, è forma che potrebbe spiegarci le lezioni di O e M.
— [119] *a* O — [120] *tutti inghanati* O — [120 bis] *amanti* O

here, io t'ò donato lo mio amore, e sì-tti prego che-ttu mi
doni il tuo, e dimmi il vero se-ttu m'ami più che costei,
o se-ttu ami più lei che-mme » Allora parlò Drusolina e
disse « Sire cavaliere, intendete me. Io sono sì forte innamorata di voi, che, se voi non mi donate il vostro amore,
io me ne morrò » Rispose Gallerana « Non ci è a dire
più nulla, se non che voi guardiate me e guardiate lei, e
quale più vi piace, pigliate » Rispose Fieravante e disse
« In verità assai mi piace l'una et l'altra; ma bene vi
dico che, se io fossi messo alle prese, io prenderei innanzi
Drusolina che Gallerana » Allora Gallerana se n'andò al
suo palagio, il quale era sopra alla marina, e entrò nella

siate della mia morte testimoni dello incredibile amore,
ch'io avevo posto a questo traditore cavaliere. E così
prego i grandi Iddei del cielo, che per vendetta della
mia morte Drusolina vada pello mondo mendica pellegri-
nando, come ella ene[121] bene cagione della mia morte. »
E levata[122] la faccia verso la figura d'Apollino, istrinse
le pungna, e cadde morta pella grande abbondanza del
sangue che-lle corse al cuore[123], e di sua mano, mentre ch'ella[124] aveva dette queste parole, le[125] aveva
scritte, perchè si[126] sapesse la cagione della sua morte
Drusolina cancellò[127] la scrittura e tennelo[128] celato

---

121 *lei è* M — 122 *Et dicte tal parole levò* M — 123 *et cum
le pugne strute per la grande abondantia del sangue che le corse
al cuore et per grande dolore cade a terra morta* M, cui mancano
le seguenti parole *e di sua mano.* — 124 *ella* manca a M. — 125 *le*
manca a O, omissione dovuta forse al terminare con *le* la precedente parola. - 126 *si* manca a M. — 127 *celò* M. — 128 *a ciò
che non se sapesse et tenela* M.

---

camera, e cominciò a fare uno grande pianto, e lamentandosi cominciò a dire « Io voglio morire per lo suo amore. »
E pel grande dolore che al cuore gli venne per le parole
che aveva dette Fieravante, cioè che amava più Drusolina
che lei, strinse le pungna e cadde morta. E di queste cose
Drusolina non sa niente perciò che ella rimase con Fieravante e volendosi partire, Drusolina disse: « Io voglio
tornare al mio palagio reale » E andonne alla camera,
dove dimorava Gallerana, e trovolla morta di dolore per
quelle parole che Fieravante aveva loro dette. E sentendo
che messer lo re Balante tornava, diliberò prima pigliare
partito, e guardò la sera che niuno della casa non sentis-

Capitolo XVI.

Come Drusolina gittò Galerana[1] nello fiume, e fece dire[2] a tutta la corte ch'ell'era caduta da sè.

In questo mezzo che Drusolina[3] era rimasa nella prigione con Fioravante ed avevalo[4] abbracciato in[5] presenza di Ricciri, molto[6] gli confortò e diede loro[7] buona isperanza, e[8] dopo molte parole disse[9] Drusolina: « Io voglio andare a vedere quello[10] che fa la mia cugina »; e già avia[11] detto loro chi[12] ella era. E partissi da loro, e tornando alla[13] camera, trovò Galerana morta Allora ebbe ella grande pagura[14], ma ella fu ispirata d'uno grande avviso· ella la prese con

[1] *Gal. morta* M — [2] *credere* M — [3] *Dus che* M — [4] *-ante darello* O. — [5] *in la* M — [6] *et molto* M — [7] *dandogli* M — [8] *e manca a* M. — [9] *dire a loro* M — [10] *quello manca a* M — [11] *Haveva già* M — [12] *alora che* M. — [13] *loro quando che ella fu tornata in la* M — [14] *Dusolina hebbe paura grande* M

sino mente che Gallerana fosse così morta ella andò soletta, e gittolla dalla finestra alla marina E quando venne la mattina vengnente, e Drusolina andò alla prigione a Fieravante, e disse la cagione bellamente, acciò che-lle guardie non sentissono mente, e disse [a] Fieravante· « La mia sorella Gallerana si è morta per lo vostro amore » Allora Fieravante rispose e disse: « In verità bene ne sono dolente » Disse Drusolina· « Io la gettai in mare, acciò che della morte sua non se ne senta alcuna cosa · Disse Fieravante· « Voi avete fatto prudentemente » Allora Drusolina, come infiammata del suo amore, gli si gittò al collo e abbracciollo, e disse: « Sire, non lasciate per rispetto del

grande fatica e portolla sopra [15] una finestra, ch'era [16] sopra a uno grande fiume, che passava pella terra [17], e gittolla a terra di [18] quella finestra. E poco istette, ch'ella [19] cominciò a gridare e iscompigliarsi, e dicia [20] « Omè! soccorrete Galerana, ch'è caduta nel fiume! » La gente corse, ma per ventura ella aveva dato in su 'n uno canto di muro colla testa, e tutto il capo avia disfatto, ed era da poi caduta [21] in uno pelago d'acqua del fiume. Per questo fu creduto ch'ell'era da sè caduta [22], e morta pella percossa, e fu soppellita con grande pianto E Drusolina [23] facia maggiore [24] pianto che gli altri [25] dicendo « Omè! Avere [26] perduta sorella e [27] conpangna, ed essere rimasa sola! » E [28] passato quello giorno, tornò sola alla [29] prigione, e disse

15 *a* M — 16 *ch'era* manca a M — 17 *-aia a piè del palazo* M. — 18 *da* M. — 19 *et stette un poco et* M — 20 *a scapellarse dicendo* M — 21 Le parole *nel fiume.* *da poi caduta* mancano a M — 22 *caduta de sì* M — 23 *cum grande pianto fu sepelita* D M — 24 *più grande* M — 25 *le altre* M — 26 *Omè* manca a M, *avere* a O — 27 *e* manca a O. — 28 *E* manca a M. — 29 *nela* M

compangno vostro, che voi non prendiate sollazzo e gioia della persona mia » E Fieravante rispose « Dama, sappiate certamente che io non arò a fare di voi carnalmente, se voi non vi fate prima cristiana. » Allora ella disse: « Io sono molto contenta di farmi cristiana, però ch'io voglio sempre essere al vostro comandamento, e fare et dire ongni vostro talento. » (*) Disse Drusolina. « Volete voi uscire di prigione » Disse Fieravante: « Io voglio imprima vedere se 'l mio padre, re di Francia, mi manda soccorso, però

(*) Qui pare che manchi la risposta di Fioravante Cfr *Fioravante* edito dal Rajna p 393

a Fioravante, come Galerana era morta per suo amore,
e 'l modo ch'ella avia tenuto; ed ebbonne grande sollazzo e piacere [30]. Molto si maravigliò Riccieri [31] del
presto rimedio che trovò Drusolina [32], e raffermò il
detto [33] del savio, che-llo consiglio della femmina è
buono, s'ella non vi pensa su, ma, s'ella vi pensa,
nollo pigliare, ch'egli è vizioso

E [28] mentre ch'eglino istetteno [34] in prigione, ella
gli confortava [35] di ciò che fa loro [36] di bisongno Alcuno libro, ch'io one trovato, dice [37] ch'una fonte apparì nella prigione, e [38] Fioravante disse a Drusolina
chi egli era, e ch' [39] egli la battezzò molti non ne
fanno menzione, che sono franciosi [40].

[30] ebbeno solazo et piacere grande M — [31] Rizieri se maraviglio molto M — [32] che Dusolina prese M — [33] chonsiglio O —
[34] eglio istano O — [35] fornia M — [36] loro facea M — [37] Io
però ho trovato alcuno libro che dise M. dice manca a O — [38] come
che ne la presone era una fonte et che M — [39] loro erano et con e M
— [40] et molti che sono franzosi non fano mentione M

che io sono certo che, come egli saprà che io e il mio
fedele compangno siamo in prigione, egli provvederà di
soccorso » E Drusolina disse « Dunche siate voi fighuolo
del re di Francia ? E io vi dico, per mia fede, che io vi
voglio dieci cotanti più bene che prima » Allora, stando
in maggiore amore e in più grande benivolenza insieme,
che non era prima, disse Drusolina « Sire, quando piacesse a voi, io voglio celatamente fare che voi e 'l vostro
compangno abbiate le vostre arme, e poi, quando voi
vorrete uscire di prigione, sì me lo direte, e io ve ne
caverò. »

Capitolo XVII.

Come Tibaldo [1] giunse a Dardenna, e [2] re Fiore [3] mandò lettere in Francia [4] singniflcando che Fioravante era preso.

Mentre che a Balda istava in prigione Fioravante e Riccieri, e in [5] Francia si trattava di soccorello [6] in questo modo Tibaldo da Lima, come di sopra è detto, canpò, quando fu preso il castello, detto Monault [7]. Giunto a Dardenna, disse ar-re Fiore, come i sua figliuoli l'avevono tradito, e come quello cavaliere, ch'avia rimenata Uliana, era Fioravante, figliuolo der-re Fiorello, re [8] di Francia, suo carnale fratello, e tutta la cosa ch'era suta a Parigi, quando Fioravante si partì, e come quell'atro era Riccieri, primo paladino Quando ir-re Fiore intese le cattive novelle,

[1] *Baldo* O — [2] *et come lo* M — [3] *Fioravante* O, *Fiore de Dardena* M — [4] *in Franza littere, per quelle* M. — [5] *Fioravanti staia in presune a Balda, in* M. — [6] *del soccorrere* M — [7] *quando f. p. e c. di Monault campoe et* M — [8] *suo nipote fiolo del re* M

Capitolo XV

ome il maliscalco (*sic*) del re, Tibaldo, ando al re Fiore ('). e piangendo disse quello che Lione e Lionello avevano fatto del tradimento di Monalto

Era giunto dinanzi al re Fiovo il maliscalco del re, Tibaldo, e incominciò fortemente a piangere e con grandi singhiozzi incominciò a parlare dicendo « Mangnifico re, singnore nostro, merzè per Dio! Sappia la vostra maestà, come e' vostri figliuoli Lione e Lionello sono in Balda col re Balante e col re Galleiano, e ànno tanto fatto, che

(') Il ms ha *Fiovo*

si diede colle mani nella faccia [9], e istracciossi i reali
vestimenti, facendo grandi guai [10], e più si lamentava,
che [11] none avia conosciuto Fioravante, che d'altro,
dicendo « Che [12] dirà il mio fratello ? » Immantanente [13]
apparecchiò una imbascieria, dolendosi col-loro della
disavventura e maladicendo i dua [14] figliuoli che avevono tradito la santa fede cristiana [15], e dicia . « Senpre
si dirà: — I figliuoli der-re Fiore di Dardenna tradi-
rono *il* loro padre e *'l* loro cugino, e rinnegarono la
loro fede cristiana », e maladicia l'ora e 'l punto
ch'egli [16] gl'ingenerò. E comandò agli imbasciadori ch'andassino ar-re di Francia da sua parte a singnificare [17],
come la cosa è istata, e come Fioravante e Riccieri
erono presi a Balda. Gl'imbasciadori cava*l*carono in
fretta, e, giunti a Parigi innanzi [18] ar-re Fiorello, in
prima per iscusa der-re Fiore dissono [19] come Fiora-

---

[9] *nel riso facia* (sic) O — [10] *la reale restimenta guai grande
trahendo* M — [11] *perchè* M — [12] *or chi* M — [13] *Et incontinente*
M — [14] *li dui sui* M — [15] *che la sancta fede christiana haueiano
tradita* M, cui mancano le parole che seguono da *e dicia* fino
a *fede cristiana* — [16] *che mai* M — [17] *et che significassero* M —
[18] *dinanti* M. — [19] *per iscusa del re Fiore in prima direno* M

Fieravante e Riccieri sono in prigione, e molti de' suoi
baroni e cavalieri, e non so s'eglino sono vivi o morti. »
E Tibaldo, ch'era giunto dinanzi al re Fiore, disse « Io
mi viddi sanza alcuna speranza, e convennemi fuggire con
la mia gente, e a pena potemmo campare, e Lione e Lionello stanno col re Balante » E allora il re rispose a
Tibaldo. « Saprestimi tu dire chi era quello bello cavaliere? » Rispose Tibaldo· « Certamente sì, avvisando la
vostra maestà, ch'egli è Fieravante, figliuolo del re di Franza » Allora il re Fiore si diede delle mani nel viso e trasse
grandi guai, e disse « Io non sarò ma' più lieto in vita
mia, imperò ch'egli era mio nipote; ma, se mai io potrò

6

vante era capitato [20] isconosciuto cor-Riccieri a Dardenna, e come ir-re, non conoscendolo, lo fe' capitano e mandollo a Monault, e [21] 'l tradimento di Lione e di Lionello, e come Fioravante si chiamava [22] Guerrino, e [23] Riccieri si facia chiamare Buonservo, e come sapevono di vero [24] ch'egli erono a Balda in prigione [25], e pregavallo [26] per parte der-re Fiore, ch'egli facesse ougni suo isforzo, e che ir-re Fiore vi metterebbe l'avere e-lla persona, pregando [27] ir-re di Francia che l'avesse pei iscusato, perchè egli no conobbe Fioravante, quando capitò a Dardenna.

<hr>

[20] *chapitano* O — [21] *et dixegli* M — [22] *se facea chiamare* M. — [23] *et come* M — [24] *di vero sapea* M — [25] *in presune a Balda* M — [26] *Poi el pregarono* M. — [27] *pregando sempre* M

porre le mani a dosso a Lione e a Lionello, incontanente gli farò impiccare per la gola » E a Tibaldo disse. « Ora intendi, Tibaldo, che Fieravante è mio nipote, e a ragione non poteva avere Uliana, mia figliuola, per moglie. » Allora Tibaldo rispose « Singnore, voi sapete bene che voi l'avevate promessa a me, e per ragione debbe essere mia » E il re così ghele consentì. E di poi il re disse « Io voglio incontanente mandare uno messaggio al re di Francia, singnificandogli come Fieravante e il suo compangno Riccieri sono in prigione in Balda » E incontanente scrisse lettere, e con prestezza le mandò e comandò a' messaggi che mai non restassino nè dì nè notte di camminare, tanto

Capitolo XVIII.

Come ir-re¹ di Francia bandì l'oste, e con grande gente
n' andò² a Dardenna; e fu nell' oste³ il papa di Roma,
detto papa Innocenzio primo Albani; ed era inperadore
di Roma⁴ Arcadius.

Udito⁵ lo re Fiorello gli anbasciadori, ebbe grande
dolore del suo figliuolo e de' nipoti; e fu grande dolore per tutta la città e per tutto ir-reame di Francia⁶
E raccolta⁷ tutta la baronia dinanzi ar-re, gridarono⁸
che Fioravante e Riccieri si soccorresse⁹ con ongni
possanza che-ssi potesse, e¹⁰ che a Roma si mandassi
al santo papa e¹¹ allo inperio, che gli soccorresse

¹ *Come lo re Fiorello* M. — ² *et come andoe cum grande
zente* M — ³ *et come ne l' oste fu* M. — ⁴ *inperadore de Roma
era alora* M — ⁵ *Udi* O — ⁶ *et per tutta la città de Parise et
anchora per tutto lo reame de Franza fu grande dolore* M. —
⁷ *Racolta adonca* M. — ⁸ *cridando dicevano* M — ⁹ *soccorisseno*
M. — ¹⁰ e manca a O — ¹¹ *se mandasse a Roma sancto et* M

che fossino giunti in Franza al re, e' quale (sic) messaggi
così feciono. E come furono giunti dinanzi al re, s'inginoc-
chiorono e posongli la lettera del re Fiore in mano, e il
re la fece di presente aprire e leggere, e quando intese
che Fieravante, suo figliuolo, e Riccieri, suo buono compangno, erano presi da' Saraini e che erano in prigione,
ebbe allora il maggiore dolore che mai potesse avere E
incontanente ebbe il suo consiglio, et ebbe ordinata una
bella e nobile ambasceria, e mandolla allo Apostolico di
Roma, singnificando come Fieravante, suo figliuolo, e Riccieri, paladino, erano presi dagli Saracini in Balda e che
la Santità sua facesse ragunare il maggiore sforzo che

col-loro gente. E fu[12] eletto una reale anbascieria, e mandati[13] a Roma, e[14], giunti a Roma, parlarono allo inperadore e al papa, ed era in questo tenpo inperadore di Roma Arcadio, negli anni 345, ed era papa in questo tempo Innocenzio Albanis. Lo 'nperadore diede loro[15] gente assai, ma il papa v'andò egli in persona, e bandì la croce sopra quegli di Balda, e bandire fece[16] uno perdono di colpa e pena a chi andasse in[17] questa inpresa in aiuto al sangue di Gostantino, el quale avia dotata la chiesa di Dio. Con ongni loro forza di gente si partì da Roma, e inverso Francia n'andò[18] passando Toscana, Lonbardia, Piamonte[19], Apennino, Savoia, Borgongna[20], Maganza e giunsono a Parigi Lo-rre Fiorello venne incontro al papa tre leghe, e fegli grande riverenzia, e così en-

---

12 *Per questo il fu* M — 13 *mandata* M. — 14 *Quando fuorono* M — 15 *Imperadori era in quel tempo Archadio, et papa era Innocentio Albanis Correva in quel tempo tricento quarantacinque Lo imperio lor diedi* M — 16 *fece bandiere* M — 17 *a* M — 18 *andò verso Franza* M — 19 *per la* T *per la* L, *per lo* P. M. — 20 *Guaschongnia* O

---

egli potesse, e venissino in Franza; « e io farò ragunare la mia gente, e poi andrò a Balda a riscuotere Fieravante e Riccieri di prigione »

Capitolo XVI

Come il papa passò per Toscana e per Lombardia e andò in Franza e in compagnia di dodici cardinali e con sessanta miglia di buoni cavalieri

Quando il papa ebbe intesa l'ambasciata, fece subitamente ragunare suo sforzo, e mossonsi da Roma con dodici cardinali in sua compagnia e bene sessanta migliaia di buoni cavalieri, e venne per Toscana e per Lombardia,

trarono in Parigi, e -rre [21] Fiorello menava il cavallo
per lo freno. E [22] poi che fu ismontato [23], ir-re gli
contò ongni cosa, e come [24] Fioravante e Riccieri furono
traditi e presi E 'l terzo giorno partirono da Parigi e
inverso Dardenna n' andarono con cc migliaia di Cristiani [25]; el papa menò di Talia lx migliaia di Cristiani [26], e re Fiorello [27] cxl migliaia di Cristiani [26]. In
poco tenpo giunsono a Dardenna Lo-rre Fiore venne
loro [28] incontro, e grande riverenzia fece al Santo Padre [29]. Entrati nella città, ir-re Fiore piangia [30] Come
furono nella camera, ongni cosa innarrò [31]: lo-rre Fiorello molto lo confortò, e così fece il papa, e benedis-
selo [32]. E-rre Fiore fece venire Tibaldo di Lima, 'l
quale disse da capo [33] tutta la cosa come era istata,

[21] *El re nobile* M. — [22] *E* manca a M. — [23] *-ato al papa* M
— [24] *Le parole e come* mancano a O — [25] *et cum docento milia
christiani andarono verso Dardena* M — [26] Le parole *di Cristiani* mancano a M — [27] *-ello ne menò* M — [28] *a loro* M —
[29] *padre sancto et* M — [30] *sempre pianzeva* M — [31] *pianzendo
gli narrò ogne cosa* M — [32] *cum la* (sic) *papa molto lo confortarono ·
et ultra el papale et reale conforto el papa lo benedixe* M, cui
manca l' *E* seg — [33] *da capo dixe* M

e passò in Franza E sentendo il re come il papa perso-
nalemente venia con grandissima compangnia, subitamente
gli si fece incontro con grande quantità di baroni e di singnori e di cavalieri, e come furono accozzati insieme, il
re con grandissima riverenza si cavò la corona di capo e
disse «Padre Santissimo, io vi raccomando il mio fighuolo
Fioravante. » Allora il Santo Padre gli disse «Tu puoi
assai chiaramente vedere, se egli mi cale del tuo fighuolo,
chè io in persona co' miei cardinali e tanta buona gente
siamo venuti alla tua requisizione » E il re rispose · «Mille
merzè n' abbiate voi, Padre Santissimo! » E quando furono
riposati due giorni, e il re fece raunare tutta la sua gente;

e 'l papa gli die' la sua [31] benedizione E [35], ordinato che
'l terzo dì si partisse l' oste verso Balda [36], andò [36 bis]
il bando der-re di Francia che 'l terzo dì si seguisse [37]
le bandiere reali. E così uscirono il quarto dì [38] di
Dardenna, e in pochi dì [39] giunsono alla città di Balda [40], dove lo-rre Balante e-llo-rre Galerano, come [41]
sentirono della gente ch'era venuta a Dardenna, avevono ragunata molta gente, pensando ch' egli erono
loro nimici, e temevono [42] che non venissino sopra di [43]
loro terreno, e [44] no sapevono che quegli dua fussino
Fioravante e Riccieri; e avia dentro in Balda grande
quantità di gente a cavallo e a piede per loro soccorso [45].

---

[34] sua manca a M. — [35] et li fu M. — [36] giorno l' oste se
partisse et verso Balda andasse M. — [36 bis] chaualchando O. —
[37] Do poi da parte del re de Franza el bando andò per tutto
ch' el terzo dì ogne homo seguire doresse M. — [38] Cossì el quarto
dì uscirono M — [39] giorni M — [40] a Balda a torno la città M —
[41] erano li quali come M. — [42] temendo M. — [43] del M. — [44] ma M.
— [45] Rizieri Dentro de Balda haueua grande zente da cauallo et
da pie' M

---

e quando furono ragunati tutti, si trovarono centocinquanta migliaia di cavalieri, e all'onore di Dio e della
Vergine Maria tennono il cammino verso Dardenna. (*)
E quando furono presso alla terra, la novella andò al re
Fiore, sì come il re di Franza veniva con grandissima
moltitudine di cavalieri. Allora il re Fiore si gli fece incontro con grandissima gente, e quando il re vidde l'Apostolico di Roma, si trasse la corona di capo, e fecegli tanto
onore e riverenza, quanto seppe e potè, e quando vidde
il re Fiorello, feciono grande festa insieme, e entrarono

(*) Ms Dardania

Capitolo XIX.

**Come i Cristiani posono canpo a Balda e[1] re Balante e-rre
Galerano uscirono dalla[2] città con grande gente; e[3]
Drusolina ando nella[4] prigione, e come si battezzò[5], e
seppe chi era[6] Fioravante e Riccieri.**

Nello tenpo della primavera[7] giunsono i Cristiani
a Balda del mese di maggio di notte[8], e puosono
canpo[9] con grande romore com-[10] molti fuochi e lumi-
naria[11] Per questo tutta la città[12] corse ad arme, e
tutto lo paese istormeggiava[13]. Lo-rre Balante, chiamo
lo-rre Galerano, attesono tutta notte[14] a buona guardia confortando la gente loro[15]. E-lla mattina usci-

---

[1] *et come el* M — [2] *fora de la* M. — [3] *et come* M — [4] *a
la* M — [5] *et baptizose* M — [6] *che erano* M -- [7] *era del mese de
magio* M — [8] *di nocte a Balda* M — [9] *acampanasse* (sic) M —
[10] *et cum* M. — [11] *lumiere* M. — [12] *la città tutta* — [13] *istome-
giando* O — [14] *tutta nocte attexono* M. — [15] *loro zente* M, cui
manca l' *E* seg

---

col Padre Santo insieme nella terra E quando furono bene
riposati, e il re Fiorello di Franza domandò de' suoi figliuoli Allora il re Fiore incomminciò a lagrimare e disse
« E' miei figliuoli m' ànno morto e vituperato Fieravante
mi capitò alle mani, e io non lo conobbi nè lui nè 'l compangno, e mai seppi chi eglino si fussino insino che eglino
furono presi. » E stando in questo ragionamento Tibaldo
di Lima giunse in sul palagio, e, giungnendo alla camera,
e' vidde tutti questi singnori, che stavano molto pensosi.
Egli con grandissima riverenza s'inginocchiò facendo quella
riverenza che si richiedeva a tanti e tali singnori come
erano costoro.

rono della città col-[16]loro gente, e ordinarono fare le
schiere. Pe-r-iomore ch' era istato, forte sì maravi-
gliavono Fioravante e Riccieri; e-lla mattina andando [17]
Drusolina alla prigione, eglino [18] domandarono ch' era
istato quello romore [19]. Ella rispuose che nollo sapeva,
perchè ella avia dormito; « ma io [20] tornerò da mia
madre e sapròllo » Così tornò dalla sua madre, e
domandolla. La madre le disse: « O figliuola mia,
abbi buona guardia delle chiavi di quegli prigioni, a
ciò che no-ssi fugghino [21], ch' egli è accanpato ir-re
di Francia e 'l [22] papa di Roma e [23] re Fiore di Dardenna a [24] questa città con grande moltitudine di gente,
e credesi che costoro sieno grandi singnori cristiani,
e però ci è venuto il canpo, e, più, il [25] tuo padre e
'l tuo [26] zio s'armano d' [27] andare alla battaglia contro

---

[16] *cum la* M. — [17] *ando* O, *Fioravante et Rizieri se erano
molto maravigliati del romore che era stato, et andando la matina* M. — [18] *eglino il* O, *egli la* M. — [19] *che romore era stato
quella* M — [20] *et disse io* M — [21] *non fuzano* M — [22] *cum el* M
— [23] *et cum el* M — [24] *intorno a* M — [25] Le parole *e più il*
mancano a M. — [26] *et tuo* M — [27] *per* M.

CAPITOLO XVII

Come il re di Francia fece molte carezze a Tibaldo, e domandollo in che modo Fieravante fu preso

Domandando il re di Franza il re Fiore « Chi è costui il quale è qui venuto? », disse il re Fiore. « Costui
è quello, con cui era Fieravante, quand' egli fu preso »
Allora il re di Franza l'abbracciò e baciò, e disse. « Io
vi priego che voi mi diciate in che modo egli fu preso il
mio figliuolo Fieravante. » Allora Tibaldo disse. « Se voi
volete che io ve lo dica, fatemi imprometteie al mio sin-

a-lloro Prega Apollino e Balain che gli aiuti » Drusolina si partì dalla madre; e poco istette, ch' ella andò [28] alla prigione pensosa pelle parole ch'avia udito dire a sua madre, [e] che credevono [29]. E [30] giunta da loro, gli salutò, e tutto per ordine rispuose [31] quello che-lla madre aveva [32] detto, e pregògli [33] che sanza pagura dicessi i nomi loro [34] Fioravante, vedendo l'amore e-lla fede che gli portava [35] Drusolina, gli disse chi egli era [36] e come avia nome [37] Fioravante, figliuolo [38] de -re Fiorello [39] di Francia, e come quell' atio è [40] Riccieri, paladino di Francia E Drusolina [41] disse: « Ora sono io [42] la più contenta damigella del mondo, da poi che-lla mia ventura è istata nello amore d'uno [43] singnore sì grande [44]. Pertanto io vi prego,

[28] *torno* M — [29] *che idenono* O — [30] *E* manca a M — [31] *et per ordine ella gli dire tuto* M — [32] *gli haveia* M — [33] *priegò quigli* M — [34] *gli dicessono come se chiamavano per nome* M. — [35] *chella gli portava a* O — [36] *elli erano* M — [37] *haveiano nome, et che ello haveia nome* M — [38] *et era figliolo* M — [39] *-ello figliuolo de re* O — [40] *et che q a era* M — [41] *primo paladino Dus* M — [42] *O signore mio, io son ora* M. — [43] *istata posta il mio amore a uno* O. — [44] *sì grande signore et* M

gnore, che è qui presente, che mi perdoni se io in alcuna cosa fallassi » E il re Fiore non aspettò che il re di Franza gli dicesse alcuna cosa; ma per se medesimo gli disse: « Tibaldo, di' sicuramente come il fatto è passato, e in che modo tu scampasti(*) .. e che, se Fioravante fosse stato conosciuto, non lo arebbono menato pregione, anzi l'arebbono morto, imperò che eglino gli volevano gran male Allora lo re di Franza disse. « Non ci è da due più, nè da stare a perde[r] più tempo, anzi andiamo là

(*) Qui è stata omessa qualche frase, che le parole e che gran male sono di certo le ultime della risposta di Tibaldo

che voi mi battezziate » E arrecò dell' acqua, e Riccieri la battezzò, e Fioravante la sposò, e giurolle di no
torre mai altra donna che lei; ella giurò di no torre
mai [45] altro marito E [46] fatto questo saramento, disse
Drusolina [47]: « Volete voi uscire della prigione? » Rispuose Fioravante [48]: « Noi n' [49] usciremo volentieri, ma
noi [50] vogliano vedere come la fanno i nostri Cristiani [51],
perchè noi [50] none abbiano arme. » Disse Drusolina [47]
« Le vostre arme sono sotto la mia guardia, e ongni
volta saranno alla vostra domanda. » Allora disse Fioravante come il [52] suo padre gli avia dato bando, « inperò [53] intendo di stare a vedere insino appresso alla
fine della battaglia. Prego la vostra gentilezza che-lle
nostre arme vi sieno raccomandate, e così vi prego,
se per voi si puote, che noi abbiano i nostri cavagli »

[45] Le parole *altra donna ... torre mai* mancano a M, effetto
della espressione *torre mai* ripetuta a sì breve distanza. — [46] *E*
manca a M. — [47] *Drusolina dire* M — [48] *Fioravanti rispose* M —
[49] *n'* manca a M — [50] *noi* manca a M — [51] *vedi à prima come
la faramo li C.* M — [52] *F. alora dixe come chel* M. — [53] *et però,
dixe, io* M

prestamente » E incontanente tutti uscirono fuori della
terra, e trovoronsi in numero circa a dugento migliaia di
buoni cavalieri, e montorono a cavallo tutti bene armati,
e andarono verso Balda, e la notte vengnente puosono
l' assedio dintorno alla terra di Balda. E la mattina lo 're
Balante sì si levò, e vidde questa gente, e incontanente
se ne andò al re Gallerano, suo fratello, e disse « Che
faremo? Tu vedi quanta gente ci è venuta a dosso vogliamo noi uscire loro a dosso con la nostra gente? » Rispose Gallerano « A me pare noi non istiamo a vedere »
Incontanente mandarono uno bando che tutta la loro gente
si debba ragunare, cavalieri e pedoni, e, sanza alcuno in-

Ella [54] rispuose ch' ella gli avia a sua posta. Disse
Fioravante [55]. « Io vi prego che voi andiate in [56] sulla
torre di questo palagio . ponete [57] mente come la battaglia seguiterà [58]; e s' e' nostri Cristiani aranno vittoria, no sarà di bisogno [59] che noi pigliano arme, ma,
se sono perdenti [60], ci portate [61] le nostre armi, o voi
ci cavate di prigione e armateci, a ciò che noi gli
soccorriano » Ella così promisse, e partissi [62] da loro,
e andò in sulla [63] torre del palagio, e vide la [64] gente
del padre fuori della città, e vedeva l' oste de' Cristiani e-lle bandiere ch' erono presso alla città a dua
miglia [65]

[54] *Et ella allegramente* M — [55] *Fioravanti dire* M — [56] *in*
manca a M — [57] *et ponete* M — [58] *seguirà* M, cui manca l' *e*
seguente — [59] *non fa bis.* M — [60] *egli sono perditori* M. —
[61] *portatice* M — [62] *Et ella promesse de fare cossi Partisse Dusolina* M. — [63] *andò su una* M — [64] *da ly la* M — [65] M aggiunge . *et vedeva ancora li loro padiglioni*

dugio, fossono tutti armati, e ragunorono cento migliaia
di buoni cavalieri, e più no ne poterono avere. E Drusolina si stava alla pregione con Fieravante, e così stando,
sentirono il romore che si faceva per la terra Allora Fieravante disse « Madonna, io vi prego che vi piaccia
dirmi che romore è quello che-ssi fa per la terra » E
Drusolina incontanente si mosse, e andò alla madre, e
disse « Madonna, io mi levo da dormire, e parmi sentire
uno grande romore. Che romore è egli quello ch' io sento? »
E la madre gli disse. « Guarda bene i prigioni, che tu
ài a guardia, imperò che ci è venuto a dosso tutta la
Cristianità. » E Drusolina disse: « Madonna, e' sarà bene

Capitolo XX.

**Come le semere si feciono da ongni parte, e¹ Lione e Lio-
nello ebbono la prima ischiera de' Pagani², e Tibaldo
la prima ischiera³ de' Cristiani.**

Di fuori di Balda era uscito lo re Balante e re ¹
Galerano con tutta la ⁵ loro gente, e, chiamato ⁶ Balante tutti ⁷ i sua caporali per fare le schiere, allora
que' ⁸ dua traditori, fighuoli der-re Fiore di Dardenna,
si feciono innanzi, ciò fu Lione e Lionello ⁹, e ingi-
nocchiaronsi dinanzi dinanzi ar-re Balante e ar-re Galerano,
e domandorono di grazia la prima ischiera contro al ¹⁰
loro padre. Disse lo re Galerano ¹¹: « Questo è ragione »; e disse loro ¹²: « Siate valenti, chè, se ¹³ noi
vinciano ¹⁴ questa battaglia, voi sarete re e singnori

---

¹ *da ogne parte fuorono ordenate le schiere et come* M, *e*
manca a O. — ² *de la zente paguna* M. — ³ *ischiera* manca a M.
— ⁴ *lo re* M.   ⁵ *la* manca a M — ⁶ *chiamati* M   ⁷ *tutti*
manca a M — ⁸ *li* M — ⁹ *zoe Lione et Lionello se feceno inanzi*
M — ¹⁰ *a* M — ¹¹ *Lo re Galerano dixe* M — ¹² *a loro dixe* M.
— ¹³ *ce* (sic) M — ¹⁴ *vinceremo* M

---

fatto. » Et incontanente tornò alla prigione a Fieravante
e disse: « Amore mio e vita mia il tuo padre, singnore [e]
re di Franza, è venuto con tutta Cristianità, e ancora il
papa con dodici cardinali, per trarti di prigione » Allora
disse Fieravante « Io ti priego per lo mio amore che
tu-mmi apparecchi e rechi le mie arme e quelle di Riccieri, e gli nostri cavalli » E Drusolina andò, e fece quello
che bisognava, et disse a Fieravante « Vuoi tu uscire
di prigione? » E Fieravante disse « Andate in sulla torre,
e porrete mente come la nostra gente si porta, e se voi
vedessi ch' e' Cristiani perdessino, venitecelo a dire, e noi
gli riscoteremo; e-sse eglino vincono l'altra parte noi

der-reame di Francia, e uno di voi sarà imperadore
di Roma. » E diede loro la prima ischiera con diecimila
Saraini; la seconda tolse Balante per sè con
ventimila Saraini; la terza lasciò a [15] re Galerano Allora
si mossono i dua traditori [16] contro al-loro sangue
Già erono ischierati i Cristiani in questa forma [17]. La
mattina, quando ir-re Fiorello ordinava le schiere,
Tibaldo di Lima s' inginocchiò dinanzi ar-re Fiore, e
domandògli la prima ischiera, ed egli gli rispuose
che-lla addomandasse [18] ar-re di Francia; e egli [19] così
fece. E [20] re Fiorello lo mandò al papa, il quale gli
die' la benedizione, e pregòllo ch' egli fusse buono [21]
cavaliere. E tornato a [22] re Fiorello, gli [23] donò la prima
ischiera con diecimila cavalieri; la seconda condusse
ir-re Fiore con quegli di Dardenna, che furono quarantamila
cavalieri [24], la terza tenne ir-re Fiorello di
Francia [25], che furono sessantamila, la quarta e utima

15 *al* M, *lacieio a* O. — 16 *li dui traditori patricida si mossono* M
— 17 *Li Christiani erano za schierati in questo muodo* M —
18 *schiera Ello rispoxe Domandatila* M. — 19 *egli* manca a M. —
20 *el* M — 21 *chel doiesse essere ialente* M. — 22 *al* M — 23 *chegli*
O — 24 *Christiani* M. — 25 *Fiorello per si* M

non vogliamo uscire di prigione. » E Drusolina si mosse,
e andò in sulla torre, e stava a vedere se lo re Balante
e il re Gallerano uscivano fuori con la loro gente, e vidde
ch' eglino erano usciti E quando furono nel campo, incontanente
feciono le loro schiere, e i primi uomini che-ssi
levassino furono Lione e Lionello, che andorono innanzi
al re Balante e al re Gallerano, e dissono « Noi vogliamo
uno grande dono da voi » E lo re disse « Domandate
quello che vi piace » E eglino dissono « Noi vogliamo
essere amendue e' primi feritori, che commino la battaglia
incontro al nostro padre, e di certo noi ve lo recheremo
vivo o morto o preso » E egli disse. « Abbiate la

lasciò col papa, ch' erono novanta migliaia [26], e tutte
le reali bandiere, ammaestrando [27] ognuno di bene
fare E 'l papa disse la mattina [28] la messa [29], e bene-
disse tutti i Cristiani, e maladì tutti i Pagani [30].

CAPITOLO XXI.

**Come cominciò [1] la battaglia, e [2] Tibaldo uccise Lione e
Lionello; e [3] conbattendo giunse [4] Balante, e uccise
Tibaldo di Lima, e poi [5] uccise ir-re Fiore di Dardenna.**

Ongni parte era ordinata con buoni capitani;
e [6] lle dua prime ischiere tanto s' erono [7] appressate,
che [8] l' uno capitano conobbe l' [9] atro Tibaldo di Lima,

[26] *et questa fuorono nonanta milia* M — [27] *et am* M — [28] *quella
matina dixe* M — [29] *la mesa la mesa* (sic) O. — [30] *et maladicendo tutti gli Sarracini diede plenaria benedictione a tutti gli
Christiani* M.

[1] *commenzu* M — [2] *et come* M. — [3] *et come* M. — [4] *giunse
a la battaglia* M — [5] *poi anchora* M — [6] *e manca a* M —
[7] *se erano tanto* M. — [8] *la una a l' altra che* M — [9] *-ano chol* O.

grazia », e diede loro la prima schiera, e disse loro : « Ora
siate prodi uomini, e io vi prometto che, se voi me lo
recherete o morto o preso, il vostro padre, o vero lo re
di Franza, o vero l' Apostolico di Roma, io vi chiamerò
singnori di Cristianità, chè all' uno darò la corona di
Franza, e l' altro farò imperadore di Roma » Allora si
partirono con la loro gente, e andorono incontro a' Cristiani E quando Tibaldo vide venne Lione e Lionello,
incontanente gli conobbe, e andò al re Fiore di Dardenna,
e inginocchiossi a' suoi piedi, e disse. « Io v' addimando
la prima battaglia, e vogliola cominciare prima ch' altro
uomo » E il re gli disse. « Va' al re di Franza, chè io

vedendo i[10] dua traditori, acceso d'una, vedendogli
venire contro al-loro padre[11], confortò i sua cavalieri,
e mostrò loro[12] i dua traditori, e poi si mosse e tutti
gli altri[13] manimati. Dall'atra parte si mosse Lione
contro a Tibaldo e ferrononsi[14], e Lione ruppe la lancia
a dosso a Tibaldo; ma Tibaldo lo passò insino di
dreto, e morto il gittò a terra del cavallo; e[15] pella
morte di Lione fu grande romore da ougni parte
Tibaldo trasse la spada, e 'ntrò nella battaglia Allora
Lionello[16] fedì d'una lancia Tibaldo, e ruppegli la
lancia a dosso; ma Tibaldo, che-llo conobbe, volse
drieto a lui il cavallo, e gridando lo chiamava dicendo[17] « Volgiti a me, Lionello[18], traditore del tuo
sangue! » Lionello si volse a lui colla ispada im-mano,
e[19] cominciarono aspra battaglia. Alla fine Tibaldo gli

---

10 *et cognoscendo li* M. — 11 *allo padre* O. — 12 *-eri a quigli
mostrando* M. — 13 *Poi se mossono et tutti li altri lo seguitarono* M
— 14 *fernonse de le lanze* M, cui manca l'e seg — 15 e manca
a M — 16 *Lionello alora, fratello de Lione* M — 17 *chiamara
per nome et fortemente il dicera* M — 18 *Lionello* manca a M —
19 *et qui* M.

---

per me sono contento, e dottene la parola, se te la dà
egli » Allora Tibaldo si mosse, e andò al re di Franza, e
inginocchiossigli a' piedi, e disse « Re del mondo, Iddio,
adempi e' vostri disideri! Io v'addimando una grande grazia » E lo re disse. « Addomanda ciò che tu vuoi. E
egli addomandò d'essere il primo uomo che cominci la
battaglia. E il re disse « Io per me ti do la parola, ma
egli è dengna cosa di rendere onore al papa, e però va'
a-llui, e addomandala. » E Tibaldo così fece: e, fatte le
debite riverenze, il papa gli misse la mano in capo e
disse. « Con la benedizione di Dio e con la mia sia co-
minciatore, e fa' che sia prode uomo e ardito cavaliere. »

tagliò la testa[20], e misse in fuga la [20 bis] ischiera de'[21]
traditori, e molto del canpo acquistò per forza d'arme[22].
Allora si mosse ir-re Balante[23] per soccorrere questa
ischiera Tibaldo, che-llo vide venire, ricolse la sua
ischiera, e prese una lancia im-mano, e andonne[24]
contro ar-re Balante gridando a' sua cavalieri. « Fe-
dite francamente! », e ruppe la lancia a dosso a[25] re
Balante, ma[26] re Balante lo passò insino di drieto,
e[27] morto l'abbattè da cavallo. Quando Tibaldo cadde
morto, tutti i Cristiani isgomentarono[28], e poca difesa
facieno contro a[29] re Balante e alla sua ischiera. Misse
Balante in-rotta questa ischiera[30] e, seguendo, insino
alla ischiera der-re Fiore, il quale si mosse, e[31] udì
dire come Tibaldo era morto Egli maladiva i traditori
figliuoli[32] ed entrò nella battaglia. Come ir-re Balante

---

[20] *testa da le spalle et rientrò nela battaglia* M. — [20 bis] *la*
sua O — [21] *degli dui* M — [22] *et per forza de arme acquistoe*
molto campo M, *aquistando p f d'a.* O. — [23] *el re Balante se*
mosse M. — [24] *andò* M — [25] *al* M — [26] *ma el* M — [27] *gli*
passò tutte le arme et M — [28] *si sgomentarono* M — [29] *al* M —
[30] *Balante mise questa schiera in rota* M, le parole *questa ischiera*
mancano a O — [31] *e* manca a O. — [32] *li dui figlioli traditori* M.

Allora Tibaldo si partì dal papa, e andò al re di Franza
dicendo·« Quando a voi pare, e' sarebbe tempo che voi
facciate le schiere E il re disse « Ài tu auta la parola
dall'Apostolico? » E Tibaldo disse· « Singnore, veracemente egli m'à data la parola. » Allora il re di Franza
fece una schiera di quaranta miglia[ia] di cavalieri, e diegli
a Tibaldo, dicendogli « Io ti priego per mio amore, che
tu sia pro' cavaliere. » E poi fece un'altra schiera, la
quale fu di cinquanta migliaia di cavalieri, e diella al re
Fiore, [e] disse· « Fratello mio, togli questa gente, e va' a
Tibaldo, e fa' che tu-ssia prode uomo; et priegoti che tu
sia il secondo che percuota appresso di lui. » La terza

vidde le 'nsegne di Dardenna, raccolse le dua ischiere in una, e [33] contro ar-re Fiore si mosse con questa ischiera e con una grossa lancia im-mano [34], e dieronsi delle lance. Ma [35] lo-rie Fiore ruppe la sua lancia a dosso a Balante, e poco male gli fe'; ma Balante lo passò insino di drieto, e morto cadde lo [36] -rre Fiore. Quegli di Dardenna sanza nessuno riparo [37] si misono i)-rotta. Balante, confortando la sua gente alla vetto-iia, aspiamente gli seguitava; e, seguendogli pello canpo, giunse alla ischiera der-re Fioiello, il quale con grande ardie si mosse contro a' Saraini colla sua ischiera [38]. E quando il papa sentì la mossa dei-ie Fioiello, comandò che tutta l'atra gente andassi alla battaglia drieto ar-re Fiorello.

---

[33] e manca a O — [34] *et cum questa schieia et cum una grossa lanza in mano si mosse contia al re Fioie* M — [35] *Ma* manca a M. — [36] *cade du caiallo. Moito lo* M — [37] *itegno* M — [38] *cum la sua schiera contra a S.* M, cui manca il seg E.

---

schiera tenne per sè e pel papa e per l'altra chericeria, che erano cinquanta migliaia di buoni cavalieii, e tutti fuiono bene armati e bene a cavallo

CAPITOLO XVIII.

Come si comincio la battaglia, fatte le schiere de' Saraini, e come vi morirono Lione e Lionello

Allora lo ie Gallerano fece le sue schiere; e la prima sobiera diede a Lione e Lionello, e diede loro ventimila nhei cavalieri, la seconda schiera diede al re Balante

7

Capitolo XXII.

Come i Cristiani erono isconfitti e rotti [1] dar-re Balante, e [2] come Drusolina trasse Fioravante e Riccieri di prigione.

Lo re Fiorello entrò adirato [3] nella battaglia, quando seppe la morte der-re Fiore, suo fratello, facendo colla sua ischiera grande danno a' Saraini [4] Balante mandò a dire a [5] re Galerano che mandassi alla battaglia mezza la sua ischiera. così fece [6] Essendo la battaglia molto grande, Balante raccolse grande parte della sua fiorita gente [7], e [8] con quegli cavalieri fieschi entrò [9] nella battaglia, nella quale [10] egli s' abboccò collo-rre Fiorello, e l' uno percosse l' atro colle ispade. La fiotta

[1] rotti in campo M — [2] e manca a O — [3] arditamente intrò M — [4] cum la sua schiera facendo a' Sarracini grande danno M — [5] al M. — [6] et cossì la mandò M — [7] giente ffiurita (sic) M — [8] e manca a M e fors'anche a O dico forse, perchè si potrebbe in luogo di chon leggere e hon, dove la sola h, come in numerosissimi altri luoghi del nostro ms. equivarrebbe a ch — [9] et intrò M — [10] et in quella M

con trenta migliaia di cavalieri, e trenta migliaia di cavalieri ritenne per sè. E quando l' una parte e l' altra si furono appressati, e Tibaldo con la sua gente venne inverso di loro, e molto bene si conobbono insieme, e duramente si percossono con le lance: ma alla fine Tibaldo cacciò morto Lione a terra del cavallo; e simighantemente fu percosso Lionello, e anche vi rimase morto E molti altri baroni uccise, innanzi che la sua lancia si rompesse, e poi misse mano alla spada, e fece tanto d' arme con la sua gente che quella schiera non valse niente. Allora il re Balante entrò nella battaglia, e sì fieramente percosse fra e' Cristiani colla sua gente, che egli andò insino là dove

della gente di Balante potè più che quella der-re Fiorello, tanto che [11] re Fiorello cadde egli e 'l [12] cavallo·
appiè' [13] si difendeva. Appresso [14] a lui ismontarono e
furono abbattuti [15] diecimila armati, tra' quali furono
molti singnori e gentili uomini di Francia, e feciono
cerchio ar-re colle ispade im-mano, e parte colle lance.
Mentre che costoro avevono fatto di loro una città (sic)
d'armati, e [16] -llo-rre Balante gittò per terra le bandiere
di questa ischiera; e, rotta questa [17] ischiera, no volle
attendere ar-re di Francia [18], ma, perchè erono a pie',
ne facia Balante [19] poca istima; ma egli dirizzò [20] la
sua ischiera [21] contro alle bandiere der-re di Francia
e [22] della Chiesa, e a [23] Oro e Fiamma e alle chiavi e
alla Croce, ch' era la Croce del papa che [24] porta innanzi, e a [25] tutte l'atre insengne [26], e misse in fuga

---

11 *chel* M — 12 *et lo suo* M — 13 *et a piedi* M — 14 *et
ap* M. — 15 *et qui fu abbatutti* M — 16 e manca a M. — 17 *rotto
a questo* O — 18 *Franza perchè il vede lo animo loro* M —
19 *Balante ne facea* M — 20 *Però ello diriza* M — 21 *zente* M —
22 Mancano a M le parole *der-re di Francia e* — 23 *contra* M,
a manca a O. — 24 *croce chel papa* M — 25 *a* manca a O —
26 *ischiere* O.

---

era Tibaldo, e riscontroronsi insieme, e con le lance si
percossono per forma tale, che-ssi passorono gli scudi e gli
sberghi, ma pure finalmente il re Balante percosse sì forte
Tibaldo, che egli lo cacciò morto a terra del cavallo Allora
la schiera del re Balante percosse la schiera di Tibaldo,
e sconfissela tutta, e sappiate che il re Balante era molto
gagliardissimo uomo, e non arebbe trovato niuno cavaliere che egli non avesse abbattuto. E di poi entrò nella
battaglia lo re Fiore (*) con la sua schiera, e riscontrossi
col re Balante, e dieronsi sì grande il colpo delle lance,

(*) *Fiovo*, cfr il *Fiorio* del *Fioravante*

tutti i Cristiani Ognnuno [26 bis] fuggiva, e [27] al papa fu
morto il cavallo sotto, e furono presi molti cardinali
e morti molti parlati [28] (sic) le bandiere erono gittate
per terra. E-lle novelle giunsono [29] alla città di Balda,
ch' e' Cristiani erono rotti: le grida erano grandi.
Drusolina vedeva di [30] su la torre tutti i Cristiani fuggire, e-lle bandiere cadere, e [31] della città uscire [32]
uomini, femmine [33], piccoli e grandi per guadangnare
la roba de' Cristiani. Lo re Galerano non potè tanto
fare, che la sua gente nollo abbandonasse, e rimase
con poca conpangnia. ognuno [26 bis] per guadangnare
correva, credendo che mai [34] no si rifacessino i [35] Cristiani, nè mai racquistassono la battaglia.

Allora corse Drusolina [36] alla prigione, e disse tutte
queste cose a Fioravante e a Riccieri. Disse Fioravante [37] « O nobile donna, piaccia alla tua nobilità di

---

[26 bis] *ogne homo* M, che ha normalmente questa forma in
luogo di *ognuno* — [27] *e* manca a M — [28] *sacerdoti* M — [29] *La*
(senza l'*E*) *novella giunse* M — [30] *de in* M — [31] *et che* M —
[32] *usciano* M — [33] *et femene* M — [34] *che e mai* mancano a M —
[35] *più li* M. — [36] *Drusolina alora corse* M — [37] *Fioravanti dixe* M.

---

che fu cosa di grande maraviglia. Lo re Fiore ruppe la
sua lancia ma il re Balante ferì lui per sì grande forza,
che egli l'abbattè morto a terra del cavallo. E di poi
tutti e' cavalieri della schiera del re Balante parevano per
modo rinvigoriti, che parevano draghi inverso la schiera
de' Cristiani, traboccando e uccidendogli, chè egli era loro
forza di voltare le spalle e fuggire quanto più potevano,
essendo tutti in rotta, e andavano su pe' poggi, e stavano a vedere chi rimanesse vincitore del campo, e guardavano se la 'nsegngna del re di Francia s'abbatteva a
terra

darci l'arme; e se mai verrà tenpo, io te lo meriterò »
Ed [38] ella gli cavò della prigione, e menògli nella sua
camera; e, trovato [39] le armi, ella gli [40] aiutò a 'r-
mare [41]. E quando Fioravante si volle mettere l'elmo,
Drusolina l'abbracciò e baciò [42], e disse: « Io [43] temo
che-lle donne franciose no mi tolghino la tua persona.
O singnore mio, io no ti rivedrò [44] più mai. » Fioravante da capo le giurò di no torre mai altra donna [45].
Come furono armati, ella gli menò nella istalla, e diede
loro [46] i loro cavagli, ch'erono sotto la sua balía [47], e
nessuna persona no [48] gli arebbe cavalcati sanza la
sua [49] licenzia Questo potè ella [50] fare in [51] su quello
punto, perchè non era rimaso persona [52] nel palazzo:
ougnuno era corso fuori della città, e-lle donne su [53]
pelle torre e su pelle mura e su pelli tetti per vedere

---

[38] *Ed* manca a M — [39] *troiate* M — [40] *lo* senza il preced
ella M — [41] *armare amendui* M, cui manca il seg. *E* — [42] *basolo*
M. — [43] *Assai* M — [44] *riderò* M. — [45] *donna ca lei* M — [46] *a
loro diede* M — [47] *la loro balia, cioè sotto la sua balia* O —
[48] *no* manca a M — [49] *senza sua expressa* M. — [50] *potea lei* M.
— [51] *in* manca a M — [52] *persona non era rimasa* M — [53] *erano
su* M; la parola *città* manca a O.

Capitolo XIX

Come il re Balante abbatte il re di Francia a terra del cavallo, e anche abbatte Oro e Fiamma e gitto per terra.

Drusolina stava in su la torre, e gli occhi suoi aveva
alle insengne de' Cristiani, e gua[r]dava, s'elle s'abbatte-
vano, e bene le conosceva; e simighantemente quelle della
chiesa di Roma, e stava a vedere s'ell' erano fatte cadere; e anche teneva mente a quelle del re di Franza, e
molta gente vedeva partire del campo e fuggire a' poggi
e alle montangne. E veggendo il papa e lo re di Franza

la battaglia. E [51] quando Fioravante e Riccieri furono a cavallo armati colle [55] lancie im-mano, disse Drusolina [56] un' altra volta piangendo. « O Fioravante, io no ti rivedrò mai più; io [57] temo che in Francia sarà qualche donna che mi torrà il mio marito e singnore, e perderotti [58] per nuovo amore d'altra donna » E [54] Fioravante trasse fuori la spada, e giurò sopra alla croce, che mai no torrebbe altra donna che Drusolina; ed ella disse « Piaccia a Cristo che tu mantenga la promessa! »; e raccomandogli [59] a-dDio, e l'utima parola, ch' ella disse [60] · « O Fioravante, io ti raccomando il mio padre Balante [61]; se tu puoi, nollo [62] uccidere. » Rispuose Fioravante [63]: « E' sarà fatto. E per tua iscusa dirò che, recandoci tu la vivanda, noi ti pigliammo, e, minacciandoti di morte, t' abbiano tolte l' armi e' cavagli. E fatti [64] con Dio, ch' io t' arò senpre nel cuore » E partissi da lei.

[51] *E* manca a M — [55] *et cum le* M — [56] *Drusolina dixe* M — [57] *perchè* M — [58] *me ti torrà, dolce marito et signore mio, et perderoti* M — [59] *racomandolo* M — [60] *Et ultimamente ella gli dixe* M — [61] *Balante mio padre* M — [62] *non me lo* M — [63] *F rispoxe* M — [64] *state* M.

così fuggire e' Cristiani, entrarono nella battaglia con la loro schiera insieme co' cardinali, e feriono molto valentemente Ma quando il re Balante vidde costoro così fieramente battagliare, si fece incontro e riscontrossi col re di Franza, e diegli sì grande il colpo, che egli lo cacciò a terra del cavallo, e poi percosse a colui che teneva in mano Oro e Fiamma (*), e abbattè lui e la 'nsengna a terra del cavallo, e poi percosse a colui che teneva la santa croce, e abbattè lui e la 'nsengna a terra del cavallo E molti buoni baroni istavano a vedere, o ponevano mente,

(*) Il ms aggiunge qui ancora una volta *in mano*

Drusolina tornò in sul [65] palagio gridando accor-
ruomo [66] con grande romore dicendo. « I cavalieri prigioni se ne ·fuggono. » La madre com-molte donne vi
corsono, e trovarolla [67] tutta iscapigliata. Ella disse
che quegli cavalieri l'avevono presa e battuta e toltole
l'arme [68] e' cavagli. La reina ne fu molto dolente.

Capitolo XXIII.

**Come Fioravante e Riccieri racquistarono il canpo, e-lla [1]
morte del re Galerano; e [2] fu abbattuto Balante e presa
la citta e arsa [3]: Drusolina fuggì colla madre di rieto
a [4] Balante.**

Fioravante e Riccieri s'affrettarono di cavalcare;
e, giunti fuori della porta, vidono le bandiere dei-re
Galerano, che non erono ancora entrati [5] nella batta-

---

[65] *su nel* M — [66] *achui uomo* O — [67] *li corse et trorolla* M
— [68] *tolte le arme*

[1] *et dela* M — [2] *et come* M — [3] *et come fu presa et arsa la
città de Balda et come* M — [4] *al re* M — [5] *anchora non erano
entrate* M.

---

se le 'nsengne della Chiesa, cioè delle chiavi, erano abbat-
tute, e rotte l'altre genti ch'erano rimase.

Capitolo XX.

**Come Drusolina discese in (*) prigione della torre, e come ella cavo
di prigione Fieravante e Riccieri**

Drusolina, che era in su la torre, quando vidde tutte
le 'nsengne a terra, incontanente andò a Fieravante et a
Riccieri alla prigione, e disse: « Fioravante, la tua gente

(*) Il ms ha *di*

glia, e [6] re Galerano era armato a cavallo, e ragio-
nava della grande prodezza del suo fratello Balante [7].
E udito levare ir-romore di verso la città, si volse e
vide i dua cavalieri E come vide [8] la croce nello
iscudo a Fioravante [9], gridò [10] · « Questi sono i dua
cristiani ch' erono in prigione! », perchè si [11] ricordò
avere veduto quello iscudo, quando furono presi; e
gridò subito [12]. « Sieno morti! » Subito [13] Fioravante
arrestò la lancia, e passò lo re Galerano insino di
drieto, e morto lo gittò a terra del [14] cavallo; Riccieri
uccise un altro grande baione Pella morte di questi
dua grandi baioni [15] tutta questa ischiera, ch' erono
rimasi pochi, tutti [16] ispaventarono, credendo che-lla
città fosse presa da moltitudine di Cristiani, e fuggi-
vono chi qua, chi là [17] pello paese Fioravante e Riccieri passorono per mezzo di questa ischiera [18] colle

6 *lo* M. — 7 *possanza de Balante suo fratello* M. — 8 Le parole
i dua . vide mancano a M — 9 *in lo scudo de F la croce* M
— 10 M aggiunge *et dixe* — 11 *il se* M — 12 *subito cridò* M —
13 *Subito* manca a M — 14 *l'abattè da* M — 15 *degli dui signori* M — 16 *si* M — 17 *chi in là et chi in qua* M — 18 *puoca
zente* M

non vale nulla » Disse Fieravante « Come sta la cosa? »
Disse Drusolina. « Tutta la gente si fugge pe' poggi e per
le montagne, e quelli che non fuggono, sono morti; e
Oro e Fiamma del re di Franza si è abbattuta, e tutte
l'altre insengne della tua gente sono in terra » Allora disse
Fieravante « Madonna, io vi priego per amore, che voi
cerchiate delle nostre arme, e fateci menare e' nostri cavalli » E ella non fu nigligente; e incontanente furono
recate l'arme e menati e' cavalli, e sì gli trasse fuori di
prigione. E quando amendue furono armati di grandissimo
vantaggio e Drusolina abbracciò e baciò dolcissimamente
Fieravante, e disse « Io ti priego per lo mio amore, che

ıspade ın-mano, e corsono [19] pello canpo [20] gridando
« Viva ır-re dı Francıa! », e giunsono [21] tra' cavalıeri
crıstıanı ch' erono ıntorno ar-re dı Fıancıa. Come furono rıconoscıutı Fıoravante e Rıccıerı, sı rıcorarono,
e levarono grande romore d'allegrezza [22] Fıoravante
fece montare a cavallo suo padre e tutta quella ischıera;
e [23], racquistata Oro e Fıamma [24], fecıono mazzocchio
dı loro ıstrettı [25]; e, serratı ınsıeme ıntorno alla santa
bandıera, dıedono alle ıspalle a Balante, e racquıstarono [26] le bandıere della Chıesa, e racquıstarono ıl
papa, ch' era preso, e moltı cardınalı. A questo romore
sı volse Balante, e vıdde [27] Oro e Fıamma, domandò
che bandıera era quella Fuglı detto ch' eglı [28] era la
bandıera de' Crıstıanı Oro [29] e Fıamma. Balante tutto

---

[19] *correndo* M. — [20] *campo et* M — [21] *gionse senza l'E* M. —
[22] *de allegıeza lerarono grande romore* M — [23] *fu* M. — [24] M
aggıunge· *Balante tutto se sgomentò, quando udì menzonare et
Oro et fiamma e*, le qualı parole, qui inopportune, si leggono anche
in O poche righe più sotto, dove sono opportunissime. — [25] *et
stıuti* M — [26] *Balante ıaquıstando* M — [27] *Balante a questo
romore se ıolse et ıedendo* M — [28] *ella* M — [29] *dıcta Oro* M.

---

tu tı portı bene », e poseglı una grossa lancıa ın mano,
e cınseglı Duıhndana, e uno bellıssımo scudo glı porse, e
poı glı dısse· « Io tı raccomando ıl mıo padıe, che voı
non lo uccıdıate » E eglı dısse. « Non vı bısogna pre-
gaımene » E allora n'andoıono c'due cavalıeri peı la
terra, e non v'era nessuno che glı conoscessı, e dıcevano
le persone l uno all'altro « Chı sono questı cavalıeı?
Veracemente eglıno assembrono due re dı coıona » E Dru-
solına rıguaıdò quanto ella poteva vedere. E quando c ca-
valıerı fuıono fuorı della porta, ıncontanente percossono
alla schıera del ıe Gallerano, che non aveva ancora combattuto, e Fıeravante punse suo destrıere, e ferı con la sua

isgomentò, quando udì mensonare Oro e Fiamma [30],
e [31] uno cavaliere giunse a lui e disse: « O Singnore,
i Cristiani ànno fatto testa grossa, e gridano — Viva
Fioravante e Riccieri! [32] — » Balante sapeva che Riccieri era il migliore [33] cavaliere del mondo, perchè
l'aveva provato e veduto a Roma, ma Fioravante [34]
no sapeva chi si fossi [35], chè, se l'avessino saputo [36],
quando gli avevono [37] in prigione, gli arebbono [37] fatti
mangiare a' [38] cani; e 'l [39] meglio che potè, assalì la
schiera colla ischiera ch'avia raccolta Er-[40] romore fu [41]
grande. E [42] Fioravante prese una grossa lancia e domandò. « Che gente è questa? » Fugli detto ch'egli
è re [43] Balante. Fioravante gli si [44] fece incontro, e

[30] Cfr n 24; solamente devesi aggiungere che O legge ride
erroneamente in luogo di udì. — [31] e manca a M — [32] rifacta
testa et cridando Viva Rizieri et Fioravanti M. — [33] lo meglio M.
— [34] Il copista di O aveva prima scritto Fioravanti, poi cassò
e corresse Balante. — [35] s'era M, fossino O. — [36] li havesse
cognosciuto M. — [37] havea . . haverebbi M — [38] da M — [39] Ra-
colse sua zente al M — [40] et assalì le schiere dove era Fioravanti
et lo M — [41] li fu M — [42] E manca a M. — [43] dicto quello
era M — [44] se le M.

lancia uno gonfaloniere, e cacciollo morto a-tterra del cavallo, e Riccieri percosse un altro cavaliere, e fece il
somigliante E il re Gallerano si volse verso Fieravante,
e Fieravante contro a-llui, e diegli per sì gran forza, che
egli l'abbattè morto a terra del cavallo Allora Fieravante
e Riccieri andavano per lo campo uccidendo molta gente,
e ongnuno gli fuggiva come se fussino diaghi iscatenati;
e tanto combatterono Fieravante e Riccieri, che tutta la
schiera fu rotta E poi percossono a quella del re Balante,
e ne primi colpi ciascuno di loro abbattè il suo morto per
terra, e-lle lance erano sì grosse, che ancora non erano
rotte E Fieravante si riscontrò col re Balante egli lo

per amore di Drusolina gli [45] volse lo stocco della lancia, e Balante gli ruppe la sua lancia a dosso, ma
Fioravante l'abbattè da cavallo e presto ritornò sopra
di lui, e vidde ch' e' Cristiani s' affrettavono per ucciderlo Ed egli [46] fece tirare ognuno a drieto, e fece
dare a [47] re Balante uno buono cavallo, e fello salire
a cavallo [48], e poi gli disse « O [49] Balante, l'amore
della tua figliuola ti canpa la vita, perchè da le' siamo
istati pasciuti nella prigione or no dimorare più [50],
imperò che tu saresti morto E sappi ch' io colle mie
mani presi la tua figliuola, e per forza convenne ch'ella
e' insengnassi le nostre arme e' nostri cavagli, o [51] io
l' arei morta. » Lo-re Balante si partì, e corse insino
dove lasciò lo -re Galerano per ricominciare con quella
ischiera la battaglia; ma, quando lo [52] trovò morto,
ebbe grande dolore e andonne [53] nella città.

In questo mezzo Fioravante e Riccieri racquistarono [54] il canpo. La gente cristiana, vedendo le loro

[45] gli manca a M — [46] molto se affaticavano per lo uccidere
Ello M — [47] al M — [48] fecelo cavalcare M — [49] O manca a M —
[50] punto M — [51] o che M — [52] quando che! M — [53] intrò M —
[54] Fioravante et Rizieri in questo mezo raquistarono M

conobbe, e incontanente volse sua lancia, e diegli del pol-
so(*), e cacciollo a terra del cavallo; e voglio che sappiate che questa fu la prima volta che il re Balante fu
messo a terra del cavallo E il re Balante incontanente
si rizzò, e rimontò a destriere, e cominciò a fuggire, e andò
in quelle parti dove credeva trovare il re Gallerano; e
quando lo trovò morto con la sua gente, fuggì in Balda,
e molta gente gli tennono drieto E Drusolina stava alla
finestra, e vidde tornare il suo padre: e incontanente ella
discese giù, e montò in su uno palafreno, e andogli drieto;
e il re se n' andò in Iscondia con molta gente, e Drusolina
se n' andò con lui e lasciò la terra.

bandiere rilevate[55], tornarono alle loro[56] bandiere,
e[57], rinforzando il-loro canpo, Fioravante mosse tutta
la gente verso la città, e mescolatamente[58] conbattendo, entrarono nella città col-loro, e presa fu[59] una
porta. Per questo tutta la[60] gente cristiana correva
alla città Lo re Balante come sentì ch'[61] era perduta
una porta, fuggì[62] verso Iscondia, e[57] Drusolina, ispaventata pelle grida, montò a cavallo colla sua madre,
e fuggissi[63] drieto al padre e andoronsene in Iscondia.
Fioravante e[57] Riccieri e[64] Fiorello presono la città
di Balda e tutta andò a sacco e ruberia, mettendo
tutta la gente[65] al taglio delle ispade Fioravante e
Riccieri corsono al palagio, e[66] no trovarono Drusolina ebbono grande ira e dolore. E 'l terzo giorno
fu tutta la città[67] messa a fuoco e[68] fiamma, e feciolla
disfare per vendetta der-re Fiore di Dardenna e di[69]

[55] rilevate M — [56] loro manca a M — [57] e manca a M —
[58] et a mescolatamente M — [59] fu presa M — [60] la manca a M —
[61] Balante sentì chome O — [62] fugì via M. — [63] fugì M — [64] et
lo re M. — [65] rubata tutta la zente mettendo M — [66] et cu M. —
[67] la città fu tutta M. — [68] et a M — [69] et per vendecta del re
Fiore de Dardena la feceno disfare: et per la morte di M.

Capitolo XXI.

Come Fieravante trovò il Santo Padre, e come lo domando del padre suo, e come il Santo Padre gli disse ch'egli era stato abbattuto, e come egli lo trovò

Andando Fieravante e Riccieri per lo campo sì-ssi fu
scontrato col Padre Santo, il quale era ancora a cavallo
E come Fieravante fu a-llui appressato, gli si diede a
conoscere; e, fatte le debite riverenze, il papa ebbe di lui
tanta allegrezza, che egli l'abbracciò strettamente, e poi

Tibaldo e degli altri ch' erono morti [70] E poi levarono
canpo, e tornarono in Dardenna, e feciono grande
onore al corpo der-re Fiore e di Tibaldo. E prese lo
re Fiorello di tutta Dardenna la singnoria [71], e lasciò
uno grande barone [72] governatore di Dardenna, ch' avia
nome Valenziano, ed era [73] della ischiatta di Baviera,
e lasciògli a governo uno piccolo fanciullo, fighuolo
di Tibaldo di Lima, ch' avia nome Ughetto, ch' avia
allora uno mese.

E poi si partì lo-rre Fiorello [74] e Fioravante e
l franco Riccieri, e tornaronsi in Francia, dove fu
grande allegrezza della loro tornata e per Fioravante
e pei Riccieri [75]; e sopra tutti [76] ne fe' festa la reina
per Fioravante, e [77] quegli di Sansongna feciono festa
di Riccieri, loro singnore, e 'l papa si ritornò [78] a
Roma con allegrezza e festa [79].

<hr>

[70] stati morti ly M, senza l' E seg — [71] di tutta la singnoria
di Dardena O — [72] per governatore de Dardena uno grande barone M — [73] e della O — [74] Poi lo re Fiorello se partì M cui
manca l' e seg — [75] de la loro tornata per Fioravanti et per
Rizieri fu grande allegreza M. — [76] tutto per Fioravanti M —
[77] e per O. — [78] el papa tornò M — [79] allegreza Deo gratias M.

<hr>

gli disse: Vedi, Fioravante, quanto noi abbiamo fatto
per te, e a-cche partito noi ci siamo messi? Chè siamo stati
per essere sconfitti, e i tuoi cugini sono stati morti, e
tanti altri singnori e baroni e cavalieri » Disse Fieravante
« Padre Santo, dove è il mio padre? » Rispuose il papa
« Fighuolo mio, io non so s' egli è vivo o morto, imperò
che egli fu abbattuto poco fa » E immantenente Fieravante si partì da-llui, e andò pel campo cercando del padre,
e tanto cercò, che egli lo trovò in terra malamente mave-
rato, e non si poteva rilevare E Fieravante allora lo prese,
e poselo in su uno destriere, e poi andò cercando per lo

Capitolo XXIV

Come Salardo di Brettangna fe' pace con Fioravante.

Tornato lo-rre Fiorello dall' acquisto di Balda, e
rimenato a Parigi Fioravante e Riccieri, venne a corte [1]
Salardo di Brettangna, il quale era a [2] quello tenpo
il maggiore barone, che fosse sottoposto ar-reame [3] di
Francia E giunto Salardo a corte [4] dinanzi ar-re Fiorello, se gli inginocchiò a piedi, e domandò perdonanza
del passato. Lo-rre Fiorello l' abbracciò e perdonògli
ongni offesa Salardo s' inchinò a Fioravante, e pregollo che gli [5] rimettessi e dimenticassi l' offesa e-lla
ingiuria passata Fioravante rispuose · « O nobile prenze
di Brettangna, ongni offesa è [6] rimessa [7] e perdonata;
ma [8] io [9] prego la vostra manguificenza, che voi per-

---

[1] Le parole venne a corte in M stanno in fine del periodo —
[2] in M. — [3] a la corona M — [4] Le parole Salardo a corte mancano a M. — [5] chel M. — [6] ie è M — [7] rimasa O — [8] ma
manca a M — [9] io in O

---

campo, e trovò Oro e Fiamma ch' era abbattuta, e rilevolla
su in alto, e di poi Fieravante entrò in Balda con tutta
la sua gente, e missonla a fuoco e a fiamma, e tutta la
disfeciono. E poi si tornaiono inverso Francia tutti di brigata, e, cavalcando insieme, Fieravante disse a messer lo
re « Voi mi desti bando per uno vecchio di cento anni
se voi m' avessi morto, pensate a che partito sarebbe la
Cristianità » E cavalcaiono per modo, che a salvamento
giunsono in Fianza, e entioiono in Parigi con tutta la
gente: e di poi ongnuno tornò al suo albeigo, e il re rimase con Fieravante, suo fighuolo

doniate a me, che per ingnoranza v' offesi » Salardo
lagrimando l' abbracciò e baciò[10], e disse. « Se tu
vorrai, ancora[11] sarai mia erede. » Di questa pace si
fe' in Francia e in Brettangna giande allegrezza e festa
pei molti giorni[12].

CAPITOLO XXV.

**Come Fioravante pella noia della madre, volendo[1] ch' o' to-
gliesse la figlia[2] di Salardo per moglie, e' si parti[3] di
Francia, e andonne[4] verso Iscondia.**

Passato alquanto tenpo, di[5] spazio di tre mesi,
Salardo, rammentandosi[6] della promessa che gli fe' la
reina[7], quando Fioravante fu isbandito, di dargli la
figliuola per moglie, n' andò[8] alla reina, e addoman-

---

[10] basolo M — [11] ancora manca a M — [12] et in la Franza
et in Brettagna per molti giorni se fece grande allegrezza M

[1] volendo ella M – [2] figliola M — [3] il se dispose de se partire M. — [4] et de andare a la ventura M. — [5] per M. — [6] lamentandose M. — [7] la raina gli fece M. — [8] mandò M

CAPITOLO XXII

**Come la novella andò in Brettangna a Salardo, come (*) Fieravante
era tornato, e come Salardo venne in Franza**

Sentendo Salardo come Fieravante era tornato, incontanente si misse a ordine, et cavalcando in breve tempo
giunse a Parigi e come fu scavalcato, se ne andò alla
reina, e di poi si gittò ginocchioni a' piedi del re e di Fieravante dicendo « Io vi chieggo mercè, che mi dobbiate

---

(*) Il ms ha e come

do*ll*a [9] la fatta promessa, pella quale avia canpato
Fioravante della morte. La reina gli rispuose grazio-
samente, ch' [10] egli avia ragione e [11] dicia vero, ma
ch' ella voleva parlare con Fioravante e metterlo in
amore della fanciulla. Salardo si partì contento [12] della
risposta.

La reina da ivi [13] a pochi giorni mandò per Fioravante, e motteggiando gli disse ch' ella gli voleva dare
una bella damigella per moglie, la quale era figliuola
del duca Salardo di Brettangna, e che in tutta Francia
non era la più bella damigella, e che ella era la più
gentile, e che per gentilezza ella molto si confacia a lui.
Avendo Fioravante udito la madre, si partì da lei ridendo, e nello [14] partire fece uno grande sospiro, e altro
nolle rispuose. La reina, credendo che l'amore della [15]
brettona l'avesse fatto sospirare, rimase allegria; e
facia conviti in [16] corte reale di molte donne, e negli [17]
conviti era senpre la figliuola di Salardo', e mandava

---

[9] *et domandogli* M — [10] *dicendo che* M — [11] *et chel* M —
[12] *contenta* M — [13] *da lì* M — [14] *nel suo* M. — [15] *de* M —
[16] *et* M — [17] *e manca a* M, *negli manca a* O

---

perdonare, se (*) per niuno tempo io v'avessi offesi »
Allora disse Fieravante a Salardo « Ista' suso, chè io ti
perdono tutto quello che tu m'ài fatto. » Salardo stette
alquanto nella corte del re per cagione che vi si faceva
grande festa per gli uomini e per le femmine di Parigi per
amore della tornata di Fieravante, e simile facevano allegrezza el papa e' cardinali e tutti e' taliani E standosi Fieravante in Francia uno certo tempo, Salardo n'andò un dì
dinanzi alla reina, madre di Fieravante, e disse. « Madonna,
voi sapete quello che voi mi promettesti, quando Fieravante
mi taghò la barba· voi mi promettesti di dargli la mia fi-

(*) Il ms ha *che se*

per [18] Fioravante perch' egli [19] innamorassi più della damigella. Ma Fioravante avia sempre nel cuore Drusolina, ch' ella [20] avia tratto di prigione lui e Riccieri; e [21] quanto più andava a [22] corte della madre [23] e vedeva tante donne, più [24] s' accendeva dell' amore di Drusolina pella grazia ch' avia trovato [25] il-lei. La reina gli disse uno dì in segreto modo [26] « O caro mio figliuolo [27], quando faremo queste [28] nozze? » Allora gli narrò la [29] promessa, ch' ella [30] avia fatta a Salardo per camparlo da [31] morte, di [32] dargli la figliuola per moglie, « la quale è molto [33] bella e gentile, onde [34] io voglio che tu la tolga per moglie » Rispuose Fioravante· « O carissima [35] madre, di tutte le cose vi debbo contentare, perchè siete mia madre, ma di questa

---

18 *la raina per* M. — 19 *el se* M — 20 *la sua* D *che lo* M — 21 *e manca a* M — 22 *a la* M. — 23 *raina* M — 24 *tanto più* M — 25 *trovata* M — 26 *uno dì in secreto gli dire· O dolce et* M — 27 *figliolo mio dime* M — 28 *noi queste* M — 29 *ella la* M — 30 Il copista di O aveva scritto *chegli,* poi cancellò e scrisse *chella* — 31 *da la* M — 32 *che era di* M — 33 *moglie et dicendo ch' ella era* M — 34 *onde diceva* M — 35 *Fioravante rispose· Carissima mia* M

---

gliuola per moglie, onde io vi priego che così come voi me lo promettesti, egli è dovuto che voi me lo attengniate. » Disse la reina: « Io manderò per lui, e dirògli quello che mi parrà intorno a questa materia » E Salardo allora si partì da-llei. Allora la reina incontanente mandò per Fieravante, e disse a-llui « Figliuolo mio, tu-ssai che, quando tu tagliasti la barba a Salardo e il re, tuo padre, ti voleva fare impiccare per la gola, allora io, per campare te dalla morte, impromissi a Salardo che, se egli ti perdonava, io ti farei torre la sua figliuola per moglie, sì che ora è tempo che-ttu la debba torre. » E Fieravante, udendo quelle parole, si stava molto pensoso, e stavasi cheto sanza parlare,

8

cosa nom- mi aggravate, perchè amore d'altra donna
m'à legato e serrato nel grenbo dell'amore » La
reina adirata disse « O[36] come può essere[37] che tu
abbi ancora amore di donna ? » Fioravante le rispuose
« Di certo che sì[38] » e partissi da lei

La reina lo[39] cominciò ongni dì a molestarlo di
questo fatto, e a dosso gli metteva parenti e amici,
salvo che a Riccieri no ne dicia niente, perch'ella[40]
dubitava che Riccieri non ne fusse contento E durò
questa tribolazione[41] più d'uno anno, tanto che a
Fioravante venne a increscimento, e diliberò in sè
medesimo[42] di partirsi di Francia, e solo e sconosciuto
andare[43] alla ventura verso Iscondia, dove l'amore di
Drusolina lo tirava

36 *O manca a* M — 37 *essere figliolo* M. — 38 *Certamente
sì* M — 39 *lo* manca a M, che ha in suo luogo *da poi* — 40 *ella*
manca a Γ — 41 *Questa tribulatione durò* M — 42 *Le parole in
se medesimo mancano a* F — 43 *e andare* Γ, *in si medesimo di
partirse de Franza totalmente deliberò et de andare solo et sco-
gnosciuto* M

e quando fu stato uno grande pezzo, e egli disse. « Madre
mia, io vi priego per lo mio amore e se voi m'amate, che
voi non me ne parliate più, però che innanzi mi lascierei
morire che io la toghessi, imperò che io ò promesso a colei
per cui io ò la vita » Rispose la reina   Avete voi amore
di donna? » E Fieravante disse « Madre mia, sì, che io
ò amore della più bella che sia al mondo » Allora la reina
ebbe grandissimo dolore, e, veduto Fieravante il dolore
della reina, sì si partì con grande ira, e ongni dì la reina
gli diceva queste cose E Salardo vi metteva anche suoi
amici a pregare, perchè dubitava che Riccieri non ne fusse
contento (*Qui ricomincia l'accordo di* Γ *con* O *e* M)

Capitolo XXVI

Come, partendosi Fioravante [1] da Parigi per la [2] noia della madre, uno famiglio gl'imbolò l'arme e 'l cavallo [3], e capitò a uno romito [4] che lo 'mpiccò e serbò l'arme e 'l cavallo [5].

Fioravante, essendo [6] molestato dalla madre che [7] egli togliesse la figliuola di Salardo per moglie — e [8] la notte e il dì lo pregava e faceva pregare, e spesse volte [9] con lagrime [10], e quando [11] con ira, alcuna volta con villania [12] —, diliberò d' [13] uscire di tanto tormento, poichè altro rimedio non poteva avere, di doversi di Parigi partire [14] Essendo nel [15] tempo della primavera, passato la Pentecoste, una sera chiamò [16] uno suo famiglio, in [17] cui egli si [18] fidava, e assengnògli [19] il suo cavallo e le sue arme, e dissegli [20] « Fa' che domattina di buona ora tu sia armato di queste arme, e monta in [21] sul mio [22] cavallo, e vattene alla porta che va verso Dardenna, e aspettami di fuori della porta [23] » Il famiglio così [24] fece Fioravante la mattina [25] montò

---

[1] *Fioravanti partendosi* M — [2] *la* manca a M — [3] *il chavalo e larme* O — [4] *rimitorio* M — [5] Le parole *e 'l cavallo* mancano a M — [6] *Essendo Fioravante* F — [7] *perchè* O — [8] *e* manca a O — [9] *et ora* M, *e ispesso* O — [10] *le lagi* F — [11] *et ora* M, o in luogo di *e quando* O — [12] *e quando con i.* F, *cum grande i* M — [13] *d'* manca a M — [14] *deliberò adonca de partirse de Parise et* M. — [15] *lo* M — [16] *chiamato* O M — [17] *di* F. — [18] *molto se* M — [19] *gli insignò* M, *cui* manca l'*e* precedente — [20] *disse* F — [21] *in* manca a M. — [22] *summo* O — [23] *allu porta di fuori* O — [24] *e così* F — [25] *la matina fioravante* O

in su uno palafreno ambiante, e andonne [26] solo a
quella porta, e non disse niente a persona di sua
andata, e, trovato il famiglio, — ed era di buona ora —
disse Fioravante [27]: « Andiamo una lega di lunge a
Parigi [28], e ivi mi [29] armerò [30], e tu ritornerai indrieto,
ma [31] non dirai a persona di [32] mia andata » E [33], cavalcando, erano [34] due miglia di lungi da [35] Parigi,
e [36] Fioravante udì sonare a Singnore a una piccola
chiesa per levarsi il corpo di Cristo. Fioravante ismontò
del portante, e diello a mano [37] al famiglio, ed [38] entrò
in chiesa.

Quando [39] il famiglio lo vidde in chiesa, si [40] pose
mente intorno [41], e viddesi bene armato e bene a cavallo, e avia cinto Durindarda [42]. ingannato di sè
medesimo, disse: « Io posso andarmene [43] con queste
arme [44] e con questo cavallo; e, dov' [45] andiò, sarò
tenuto uno franco cavaliere [46]; ancora io òne Durindarda [47], la migliore spada del mondo. » E, fatto il
pensiero, attaccò il ronzino a [48] uno anello di ferro [49]
della [50] chiesa, e impungnò la lancia, e andossene [51]

[26] andò M — [27] e disse F senza il nome Fior , et era di
buona ora et trovato el famiglio ly Fioravanti gli dixe M. —
[28] Le parole a Parigi mancano a F. — [29] io mi F — [30] et li
mi rimagnrò M — [31] adrieto e F. — [32] nulla di F — [33] E
manca a M — [34] et essendo M — [35] da lungi a M — [36] che O;
e manca a M — [37] mano O — [38] et lui M — [39] e come F — [40] si
si F; si manca a M — [41] dintorno F — [42] cum Durindarda
zinta M — [43] andare F, me ne posso andare M — [44] chonque
arme (sic) O — [45] dove che M — [46] uno valente huomo e F —
[47] io manca a O, io ho ancora D. che è M — [48] in M — [49] Le
parole di ferro mancano a F — [50] in lo muro de la M — [51] se
ne andò senza l' e prec M

verso Dardenna, e lasciò [52] il suo singnore sanza arme [53]
e male a cavallo. E [54] avendo camminato tutto il giorno,
immaginò [55] che, se egli stesse [56] a osteria, Fioravante [57]
lo potrebbe giungnere, e che, se egli [58] andasse per
la via diritta [59], potrebbe essere sostenuto [60] a qualche
castello ed essere conosciuto l'arme e 'l cavallo; e,
sendo [61] appresso a uno castello [62], abbandonò la strada,
e [63] per luoghi selvaggi e boschi si misse a cavalcare,
e tutta [64] notte s'andò avviluppando per questa [65]
selva, e [66] la mattina, sendo chiaro il dì, andava [67]
attraversando ora in [68] qua, ora [69] in [68] là, e non sapeva dove s'andava [70]. La sera, poco innanzi al cori-
care [71] del sole, trovò uno romitoro [72], e pensò di trovare un poco di rifrigero da qualche [73] santo uomo, e
picchiò l' [74] uscio del romitoro, e venne fuori uno vecchio romito [75] armato, e dimandò chi egli era e quello
che andava facendo [76] Rispose che [77] andava alla ventura. E [78] quello romito lo guardò tutto dal capo al
pic' [79], e viddde che quelle arme non gli stavano bene,

---

[52] lacia O. — [53] et senza a M, disarmato F. — [54] E manca a
M. — [55] el famiglio pensò M — [56] ristesse M — [57] che F F —
[58] lui M — [59] diritta via F — [60] ritenuto M — [61] et che ancora
era a pericolo de essere cognosciute le arme et lo cavallo per queste
tale rispetti essendo M — [62] Le parole tutte da ed essere fino a
uno castello mancano a F, senza dubbio per essere il copista
saltato coll'occhio da castello a castello — [63] e manca a O —
[64] et misisse a cavalcare per luoghi salvatici et per boschi et tutta
la M — [65] quella F — [66] e poi F — [67] s'andava F, cui manca
la frase sendo chiaro il dì — [68] in manca a O. — [69] e ora
F — [70] s'andare F — [71] ponere M. — [72] romito F — [73] de
q M, da quello O — [74] a lo M — [75] romito vecchio M; romito
manca a F. — [76] cercando F — [77] che ello M. — [78] E manca
a F M, F ha poi lo invece di quello — [79] a li piedi M

e ch' egli era tutto stanco [80] per la grande [81] fatica
dell' arme Disse il romito [82] « Tu debbi avere imbo-
lato queste [83] arme e questo cavallo a qualche gentile
uomo, chè al parlare e alla apparenza [84] tu [85] dimostri
più ladrone che uomo da bene » E il [86] cattivo non
si seppe scusare, ma [87] disse « E' fu il mio peccato. »
Disse il romito [88] : « Jo sto qui per tenere sicuri questi
paesi [89], e Iddio ama la giustizia » E posegli le mani
a dosso, e tutto lo disarmò, e [90] tolse due ritorte di
lengname, e impiccollo a uno ramo d' albero [91] poco
di lungi dal [92] romitoro; e poi ripose [93] l' arme e go-
vernò il cavallo, e pregava Iddio che gli [94] mandassi
colui, di cui ell' erano, s' egli era [95] vivo

Capitolo XXVII.

Come Fioravante capito al romito, e rendègli [1] l'arme e 'l cavallo [2] e 'nsegngnògli la via d' andare in Iscondia.

Poi che Fioravante ebbe veduto levare il Singnore e udita [3] la messa, tornò [4] di fuori della chiesa,
e [5] guatava in giù e in su dello famiglio [6], e, non lo
vedendo, domandò [7] alcuna persona E fugli detto ·

---

[80] istracho O — [81] grande manca a F — [82] et disse M —
[83] choteste O — [84] presenza O — [85] tu manca a F — [86] A questo el M — [87] ma e O — [88] Il romito dixe M — [89] passi O,
sicuro questo paese F — [90] poi M — [91] a uno albero O. — [92] al
M — [93] ripore puoi senza l'e M — [94] ti F — [95] erano le arme
se era quel M

[1] e come egli gli rendè F — [2] Le parole e 'l cavallo mancano
a M. — [3] udito O — [4] uscì O — [5] e chiamava e F — [6] per
vedere el f M, le parole dello f mancano a F — [7] il domandò
ad M

« Egli legò [8] questo ronzino, e ratto se ne va [9] per la strada › Allora congnobbe Fioravante che [10] 'l famiglio l'aveva ingannato e rubato, e [11] tra [12] sè disse. « Or [13] che farai, isventurato Fioravante [14] ? Andrai [15] tu alla ventura, o tornerai indrieto ? E [16] ài perduta la tua nobile [17] spada e 'l tuo [18] franco cavallo e le tue belle [19] arme Certo io voglio innanzi [20] morire, che io [21] non lo seguiti. » E montò in sul poitante, e fecesi il seugno della santa croce, e raccomandossi a Dio [22] dicendo « Io debbo [23] provare la mia ventura » ; e seguitò la tiaccia del famiglio, e [24] in molte paiti ne dimandava. E [25] giunto in una parte dove gli fu detto non [26] essere passato, tornò indrieto [27], e ritrovò [28] le pedate del cavallo, e drieto a lui si misse [29] per la selva, e poco l'aveva innanzi

Alla fine, passata [30] la notte, l'altro dì essendo già [31] il sole ito sotto [32], giunse [33] a quello romitoro [34], dove il famiglio era suto impiccato, e picchiato [35] l'uscio, e [36] il romito uscì fuori armato, e disse [37] « Tu [38]

---

[8] legho qui O — [9] e andossene ratto F; et rasene rato M — [10] Fioraianti alora conobbe come che M. — [11] Le parole e rubato e mancano a O — [12] fra F — [13] Or manca a O — [14] O Fioraianti disienturato M — [15] ta O — [16] Tu M — [17] buona F — [18] tuo manca a F — [19] buone F. — [20] del certo inanzi voglio M. — [21] io manca a O, che ha poi seguitare in luogo di seguiti — [22] Fesse adonca el signo sancto de la croce raomandosse a Dio et montò su el portante M — [23] voglio M — [24] e manca a O — [25] dimando E F; E manca a M — [26] non gli M — [27] adietro M. — [28] trovò F — [29] si mise dietro a lui M, senza l'e prec — [30] paso O — [31] già manca a F — [32] gia tto (sic) il sole sotto O, essendo già el sole posto l'altro dì M. — [33] arrivò F — [34] romito O — [35] pichiato a M pichiò F — [36] e manca a M — [37] Le parole e disse mancano a M — [38] Tu anchora M

debbi essere di questi rubatori, ma io farò a te com'[39] io feci poco fa a quello altro. » Disse Fioravante: « Santo romito, per Dio[40], non mi offendere, chè tu faresti peccato[41]. » E il[42] romito lo guatò e disse[43]. « Chi se' tu? » Disse Fioravante: « Io sono uno disavventurato cavaliere, assai gentile di sangue »; e dissegli[44] come uno suo famiglio l'aveva rubato, e come alle pedate del cavallo l'aveva[45] seguito[46] sanza mangiare e sanza bere, « e[47] dalla fame sono[48] assaltato. » Quando il[49] romito lo intese, gliene venne piatà, e misselo nel romitoro, e 'l ronzino menò[50] dov' era l' altro, e tornò a Fioravante, il quale[51] gli chiese per Dio, s' egli avesse[52] un poco di pane[53]. E il romito gli die' di quello che egli[54] aveva, che[55] era tanto[56] aspro a mangiare, che Fioravante non ne potè mangiare se non uno boccone, e domandò di che[57] faceva questo[58] pane. Il romito disse: « Io piglio erbe, e pestole insieme con certe semenze più d' erbe, e impastole, e seccole[59] al sole, e quando al fuoco[60], e di questo sono grande tempo vivuto[61] per la grazia di Dio. » Fioravante gli chiese da bere, e egli gli

[39] quello che O — [40] Fioravanti disse romito santo, per Dio te priego M — [41] grande peccato M — [42] E manca a O — [43] di cegli M — [44] cavaliere disaventurato et de sangue assai zentile et allora gli dire M. — [45] havera già M — [46] seguitatto O. — [47] e manca a O — [48] et dixegli come lui era da la fame M. — [49] questo F. — [50] menò lo suo roncino M, legò il ronzino O. — [51] dove O — [52] chiese se romito avia O — [53] gli disse che per Dio gli disse un poco di pane s' egli n' avesse F. — [54] egli manca a M — [55] el quale M — [56] sì F — [57] domandollo di quello che egli F. — [58] quel M — [59] chuocho O — [60] et al sole o al focho glie secco M — [61] vivuto grande tempo M, e egli disse D' erbe che io secco al sole e pestole, e quando le secco al fuoco, e di queste fo pane e sono vivuto a questo modo gran tempo F.

diede d'una acqua tanto fredda, che Fioravante temè
ch' e' denti non gli cascassino di bocca; e [62] disse·
« Io ò mangiato e beuto, e [63] sto bene· lodato sia
Iddio! » E andorono a dormire in [64] su certe brac-
ciate [65] di frasconi e di [66] sermenti di vite salvatiche,
e una grande pietra avevano [67] per capezzale [68], e con
tutto questo disagio [69] Fioravante s' addormentò E [70] 'l
romito stette in orazione, e l' augnolo di Dio gli venne
a parlare, e dissegli « Questo giovane si [71] è figliuolo
del re di Franza, e l' arme che tu togliesti a quello
ladrone, sono sue [72], e 'l cavallo e la spada Rendigli [73] ougni cosa, e digli che vada francamente sanza
pagura [74], chè Iddio gli darà buona ventura » La mattina lo romito lo chiamò [75], e dissegli come l' augnolo
gli aveva detto, e rendègli [76] l' arme [77] e 'l cavallo,
e mostrògli il famiglio impiccato. Disse Fioravante.
« Se non mi fossi vergongna, io gli taglierei la testa
così morto com' egli è » E 'l [78] romito gl' insen-
gnò la via d' andare verso Scondia Fioravante donò
il cavallo portante al romito [79], e verso Scondia cavalcò.
E in quello giorno [80] giunse in luogo, che egli mangiò,
egli [81] e 'l cavallo, dove gli fu detto che la città di

---

[62] *no gli chadesmo e* O — [63] *to* O — [64] *in* manca a M —
[65] *menate* O, *brunciate* M — [66] *di* manca a F — [67] *arerano*
manca a F. — [68] *per cavezale hareiano una grande pietra* M,
senza l' *e* al principio di questa e della proposizione seg —
[69] *disagio* manca a O — [70] *E* manca a M — [71] *si* manca a F
— [72] *le sue* M — [73] *e* O — [74] *Le parole* sanza pagura *mancano*
a F — [75] *-mito chiamò Fioravanti* M — [76] *detto rendigli* F —
[77] *arme sua* O. — [78] *appicato. Quando Fioravanti el vide, dire
sel non me tenesse vergogna, così morto come ello è, li tagliarei
la testa Lo* M — [79] *al romito el cavallo portante* M — [80] *di* O —
[81] *-dia caralcando gionse in quel giorno in luoco che mancò ello* M

Scondia ora assediata da grande gente di Saraini [82],
tutti di [83] lontani paesi, per amore di Drusolina

Capitolo XXVIII.

**Come e [1] perchè il figliuolo del soldano di Bambillonia in-
namorò [2] di Drusolina, e come il soldano assediò [3] Drusolina e il re Balante [4] nella città di Scondia, perchè
ella non lo voleva.**

La città di Scondia fu assediata in [5] questo modo.
Lo re di Spangna, avendo dato moglie a uno suo
figliuolo, fece grande convito, e quasi tutti e' singnori
saraini vi furono, ed [6] era stretto parente [7] del soldano
di Bambillonia d Egitto. Uno figliuolo del soldano
venne in Ispangna [8] a vedere la festa e per vedere
del [9] mondo, e, finita la festa in [10] Ispangna, volle [11]
andare a vedere [12] molte parti della [13] Spangna, e
anche [14] lo re Balante di Scondia, perchè gli [15] fu
detto ch' egli era stato col soldano nelle battaglie
di [16] Roma [17]. E, venuto in Iscondia, Balante [18] gli fe'

[82] *gente saraina* F — [83] *era da grande zente de sarracini
assediata li quali erano tutti venuti da* M

[1] *el* O — [2] *se inamorò* M — [3] *inamorò di* F — [4] *Balante
stava* F — [5] *a* F — [6] *de Sarracini gli fuorono perche lui* M —
[7] *parentado* O — [8] *Le parole* in Ispangna *mancano a* O —
[9] *euenne per uedere il* O — [10] *di* O — [11] *In questa festa et per
vedere del mondo venne in Spagna uno figliolo del soldano, el
quale, fatta la festa, volse* M — [12] *regiendo* F — [13] *di* O —
[14] *ancora* F — [15] *egli* F, *et perchè gli* M — [16] *da* F — [17] *chol
padre a Roma nella bataglia* O — [18] *Roma volse venne con el
re Balante in Scondia Balante* M

grande onore [19], con tutto che in quello tempo aveva
perduta la città di Balda; e [20] questo figliuolo del
soldano vidde più volte Diusolina, onde [21] egli innamorò molto forte di lei E come [22] fu tornato a [23]
Bambillonia, lo disse al soldano, suo padre [24], e 'l
soldano mandò ambasciadori al re Balante [25] a domandargli la figliuola pel [26] suo figliuolo [27] Lo re
Balante si maravigliò, e disse agli ambasciadori: « Io [28]
temo ch' el mio singnore soldano non si gabbi di
me. » Ma [29] gli ambasciadori per saramento ghele [30]
accertarono ch' [31] egli [32] era vero, e mostrorono il mandato e piena [33] balia di [34] sposarla per lo figliuolo [35].
Lo re Balante tutto allegro n' andò [36] alla reina e
alla figliuola, e disse loro [37] la dimanda del soldano
confortando molto Diusolina, ed ella rispose. « Padre
mio, a noi [38] non si confà tale parentado [39], ed io non
voglio essere fante dell' altre donne, che tiene il soldano; e però [40], se voi avete [41] animo di mandarmi
in Bambillonia, fatemi innanzi [42] ardere; e se non, io
vi [43] giuro che io me ucciderò, prima [44] che io consenta

[19] *honore grande* M — [20] *e* manca a M — [21] *et* F - [22] *forte*
manca a F, *se inamorò de lea molto forte Quando il* M — [23] *in*
F — [24] Le parole *suo padre* mancano a O, *disse a suo padre* M
— [25] *a re* B M, *a* B O — [26] *per domandargli Diusolina sua
figliuola per* M — [27] *e domandogli la f pel figliuolo suo* F —
[28] *Io certamente* M — [29] *Ma* manca a M — [30] *glie* O — [31] *cre-
tificarono come* F — [32] *egli* manca a M — [33] *mandata piena* O,
mandato piena M — [34] *che haverano di* M — [35] *-olo del soldano* F — [36] *andò senza il n'* M, *mandò* F — [37] *a loi dixe* M.
— [38] *voi* F — [39] *tal parentado a noi non se confà* M — [40] *L'e
innanzi a però* manca a M, *imperò che* O. — [41] *avessi* F
[42] *innanzi* manca a O, *più tosto* M — [43] Le parole *se non io ti*
mancano a O, *-dere altramente re* M. — [44] *che prima me uc.* M

d'averlo per marito » Disse Balante· « O figliuola mia, che [45] di' tu [46]? Non pensi tu ch'el soldano è singnore [47] sopra a tutta [48] nostra fede, e tu saresti servita da cento reine? E [49] se tu non consenti [50] d'essere sua moglie, egli ci disfarà del mondo, per modo che di noi non sarà mai ricordo. » Drusolina pensò alle parole del padre, e ricordossi di Fioravante, e [51] fra sè stessa sospirando [52] disse « O Fioravante, singnore [53] mio, perchè non me ne venn'io con teco? E [54] non sirei giunta a questo partito » E pure l'amore di Fioravante vinse, e [55] diliberò imprima [56] morire, che [57] torre questo marito; e così rispose al padre di [58] non lo volere a nulla [59] El padre [60] tornò agli ambasciadori, e disse loro come egli [61] era contento [62], ma che Drusolina a nulla non lo voleva [63], e che al tutto, poich'ella non [64] se ne contentava, che [65] non la voleva maritare [66] Gli ambasciadori molto minacciorono [67] Balante e Drusolina, e partironsi, e tornorono in Ispagna, ed entrorono in mare, e ritornarono [68] in levante [69], e portarono l'ambasciata al soldano, come Drusolina

---

[45] oi che O. — [46] El re Balante dixe. che di tu o fiola mia? M — [47] singnore manca a O — [48] tutti di O — [49] El che M — [50] achonsentti O — [51] e manca a O. — [52] sospirando tra si stessa M, sospirando da sè O — [53] singnore manca a F. — [54] io M — [55] Lo amore de Fioravanti alla conclusione pur vinse perchè ella M — [56] prima di O — [57] che di O. — [58] di manca a O — [59] che per nulla via del mondo non lo volea M — [60] e Balante O, allora el M. — [61] disse che O — [62] contenta M — [63] vole M — [64] poi no O — [65] chella M, ello senza il che M — [66] mandare M — [67] minacciando O, manaciarono a M, molto si maravigliorono e molto molto minacciorono F. — [68] Le parole in Isp . ritornarono mancano a M. — [69] innesso levante sanzaiono O

l' aveva rifiutato. El soldano molto se ne turbò[70], e giurò[71] di disfare la città di Scondia e d'[72] impiccare Balante, e Drusolina fare ardere[73] E bandì l'oste sopra al re[74] Balante, e l'anno presente entrò[75] in mare, e venne in Ispangua, e e[76] con l'aiuto del re di Spangua n'[77] andò in Iscondia, e assediolla con grande moltitudine di gente. Ma[78] quando Balante[79] sentì la sua venuta, afforzò la città di mura e di gente e[80] di vettuvaglia, e stette molti mesi assediato[81] e molte battaglie vi[82] si fecion Alla fine mancava alla città[83] gente e vettuvaglia e ongni speranza di soccorso, e tenevansi[84] per perduti Drusolina sempre stava in orazione piegando[85] Jesù Cristo e la madre di vita etterna che l'aiutasse[86], che ella non venisse alle mani de'[87] cani saraini.

Capitolo XXIX

Como Fioravante capitò in Iscondia, e come[1] una[2] figlinola d'uno ostiere innamorò[3] di lui, e andò a lui[4] al letto[5].

Mentre che questa guerra era in Iscondia, Fioravante, partito dal romito, cavalcò verso Iscondia. E,

[70] si turbò O — [71] giura M — [72] d' manca a F — [73] et de ardere Drusolina M [74] in re O. — [75] andò F — [76] Le parole e venne in Isp e mancano a F — [77] n' manca a M — [78] Ma manca a M — [79] el re B M — [80] Le parole di mura e di gente e mancano a O — [81] la venuta del soldano et de mura et de gente et de victuaglia afforzò la città de Scondia e li poi stette assediato molti mesi M — [82] li M — [83] Alla città finalmente mancava M — [84] onde se tenevano M senza il seg per — [85] e pregava O — [86] aiutasseno M — [87] de quigli M

[1] come manca a O — [2] la F — [3] se inamorò M [4] andogli M — [5] al letto allui F

giunto nel campo de' Saraini, fu menato dinanzi al soldano, il quale lo domandò, donde egli era e quello [6] ch' andava facendo [7]. Rispose che [8] era borgongnone e che [9] andava alla ventura e che [10] starebbe volentieri [11] con 'uno singnore al soldo [12] El soldano lo [13] domandò, che condotta voleva [14]; e [15] Fioravante domandò condotta di cento [16] cavalieri Disse il soldano: [17] « E' basterebbe cotesta [18] condotta a Riccieri, primo paladino di Francia Ma [19] vattene drento a Scondia dal re Balante, che n' à maggiore bisongno di me » Fioravante s' infingneva di non vi [20] volere andare, ma el soldano, mezzo per forza, ve lo mandò. Quando [21] Fioravante fu presso alla città, disse [22] a quelli che lo menavano « Ancora si pentirà il vostro soldano [23] di non mi avere dato soldo » Rispose uno cavaliere [24] « E' non sarà [25] il terzo giorno, che tu e il re Balante dinanzi al soldano [26] sarete impenduti [27] per la gola [28] » Fioravante se ne rise, e, chiamate le guardie della porta, addimandò [29] se egli poteva entrare drento, dicendo che [30] era forestiere, e [31] cercava d'avere [32] soldo.

---

[6] *quello* manca a M — [7] *che egli andava cercando* F. — [8] *Fioravanti rispose et dire che lui* M. — [9] *che* manca a M — [10] *che* manca a O — [11] *volontiera starebbe* M — [12] *a soldo* M, *al soldo d' uno singnore* F — [13] *lo* manca a O — [14] *egli volea* F — [15] *e* manca a M. — [16] *volea Rispuose per C° O* — [17] *el soldano dire* M — [18] *tale* O *tanta* M — [19] *per me tu non sei ma* M — [20] *li* M — [21] *e quando* F — [22] *il dire* M — [23] *el vostro soldano anchora se pentirà* M — [24] *Uno cavaliero rispose et dire* M — [25] *passerà* F. — [26] *Le parole al sold. mancano a O* — [27] *impendu* F — [28] *chel re Bal sera dinanzi a s impenduto et ti cum esso* M — [29] *e domandò* M — [30] *chegli* O — [31] *che* F. — [32] *Le parole d' avere mancano a F*

Le guardie mandorono [33] al re Balante, e [34] egli rispose. « S' egli è solo, lasciatelo entrare; » e fu lasciato entrare [35]. Quelli [36] del campo tornarono al soldano, e dissongli [37] quello che Fioravante gli aveva detto [38]; e 'l soldano se ne fece beffe

Fioravante disse [39] a quegli [40], che lo menassino al [41] migliore albergo della città; e [42] fu menato a uno albergo, ch'era dirimpetto a una finestra della camera di Drusolina a lato al palagio reale E, giunto [43] all'abergo [44], l'ostiere gli tenne la staffa, pensando l'oste maliziosamente [45] che [46] questo cavaliere fosse [47] mandato drento per lo [48] soldano, e cominciògli a proferiere [49] tutta la sua roba [50], temendo che la terra [51] in poco tempo si perderebbe. Fioravante disse: « Oste [52], come ài tu vettovaglia? » Disse l'oste [53]: « Io non [54] credo che in [55] questa città sia [56] uomo che abbia tanta vettuvaglia quanta ò [57] io, e promettovi [58] darvela per metà, e rimettomi nelle vostre braccia [59], perchè io

[33] nandorono O — [34] e manca a M — [35] Quest' ultima proposizione E fu etc manca a O, per essersi coll' occhio corsi da entrare a entrare, -se lui è solo son contento che lo lassate intrare et cossì lo lassaro intrare M — [36] e quelli F — [37] a lui diseno M — [38] avea detto Fioravante F — [39] domandò M — [40] alle guardie F — [41] Il copista di O aveva scritto menanono, poi cancellò con un tratto di penna tutta la parola e scrisse accanto menasino, che gl' insegnassero il F — [42] e manca a M — [43] rale Giunto Fioravante M — [44] Le parole a lato abergo mancano a F — [45] maliziosamente dubitando F — [46] che maliziosamente M, che per O — [47] non fosse F, fosse sta M — [48] dal F — [49] cominciò a proferirege M — [50] la sua r. M, tutte sua robe O — [51] città F — [52] a l'oste O, o osto M — [53] l'osto dice M — [54] non manca a F — [55] in tutta F — [56] abbi O — [57] ne ho M, quanto one O — [58] prometto O, promettore di M — [59] di darvi la mezza di mettermi nelle braccia vostre F

so [60] certo che domane [61] o l'altro il soldano [62] arà questa città, imperò che ella non si può più tenere. » Disse Fioravante [63]· « Taci, ostiere, chè 'l soldano non l'arà di qui a uno anno, non che [64] domane, se la mia spada non à perduta sua [65] virtù. Ma lasciamo stare queste parole, e andiamo a mangiare, chè [66] io n'ò grande bisongno, perchè da ieri a nona in qua [67] non ò [68] mangiato » L'ostiere fe' dare della [69] biada al cavallo e [70] apparecchiare [71]. Fioravante mangiò [72] per tre persone, e confortossi molto bene, e [73] dinanzi gli [74] serviva una damigella molto [75] bella, figliuola dell'ostiero Fioravante domandò l'oste della condizione in che [76] era la città, e [77] l'oste ongni cosa gli disse E poi [78] ch'ebbe [79] cenato, Fioravante disse [80]: « Io sono stanco, e [81] vorrei andarmi [82] a riposare [83]. » L'oste lo menò in una bella camera, e fece recare alla figliuola uno bacino d'argento [84], e fece lavare e' piedi a Fioravante, e [85] quella donzella, lavando e' piedi a Fioravante [86] innamorò fortemente di lui E [87], quando Fio-

.

[60] sono O, so del M. — [61] o domane M — [62] il soldano domane o l'altro F. — [63] Fioravanti disse M. — [64] che egli l'abbia F. — [65] perduto la O. — [66] perciò che F — [67] qua io F; in qua a nona O — [68] ho più M. — [69] lui F; l'ostiero comandò al famiglio che dovesse dare dela M — [70] e fe' M — [71] apparecchiare manca a O — [72] mangiava O — [73] e manca a M — [74] lo O, quando manzava li M. — [75] molta O — [76] in manca a M, -andò in che condizione F — [77] e manca a F — [78] gli dire oyne cosa. poi M — [79] cheghebe O; ebbono F — [80] disse fiora-vante O — [81] e manca a M — [82] andare O M. — [83] ripo-sarme M. — [84] uno bacino dariento alla damigiella O — [85] Le parole a F. e mancano a M — [86] lav i p. de F la donzella se M, q. damigiella lavandogli i piedi O — [87] de lui fortemente et tanto M

ravante fu ito a letto, l'oste si partì con la figliuola [88]
E quando fu tornato [89] alla sua camera e fornito [90] gli
altri ch'erano nello albergo, ognuno andò a dormire.

E sendo [91] quasi in [92] sul primo sonno, la figliuola
dell' [93] oste si levò, e sola n' andò [94] nella camera di
Fioravante, e coricossigli allato. Fioravante [95] dormiva:
ella [96] l'abbracciò e baciollo. Egli [97] si destò, e domandò [98] chi ella era, ed [99] ella ghele disse Quando
sentì [100] chi ella era, egli le [101] disse. « Damigella,
perdonami, ch' io non ti toccherei per tutto l'oro di
questa città [102], perchè io sono stanco. » E die' [103] questa scusa, perchè ella era saraina, e la fede cristiana
lo [104] vieta, e per lo amore ch' [105] aveva giurato a
Drusolina [106]. La damigella si partì e disse « O [107]
cavaliere, temo [108] ch' io mi morrò [109] per vostro amore [110]. » Fioravante per confortarla disse [111]. « Domane
farò vostra volontà. » Com' [112] ella fu partita, Fioravante serrò l'uscio drento, e dormì insino al chiaro
giorno; ed ella [113] sospirando se ne andò

***

88 *fanciulla* O — 89 *esendo tornata* O — 90 *fiola et andò a*
fornire M — 91 *sendo* manca a F, *Quando che ogne homo fue*
andato a dormire essendo ogne persona M — 92 *in* manca a M —
93 *ostiere* O — 94 *et andò pianamente sola* M — 95 *e* F O —
96 *e ella* F — 97 *Fioravante* F, *e baciara istretta mente ed egli*
O — 98 *domandolla* F — 99 *ed* manca a M. — 100 *Fioravanti*
sentì M. — 101 *era gli* M, *domandò c e e ella gli disse sono lu*
tua serva figliuola delostiere che ti lavai iersera i piedi e fiora-
vante O — 102 *questo mondo* F — 103 *dielle* F. — 104 *gel* M —
105 *et anche perchè lui* M, *e per lei* F — 106 *-lina fedeltà* F —
107 O manca a F. — 108 *io temo* O, *assai temo* M. — 109 *di non*
morire F, *moro tosto* O — 110 *per rostro amore io morrò* M —
111 *E Fioravante le disse per confortarla* F. — 112 *e come* F —
11 *ed* manca a M, *e la damigella* F

Capitolo XXX.

Come Fioravante combattè fuori di Scondia contro al soldano [1], e meno certi cavalli [2] all'oste per lo scotto [3]

Poi che fu chiaro il giorno, l'ostiere [4] chiamò Fioravante, e egli si levò, e andò alquanto a sollazzo e [5] l'ostiere apparecchiò da desinare E, tornato [6] all'osteria, si puosono a mangiare insieme [7] l'oste e Fioravante, e, mangiando, disse l'oste [8] · « Io credo che questa città sarà oggi [9] del soldano, imperò che nella [10] città non à [11] vettuvaglia » Disse Fioravante [12]: « Forse che non [13] sarà; ma tu, oste, come [14] lo sai? » Rispose [15] · « Sentone [16] ragionare per la città » E mentre ch'eglino stavano in questi ragionamenti [17] e mangiavano, la [18] città si levò a [19] romore, perchè la gente del soldano veniva armata verso la città [20] Allora Fioravante [21] domandò l'arme e 'l cavallo Disse l'oste [22] · « Cavaliere, non ti volere mettere a pericolo, e [23] statevi qui con [24] meco, e guarderemo questo albergo,

---

1 Le parole *contro al soldano* mancano a O — 2 *et come lui m. c* e M *cavalli guadagnati* F, *caragh del soldano e diegli* O. — 3 *lo suo scudo* M — 4 *oste* F — 5 *in questo mezo* M — 6 *tornato Fioravanti* M — 7 *insieme* manca a F, in M sta dopo *Fioravante*, *insieme* e O. — 8 *l'oste disse* O, *l'osto mangiando dire* senza il prec e M — 9 *ozi serà* M. — 10 *la* M. — 11 *e* O. — 12 *Fioravanti dire* M — 13 *mai* M — 14 *et come* M — 15 *Rispuose l'oste* — 16 *io el sento* M — 17 *cum queste parole* M — 18 *e la* F, *questo ragionamento nella* O. — 19 *grande* O — 20 *verso la città armata* O — 21 *Fioravanti alora* M — 22 *l'oste gli dire o* M — 23 *e* manca a O, che ha poi *istatti* per *statevi; ma* M. — 24 *qui e con* mancano a M.

chè [25] io sono ricco, e ciò ch' i' ò, sarà vostro [26]. »
Fioravante rise [27] e disse. « Io non ò [28] ancora pagato
il mio scotto [29] d' iersera, nè il desinare » L' ostiere
disse « Messere [30], io non voglio danari da voi, ma
io voglio che voi siate mio genero » Fioravante se
ne rise, e armato [31] montò a cavallo, e prese lo scudo
e la lancia, e disse all'oste « Ciò ch' io guadagnerò,
sarà vostro » E [32] mosse il cavallo, e corse alla [33]
porta dove era levato il romore, e uscì fuori, e passò
innanzi a [34] tutta l'altra gente che si faceva [35] incontro
alla gente del soldano.

In questo punto era lo re Balante con Drusolina
fatti [36] per lo romore a una finestra del palazzo, temendo [37] di perdere la terra; e vidono [38] questo solo
cavaliere innanzi a tutta l'altra [39] gente entrare nella
battaglia; e Drusolina lo mostrò al padre. Disse Balante [40]. « Egli à poco senno. » In [41] questo punto si
mosse Fioravante [42], e arrestò la [43] lancia, e ferì uno
re del campo [44], che veniva dinanzi a tutti gli altri,
e morto l'abbattè [45] a terra del [46] cavallo. Per questo
si levò grande romore, e [47] quelli della città presono

---

[25] chè manca a O, a M manca tutta la proposizione chè io
sono ricco — [26] el vostro M — [27] rispose F — [28] i' ò F —
[29] scudo M — [30] Messere manca a F — [31] armato manca a F.
— [32] E manca a M — [33] verso la M. giunse alla F — [34] a
manca a M — [35] che usciva M, le parole che si faceva mancano
a F. — [36] fattosi con Drusolina F, cui mancano le parole per
lo romore, lo re B era cum D M — [37] per vedere tem M —
[38] vidde F — [39] altra manca a M — [40] Balante dice M —
[41] e 'n F — [42] Fioravanti si mosse M — [43] la sua F — [44] Le
parole del campo mancano a M. — [45] lo gitto O. — [46] da M,
cui mancano le parole a terra. — [47] per O

ardire [48], e cominciorono grande battaglia Faceva [49]
Fioravante [50] diverse [51] prodezze, e [52] per forza d'arme
rimisono [53] i nimici insino agli [54] alloggiamenti E [55]
ritornando [56] indrieto, Fioravante prese tre cavalli,
due a mano e uno n'attaccò allo arcione dell'atro [57]
e, giunto alla osteria, gli donò all'oste per lo scotto
che aveva ricevuto, e [58] poi si disarmò e compiè [59]
di mangiare

La gente della città, avendo auta [60] questa piccola [61] vettoria, tutti si rincorarono [62] e mutarono loro
opinione [63]; e [64], mentre che Fioravante mangiava, diceva [65] l'ostiere [66]. « Messere lo cavaliere [67], ciò ch'io
ò al mondo, è vostro [68] » Fioravante lo ringraziò
molto [69]

48 grande ardire F — 49 e faccia F — 50 Fioravanti faceva M — 51 di diuesse O. — 52 e manca a O M. — 53 gli pin-
sono F — 54 a loro M — 55 E manca a M — 56 ritornati F —
57 del suo cavallo F, l'e seg. manca a M — 58 e manca a M
— 59 e manca a O, e forni F — 60 auto O — 61 poca della F
— 62 si rincoriano F, sincorarono O — 63 mutaronsi d'op F
— 64 e manca a M — 65 mangiavano disse O — 66 lostiero gli
diceva o M — 67 Le parole lo cavaliere mancano a O — 68 certamente rostro M cio chio one e al nostro piacere chio one al
mondo O. — 69 rengraziaia molto a lui assai offerendose M

CAPITOLO XXXI.

Come Drusolina mandò per Fioravante per sapere chi egli era, ed[1] egli disse avere morto Fioravante e toltogli le sue[2] arme a una caccia; e come la figliuola dell'oste morì per l'amore di[3] Fioravante.

Essendo Fioravante a tavola con l'ostiere, Drusolina si fece alla[4] finestra della camera, ch'era dirimpetto allo abergo[5], e vidde Fioravante mangiare, e conobbe ch'egli[6] era quello[7] cavaliere, ch'aveva fatte tante prodezze[8] Drusolina chiamò due gentili[9] uomini, e disse « Vedete voi quello cavaliere che mangia in quello albergo? Andate a lui, e da[10] mia parte lo pregate che venga dinanzi[11] a me. » Eglino[12] andarono all'abergo, e feciono l'ambasciata di[13] Drusolina, e pregaronlo[14] che egli venisse[15] dinanzi da[16] lei. Fioravante[17] fece vista di non sapere chi[18] fosse Drusolina, e domandò l'oste chi era[19] questa Drusolina Disse l'oste[20]· « Ella è quella, per cui questa città è assediata[21], ed è figliuola del re Balante, nostro singnore » Fioravante[17] rispose· « Quando io[22] arò

---

[1] et come M — [2] sue manca a M; in O la rubrica finisce con morto Fioravante — [3] per lo grande et dismesorato amore che portava a M — [4] alle O — [5] alostiere O — [6] che lui M — [7] questo F — [8] tante prodeze hareva facto M — [9] grenti F. — [10] da lui et per M — [11] inazi O — [12] et eglino F — [13] per parte di F — [14] epreghandolo O, preghandolo senza l'e M — [15] venne volesse M. — [16] a M — [17] e F F — [18] chi si O — [19] che e M — [20] lo osto gre dixe M — [21] è assediata questa città F — [22] io manca a M

mangiato, verrò da[23] lei » E[24] i gentili uomini tornarono a Drusolina, e fecionle l'ambasciata Disse Drusolina[25] Tornate[26], e non vi partite, che voi lo meniate a me[27] » E così tornarono, e trovarono che dinanzi a[28] Fioravante serviva la figliuola dell'oste, la quale, come[29] sentì che Drusolina aveva mandato[30] per lui, diventò smorta e pallida più che terra[31], di dolore.

Fioravante mangiò, e poi andò armato[32] dinanzi a Drusolina, e salutolla scambiando[33] atti e modi e boce quanto poteva e sapeva[34] Ed[35] ella lo[36] domandò chi egli era, ed egli subito rispuose ch'[37] era di Borgongna presso al[38] reame di Franza Disse Drusolina[39]. « Tu non puoi[40] celare che tu non sia franco uomo[41] » ; e, tiratolo da parte, segretamente gli disse. « Tu[42] debbi essere Fioravante, e a queste arme ti riconguosco[43] » Disse Fioravante. « Madonna[44], l'arme furono bene di Fioravante, ma io non sono Fioravante » In questa giunse lo re Balante[45], e vidde questo cavaliere armato, e disse[46]   « Chi è questo

<hr>

[23] a M — [24] E manca a M. — [25] feceno la resposta Dusolina dixe M — [26] tornateui O — [27] Le parole a me mancano a F — [28] da F — [29] quando F — [30] mandata F — [31] Le parole più che terra mancano a F — [32] F l'andò mangiato ch'egli ebbe et era armato e giunse F. — [33] scambiando F — [34] sapera e poteta F — [35] Ed manca a M — [36] lo manca a F — [37] chegli O. — [38] era subito il rispose Son de B apresso del M — [39] Dusolina dixe M — [40] puoi per niente M — [41] homo franco M. valente uomo F — [42] Tu certamente M — [43] cognosco M — [44] Madonna manca a F Fioravanti dixe madama M — [45] lo re Balante giunse M. — [46] Le parole e disse mancano a O

cavaliere che, all' arme che [47] porta, somiglia quello [48] traditore di Fioravante? » Ed [49] egli rispose « L'arme furono bene [50] di Fioravante, e fu [51] mio singnore [52]; e andando una volta con lui a uccellare [53], avendomi fatto [54] dispiacere d'una mia sorella — io gli ero di drieto, e avevo tutte le sue armi in dosso, ed ero in sul suo cavallo [55] —, per vendetta [56] dello oltraggio, che [57] m'aveva fatto, io [58] gli ficcai la lancia nelli [59] reni, ed egli non avia l'arme in dosso, e io lo passai [60] insino dinanzi, e morto lo gittai a terra del cavallo [61]. E [62] perchè io sapeva ch'egli era vostro [63] capitale nemico, sono per mia sicurtà [64] venuto in questo paese » Lo re Balante gli fece grande onore e festa (non è maraviglia se Balante [65] non lo conosceva, però che non lo aveva mai veduto [66], se non armato da quello [67] punto che lo vidde nella furia, quando fu preso a Monault); e dissegli [68] · « Tu ài morto il maggiore nimico ch'io avessi al [69] mondo, e voglio che tu stia

---

47 *et che* M, *ch' egli* F. — 48 *a quel* M; le parole *a quello traditore di* mancano a F — 49 *Ed* manca a M — 50 *bene* manca a F — 51 *lui foe già* M. — 52 *ma* M — 53 *a caza de uselli et* M — 54 *facto al* M — 55 *cavallo suo* M — 56 *per vindicarme* M — 57 *chel* M, *di Fioravante, ma per uno dispiacere che egli mi fece d'una mia sorella et essendogli io drieto e avendo l'arme in dosso io et ero ancora in su il suo cavallo, cioè avevo io l'arme sue in dosso et ero in sul suo cavallo et egli era disarmato e per l'oltraggio che egli* F — 58 *io* manca a O — 59 *per li* F — 60 *venne e passa' lo* F, a M mancano le parole *io gli ficcai in dosso e; e* dopo *passai* M ha *drieto fino* — 61 *da cavallo a terra* M — 62 *E* manca a O — 63 *lui era de la vostra maiestà* M — 64 *per mia securità sono* M — 65 *lo re B* F — 66 *unde mai* O — 67 *dal* M — 68 *Re Balante gli disse* M — 69 *che havesse nel* M

nel mio [70] palazzo e non andare [71] più all'abergo »
E così promisse Fioravante di fare E come fu partito
Balante, e [72] Drusolina lo menò con certe damigelle
e certi cavalieri in camera, e [73], faccendogli onore e
parlandogli segretamente [74], gli disse· « Per certo voi [75]
siete [76] Fioravante: » ed egli, negando sempre, diceva
averlo [77] morto. Drusolina lo cognosceva meglio che
il re, perchè l'aveva veduto e abbracciato [78] nella prigione, e s'ella non lo avesse conosciuto, ella si [79]
sarebbe morta di dolore, s ella [80] avesse creduto che
egli avesse morto Fioravante, intanto che ella s'al-
largò a dirgli [81] « Se tu ài morto Fioravante, e' converrà ch'io ti facci morire; ma tu mi inganni, però [82]
che tu se' Fioravante » Ed [83] egli si [84] partì da lei,
e fugli assegnata una camera nel palazzo, e [85] fu
mandato pel suo cavallo, e non tornò più all'abergo
E [86] la sera la figliuola dell'oste [87], vedendo che egli
non tornava, disse al padre. « Io temo che 'l cavaliere d'iersera non tornerà, chè Drusolina sarà innamorata [88] di lui. » Disse il padre [89]. « Io n'ò bene
temenza. io te lo volevo dare per marito » Ed [90] ella
ebbe sì grande il dolore [91], che ella serrò le pugna,

[70] viole mio M — [71] no voglio che tu vada O — [72] e manca
a O a l'ostaria Fioravanti promise di fare così Come re Balante foe partito M — [73] onde M — [74] da parte segreta mente O;
secretamente parlandogli M — [75] che voi O — [76] doviti essere
M — [77] sempre negando dicea io lo ho M — [78] Le parole e
abbracciato mancano a O — [79] si manca a F — [80] segli O —
[81] dire M, e disse F. — [82] però manca a O - [83] Ed manca a
M — [84] si manca a M -- [85] poi M   [86] Vedendo M, che,
s'intende, tralascia questo gerundio dopo oste — [87] ostiere O.
[88] D. innamora O — [89] el padre dixe M — [90] onde O ed manca
a M. — [91] el dolore sì grande M

e in presenza del padre cadde morta Di [92] questa cosa
fu ripiena [93] tutta la terra, che la figliuola dell'oste [94]
era morta per amore del cavaliere ch'era venuto
nella [95] città novellamente [96] Quando lo seppe Drusolina, tutta si rallegrò, e disse. « Per certo a [97] questo
sengno conosco ch'egli [98] è el mio singnore Fioravante, chè, s'egli fussi stato uno briccone o famiglio,
egli [99] l'arebbe tolta per moglie, ma Fioravante non [100]
degnò sì [101] per la promessa ch'egli mi fece, e io a
lui. » E [102] mandò segretamente per lui [103], e piegavalo che [104] non si celassi a lei. Fioravante disse [105]
« Madonna, voi sapete come [106] Fioravante è nimico
di vostro padre come [107] verrebbe egli in vostra corte?
Io vi dico che Fioravante è [108] morto » E ridendo [109]
si partì da lei, ed ella si [110] rimase sospirando [111] in
dubbio dal credere al [112] non credere; e 'l cuore [113]
gli diceva. — Egli è pure [114] desso, ma egli [115] non
si fida d'appalesarsi a me [116] —

---

[92] e di F — [93] se ne riempì F — [94] ostiere O — [95] alla O
— [96] novellamente era renuto ne la città M — [97] che a F, tra
si per certo a M per O — [98] che del certo quello M — [99] egli
manca a F — [100] nolla O, non se M — [101] esi O — [102] lui
sì che a ella tal cavaliero non conveneva nè a lui tal dona, onde
ella M — [103] per lui seretamente M — [104] chegli O — [105] E
F d F, disse Fioravante O — [106] che F [107] come adonca M
[108] del certo è M — [109] morto ridendo O — [110] si manca a O
— [111] lei ella sospirando se remasi M — [112] di o. a O, de o
et de M — [113] e l'animo suo F — [114] del certo M — [115] egli
manca a M. — [116] me e pure pensava F

Capitolo XXXII

Come e[1] perchè Drusolina misse a Fioravante la[2] manica del vesamento in[3] sull'elmo per cimieri[4]; e l'odio de' tre singnori della città contro a Fioravante; e andando alla[5] battaglia n'uccise uno e gli altri menò alla battaglia, ed ebbe grande onore il dì[6].

Per lo grande assalto che aveva fatto Fioravante nel campo con quelli della città[7], tutta l'oste era impaurita, e bestemmiavano il loro soldano, perchè non[8] l'aveva tolto a suo[9] soldo, e quelli della città pigliavano speranza[10] della[11] vittoria, e arditi[12] ongni dì assalivano il campo quando da una parte, quando[13] da un'altra e aspramente l'[14] offendevano. El soldano per questo[15] fece afforzare le guardie del campo. Avvenue che quelli della città ongni dì[16] moltiplicavano come disperati la battaglia[17]. Per[18] questo lo

1 e il O — 2 misse la O — 3 in manca a M — 4 misse la manica in sul cimiere a Fieravante in sul cimiere F — 5 et come andando nela M — 6 di proprio M, le parole el dì mancano a F — 7 Fioravanti havera fatto cum quigli de la città nel campo del soldano M, chavevo fato quegli della città nel champo per Fioravante O — 8 il non M — 9 suo manca a F — 10 grande speranza F — 11 de M, le parole della città mancano a F — 12 arditamente M. — 13 e quando F — 14 s O — 15 per questo el soldano M, fece per questo O — 16 Le parole ogni dì mancano a F, che ha poi alla batt. in luogo di la batt — 17 come desperati ogne dì multiplicavano la b M, la batalgia chome disperati O, dove le parole la battaglia sono correzione, fatta dal copista stesso, di il champo — 18 e per F.

re Balante mandò uno dì fuori della città tre[19] singnori gentili uomini con tremila armati[20], perchè molto popolo era fuori della città; e[21] per questo il romore e la[22] battaglia crebbe di fuori[23] E driento Fioravante allora[24] s'armò, e armossi il re Balante per guardia della terra; ma[25] Fioravante andò fuori con lo scudo al collo e con la lancia in mano, e non aveva cimiere sopra all'elmo. E[26] quando giunse dov' erano questi[27] tre singnori, ongnuno[28] l'odiava a morte, perch'egli aveva tolto loro l'onore[29], chè, innanzi che Fioravante entrasse nella città[30], egli erano tenuti i da più[31], ma[32] poi erano tenuti poco a capitale, ancora[33] erano tutti a tre innamorati[34] di Drusolina, e avevano giurato tra loro tre[35], che 'l[36] primo di loro ch'ella donasse una gioia, dovesse[37] rimanere a quello, e odiavano Fioravante, perchè[38] ella mostrava già[39] di volergli bene, e mandava per lui, e favellavagli, e a loro non[40] aveva mai[41] mostrato uno buono viso; sì che, vedendo[42] venire Fioravante, l'uno lo mostrò all'altro, e dissono « Non lo lasciamo andare, acciò ch'egli non abbia l'onore di questa battaglia. »

[19] e tre F — [20] chaualieri O — [21] e manca a O - [22] romore della O — [23] Le parole di fuori mancano a F. — [24] allora manca a F. — [25] ma manca a M — [26] E manca a M — [27] quelli F — [28] cadauno M — [29] lonore aloro O, loro haueua t l o M, senza il chi seg — [30] battaglia F — [31] e più proli F — [32] it M — [33] e ancora F — [34] erano ancora inamorati tutti tre M, inamorati tutti e tre O — [35] Le parole tra loro tre mancano a F, tra loro tri haieano giurato M — [36] al F — [37] ella douesse F — [38] e questo perche F — [39] gia ella monstraua M — [40] no non O - [41] mai manca a O, mai ancora demonstrato M — [42] onde vedendo elli M

E [13] giunto Fioravante a loro, eglino [14] gli disse o
« Tu non puoi passare, cavaliere [45] » Fioravante [46]
domandò per che cagione eglino [47], non sappiendo
altro [48] che si dire, dissono « Perchè tu non ài insegna in [49] sull elmo » Fioravante [50] tornò indrieto [51],
e Drusolina, ch' era già salita [52] in sul palazzo per
vedere come questo cavaliere si portava nella battaglia, quando [53] ella lo vidde tornare indrieto [54], iscese
del palazzo per sapere la cagione Quando [55] Fioravante smontò da cavallo a pie' del palazzo, credendo
che 'l re Balante [56] fosse in sul [57] palazzo, egli scontrò
Drusolina in [49] sulla porta del palazzo [58], la quale lo
chiamò pianamente e disse [59]. « O codardo cavaliere,
ora credo [60] io bene che tu uccidesti Fioravante a tradimento [61], poichè per paura di combattere se' tornato.
Ora vatti a riposare [62], chè tu ài fatto assai! » Fioravante, levato [63] la visiera dell' elmo, ridendo le rispose [64]. « O nobile donna [65], paura non m' à fatto
ritornare dreuto; ma per non disubbidire a' [66] comandamenti del vostro padre sono [67] tornato. » Allora gli
disse quello che i tre singnori gli avevano detto, che [68]

43 *E* manca a M. — 44 *eglino* manca a F. — 45 *cavaliero tu n p p.* M — 46 *e F* F — 47 *et eglino* F; *ello* M — 48 *altro* manca a F — 49 *in* manca a M — 50 *e Fier* F — 51 *adrieto* O — 52 *assalita* M — 53 *e q* F, cui manca il seg *ella* — 54 *indrieto* manca a F, che ha poi *discese* per *iscese* — 55 *e quando* F; *come* M — 56 *che B* O — 57 *su nel* M — 58 Le parole *del p* mancano a F — 59 *et dise pianamente* M, *pianamente* manca a F — 60 *credettò* F, il seg *io* manca a M — 61 Le parole *Fior a trad* mancano a F — 62 *ti va a riposa* O, *va te riposa* M — 63 *levato Fieravante* F — 64 *visiera le rispose ridendo* F — 65 *dama* F — 66 *e* F, *allo chomandamento* O — 67 *io sono* M — 68 *che egli* F

non portava insengna in sull'elmo; « e io vo al re
Balante, che mi dom[69] una insengna » Allora Drusolina si spiccò[70] la manica del destro braccio, e[71]
Fioravante s'inginocchiò, e Drusolina gliele[72] appiccò
in sull'elmo, e disse « Per amore di quello cavaliere
che tu di' che[73] uccidesti, il quale[74] tu somigli, e per
dispetto di quelli tre[75], che t'ànno rimandato[76] indrieto, che m'ànno grande tempo[77] amata e da me
non ebbono mai una[78] buona parola nè aranno[79]!   .
Ma se voi sarete quello che io credo, voi[80] sarete da
me amato Fate che siate valente[81] » Fioravante[82]
rimontò a cavallo e tornò[83] fuori della porta

Già[84] sapevano quelli tre singnori[85] per bocca
di[86] famigli da loro mandati, come Drusolina gli[87]
avera messa in[88] sull'elmo la manica della sua vestimenta[89]; onde molto[90] si[91] turbarono, e l'uno diceva[92] all'altro. « Noi abbiamo sempre amata[93] Drusolina, e[94] non dimostrò mai[95] d'amare nessuno di
noi; e questo cavaliere in sì pochi giorni àne già
auto[96] sengno d'amore », e accordaronsi tutti a tre,

<hr/>

69 dia F. — 70 rispuose O, Drusolina se spicò alora M —
71 e manca a O — 72 et ella giela M, ghe O — 73 che tu l'
— 74 a cui M — 75 tre singnori F — 76 mandato M. — 77 li
quali grande tempo me hano M. — 78 una più sola M — 79 Le
parole nè aranno mancano a F, M, in luogo del seg ma, ha
mai — 80 ma voi M. — 81 Tutta la frase Fate valente manca
a O, a M mancano solo le parole fate che. — 82 e Fior. F —
83 ritornò F — 84 e già F — 85 quagli tre signori sapiano già M
— 86 di loro F. — 87 gli manca a M — 88 in manca a M —
89 messo la manica della sua reste F — 90 molto manca a M —
91 ti O — 92 diceva l'uno M — 93 amato sempre M — 94 et
lei M — 95 mai no dimostro O — 96 auto dalei F

come [97] viene di fuori, andargli [98] a dosso e dargli morte

E [99] come Fioravante uscì fuori [100] della porta, e l'uno de' tre singnori, cioè quello che aveva mosse [101] le parole, si venne [102] contro a Fioravante con la lancia ariestata [103] Quando Fioravante lo vidde venie [104], si maravigliò, e [105] nondimeno si gli fece incontro con la lancia in [106] resta, e 'l gentile uomo gli ruppe la lancia a dosso gridando. « Traitor, tu non ci torrai la nostra manza »; ma Fioravante lo passò insino di drieto, e morto l'abbattè. Allora la gente della città, vedendo [107] l'atto villano di questi tie singnori, cominciarono a venire [108] come disperati contro [109] agli altri due in aiuto di Fioravante Vedendo gli altri due questo, ebbono paura, e smontorono da cavallo, e dimandorono [110] merzè al cavaliere novello, e [111] Fioravante perdonò loro [112] con patto che eglino dovessino andare [113] con lui alla battaglia con quelli tremila cavalieri ch' eglino avevano in compangnia; e [114] così feciono E assalirono il campo de' nimici, abbattendo [115] trabacche e padiglioni, cacciandogli dall' [116] ordinate guardie con grande romore [117] e morti di molti. E [118] Fioravante abbattè il [119] dì quattro re di corona,

9[7] come egli F — 98 di dagli O — 99 E manca a O — 100 fuori manca a O — 101 misso O — 102 venne senza il si O, si fece F — 103 a resta F. — 104 venne manca a F — 105 e manca a M — 106 a F — 107 La zente de la città redendo aloro M — 108 -on rennano F — 109 inchontro O — 110 adomandando senza l' e O — 111 e manca a F — 112 perdo (sic) loro chonfortandogli O, loro perdonò M — 113 andassimo F — 114 e manca a M — 115 et batendo M — 116 delle O — 117 romor grande M — 118 E manca a M. — 119 in quel F, abate fioravante O

e corse insino al padiglione [120] del soldano. E [118] fu
openione di molti che, se Balante avesse il dì assalito [121] il campo, eglino rompevano il soldano. Fioravante con la sua brigata raccolti [122] insieme, ricchi
del [123] guadangno fatto di [124] prigioni [125] e d'arme e
di cavalli e di certa [126] vettuvaglia, tornorono [127] nella
città, dove si fe' gran fuochi d'allegrezza, dividendo
il guadangno fatto fra la [128] gente dell'arme [129]

Capitolo XXXIII

Come Drusolina fece tanto, che Fioravante le si [1] paleso.

Drusolina, avendo vedute le valentie del cavaliere,
subito che [2] fu ritornato, mandò per lui, e in [3] sagreto
modo gli [4] disse: « O caro mio siugnore [5], perchè ti
celi tu [6] a me e fa' mi [7] stare in tanto dolore, temendo io [8] che tu non fussi [9] morto? E questo è il merito
dello [10] scampo tuo [11] e di Riccieri? » E comincò a
piangnere Allora ne increbbe a Fioravante, e disse.
« O nobilissima donna, a cui io promisi di non torre
mai altra donna, pensi [12] tu ch' io abbia dimenticato

---

[120] *a padiglioni* O — [121] *sel dì* B *havesse ass* M, *asalito
il dì* O — [122] *racolta* F — [123] *insieme d* O — [124] *e ruchi di*
F — [125] *presunieri* M, *senza l'e seg* — [126] *et duzeta* M —
[127] *entratti* O. — [128] *nella* O — [129] *el guadagno tra la zente de
arme diridendo* M

[1] *gli si* F, *et dire tanto a Fioravanti che il se le* M
[2] *chel* M — [3] *per* M — [4] *le* O — [5] *signore mio* M — [6] *tu
manca a* O — [7] *perchè me fai* M — [8] *credendo io* F, *perchè tu
me fai stare in tanto timore* M [9] *sie* M — [10] *che tu mmi
renli dello* F — [11] *tuo manca a* O [12] *o pensi* F

il benificio da te ricevuto? [13] Ma la paura mi fa celare
il mio nome; a [14] te non [15] si può tenere [16] celato, e
nelle tue braccia [17] mi rimetto Tu mi rendesti la vita,
quando non ero in [18] mia libertà [19], e [20] ora che l' è [21]
in [18] mia libertà, te [22] la posso donare, e così te la
dono; ma io ti prego che con avvisato modo tu mi
tenga segreto [23]. Tu sai ch'io uccisi lo re Galerano,
fratello del tuo padre, e feci morire [24] Finaù e Mambrino, tuoi cugini. e 'l [25] mio avolo fece morire il
padre di Balante a Roma [26]; e nondimeno l'amore ch'io
ti porto, à potuto più che la paura; e, sentendo il
tuo pericolo, mi sono messo alla morte » Drusolina
si gli [27] gittò al collo, e confortollo ch'egli [28] non avesse
paura: ed [29] essendo domandata perchè gli [30] faceva
tanta festa, rispuose [31] · « Egli m'à detta la condizione
di Fioravante, nostro nemico, e come per [32] l'oltraggio
dilibèrò [33] d'ucciderlo, e come poi [34] l'uccise; e
dissemi [35] · Volesse Balaim che io fossi [35 bis] uomo, chè
ora acquisterei [36] tutta Francia! E [37] per quello l'ab-
bracciai [38], e àmmi [39] detto com'egli è gentile uomo di

13 ricevuto? certo no. Dio me ne guardi et lo suo unigenito
figliolo et nostro signore Jhesu ṛpo beneduto et la sua secundo
la carne gloriosa et sempre beneducta madre et de vita eterna
regina madonna santa Maria Vergene M. — 14 e a O. — 15 ormai non M — 16 più tenere M. — 17 mani O — 18 in la M. —
19 tua balia O — 20 e manca a M. — 21 ch'io sono F. — 22 io
O — 23 cielato modo mi tenga cielato F. — 24 Le parole feci
morire mancano a F. — 25 cugini. tu sai chel M. — 26 a Roma
el padre di B M — 27 siglisi O. — 28 che O. — 29 ed manca a
M — 30 ella gli Γ. — 31 ella risp. M, disse perch' F — 32 per
indicarse de M — 33 el diliberò M — 34 echome egli diliberò
pello oltraggio e poi O — 35 disse Γ, et ancora il me dixe M. —
35 bis fussi istato O. — 36 che io conquisterei Γ. — 37 tutta la F. et M,
Γ manca a O. — 38 abraccio Γ. — 39 hame ancora senza l'e prec M.

Borgongna. » Ella [40] lo pregava che l più [41] tosto ch' egli potesse, la [41 bis] conducesse in Franza Allora fn cominciato per tutto a chiamare [42] il cavaliere novello.

Lo re Balante lo fece quella [43] sera capitano generale [44] di tutta la ☙ sua gente, e [45] comandò che fusse ubbidito come la propria [46] persona di Balante Così tutta la guerra [47] fu rimessa nel cavaliere novello, e ongni cosa si faceva come egli voleva, contro al soldano.

Capilolo XXXIV.

Come il soldano [1] fe' pace col re Balante [2].

La sera, poichè Fioravante fu tornato drento [3] alla città di Scondia ed aveva tanto il soldano danneggiato [4], e 'l soldano raccolse tutto il [5] suo consiglio, e disse [6] « La fortuna ci vuole alquanto percuotere, e [7] forse ch' ella à alquanto di ragione, perchè ella ci mandò prima [8] nelle nostre [9] mani quello il quale per nostro nimico [9 bis] mettemmo nella città, e già per due volte à percosso il nostro campo. E, se in questa

---

[40] e ella F. — [41] che più F, al più M — [41 bis] che la O — [42] per tutto foe incominciato a ch M fu per tutto chiamato F il manca a O — [43] questa F — [44] generale e la mancano a F — [45] poi M — [46] propio la F, la sua propria M, cui mancano poi le parole di B. — [47] la guerra tutta M e così t l g F

[1] -ano grande de Babilonia M — [2] Balante de Scondia M — drento manca a O — [4] dannegiato il soldano F — [5] tutto manca a O, il a M, che trasporta il soldano dopo consiglio — [6] disse loro F — [7] e manca a O — [8] prima ella ci mando O ella in prima ce mandò M — [9] nostre manca a M — [9 bis] il quale quello che cia per nimico O, dopo nimico F ha nella città mettemo

seconda battaglia lo re Balante [10] ci avesse insieme
con lui assaliti [11], noi savamo [12] isconfitti e rotti; e [13]
questo novello nimico [14] mi pare il più valente [15] cavaliere del mondo E [13] però a me parrebbe, se a voi
paresse, d'addomandare pace a [16] re Balante, innanzi
che con vergongna e danno siamo cacciati di campo
Noi siamo troppo di [17] lunghi da casa nostra e [18] da
soccorso, e [19] quelli di Spangna sarebbono allegri del
nostro danno per non ci avere a vicini. » E di concordia feciono ambasciadori, ch'andassino al re Balante; e la mattina di buon' ora gli mandarono alla [20]
città, e [21] trovarono che Fioravante aveva già [21 bis] ordinato [22] le schiere per assalire [23] il campo E domandato
la pace al re Balante, egli [24] considerò che 'l soldano
era el maggiore singnore della [25] loro fede e domandava
pace temendo [26] Balante gli altri infedeli, affermò [27]
la dimandata pace. El soldano levò [28] campo e tornò [29]
in Ispangna, e poi [30] entrò in mare e ritornò [31] in
Levante co' suoi baroni e gente [32]

---

[10] Le parole *lo re B.* mancano a O. — [11] *ci avesse assalito
Balante con lui* F — [12] *saremo* O, *saremo* M — [13] *e* manca
a M — [14] *cavaliere nimico* O. — [15] *franco* F — [16] *al* M, *di
mandare ambasciadori a* F. — [17] Le parole *troppo di* mancano a
O. — [18] A F mancano le parole *da c. n. e.* — [19] *da* O — [20] *ora
andorono nella* F. — [21] *onde* M. — [21 bis] *che e già* mancano a
O — [22] *ordenate* M; *fatte* F. — [23] *assaltare* M. — [24] *egli* manca
a O. — [25] *del mondo cioè della* F — [26] *temea* F, *Veniendo* M
— [27] *rafermò Balante* F. — [28] *levò* manca a F. — [29] *si ritornò
senza l' e* F. — [30] *et li* M. — [31] *se n'andò* F, cui mancano le
parole *entrò in mare e.* — [32] *gente pagana* O.

Capitolo XXXV

Come fu manifestato al re Balante come [1] il cavaliere novello era Fioravante; e come trattava di pigliarlo.

Da poi che 'l soldano fu partito, Balante [2] diede maggiore priminenza a Fioravante, e tutta la corte ubbidiva Fioravante come il re [3] Balante. Stette [4] con questo amore sei mesi cercando tempo [5] e modo di menarne Drusolina [6]. In capo di sei mesi [7] capitò in Iscondia un buffone che era stato a Parigi gran tempo [8], e andava cercando [9] sua ventura, come vanno e' loro pari. E giunto in Iscondia, e fatto dinanzi al [10] re e a' baroni certi [11] giuochi e sollazzi, vidde Fioravante, e subito lo riconobbe; e tra [12] sè pensando disse: « Costui come istà [13] in questa corte? », considerando [14] ch' egli uccise il fratello [15] e due nipoti al [16] re Balante, egli e [17] Riccieri. Nondimeno [18] egli stette bene [19] uno mese in [20] corte, che egli non disse

---

1 *fu manifesto come* F, *al re Bal. foe manifestato che* M — 2 *re Balante* M — 3 *al re* M, *l'ubidira come la propia persona di* F — 4 *e stette* F. — 5 *sempre tempo* M — 6 *menar D. via* M — 7 Tutte le parole *cercando .... sei mesi* mancano a F, per essere il copista saltato da *sei mesi* a *sei mesi* — 8 *grande tempo in Parise* M — 9 *e avia cierchato* O. — 10 *inazi a* O, *din dal* F, *che continua re e bar* — 11 *di molti* F, *se fece din al re et a li baroni onde facti certi* M — 12 *infra* F, *re* manca a O, *pensando tra si* M — 13 *Come sta custin* M — 14 *pensando* F. — 15 *lo re Gallerano* F. — 16 *del* F — 17 *de compagnia cum* M — 18 *inodimeno* O, cui manca il seg. *egli, e nondimeno* F — 19 *bene* manca a F. — 20 *a* O; *in la* M

mente, e il[21] re Balante lo cominciò a 'mare, perchè
egli gli dava molti diletti e piaceri. E sendo un giorno
lo re[22] in[23] sala, Fioravante[24] passò per la sala, e
inchinò[25] lo re Balante, ed[26] entrò in una camera, e
andò a vicitare la reina. E quello[27] buffone, credendo[28] venire più nella grazia del re[29] che non era[30],
s'accostò all'orecchie al re Balante[31], e disse « O[32]
singniore, io temo che voi non siate ingannato, però
che[33] voi tenete in corte il maggiore nimico che voi
abbiate al[34] mondo, il quale[35] uccise il vostro fratello[36] Galerano. » Lo re[37] tutto si turbò nella faccia
udendo[38] rimproverare la morte del fratello, e disse·
« Qual è desso? » Rispose il buffone, parendogli avere
male fatto[39]. « Deh! non ve ne curate, imperò che[40]
voi l'amate molto, ed[41] egli v'à fatto gran servigio;
e, se io ve lo dico, sarò[42] cagione che voi gli vogliate[43] male, e egli a[44] voi. » Disse il re, com'è
usanza de'singnori, che ànno sempre[45] sospetto: « Per
Apollino, mio iddio[46], che tu me lo dirai! » E preselo per la mano, e menollo in[47] una camera, e 'l
buffone disse[48]: « Egli è quello cavaliere novello, che

---

21 a persona. Lo M. — 22 lo re Balante F — 23 in la M —
24 efioravante O. — 25 salutò F; inchinose a M — 26 e poi O —
27 El M, equella el O — 28 per M — 29 in grazia del re più F.
— 30 era il M. — 31 al re a l'orecchie F, del re B M. — 32 O
manca a M — 33 però manca a O M, a M manca anche il che
— 34 nel M; in questo F. — 35 perchè lui M — 36 fratello re F.
— 37 e il re Balante F. — 38 vedendose M. — 39 El buffone parendogli hai mal parlato risp M, le parole parendogli . fatto
mancano a F — 40 che senza l'imperò F — 41 ed manca a O — 42 io
sarò F. — 43 vorrete F. — 44 vorrà male a M, le parole e egli a
voi in O non ci sono, M cont el re dire — 45 sempre hano M —
46 Per el mio dio Apolline M. — 47 secreto in M — 48 gli disse O.

voi onorate tanto [49]; quello è di [50] certo Fioravante,
figliuolo del re Fiorello di [51] Franza » Balante lo fece
mettere [52] in una camera celata [53], e dissegli che non
ne dicesse più niente [54] a persona, e [55] tornò in sala

E [56] quando Fioravante uscì di camera della reina,
el re molto lo guatò dal [57] capo a' piedi, e, immaginando le grande prodezze che egli [58] aveva fatte, tenne
di [59] certo ch' egli era Fioravante. E dubitando che
per bocca del buffone non gli tornasse [60] a orecchie [61]
che Balante lo [62] conoscesse, fece ammazzare il buffone, e [63] non si [64] credeva che altra persona di corte [65]
sapesse che egli [66] fosse Fioravante E [67] la notte ne
parlò alla reina, e [67] ella disse: « Per mia fe', che
io lo credo, chè [68] Drusolina non vede altro iddio che
lui: e tu sai che ella gli donò il primo dì la manica
del suo vestimento [69] Ma come lo potrete voi [70] fare
pigliare? Chè sai [71] quanto egli è possente, e temo [72]
che la gente dell' arme [73] non lo aiutassino, imperò
ch' egli è molto amato da loro [74] » Balante pensava
in [75] che modo lo potesse pigliare [76], e immaginò
di pigliarlo a dormire nella sua camera. E la notte

[49] tanto hon. M; amate tanto Γ. — [50] del M — [51] Rre di O,
Frei . di cierto f etc F — [52] incontinente fece mettere el buffone M
— [53] celata manca a Γ — [54] non dire etc M, chegli no diciesi
niente più O — [55] et lui M. — [56] E manca a M — [57] da O
— [58] lui M. — [59] teneia senza il di M, a O — [60] renisse O —
[61] agli orechi F — [62] non lo O M — [63] Bal M — [64] si manca
a O — [65] pers che Bal lo O, corte credessi o F — [66] luy M —
[67] E manca a M - [68] perchè M — [69] restire F, de la sua restimenta onde se ella el sente, del certo el farà arisato et scamperà
via M — [70] potremo noi O - [71] Sapeti bene senza Chè M. —
[72] temo ancora senza l' e M — [73] de a M — [74] de l am El re M
— [75] a O — [76] fare pigliare F, il seg e manca a O

vengnente[77] volle vedere come stava alla[78] sua camera, e trovò che alla camera di Fioravante si faceva la[79] guardia come alla camera del re[80]; e però non vide[81] modo di pigliarlo[82] in[83] camera. Pensò[84] di pigliarlo nel consiglio; ma[85] Fioravante portava sempre la[86] spada e lo 'sbergo della maglia, cioè la panziera[87] Per questo ordinò lo re Balante fare per[88] leggi, che nessuno non portasse[89] arme in consiglio[90] nè dinanzi dal re[91] Balante, in nessuna parte del[92] palazzo nè appresso al palazzo a dugento braccia, a pena della vita; e appose una cautela[93], che 'l soldano lo voleva fare uccidere E[94] di questo parlò in consiglio, e questo fu affermato per tutti e' consigli del re e della città, e datone legge e statuto, intendendo[95] pel re e per ongni persona[96] di qualunche stato o[97] condizione si fusse[97 bis]. Fioravante non lasciò[98] per lo bando[99], ma come prima la[100] portava in ongni lato[101]· e' baroni

---

[77] *del pigliare in la sua camera quando dormesse de nocte La nocte sequente* M — [78] *la* O, *in la* M — [79] *la* manca a O; *chel se ce facea l g* M — [80] *in la cam male* M cui manca *l' e seg* — [81] *vede* O — [82] *del podere pigliare* M — [83] *alla* F. — [84] *Onde p* M — [85] *et perchè* M — [86] *cum si la sua* M. — [87] La parola *cioè l p* mancano a O. *per q* mancano a M — [88] *panciera. Lo re ordendo f p* M, *ord bal f pore* O — [89] *potesse portare* F — [90] *in cons ness port arme* M, *nello c* O — [91] *al re* M; *da* O — [92] *ne nesuno nel* O — [93] *puose u c* O, *vita Apposseze per non scandalizare Fioravanti una cautela zoè* M — [94] *E* manca a M — [95] *e fatto per leggie intendendosi* F, *et per tutti li consiglieri del re foe affermata questa sententia, questa leze, et ancora da tutta la città foe approbuto questo statuto; onde de zo ne foron facte leze indispensabile et statuti et int* M — [96] *barone* O — [97] *et* M — [97 bis] *sia e* F — [98] *lascia a* F — [99] *per tal bando non lassò le arme* M — [100] *le* M — [101] Le parole *in ogni lato* mancano a O

ne [102] mormoravano. Uno [103] dì il re Balante gli disse:
« Cavaliere novello, e' baroni della corte si turbano,
perchè tu ài dispregiato il mio comandamento, e non
ài lasciato [104] l'arme » Disse Fioravante [105]. « Chi è
colui che abbia offeso el soldano più di me? E' fa
bisogno maggiore guardia [106] a me che a voi. » Lo
re [107] non seppe che si dire, e partissi da lui.

Fioravante [108] andava pure pensando perchè il re
non voleva che egli portasse arme, e andonne [109] a
Drusolina, e dissele questa cosa. Ella [110] rispose [111]:
« Non dubitare, chè il [112] re nè altra persona di questa
corte [113] non sa chi tu ti sia, altri che noi due. » E il
re Balante n' [114] andò alla reina, come si partì da [115]
Fioravante, e dissele la risposta di Fioravante. Ed [116]
ella si partì dal re, e andonne [117] alla camera di Drusolina, e Fioravante s'era [118] allora partito [119]. Drusolina fece grande onore alla reina [120], e dopo molte
parole disse la reina [121]: « Figliuola mia, io vengo a
te, perchè la corte è in divisione. La cagione si è per
lo bando che tuo padre à fatto andare [122], che niuno
non [122 bis] porti arme nel consiglio, nè altrove [123] presso
a [124] Balante; e 'l cavaliere novello non la lascia, e

[102] ne manca a O — [103] e uno F. — [104] laciata O. —
[105] Fioravanti dixe Signore et M. — [106] la guardia più M —
[107] di me Balante F — [108] e F. F. — [109] andò M. — [110] et ella F.
— [111] disse O. — [112] te dubitare però che nel M. — [113] Le parole
di q c mancano a F; il seg non manca a M — [114] n' manca
a M, n'a dalla F — [115] a M, come fu partito Fier F. — [116] Ed
manca a O. — [117] andò M — [118] se n' era F, era pur M —
[119] partitto da O. — [120] madre M; tutta la frase Drusolina...
reina manca a F. — [121] la rama dire M — [122] che 'l t p à
mandato F, la casone Tuo padre ha facto andare uno bando M
— [122 bis] non manca a O — [123] maltroue O, in consiglio e in
niuna parte F — [124] al re F.

gli [125] altri baroni l'ànno per male E [126] se tu vorrai,
tu leverai via questo scandolo [127] » Ed ella [128] disse [129]·
« Per mia fe', che da mia parte io non gliele dirò
che egli la [130] lasci, ma io gliele dirò per [131] vostra
parte; chè, se nulla [132] gli [133] incontràsse, io non voglio ch' egli possa [134] dire che la colpa sia stata per
me. » Disse la reina [135] « E' ti sarà grande onore,
se tu fai [136] che egli la [137] lasci, per levare via questo [138]
scandolo » E poi si partì [139] la reina; e Drusolina
mandò per Fioravante, e dissegli quello che la reina
gli aveva detto Disse Fioravante [140]· « Tu sai quello
che io [141] ò fatto pensa come io posso andare sanza
arme » Disse Drusolina [142] « Io voglio che tu ti fidi
di me, e [143] perchè le tue arme stiano [143] più sicure, io
le metterò in questo [144] forziere, e per due o per [145] tre
dì non te ne curare. » Fioravante, vinto dall'amore, si
fidò di Drusolina, la quale, con purità [146], non credendo
essere ingannata dalla madre, fu ingannata ella [147] in
uno modo e Fioravante in un altro; egli le fidò [148]
tutte le sue [149] arme, ed ella le serrò in uno forziere,

---

[125] *le lassa l'* M — [126] *E* manca a O; *onde* M — [127] *questo
ischandolo* ma O — [128] *Ed* manca a M, *ella* a O. — [129] *rispore* M. — [130] *disse per mia parte no voglio io che la* O, *fede
io non gli dirò mai da mia parte che le* M. — [131] *da* O —
[132] *niente* O. — [133] *ghene* F — [134] *Le parole ch' egli possa* mancano a O — [135] *Io non voglia chel possa mai dire la colpa sia
stata per mi se alcona cosa gli inscontrasse La raina dise* M
— [136] *fuai* M — [137] *le* F M. — [138] *questo* manca a O, *via
in* F *sta dopo* scandolo — [139] *Partisse poi* M — [140] *Fioravanti
dixe* M — [141] *io* manca a M — [142] *Dusolina dixe* M — [143] *e
manca a* O *siano* F — [144] *questo mio* M — [145] *per* manca a O
— [146] *semplicemente* F — [147] *ella* manca a O; *ella fu ing* M —
[148] *se f* M, *e Fior fidò a D* F — [149] *sue* manca a F

o vero cassone [150], e così l'uno e l'altro fu [150 bis] ingannato. La reina, tornata al [151] re Balante, disse [152]: « Io credo avere fatto sì, che egli lascierà l'arme; e [67] però fa' [153] quello che ti pare [154] a dare [155] ordine di pigliarlo. »

Capitolo XXXVI

Come Fioravante fu preso nel consiglio a tradimento [1]; e come Drusolina riebbe [2] le chiavi della prigione; e come la [3] madre gli tolse l'arme di Fioravante, che [4] Drusolina non se n'avvide.

Venuto l'altro giorno, Fioravante andava sanza arme. Lo re Balante, che sopra a questo sempre stava [5] in pensiero [6], fece ragunare il suo [7] consiglio, e parlò segretamente [8] a certi del consiglio, in cui [9] egli [10] si fidava, e disse loro quello che egli voleva fare, e [11] ordinò molti [12] armati segretamente. E, richiesto [13], Fioravante, com'era usato [14], andò nel consiglio, e [15] sanza paura si pose [16] a sedere dove era il suo

---

[150] *inchiasone* O, senza l'e seg., *cass. overo forz* F. — [150 bis] *altri a fuorono* M — [151] *-ato al* O; *dal* F — [152] *disse* manca a O *gli d* M — [153] *farai* F — [154] *parrà* F — [155] *pare da* M

[1] Le parole *a t* mancano a F — [2] *ebbe* O — [3] *ella* O — [4] *dal forziero che* M — [5] *de pigliarlo stava sempre* M — [6] *sempre stava in su questo pens* F — [7] *il* manca a F, *suo* manca a O — [8] *segreta mente parlo* O — [9] *in li quali* M — [10] *egli* manca a O, cui mancano poi anche le parole *e disse loro* — [11] *e* manca a O — [12] *certi* F, *secret or l m arm* M — [13] *richiese* F — [14] *uso senza andò* F — [15] *e* manca a O. — [16] *e Fier. c'andò sanza paura e posesi* F

diputato luogo; e poco stette che [17] il re Balante si
levò [18] in pie', e andò contro a Fioravante, e disse
« O traditore Fioravante, che uccidesti il mio fratello
Galerano, ora è venuto il tempo della vendetta; ora
t'arrendi, o tu se' [19] morto. » E, tratto fuori il coltello, allora [20] furono tratte fuori CC [21] spade a dosso
a Fioravante; ed egli, vedendosi sanz' arme tradito,
s'arrendè [22] al re Balante. Ed egli [23] lo fe' mettere in
uno fondo di [24] torre, molto più fonda che quella di
Balda, dove istette l'altra volta lui e Riccieri [25], dove
in questa [26] non si vedeva lume nè luce [27].

Quando Drusolina sentì questa novella, mandò
per la madre, e dissele [28] « O iniqua madre, perchè
m'ài fatto fare tradimento contro al migliore [29] cavaliere del mondo? Per [30] certo, se io non arò le chiavi
della prigione dove egli è messo, io me ucciderò con
le mie proprie mani [31]; e, s'egli è Fioravante, come
voi dite [32], io sono la più contenta donna del mondo,
e allegra sarò [33] di farlo morire; ma non vorrei es-

---

17 *poco stante* senza *che* F — 18 *El re Balante stette uno
puoco et levose* M — 19 *ora sei tu* M. — 20 *e trasse il coltello
in quello punto* F — 21 *tratte ciento* F *più de docento* M. —
22 *vedendose ello s' a' et tr' il se ai* M — 23 *il quale* F, *ed* manca
a M — 24 *lo fondo de una* M — 25 *era stata cum Rizieri l'altra
volta* M, *le par l e R* mancano a O — 26 *Le parole in questa*
mancano a M, *molto più a fondo che quello dell' altra volta dove
stette lui e Riccieri a Balda l'altra volta, e in quella* F — 27 *luce
nè lume* M — 28 *disse* F, *disegli* M. — 29 *magiore*, prima della
parola il copista aveva scritto *mio singniore*, che poi cassò con
un tratto di penna O. — 30 *e per* F, le parole *per certo* in M
sono messe più oltre, v. nota seg — 31 *cum le m mie pr per
certo io me uc.* M, *proprie* manca a O — 32 La frase *come voi
dite* manca a F. — 33 *serei* F, *serò allegra* M.

sere [34] biasimata che egli morisse di fame. O [35] chi ne
farebbe migliore guardia di me, pensando che Fioravante uccise il mio zio, re Galerano [36] ? » La madre,
udendo le parole di Drusolina, la confortò di farle
avere le chiave, pregandola [37] che ne facesse buona
guardia; e, partita [38] da Drusolina, la reina [39] dimandò
le chiavi, e disse [40] ch'ella le terrebbe ella [41], e man-
derebbegli la vita strema [42] da mangiare E il re
le fidò alla reina, ed ella la [43] sera le diede [44] a Drusolina Ella, Drusolina [45], la notte [46] segretamente per
lo palazzo n'andò [47] alla prigione, e la reina la [48]
vidde andare, aperse [49] il forziere [50] con certe chiavi
che ella aveva, e tutte [51] l'arme di Fioravante ne [52]
portò; e riserrò il forziere

Drusolina n'andò a Fioravante, il quale [53] molto
si lamentò [54] di lei [55]; ed ella, piangendo, disse come
ella [56] era stata tradita dalla madre. Fioravante la
pregò ch'ella [57] facesse buona guardia delle sue arme,
e pregolla ch'ella ispiasse [58] quello che [59] si trattava
in corte di lui, e facesseglele [60] assapere; ella [61] così
gli promisse di fare [62] confortandolo di camparlo [63], e

---

[34] esserne F — [35] e F, Or M. — [36] el re Galerano mio cio M
— [37] et pregola M — [38] partitasi F; partita la reina O. — [39] -lina
se n' andò al re e F — [40] dissegli F — [41] ella manca a M. —
[42] vivanda strema F, vita scarsa M. — [43] ed e la mancano a O —
[44] le diede la sira M — [45] ella O, e Drusolina F. — [46] la sera F.
— [47] per lo palazo secretamente andò la nocte M. — [48] che la M.
— [49] e aperse O, apersegli F — [50] forziere overo chasone O. —
[51] tutta F. — [52] ne manca a M — [53] et lui M — [54] lamenta O.
— [55] a lei di lei M — [56] lei M — [57] ella le O. — [58] sapesse F.
pregolla manca a M — [59] che senza quello O, ziò che M. — [60] di
lui in corte e f. F, et chel gliel facesse M — [61] et ella F. —
[62] gli e di fare mancano a O — [63] confort di camp. gli p. de
farlo M, che non ha l'e seg, champarlo ora Dus O

ritornò alla sua camera [64], e trovò la reina che l'aspettava [65]; e poco stette la reina ch' ella si partì [66].
Com' [67] ella fu partita, e [68] Drusolina aperse il forziere ovvero cassone [69], dove erano [70] l' arme di Fioravante, e non le trovò. Ella [71] n' ebbe grande dolore;
nondimeno [72] non ne [73] disse niente a Fioravante per
non dargli più [74] dolore; e portavagli [75] da mangiare.
E [76], passati alquanti giorni, lo re [77] Balante diliberò
di farlo morire [78], e Drusolina, che sempre s' ingen-
gnava di sapere quello che Balante per consiglio
faceva, ebbe sentita [79] questa diliberazione Ratta [80]
n' andò a Fioravante, e disse [81]: « Io vengo a cenare
teco [82] imprima che tu sia morto [83]; drieto alla tua
morte con le mie propie mani [84] me ucciderò. » Disse
Fioravante· « O [85] che novelle sono queste? » Ed ella [86]
disse· « Lo [87] mio padre à sentenziato che domattina
fuora della città tu sia impiccato [88] per la gola, come
se tu fussi uno ladrone, per vendetta del suo [89] fra-

---

[64] c. sua M; tornò a. s. c F. — [65] s' asp. F. — [66] e poco stante
la reina si partì F, la raina poi stette poco lì et partisse M —
[67] e come F. — [68] e manca a M. — [69] apersse il chasone O; il
forziere senza le due seg parole F. — [70] lei haveia governato M
— [71] De zò ella M — [72] e nondimeno F, nond ella M — [73] ne
manca a F. — [74] gli dare maggiore F — [75] Ella gli portava M
— [76] E manca a M — [77] Le parole lo re mancano a F. — [78] far
mor. Fior M, cui manca l' e seg. — [79] per chonsigli f ella sentì
O, -gnava per cons. sap. q. che B. f. e. s. F, che per conseglio se
faceva come hebe sentita M — [80] ratta manca a F, dolorata M,
cui manca il seg n', ella ratta O — [81] direyli M. — [82] cum
teco M; ciena t F — [83] muoia e F — [84] mane mie propie M
— [85] O manca a O; Fioravanti dixe. Or M. — [86] ella manca a
O l' ed manca a M. — [87] Lo manca a O. — [88] apicato M. —
[89] suo manca a F

tello e del suo padre e de' sua [90] nipoti. » Fioravante,
ndendo queste [91] parole, disse « O Drusolina, io ti
priego che tu mi mi rechi le mie arme » Ed ella [92]
gli manifestò come la madre [93] ghele [94] aveva tolte
Allora isgomentò Fioravante, e [95] disse: « O Drusolina,
è questo l'amore che tu dicevi [96] che mi [97] portavi?
Ohimè! È questo il merito che voi mi rendete d'aver-
vi [98] liberati [99], voi e la città, dalle mani del soldano?
Per Dio, abbiate di me [100] misericordia [101]! »

Capitolo XXXVII.

**Come Fioravante e Drusolina fuggirono [1] per la tomba sotto
terra; e della [2] figura incantata; e [3] le donne del castello
che [4] armorono Fioravante; e di cento [5] isbanditi che
egli [6] menò [7] a Monfalcone il castello.**

Quando Drusolina udì Fioravante che [8] disse —
Abbiate di me misericordia! —, poco mancò [9] ch'ella
non morì [10] di dolore, tanto l'amava di buon cuore;
e [11] mai tra loro non era stato peccato se non di ba-

---

90 *de' miei* F, *del suo* M. — 91 *tal* M. — 92 *ella allora* senza
la preced copulativa M. — 93 *reina* F. — 94 *ghe* O — 95 *Fio-
rauanti allora se sgromentò et a lei* M. — 96 *di'* F — 97 *tu mi* M
— 98 *aiendoui* F — 99 *diliberata* O — 100 *Habiati de mi per
Dio* M — 101 *misericordia misero meschinello* O

1 *fughono* O. — 2 *di s t e la* F — 3 *et come* M — 4 *che*
manca a M — 5 *de c°* O; *cento* manca a M, che ha in bianco il
posto per una parola — 6 *lui* M. — 7 *che renono* O, *menò al
cast. de* M F. — 8 *che fiorauante* O. — 9 *mis dime p meno* O,
mis di p m. F — 10 *calde* F — 11 *e* manca a M, che prosegue: *tra loro non era mai* M, *ne* O

ciare e d abbracciare[12], perchè Fioravante giurò[13] di
non la toccare mai carnalemente[14], insino a tanto che[15]
non la sposasse[16] in sul reale palazzo di Parigi e[16 bis]
che ella fosse battezzata per mano del maggiore sacer-
doto di Parigi E stando così addolorati insieme[17], a
Drusolina tornò alla mente[18], che ella aveva udito dire
che in quella[19] prigione era una tomba sotto terra,
per[20] la quale si poteva andare a[21] uno castello
ch' era[22] presso a Scondia a[23] cinque miglia; e questa[24] tomba fece fare lo re Misperio, padre di Balante,
per suo scampo, se mai gli facesse di[25] bisongno, e
'l castello si chiamava Monfalcon di Drusolina, perchè
si guardava per lei Come ella si raccordò di questa[26]
tomba, tutta allegra disse[27]. « O singnor mio, tu camperai a dispetto di Balante », e allora gli disse[28] di
questa tomba ch'andava a Monfalcone, e disse. « Vattene là[29] da mia parte, e saratti dato arme e cavallo,
e[30] potrai tornare a casa tua in Franza. » Rispose
Fioravante[31]. « Donna, io non andrò[32] sanza voi[33] :
io voglio innanzi morire, ch' andare sanza la vostra

12 *basarse* M *perhatto ninno se non solamentte dabracaiissi*
istretta mente insieme ebaciarsi allrio nouera istatto O — 13 *areia*
giurato F — 14 *carn m.* M *carn* manca a F 15 *se prima* F —
16 *sposaua* senza l'*in* seg M — 16 bis *poi* M — 17 *adolorato in-*
sieme con Drusolina F — 18 *a la m de D r* M, *nella m* O —
19 *questa* F — 20 *una u t s t* O, *tomba per* F — 21 *in* M —
22 *ch' è* F — 23 *a* manca a M — 24 *la qual* M — 25 *di* manca
a F — 26 *questa tal* M. — 27 *e disse* O — 28 *al dispetto de B*
tu scamparai et dixegli alora M, l' *e* manca a O — 29 *dixegli*
da la M — 30 *per la mia parte e* M — 31 *Fioi risp* M —
32 *io non andrei* F, cui manca *Donna, anderò mai* M. — 33 *la*
vostra persona e F, senza il seg *io*.

persona » Udendo parlare così Fioravante, ella [34] diliberò andare [35] con lui, e tornò [36] alla sua camera [37],
e tolse due doppieri e le rugginose chiavi d'aprire [38]
la tomba, e ritornò [39] alla prigione, e [40] a grande fatica
poterono aprire l'uscio [41], ed [42] amendue con uno dop-
piere [43] acceso n'andarono [44] verso [45] Monfalcone E
quando furono a mezza via, trovarono una fonte [46]
d'acqua chiara, ed eravi da lato una figura [47] di
bronzo [48] in figura di re [49], che aveva una spada nuda [50]
in mano, e aveva una pietra di marmo a' piedi [51] con
lettere che [52] dicevano. « Questa figura e questa ispada [53] fu d'Allessandro Mangno: incantata è [54] questa
spada in questa mano [55] per bocca della reina Olim-
piade, che 'l migliore cavaliere del mondo ne la cavi,
e altri no [56]; intendesi [57] nel [58] tempo del cavaliere che
ne [58 bis] la cavasse, e non nel passato nè [59] nel futuro. »
Disse Drusolina [60]: « O singnore, piglia la spada. »
Disse Fioravante [61] « Ora volesse Iddio che io fussi
il terzo, non che il migliore! »; e non la voleva pi-

---

[34] *che io vada sanza voi, et ella* F, *Inanzi certamente deli-
bero morire che lassare la vostra persona. Ela sentendo la deli-
beratione de Fior* M, *ella* manca a O. — [35] *andarne* F, *dandare*
O. — [36] *tornata* F. — [37] *nella cham sua* O, il seg e manca
a F. — [38] *chapriuono* O — [39] *tornò* M — [40] *e* manca a M —
[41] *Le parole e ritornò. l'uscio* mancano a F — [42] *Poi* M —
[43] *-ere in mano* F. — [44] *andarono senza n'* M. — [45] *a* O — [46] *fon-
tana* F — [47] *statua* F — [48] *metallo zoè bronzo* M — [49] *uno
re* M. — [50] *nuda* manca a O — [51] *apichata alpie* O — [52] *in-
tagliate che* O. — [53] *a questa ispada imano che* O — [54] *et è
incantata* F, *et* M; *incantata* manca a O. — [55] *e questa omano*
O, *le parole in q m* mancano a M — [56] *Olimpides la carerà
del mondo universo el megliore cavaliero et non altro* M — [57] *intendendosi* O — [58] *al* F — [58 bis] *ne* manca a O. — [59] *nè* manca
a M; *ne no* O. — [60] *Drusolina dire* M — [61] *Fior dire* M.

gliare; ma tanto lo pregò Drusolina, che egli per con-
tentarla volle[62] provare Come[63] la prese, la[64] statua
di bronzo[65] aperse la mano, e[66] Fioravante ringraziò
Iddio e non insuperbì[67], e Drusolina se ne rallegrò
molto. E presono[68] il loro cammino, e 'nnanzi il giorno
giunsono alla rocca del castello[69]. E[70] Drusolina fece
sentire come ella era quivi, e le guardie l'[71] apersono
ella[72] non palesò Fioravante, ma tennelo[73] celato nella
tomba insino[74] alla mattina.

Come fu presso al dì[75], tutti gli uomini del castello andarono[76] a Scondia per vedere morire Fioravante. Come fu giorno, Drusolina, accordata col castellano, lo mandò[77] a vedere la morte di Fioravante,
e dissegli. « Non dire niente a corte[78] di me » Come
l'ebbe mandato[79] via con certi fanti, ella[80] mandò
per tutte le donne del castello, tra le quali erano[81]
quattro contesse, e parlò loro[82] in questa forma[83]:
« Nobilissime donne, chi[84] è quella che si potesse
tenere[85] di[86] amare essendo amata da uomo che me-
ritasse molto maggiore e più nobile donna[87] che quella

---

[62] *Dus.* (senza *ma*) *lo pregò tanto che per la cont.* M. —
[63] *E come egli* F. — [64] *e la* F — [65] *Le par di bronzo mancano
a* M, *del b.* F. — [66] *e manca a* M — [67] *si levò in superbia* M,
cui manca l' e seg. — [68] *Presono poi* M, *il seg il manca a* F. —
[69] *che fosse il g giuns aloro chastello cioè alla rocha* O — [70] *ly* M,
E manca a F — [71] *come era lei qui Le homini de le guardie
li* M, *fece romore, egli erano quivi le guardie che* F, *quivi le
y l* O — [72] *et ella* F — [73] *lo tenne* M. — [74] *sino* M; *infino* F
— [75] *e come fu dì* F; *a dì senza tutti* M. — [76] *n' and* F —
[77] *s'accordò col c e mandollo* F — [78] *alla corte non dire niente* M.
— [79] *e mandollo* F — [80] *e dipoi* F — [81] *doma infra le q. e.* F;
era O — [82] *et a elle parlò* M — [83] *nella seguente maniera* F. —
[84] *quale* F — [85] *si e tenere mancano a* O — [86] *di non* F. —
[87] *molto più mazore donna* M

che egli amasse? O lassa a me, chè io sono [87 bis] amata dal migliore cavaliere del mondo, e ònne [88] veduta la pruova prima nelle battaglie e poi negli incantesimi [89]; e questo cavaliere è tutto il mio bene e tutto il mio disiderio, cioè [90] Fioravante, figliuolo del re di Franza [91]; e, se egli morisse, di subito me ucciderei [92] con le mie propie mani; e [93] lui e me nelle vostre [94] mani ci raccomandiamo [95], e priegovi che voi ci campiate [96] dalla [97] morte. Io so che i vostri uomini sono iti [98] alla città per vedere morire Fioravante [99]. Fate serrare le porte, e prendete arme [100] per me, come feciono le donne Amanzone per vendicare i [101] loro figliuoli e i [101] loro mariti. Noi aremo di [102] subito soccorso di Franza per amore di Fioravante, dove [103] voi sarete molto meglio maritate e in [104] più ricchezze. » Come [105] Drusolina ebbe parlato, la [106] moglie del castellano confortò le donne, che Drusolina e Fioravante si dovessono aiutare [107] e difendere francamente E così quelle

---

[87 bis] *sono* manca a F — [88] *o* O — [89] Le pai e poi negli inc mancano a F, che continua e si è q cai — [90] e il mio d e F, bene e tutto il mio riposo e tutto il mio amore e tutto il mio disiderio cioe questo e O, lassa mi dal migliore homo del mondo dico amata. Del mondo dico pei che et in le battaglie et ne l'incandesimi ne ho redute le stupende et le incredibele proie questo cavaliero è tutto lo mio bene, tutto lo mio desio et tutta la mia speranza questo cavaliero è M — [91] dene fiorello figliuolo di fiovo e figliuolo di ghostantino imperadore di Roma ene di francia O. — [92] el quale se per disgiatia morisse, io del cето me uccidarei de subito M — [93] Però M — [94] vostre gratiose M - [95] mettiamo F, rachomando senza ci O. — [96] ioi ischanpiate O — [97] della F — [98] adesso sono andati M, soltanto sono F. — [99] volere ued fior mor O — [100] pigliate a F, perdete larme O — [101] i manca a M — [102] di manca a F, De sub nui haremo M — [103] et M — [104] dove starete molto m e mar. in F — [105] e c F. — [106] subito la F — [107] si dovesse chanpare O

quattro contesse parlorono in aiuto di [108] Drusolina,
e [109] tutte l'altre [110] seguuono E [111] feciono seriaie
le porte, e feciono venue Fioravante; e, quando [112] lo
viddono, tutte fuiono [113] accese del suo amore, e con
più feroce [114] animo [115] tutte a una [116] diliberorono
d'aiutarlo. E [117] le quattio contesse feciono venire [118]
molte [119] arme, e [120] Fioravante molte ue piovò [121], e
delle migliore s'aimò, e di molti cavalli che gli furono appresentati, essendo cattivi [122], tolse il migliore.
E levarono il [123] romore — Viva Drusolina e Fioravante! — Le donne partirono le guardie in fra loro [123 bis]
su per le mura ma Fioravante, armato, col migliore
cavallo che potè avere [124], uscì fuora del castello, e
corse in su la stiada che passava [125] di sotto al poggio
del castello, e vidde passaie [126] una brigata di sbanditi, che andavano per vedere moiie Fioravante: el
bando che mandò Balante, gli faceva sicuii [127], che

---

[108] confoitaiono che s'aiutasse F — [109] e manca a O. —
[110] le altie tutte M — [111] seguitoiono e F; E manca a M. —
[112] come F — [113] elle el iidono fuoiono tutte M; cheia si bella
ciiatuia e giouane eghagliaido eforte tutte fuiono O — [114] più
feiuoie e uolonta e animo O — [115] amoie F — [116] a una bocie
O — [117] E manca a M — [118] fee ien le q c. F — [119] di
molte O, molte manca a M. — [120] e manca a O, de le quale M
— [121] ne piovò molte M, se ne p O — [122] tutti c. M, sarmo
le donne chole loio mani laimauono tutto toehandolo e poi feciono
venue asai chauuigli ediigli O — [123] le donne ii O — [123 bis] Le
paiole in fra loio mancano a O — [124] cativi lui tolse el mino
tiisto che possete sopra quello caialeo et M, le parole col migl
cai che p au mancano a O — [125] eia F — [126] passaie manca
a F — [127] e pello bando cheiie mando gli facia sichuii ihel
bando ando O il bando gli faceia sicuii zoè el bando che mando
el ie Balante M.

ongnuno poteva [128] venire [129] sicuro per due giorni [130].
E Fioravante [131] gli domandò che gente egli erano e
dove andavano [132]; e quando [133] sentì che gente egli
erano e dove andavano [134], disse loro « Se voi volete [135],
io vi farò ricchi, e darovvi tutta [136] la roba di questo
castello » Risposono certi di loro [137]: « Iddio lo volessi! » Allora Fioravante si palesò [138], e disse come
egli era fuori di prigione campato [139] con Drusolina,
promettendo loro [140], com'egli tornasse in Francia, di
fargli tutti singnori di castella e di città; « e di questo
castello vi darò la roba [141] e belle [142] donne da godere » E [143], accordati, gli menò drento a [144] Monfalcon, e [117] Drusolina fece loro grande promesse, e giurorono in mano [145] di Drusolina di difendere [146] il castello
infino alla morte. E furono per numero centodieci [117]
sbanditi, e chiamarono [148] Fioravante singnore e Drusolina madonna; e con le donne del castello cominciarono a darsi [149] bello e buono tempo [150], avendo roba

---

[128] *potesse* O — [129] *andare* F — [130] *per dua dì alla citta
sichuri* O. — [131] *giorni per redue morire* F. *Quando F lor
foe da presso* M — [132] *elli and.* M — [133] *come il* M *senza l'e
preced* — [134] La frase *e d. a* manca a O M. — [135] Le parole
Se voi volete mancano a F. — [136] *tutta* manca a O — [137] Le
par *di loro* mancano a O, *certi d'egli rispozreno* M. — [138] *sapa-
leso fior* O, *Fior alora s. p* M, *palesò loro* F — [139] *fuggyto*
F; *campato fuora de presone* M — [140] *Promise alora* M. —
[111] *de dare a loro la roba de quel castello* M — [142] *elle* F —
[143] *Come fuorono* M — [144] *da* F — [145] *tutti nelle mani* F,
promessa etc. O. — [146] *loro fece grande honore et promesse Egli
giurarono in sua mane di ley etc.* M, *difenderla lei e* O —
[147] *ciento cinquanta* F, *Per numero questi tali fuorono cento et
diexi* M cui mancano le par seg *sbanditi e. fin. CX* O —
[148] *di Balante e chiamauono* O, le parole *e ch* mancano a F. —
[149] *si chim a dare* O — [150] *darsi buon t* F.

assai e danari e femmine [151]. Fioravante ordinò le
guardie alle porte [152], e comandò che [153] persona non
fosse lasciato entrare dentro [154] da niuna parte [155], e
fosse chi essere si volesse [156]

Capitolo XXXVIII

Come lo re Balante trovò che Drusolina con Fioravante s'era fuggita di prigione, e andò a [1] campo con molta gente al castello di Monfalcone [2].

Lo re Balante fece la mattina armare molta gente
e [3] mettere in punto per [4] fare impiccare Fioravante,
e mandò [5] alla prigione E quando seppe che [6] non
v'era, andò alla camera di Drusolina per sapere da
lei quello che n'era; e, non trovando la figliuola, rimase mezzo ismarrito, e la reina faceva gran lamento
Allora fu detto al re Balante, che quelli ch'erano
andati alla prigione, avevano trovato la prigione aperta,
e drento, al fondo della prigione, era [7] uno piccolo
uscio ancora aperto. Allora si [8] raccordò il re Balante

151 Havendo costoro femine robba et dinar assai commincia-
rono cum le donne a darse bello tempo M. — 152 alla port O. —
153 che nesuna O — 154 dentro manca a F. — 155 nesuna p. O,
porte M — 156 chissi volesse essere F.
  1 Come B al O — 2 Balante non trovò Fieravante nella
prigione, e come Drusolina s'era fuggita e pensossi ch'erano fuggiti a Monfalcon, e andovi a campo con molta gente F; Balante
andoe cum molta zente in campo al castello de monfalcone trovato
che Fioravante et Drusolina erano scampata via M — 3 per O —
4 di O — 5 mando poi senza l'e M — 6 ch'egli F — 7 dentro
alla p era O, dentro quella gioso nel fundo era M, era manca
a F. — 8 il si M

della tomba ch' andava al castello di [9] Monfalcone
Subito pensò che indi [10] fussino andati [11], e fece [12] sonare lo squillone ad arme [13] e fece mettere un bando,
che tutti quelli di [14] Monfalcon s' appresentassino [15]
a lui, e disse loro « Andate [16] a casa, chè Fioravante
è fuggito [17] a Monfalcon; e, quando io giungnerò, da-
retemi [18] il castello » Costoro si partirono la [19] maggiore parte armati, ed [20] erano più di quattrocento [21].
E [20] giunti e' quattro conti [22] a Monfalcon, furono messi [23] a drieto con verrettoni e con sassi, minacciandogli
di peggio; e 'l re Balante assediò da tutte parti il
castello, minacciando Fioravante e Drusolina di [24] morte.
Fioravante voleva uscire fuora [25], ma Drusolina non
lo lasciava andare per le cattive arme e per lo cattivo
cavallo che egli [26] aveva, e [20] stette così assediato molto
tempo [27]. Alcuna volta, quando di dì e quando di
notte [28], assaliva il campo con quegli [29] sbanditi, ed
era molto temuto nel campo de' Saraini [30].

.

<hr>

[9] *a senza castello di* F. — [10] *quindi* F; *per quella* M. —
[11] *partiti* F. — [12] *immantanente fece* F; *feceno* M — [13] *a racolta* F — [14] *da* O — [15] *rapresentasino* O — [16] *disse andate-
ne* F; *lui Quando quigli si presentarono il lor dixe andati ria
prestamente* M — [17] *giunto* F. — [18] *me donareti* M, *datemi* O —
[19] *et degli* M — [20] *ed manca a* M — [21] *cento* F — [22] *Le par
e' quattro conti mancano a* O. — [23] *imessi* F — [24] *el castello
da tutte parte sempre* F *et* D *grandemente manazando de crudele* M — [25] *voleva pur u f* M, *di fuori* O. — [26] *li cattui cavalli
che lui* M — [27] *cierti tempi* F. — [28] *et alcuna iolta de nocte
alcuna de di lui* M. — [29] *questi* F. — [30] *et nel campo di saracini lui era molto temuto* M.

Capitolo XXXIX

La[1] morte del re Fiorello, padre di Fioravante, e come la
reina il mando cercando ad[2] uno buffone e promissegli[3]
la contessa di Fiandra per moglie[4].

In questo tempo morì lo re Fiorello, padre di
Fioravante, che[5] era re di Franza La[6] reina aveva
grande dolore di Fioravante. perchè non[7] sapeva dove
si[8] fussi andato o dove fussi[9] capitato. e tutto il reame
era[10] in grande differenza, credendo che Fioravante
fosse morto La reina diliberò di fare cercare tutto il
mondo, e mandò molti segreti[11] vassalli per tutte
parti[12] Fra[13] gli altri ch'ella mandò, fu uno buffone,
che[14] era molto innamorato della contessa di Fiandra,
il quale[15] disse alla reina[16]. « Se[17] voi mi volete dare
per moglie la contessa di Fiandra, per mia fede che
io cercherò tanto[18] del mondo, che io lo troverrò,
s'egli è vivo. » La reina ghele[19] promisse[20], e diegli
la lettera, ed egli si partì[21]. Questo buffone avea nome

---

[1] De la M — [2] la madre cercandone chiamò F — [3] impro-
missegli O, re del reame de Franza et come la raina mandò uno
buffone a cercare Fioravanti suo figliolo et promese de darglie M
— [4] Le parole di Fiandra mancano a O, F aggiunge se egli
lo trovasse — [5] il quale F — [6] ella O — [7] ella non M — [8] il
se M — [9] si fusse O — [10] per zo el reame era tutto M —
[11] sengnori e O — [12] et per molte parte mandoe e molti secreti
vassalli M — [13] e fra F — [14] che area nome Lottieri che F;
el quale M — [15] per che lui M — [16] Le par alla reina mancano a O — [17] Madama se M. — [18] tanto e tanto M — [19] chosi
gli O — [20] g prom de dargela per moglie M — [21] et partise M

Lottieri [22]; e, cercando in [23] molte parti, udì [24] dire di questo castello, ch'era assediato, ed [25] egli n'andò dinanzi al [26] re Balante come buffone, e fece molti giuochi, e diegli grande piacere [27], e seppe [28] come Fioravante e Drusolina erano nel castello assediati, e [29] udì dire com'egli era campato di prigione, ed egli pensava [30] in che modo [31] egli potesse mandare drento la lettera della reina E' [32] pose mente che ongni dì si faceva certi [33] assalti e scaramucce. Uno [34] dì s'armò e andò alla zuffa con uno arco in mano, e scaramucciando diceva [35] a quelli del castello molta villania, ispregiando [36] Fioravante. Essendo un [37] dì presso alla porta misse la lettera in [38] su una saetta, cioè in punta [39], per modo che quegli dentro [40] se n'avviddono, e saettolla drento. Ella fu ricolta [41] e portata a Fioravante Temendo [42] di tradimento, Fioravante [43] la lesse: e, sentendo la [44] morte del padre, pianse e dimandò quelli che gli diedono la lettera, s'eglino riconoscerebbono [45] quello che la gittò drento Risposono di [46] sì Fioravante [47] fece la risposta, e [32] l'altro giorno,

---

[22] La frase *Questo . . . Lottieri* manca a F. — [23] *in* manca a F. — [24] *Andò per molte parte cercando et cossi udì* M. *sentì* F — [25] *ed* manca a M, *e senza egli* F. — [26] *dal* F. — [27] *molti piaceri* F — [28] *et li f. m. g. e. d. g. p. Sentì custui qui* M. — [29] F *el quali lui cercava era nel cast ass cum D. figliola del re B In quel ancora* M. — [30] *Pensava el buffone* M, *egli* manca a F. — [31] *chome senza egli* O — [32] *E* manca a M. — [33] *molti* M — [34] *e un* F. — [35] *disse* F — [36] *desprezando* M — [37] *lui un* M — [38] *in* manca a M — [39] *-tera insumma punta* O. — [40] *di d* M, *quelli del campo non* F. — [41] *Foe ricolta* senza *Ella* M, *e i. f i* F. — [42] *e tem* F — [43] *e fior* O, *tem Fior di trad.* M — [44] *ello la* M — [45] *riognosce- rano* M, *lo honoscienono* O senza le cinque parole segg — [46] *disono di* O, *et egli risposeno che* M — [47] *e l'ier* F

cominciata la zuffa, el buffone giunse alla zuffa Subito [48] fu mostrato [49] a Fioravante Egli [50] gli si [51] accostò, e lanciògli uno dardo sanza ferro, al quale era legata li lettera [52] Il [53] buffone la vidde, e prese il dardo, e [54], levata la lettera, lanciò il dardo a Fioravante, gridando « Traditore, tu non camperai delle [55] mane del re Balante [56] » E funne il dì molto lodato il buffone [57], e la notte vengnente celatamente si partì [58], e inverso Parigi s'affrettò di cavalcare [59]

Capitolo XL

Come e' baroni di Francia volevano incoronare Riccieri del reame [1], credendo che Fioravante fosse morto; e [2] il buffone giunse, e fecesi [3] gran gente [4], e andorono a soccorrere Monfalcone [5].

Fra questo tempo che 'l buffone e gli altri avevano cerco di [6] Fioravante, era [7] passato uno anno che 'l re Fiorello era morto, e la reina aveva auto termine [8] uno anno di fare cercare di Fioravante, e [9] il re Fiorello aveva lasciato per testamento, che, se Fio-

---

48 *et sub* M — 49 *mostro* F — 50 *et egli* F — 51 *si gli si* O *Incontenente se gli* M — 52 *in lo quale la sua littera respon-sui a la regina era ligata* M. — 53 *Lottieri il* F — 54 *et cauta-mente* M — 55 *dale* M — 56 *delle mie mani* F — 57 *fu il bufone molto lodato* O — 58 *si partì cielatamente* F — 59 *Quel dì el buffone foe molto lodato la notte sequente celat s p dal campo del re Balante et verso Parise in fretta cavalcoe* M

1 *re d* M, *reame di francia* O — 2 *et come in quel* M. — 3 *echosi* O — 4 *festa e ragunossi gran giente* F. — 5 *e andossi al soccorso a monf* O, *et andoe a Monfalcone in soccorso de Fio-ravanti* M — 6 *per trovare* F. — 7 *era manca a* F — 8 *tenpo* O. — 9 *e manca a* M

ravante fosse morto, i [10] baroni di Fianza dovessino [11] incoronare Riccieri, primo paladino. E [9] passato l'[12] anno, e' baroni vennono con gran gente a Parigi, ed essendo in sul palagio reale [13] di Parigi, non [14] si potevano [15] accordare, perchè v' erano [16] molti che non si contentavono [17] che Riccieri fosse fatto [18] re, ed era questa [19] la maggiore parte; e nel consiglio era [20] la reina, la quale, veggendo tanta discordia, piangneva il figliuolo. E [9] mentre che [21] questo [22] consiglio era in tanta differenzia [23], giunse il buffone, e andò dinanzi a tutto [24] il consiglio E [9] la reina, come [25] lo vidde, tutta si rallegrò, e passò per lo [26] mezzo di tutti e' baroni, e abbracciollo, e disse [27] « Sai tu novelle [28] del mio figliuolo ? [29] » Rispose di sì; « ma innanzi che io dica niente, io voglio la promessa che voi mi facesti, e di certo vi dico [30] che Fioravante è vivo e sano Ora mi date [31] la contessa di Fiandra per moglie, e [32] io vi dirò dov' egli è » La reina fece venire la contessa [33] di Fiandra, e cavossi uno anello di borsa; e in presenza di tutti e' baroni [34] la sposò, e la reina lo fe' [35] conte di Fiandra Allora egli si [36] trasse la lettera

---

[10] che i F — [11] dovesino i baroni di francia O — [12] adonca lo M — [13] li quali essendo nel reale pal M — [14] congregati non M. — [15] poteva F — [16] vera O — [17] si poteuno acordare F — [18] fatto manca a F — [19] q de tale opinione M — — [20] Era nel consiglio M — [21] Finchè M — [22] che'l F — [23] discordia F; d. in lo palazo M. — [24] tutto manca a F — [25] Come che la i M — [26] lo manca a O — [27] abrazolo dicendo M le par e abbr mancano a F — [28] novella M — [29] figl. Fieravante F, -olo el buffone M — [30] del c i d M, duo O — [31] dateme M — [32] l'iandia che F — [33] chiamò l i F, le par di F. mancano a O — [34] li baroni tutti M — [35] et fecelo M — [36] si manca a M, che agg. fuora dopo seno

di seno, e fu conosciuta essere scritta di mano di Fi[o]ravante, e levato tra [37] loro [38] il romore — Viva il
nostro singnore Fioravante! [39] — E [9] tra [40] loro affermarono [41] capitano Riccieri nella [42] impresa di soccorrere [43]
Fioravante, e [9] mandarono ambasciadori a Roma [44] al
Santo Padre. Ed egli conobbe la cosa essere di nicissità [45], e sollecitamente mandò [46] brivilegi di [47] colpa e
di pena a chi fra tre mesi fosse [48] con la baronia di
Franza in soccorso di Fioravante, figliuolo del re di
Franza [49], il quale si dovea incoronare [50] del reame di
Franza E [9] appresso si partì il papa [51] da Roma,
cioè [52] papa Innocenzio Albanis; e [9] lo imperadore era
in [53] quello tempo [54] in Gostantinopoli, ed era imperadore Arcadio, che fu [55] il quarantunesimo imperadore.
E [9] giunto il Papa a [56] Parigi, fu [57] onorevolemente
ricevuto, e [9] venne [58] a Parigi [59] gran moltitudine di
gente per lo [60] perdono

In questo tempo era nelle selve di Dardenna [61]
uno santo romito, che avea nome Dionigi, al quale [62]
l'angnolo annunziò che egli dovesse andare a pren-

---

[37] fra F — [38] onde tra loro se levò per allegreza M. —
[39] Fieravante nostro singnore F — [40] infra F. — [41] rafermarono O; -ono per M — [42] Riccieri capitano in questa F. — [43] di
schondia ere O — [44] Le parole a Roma mancano a F — [45] ne
cessaria F — [46] mandò sollic. M — [47] di perdono de M —
[48] e pena chi fara tra tre mesi sia O — [49] del re Fiorello M —
[50] coronare re M. — [51] el papa se partì poi incontinente M —
[52] cio fu O — [53] a F — [54] alban lo quale in quello tempo O. —
[55] era l. alban In quel tempo era archadio imperadore in Constantinopoli Costui foe M; il seg il manca a O — [56] in F.
[57] il foe M — [58] venneri F — [59] A Parise venne M — [60] al F
— [61] Ne le silve de Dardena era in questo tempo M — [62] a cui
M, il quale O. che agg. gli dopo angnolo.

dere confessione dal Santo [63] Papa, e andasse [64] a combattere contro a' [65] Saraini ed egli così [66] fece

La [67] reina volle andare con loro, e andò armata con [68] l' arme del re Fiorello, e faceva maravigliare ongni persona [69]. E [9] il luogotenente di Dardenna andò nel campo con quattromila cavalieri, ciò fu [70] Valenziano di Baviera Tanto [71] andò l' oste [72], che giunsono appresso a [73] Monfalcon, dov' era assediato Fioravante [74]. Quelli di [75] Balante corsono ad arme, e [76] così Fioravante con quelli del castello [77].

Capitolo XLI

Come e' Cristiani ebbono la vettoria contro al re Balante, e tornarono in Franza, e [1] Fioravante menò [2] Drusolina, e tolsela per moglie.

Apparita [3] la luce del giorno, el buffone, che era fatto conte di Fiandra, andò dinanzi alla [4] reina, e addomandò la prima ischiera La [5] reina lo mandò al papa, ed egli [6] lo mandò a Riccieri, ed egli gli diede [7] la prima schiera; la [8] seconda [9] donò Riccieri [10] al

---

[63] *santo* manca a M — [64] *et poi dovesse andare* M — [65] *cho* O — [66] *E cossi* M — [67] *ella* O — [68] *de* O — [69] *fecie maraviglia* F. — [70] *Foe questo* M — [71] *e tanto* F. — [72] *loste andoe tanto* M — [73] *ch' eglino giunsono a* F. — [74] *erano assediati Fier e D. e* F, *F. era ass* M. — [75] *del re* M — [76] *e* manca a O — [77] *quegli del chastello efioravante* O

[1] *onde* M — [2] *nemeno* O — [3] *partitto* O — [4] *dalla* F — [5] *e la* F — [6] *egli senza l' ed* O *e 'l papa* F, *et il* M. — [7] *ed egli* O. *donò* F — [8] *Tra schiera e la* O aggiunge in alto $\frac{in}{20}$, *e la* F — [9] *seconda schiera* F. — [10] *Riccieri* manca a O

santo romito Dionigi [11]; la terza [12] tolse Riccieri [13] per
sè [14]; tutto [15] il resto della gente lasciò a [16] guardia
della reina e del Santo Padre [17] Furono le prime tre [18]
schiere trentamila per ciascheduna [19], e il resto della
gente [20] furono più di centomila

Lo [21] re Balante fece venire la notte di Scondia
e del paese quanta gente potè [22] fare, e [23] la mattina
fece tre schiere la prima diede a' quattro conti e a
Giliante la seconda volle per sè, la terza diè a
'dimodan, padre di Giliante d'Ordret, e ordinògli la
guardia del castello E [23] poi fece muovere la prima
schiera, ch' erano ventimila, la seconda trentamila, la
terza [24] ventimila; e [23] cominciata la battaglia, Giliante
co' [25] quattro conti e con la prima schiera [26], entrato [27]
nella battaglia, s' abboccò col buffone, e passollo colla
lancia [28], e morto lo gittò alla terra [29], e rompeva la
prima schiera. Ma Ansergi gli soccorse, e arebbe
volti [30] e' Saraini, perchè egli uccise i quattro conti;
per questo [31] si mosse lo re Balante [32] con la sua
schiera, e ferì Ansergi Dionigi della lancia per modo,
che [33] tutto lo passò, e rendè l'anima a Dio; e una

<hr>

11 *a D. rom sancto Ferasi chiamare questo romito Anserge*
M, dopo *Dionigi* in O si legge. *cho* ᵐ/ₓₓ — 12 *e la t schiera* F.
— 13 *R tolse* M — 14 *tene per se. Ricieri cho* ᵐ/ₓₓ O — 15 *e tutto*
F — 16 *ala* M — 17 *del s p. e d i* F — 18 *due* F — 19 *Fuo-*
rono ne le schiere sexanta milia. diere milia et ruri milia et trenta
milia M, *le par Fuorono. ciascheduna* mancano a O — 20 *Le*
par della gente mancano a O — 21 *Lo* manca a O — 22 *venne*
giente dischondia e del paese quanto pote O, *possette lui* M —
23 *e* manca a M — 24 *e la t* F, *laltra* M — 25 *chon* O —
26 *ischiera prima* O — 27 *intrati* M, *le parole e nella b.* mancano
a O. — 28 *e tutto lo passò* F. — 29 *gito dacharallo* O — 30 *rotti* F
— 31 *perchè avia morti e' q conti allora* F — 32 *El re B per*
q se m M — 33 *lancia e* F.

nuvola apparì [34] sopra al [35] suo corpo, e fu portato via
Disse Balante, poichè fu battezzato [36], che egli [37] vidde
portare quello corpo agli [38] angeli; e fu trovato poi,
quando i Cristiani tornarono a Parigi [39], di lungi a [40]
Parigi tre miglia, e quivi fu fatta [41] una chiesa per
gli Reali di Francia a onore di questo santo, la quale
si chiamò sempre [42] San Dionis de Paris

Seguitando [43] Balante la battaglia [44], arebbe volto
e' Cristiani, ma Riccieri gli soccorse, e grande battaglia cominciò e rinforzò [45] Quando Balante vidde Riccieri, chiamato Giliante, ghele mostrò; e Giliante gli
andò [46] incontro con uno grosso bastone [47], e, abboc-
cati, cominciarono grande [48] battaglia. Ma [49] Balante
con una [50] lancia l'assalì da traverso, e gittollo per
terra lui e 'l cavallo [51], e non si potè sì tosto riavere [52],
che 'l cavallo gli fu morto [53], e a piè si difendeva
Balante rifrancò [54] per modo e' Saraini [55], ch' e' Cristiani si missono in fuga, credendo che Riccieri fosse
morto; ma la reina s'era fatta tanto [56] innanzi, che
quelli di Monfalcon cognobbono Oro [57] e Fiamma. Allora Fioravante [58] montò a cavallo armato, e assalì il

---

[34] *In quel punto apparì lì una norola* M — [35] *il* O — [36] *poi-
che Bal foe bat. due* M; *egli f b* F — [37] *egli* manca a O — [38] *dagli* M — [39] *Le par poi Parigi* mancano a F — [40] *da* F, *poi
quando li xprani torn a P. quel corpo foe troi da lunzi a* M
— [41] *Qui poi (senza e) f f* M, *fatto* O — [42] *sempre se chiamò* M,
sichiamu s O; *sempre* manca a F — [43] *e seghuntando* O — [44] *la
batt Bal* F — [45] *-aglia li riforzò* M, *-aglia inchomincio* O —
[46] *eandogli Giliante* O — [47] *Le parole con u g. bastone* mancano
a F. — [48] *la* F. — [49] *Ma chi e* M — [50] *un'altra* F — [51] *terra
cum tutto el cavallo* M — [52] *rihavere sì tosto* M — [53] *morto sotto*
O. — [54] *si rif.* O — [55] *li sarracini per modo* M — [56] *tanto
fatta* F — [57] *loro* O — [58] *Fioravanti allora* M

campo [59], e riscontrò [60] Adimodan d'Ordiet, padre di Gilante e con la lancia lo passò, e morto l'abbattè [61]; ed entrato nella battaglia, trovò [62] Riccieri e fello rimontare a cavallo [63]; e, rifrancando [64] e' Cristiani, feciono testa [65], e la [66] gente del papa soccorsono [67] il campo Allora lo re Balante vidde [68] cadere le sue bandiere per terra, e [69] ristrinse insieme [70] la sua gente; ma [71] Fioravante l'assalì, e [72], gittando per terra le sue bandiere, sopraggiunse lo re Balante [72 bis], per modo ch'egli non potè fuggire Quando Balante vidde Fioravante, disse. « O nobile cavaliere, la fortuna dà e toglie e' beni di questo mondo. O gentilissimo [73] nimico, piacciati di vincere, e non ti piaccia la mia morte » Fioravante, udendo [74] le sue parole, intenerì d'animo [75] per [76] amore di Drusolina, la quale, quando l'aiutò a 'rmare, disse [77]. « Per mio amore, siati [78] raccomandato il padre mio [79] » Per questa ricordanza disse [80]. « O re Balante, l'amore che io porto alla tua figliuola, t'à campato [81]. Ma fa' raccogliere tutta la tua gente, e partiti dalla battaglia; ed io farò sonare a raccolta » E [82] così ferono l'uno e l'altro campo: Balante si [83]

[59] La propos e assali il e manca a F — [60] riscontrò F. — [61] Le parole e con la . abbattè mancano a O M. — [62] riscontrò F — [63] Le parole a cavallo mancano a F — [64] rifrancho O — [65] e f testa grossa O — [66] alla (senza l'e) F, e manca a M — [67] socorse F. — [68] Lo re B vide alora M — [69] et per questo M, e manca a F che ha poi istrinse — [70] insieme manca a M — [71] ma manca a O — [72] Le pai l'assali e mancano a O e manca a M — [72 bis] sopr Bal O — [73] nobilissimo F — [74] Udendo F. M — [75] amore F — [76] per lo M — [77] gli dice M. — [78] Signore mio, siate M, sieti per mio amore O. — [79] el re Balante mio padre M — [80] il dice M dopo disse O prosegue. rre — [81] ti campa la vita F. — [82] E manca a M — [83] si manca a M

tornò in Iscondia Fioravante trovò la [84] madre armata come re [85]; domandò [86] s'egli era el re di Franza, suo padre Ma, quando seppe [87] e giudicò [88] che ella era sua madre, ne fece grande festa, e, raccolta [89] tutta la baronia, disse loro come egli era campato [90], e [91] trasse Drusolina del castello con molte altre donne [92], e raccomandolla alla guardia di Riccieri, temendo forse della madre; e menonne [93] tutti quelli sbanditi, ch' erano scampati della [94] guerra, e tutti gli meritò del [95] loro ben fare [96].

E tornarono in Franza, e [97] Fioravante fu incoronato [98] del [99] reame di Franza Come [100] fu incoronato, la madre lo cominciò a molestare [101] che egli togliesse per moglie la figliuola di Salardo di Brettangna [102]; e [103] Fioravante non ne volle fare niente, ma [104] fece battezzare Drusolina [105], e poi la sposò e tolsela per sua [106] moglie, come l'aveva promesso e giurato E fecesi gran festa ed allegrezza per tutto il reame, ed era molto lodato Fioravante [107], perchè aveva

[84] si troro la O, tornò alla F, ritrova la M — [85] e arm chome re e fiore O — [86] F. dom M — [87] q il seppe senza ma M — [88] chonobe O, — [89] racholto O, Racolta poi senza l'e M. — [90] a loro etc M, campato manca a O — [91] poi M. — [92] donne in compagnia F — [93] menò F — [94] chanpati nella O — [95] il O. — [96] e tutti gli racomandò e funno meritati d l b f. F, et del loro bene fare meritò ciascuno d'essi M — [97] Tornato poi in F M — [98] fu inchor fior O. — [99] re del M — [100] Come egli F, la propos come egli f inc manca a M — [101] stimulare M. — [102] Salardo breton O. — [103] ma O, e manca a M — [104] Le parole non ne . . ma mancano a O M. — [105] la sua D. M. — [106] Le parole e tolsela mancano a M, sua manca a O — [107] Per tutto el reame se fece grande festa et allegreza da ogne persona Fior era laudato M

fatto battezzare Drusolina per mano del [108] papa e toltola per moglie e fattola reina di [109] Franza. Ma la madre di Fioravante e la contessa di Fiandra e la duchessa di Brettangna e la [110] figliuola molto l' odiavano; e insieme queste quattro [111] feciono una lega contro a Drusolina Fioravante [112] e Riccieri molto l'amavano per lo benificio ricevuto da lei; ed era Drusolina molto amata da tutta [113] gente salvo [114] che dalle quattro sopradette e da [115] loro setta

Capitolo XLII

Come Drusolina partori due figliuoli maschi, e [1] la reina l'accusò d' avoltero; e [1], dopo a [2] molte cose contro a Drusolina, come essa [3] fu data in balia della reina co' figliuoli [4].

Rengnando Fioravante re di Fianza, intervenne uno strano caso. Uno dì venne in [5] corte una povera donna con due figliuoli in braccio, amendue in fascia, e dinanzi a Fioravante s' inginocchiò [6] e disse: « O [7]

108 *di* F — 109 *del reame de* M. — 110 *cholla* O — 111 *altro che da la madre d' F. et da la c* F *et da la d. d. B. et da la fiola che molto odianano Dusolina. Queste quattro insieme* M. — 112 *ma* F M; *e* F F — 113 *Dus (senza l' e) era am da ogne* M — 114 *che* manca a O — 115 *da la* M, *da quelle persone che seguivano* F

1 *et come* M — 2 *da poi* M, *a* manca a O — 3 *come essa* manca a F — 4 *Dusolina commesse (corruz di come essa) ella cum li sui figlioli foe data in balia dela reina* M, *nella balia etc* O — 5 *reina a* O, *cioè u d v i* F, *Venne uno dì in* M — 6 *et inginochiose dinanzi a Fior* M — 7 *O* manca a M.

siugnore, abbi[8] misericordia di me e di questi dua
fanciulli[9], che 'l padre loro morì nelle battaglie[10],
quando voi fusti[11] soccorso; e io rimasi gravida e
partorì questi due fanciulli a uno corpo[12]. ora non ò
di che fare loro le spese. » Drusolina[13], ch' era presente, disse. « E' non può essere che d' uno uomo
solo nasca a uno portato[14] due figliuoli. » Rispose
Fioravante[15]: « O Drusolina, non due così, perchè[16]
a Dio non è nulla[17] impossibile. per vero[18] la femmina secondo natura[19] può portare sette figliuoli a
uno portato, ma[20] non più; e così si tiene pe' savi[21]. »
E fece dare a quella femmina[22] dieci onze d' oro.

E[23] in quello anno Drusolina ingravidò[24], e partorì due figliuoli[25] maschi molto[26] belli; e[23] la reina
fu a consiglio con le sue false compagne, e diliberarono[27] di fare morire Drusolina. E andoronola uno
dì a visitare[28], e la reina vi[29] stette tanto, che Dru-
solina[30] s' addormentò; e, mandate[31] via tutte le donne
e le serve, quand' ella vide Drusolina sola, ella[32] mandò

---

8 *habiati* M. — 9 *questi miei figliuoli* F, il seg *che* manca
a M — 10 *nella bataglia* O — 11 *tornasti in iostro* F, *erati assediato a Monfalcone. ello venne cum le altre zente a iostro* M. —
12 *gravida di questi dui figlioli et partorì a uno colpo* M, *portato e* F. — 13 *E D.* F, cui mancano poi le parole *ch' era p* —
14 *a uno portato nasca* F. — 15 *Fior. risp.* M, senza il seg. O —
16 *imperò che* F — 17 *nulla cosa* M; *impossibile nulla* F. — 18 *et
p. v* M; *imperò che* F. — 19 Le parole *secondo nat* mancano a
F, che prosegue *a uno portato può fare sette figliuoli* — 20 *corpo
e* O. — 21 *si tenne* senza *p s* O, il *si* manca a M, *s' acordono
e 'savi* F — 22 *povera f.* M. — 23 *E* manca a M — 24 *se ing* M
— 25 *fanciuli* O — 26 *molti* O — 27 *Le compagne false et d.* M;
par. e dilib mancano a F — 28 *Uno dì la andarono a ris* M;
vedere senza *uno dì* F — 29 *vi* manca a F. — 30 *ella* O. —
31 *mandato* O. — 32 *serve rimase lei che Drusolina era sola et
dormeva. la raina alora* M.

per uno giovinetto gentile uomo[33], il quale serviva dinanzi a Fioravante della coppa del vino, e aveva[34] nome Antonio. Disse la reina ridendo, mostrando di volere fare cose di sollazzo[35]: « Io voglio che tu rimanga qui tanto ch'io torni. » Rispose Antonio. « Madonna[36], non per Dio, però[37] che sarebbe disonesto[38]. » Ella[39] s'adirò, e disse. « Se tu non ci rimani[39 bis], io ti farò morire, però ch'[40] io amo onore come tu, e non ti[41] lascio se non per cose da ridere. » Antonio rimase drento alla camera, e la reina serrò l'uscio di fuori[42], e andonne[43] a Fioravante, e disse « O figliuolo, ora ti fida delle puttane[44] saraine Sappia di vero che[45] quelli non sono tuoi figliuoli, ma sono figliuoli d'Antonio. Ella à[46] scelto[47] amante giovane e bello[48], e anche a questo non credo ch'ella istia contenta Sappi che, come noi[49] partimmo di camera, ella[50] mandò per lui, ed à mandate tutte le serve fuori, e comandò a me[51] che io le mandassi fuori[52], e poi mi partissi[53]; e io le mandai, non pensando al suo mal fare[54]. Ma quando m'avvidi dell'atto, che[55] Antonio fu drento,

---

33 giovane g u F, zentilomo gioi M — 34 chopa aina O. 35 Quando el foe venuto in la camera dove che D. alora dormera, monstrando la rama de volere fare cose de solazo al duto Antonio dixe M, il di avanti a volere manca a F — 36 Diceva ella questo ridendo. Ant. rispose. madamma M, Madonna manca a F — 37 impero O, però che manca a M — 38 questo s. molto dis. M, disonesta chosa O — 39 et ella F. — 39 bis rimarai O — 40 però che manca a M, perch O — 41 ti ci F — 42 lo serrò nella camera F, lo asserò dentro zoe ella asserò l'uscio di fuora M — 43 andò M. — 44 femmine F — 45 che manca a M — 46 s'à F — 47 ha certo M. — 48 b. e g F — 49 noi ce M — 50 et ella F — 51 mandò t l s via et a mi comandò M — 52 f de la camera M — 53 La frase e poi mi p manca a F — 54 Io (senza e) non pensando al suo m. f. le mandai M — 55 zoè che M, fatto chome O.

ıo [56] serrai l'uscio di fuori, e òllo [57] serrato in camera [58], e [23], se tu non credi a me, va' [59] alla camera e vedra'lo [60], » Fioravante, vinto dalla subita ira [61], non conobbe la falsità della madre; corse alla camera [62], e aperse l'uscio, e trasse la spada, e non [63] aspettò la scusa dello sventurato giovane [64] · furiosamente l'uccise. Poi corse [65] al letto, e prese Drusolina pe' [66] capelli, e tiròlla fuori del letto [67]; ed ella nel destare [68] gridò [69]: « O Vergine Maria, aiutami ! [70] » Questa parola fu di tanta grazia, che [71] Fioravante le die' della [72] spada, e non la potè uccidere [73] nè tagliare [74] le sue carni [75]; e ricorse al letto [76], e prese e' due figliuoli [77], e per tre volte gli percosse nel muro [78], e non gli potè offendere, tanto miracolo mostrò [79] la madre di vita etterna! Dice alcuno [80] ch' egli corse [81] alla scala ch' era di pietra, e dièvvi suso della [82] spada, e che ne tagliò [83] tre scaglioni Allora [84] disse: « Io veggio ch' io sono stato ingannato, chè questo è [85] miracolo di Dio. » Al [86] romore corse Riccieri, e Fioravante gli disse che

---

[56] e ıo F. — [57] holo già M. — [58] serr. drento F — [59] el c. a m. vattene M — [60] vedrai F, va e vedilo O — [61] soluta ıra M, superbia e F; O dopo con. ha alla — [62] madre F. — [63] tratta la sp. non F. — [64] giovinetto F. — [65] Corse poi M, e c. F. — [66] per M. — [67] La propos. e tır f d l manca a F; il seg ed manca a M — [68] destarsi O — [69] cridò et dixe M. — [70] aiutatemi O — [71] De t g foe q p che ella la aiutò perche M; Queste parole fu d t. g asaldita che O. — [72] dandole F d. F, che omette poi l'e davanti a non; chola O — [73] le potè nuocere O — [74] tagliarli O. — [75] ne le sue carne potette tagliare M — [76] e choisse O; Corse un' altra volta al letto Fior M — [77] fanciulli per li piedi O. — [78] al m. gli p F — [79] dım O — [80] Alcuni dıceno M, E poi senza ch' egli F — [81] corse furiosa mente M, choisse chola ıspada ımano O — [82] cholla O — [83] e taglionne F, et che ıl n t M — [84] Ello alora M — [85] per questo che è uno grande M. — [86] questo F

Drusolina l'aveva cambiato a uno donzello; ma quando
Riccieri udì il miracolo della spada e de' fanciulli,
fece [87] tanto che Fioravante l'arebbe perdonato [88], e [89]
Drusolina scusandosi [90] chiedeva misericordia, e stava [91]
ginocchioni ingnuda [92]; e Riccieri la fe' rivestire, e
menò Fioravante in sala Allora la reina andò [93] a
Fioravante, e disse: « Dunque tu non [94] farai vendetta
della [95] falsa puttana, che tanto à vituperato e avvi-
lito [96] il tuo lengnaggio, che t'à pareggiato a uno
famiglio? » Disse Fioravante: « Madonna [97], s'ella
avesse fallato, la mia spada l'arebbe morta e [98] tagliata, come ella taghò [99] la scala; e [100] veramente
Iddio à mostrato miracolo per lei, e credo che voi
m'avete fatto uccidere Antonio contro a ragione; ma
guardate che Iddio non ve ne faccia ancora [101] portare
pena [102]. » Allora la reina [103] cominciò a gridare e a
piangnere e a dire [104]: « Adunche mi fai tu colpevole
di questo per questa falsa femmina [105]? Ma io [106] ti
giuro che [107], se tu non ne farai vendetta, che io ti
darò la mia maladizione. » Fioravante, udendo le [108]
parole, disse: « Quanto [109] io non la voglio uccidere [110],

---

[87] *dire* M. — [88] *le perdono* O. — [89] *ma* M — [90] *scusandosi*
manca a F — [91] *-andosi chedi lei auesse miserichordia e istando*
O — [92] *et cossì nuda stava in zenochione senza l' e* seg. M. —
[93] *n' andò* F, *ando dinanzi* M ; *tu* in O sta dopo
farai — [95] *di questa* F — [96] *sfilato* M — [97] *Fioraianti dire*
madamma M. — [98] Le par *morta e* mancano a F — [99] *come*
che ha tagliata M. — [100] *e* manca a M — [101] *ancora* manca a M
— [102] *la pena* O. — [103] *La raina allora* M — [104] *e disse* F —
[105] *per questa falsa femina tu me fai colpevole di questo* M —
[106] *-ina Iddio* F — [107] *che* manca a M — [108] *udite le* F; *tal* M.
— [109] *quanto che* senza il preced *disse* F — [110] *uccidere nè farla*
uccidere F.

ma io la licenzio a voi fatene [111] quello ch' a voi [112]
piace. » Disse la reina [113]: « Ella sa fare delle sette
arti incantamenti [114], e [100] però non l' ài potuta offendere; ma io la farò ardere, chè ella non si potrà difendere dal fuoco [115]. » Disse Fioravante: « Fate di
lei e de' figliuoli [116] vostra volontà, poi che voi dite
che non sono miei [117]. » Ella si partì e tornò [118] alla
sua camera, e mandò per la contessa di Fiandra [119] e
per la figliuola di Salardo, e disse [120] loro come [121]
aveva in sua libertà [122] Drusolina; « ora [123] consigliate
quello [124] che vi pare che io ne faccia »; e disse loro
ch' ella aveva [125] commesso avoltero con Antonio. Per
questo ognuna [126] di loro sentenziò [127] che ella meri-
tava il fuoco, e d' essere messa in una fornace ardente co' [128] due figliuoli al [129] collo pei meretrice. E
per vero la [130] contessa di Fiandra nè [131] la figliuola
di Salardo non [132] sapevano che la reina avessi [133]
messo Antonio nella camera, ma credevano che Antonio
avesse di certo [134] fallato con Drusolina, ed eronne
allegre [135], perchè volevano male a Drusolina [136]; sic-

[111] *fate* O. — [112] *vi* F. — [113] *la raina dixe* M. — [114] *e inc*
F. — [115] Le par. *dal fuoco* mancano a F. — [116] *Fioraranti dixe
Et di ley et di figliuoli fatine* M, *-oli ciò che vi piacie e la* F —
[117] *miei figliuoli* F, *miei ed* O. — [118] *andonne* F — [119] *Fiandra
e per la contessa di Brettangna* F — [120] *dixelo a* M. — [121] *come
che lei* M. — [122] *chauia in sua balia* O — [123] *et dice or me* M
— [124] *quello* manca a O — [125] *ella ha* M, cui mancano le preced
par *e disse l.* (— [126] *ciascuna* M. — [127] *la sententio* M; *ongniuno disse* O. — [128] *chon* O, *di fuoco ardente co* F — [129] *a* F
— [130] *E* manca a O, *ne la* M — [131] *e* F — [132] *non* manca a M
— [133] *avea* F — [134] *di cierto avesse* O, *del certo Antonio havesse* M — [135] *erane alegra* O, *pur al* M. — [136] *gli volevano
male* F.

chè [137] non erano tanto [138] da biasimare quanto la
reina, che per vincere la [139] sua gaia pativa [140] che
e' figliuoli del figliuolo morissino, sì come maladetta
femmina [141].

Capitolo XLIJI.

**Come Drusolina fu giudicata d' essere [1] gittata nella for-
nace accesa co' [1 bis] due figliuoli in braccio; e 'l fuoco
uscì per miracolo [2] della fornace, e arse il palazzo della
reina in parte [3]; e come Drusolina fu cacciata, e Riccieri [4] la accompagnò [5] un pezzo di via.**

La reina mandò pel giustiziere di Parigi [6], e
comandò, colla licenza di Fioravante, ch' egli andasse
alla camera di Drusolina e che egli la pigliasse
co' [7] due figliuoli [8], e menassela a pie' del palazzo
della reina, ed egli piangendo fece il suo [9] comandamento. E [10] quando fu a pie' del palazzo, la

---

137 *Pero elle* M — 138 *tanto* manca a F — 139 *una* F —
140 *patiua per unc l s g* O — 141 *come* (senza il *sì*) *femmina
iniqua e maladetta* F

1 *essere* senza il *d'* M *essere aisa e* O — 1 bis *chon* O — 2 *ma-
rauiglia* F — 3 *Le par in parte* stanno in O dopo *arse* —
4 *cum li dui figlioli in braze ne le fornaze ardente et come per
miracolo de Dio el fuoco usci de la fornaze et a Dusolina non
offese nè ad alcuno degli figlioli. ma arse per diuina sententia
una parte del palazo de la raina. et come poi Dusolina cum li
dui figlioli fuorono caziati del reame de Franza, et Riz per pietà*
M — 5 *lochonpangnio* O — 6 *Le parole di P* mancano a F. —
7 *chon* O — 8 *figlioli in braccio* F — 9 *Lo iustiziero mal rolen-
tiera et piazendo fece suo* M — 10 *E* manca a M.

reina comandò a' giudici della corte che la [11] giudi-
cassino a morte, lei e i due avolterati figliuoli [12], in
una fornace ardente [13]; e così [14] come avolterata la
sentenziarono [15]. Quando Drusolina [16] udì [17] dare questa
sentenzia, parlò altamente in questa forma [18]· « Singnore Iddio di tutte le grazie, a te ricorro e [19] priego
per tutte le tue [20] misericordie, per [21] tutti li tuoi santi
nomi, per [21] la tua santità, e [10] per tutte le profezie
che [22] di te profetarono [23], e [10] per li tui sacri e santi
evangeli, e per la somma [24] verità che in te rengna,
e [25] come tu se' vero e vivo Iddio, così come io [26] non
ò fallato di quello che al presente sono incolpata,
che tu mi liberi di [27] questa falsa sentenzia, come li-
berasti Sosanna delle mani de' [28] falsi testimoni; e [29]
se per [30] mio fallo o per [31] tuo giudicio sono [32] dengua
per altro peccato di questo tormento [33], io ti priego
per le sopradette cose che questi due figliuoli [34] di
Fioravante, mio marito, innocenti e di diritto matrimonio nati [35], non perischino per [36] altrui odio e ni-

[11] del palazo zoè de la c. che gli M — [12] adulterini f. M,
e figliuoli auolteri O. — [13] ard forn M — [14] Ell e M, sì F —
[15] la sentenziarono chome auolterata O — [16] Drusolina quando M
— [17] sentì F — [18] altamente dixe M forma O F. — [19] e umilemente ti F. — [20] per le tue grande M — [21] e per F — [22] che
li santi propheti M — [23] profetezorono O. — [24] santa F —
[25] che M — [26] dio vivo et vero et come M; ti pregho che c. c io
O — [27] da O, -pata cossi tu omnipotente et iuste signore et giu-
dice tu me libera de M. — [28] chome uoi diliberasti susana da O —
[29] o O. — [30] per pena de altro M — [31] per manca a F — [32] io
sono F. — [33] questa sentenzia F, tormento merito O — [34] fanciulli F — [35] o per iudicio tuo secreto de questo tormento degna
sono per le sopradicte cose te priego che quisti dui innocenti et
de legittimo matrimonio nati figloli de F mio marito M — [36] nati
non per inghano dello O.

quità [37] e falsità. Singnore Iddio [38], mostrane [39] sì [40]
vero sengno, che dopo la mia morte mi sia [41] mani-
festa scusa per asempro [42] degli altri, come [43] io non
sono colpevole di [44] questo in che [45] sono giudicata. »
Allora la reina gridò [46] · « Che fate che non andate
via? Toglietemi d'innanzi questa incantatrice di di-
monî » Allora fu grande il pianto [47] per quelli [48] ch'e-
rano tratti per [49] vedere; e Drusolina co' due figliuoli
legati al collo [50] fu messa in su uno carro e [51] menata
via, là dove era ordinata una fornace accesa Tutta
la gente della città correva a [52] vedere, piegando Iddio
per lei; e di comune parlare sempre contro [53] alla
reina ongnuno gli augurava [54] male e dicevano [55] che
mai non si fe' tanta [56] oscurità. E [10] giunti alla fornace,
Drusolina [57] s'inginocchiò, e raccomandossi divota-
mente alla divina madre [58] vergine Maria, e, dette
certe [59] orazioni, fu gittata nella fornace con le mani
legate e co' due [60] figliuoli al collo [61] E 'l fuoco per

37 iniquo odio M. — 38 -ore omnipotente et iusto M. — 39 mo-
strname F. — 40 sì manca a M — 41 sia di me F; che io dopo alla
m m. m. s. O. — 42 rispetto F — 43 cossì come M — 44 in M. —
45 per che io M — 46 La i alora cridò dicendo M; allora manca
a F, che prosegue che non andate via o che fate — 47 El pianto
alora foe grande M. — 48 tutti quelli F. — 49 a F, e per O -
50 vedere chon dua f l a. e didus. e poi O, le par leg. al c
mancano a F che prosegue . fu menata in su uno carro là — 51 et
foe M. — 52 correvano per F. — 53 contro manca a F, et com-
munamente parlando contra M. — 54 gl' inghinara F, reina sa-
dia una ongnuno lachusavano O, ogne persona g. a M. — 55 dicendo
senza l' e M — 56 non se fe mai tal torto nè tanta grande M. —
57 e giunta a f e D F. — 58 erachomandandosi alla d. m. diuota-
mente O, cui mancano le par. verg M — 59 et devotamente se ar-
comandò al' alta regina de vita eterna et dicte certe sue M —
60 choglî O — 61 a e F, cum l in l. et cum li d f a c. foe
gitt in la forn M, cui mancano le par. E 'l fuoco

divino miracolo arse [62] solamente i legami, ch' ella
aveva alle mani, e [63] la carne non magangnò, e uscì
tutto il fuoco [64] della fornace, e andò nella casa [65]
de' giudici che la giudicarono a morte, e arsono [66] le
case e i giudici [67]: ancora n' andò alquanto nel [68] palazzo della reina, e [69] arse tutta [70] la sua camera

Vedendo la gente che 'l fuoco della fornace era
spento e non avea offeso la donna [71] nè i fanciulli,
subito la trassono della fornace, e [72], gridando misericordia, fu menata [73] dinanzi a Fioravante. E [74] la reina
disse. « Bene t' ò io detto, figliuolo [75], che queste sa-
rame [76] fanno per forza di demonî queste cose [77]. »
Fioravante disse « Ora che volete voi che io ne faccia ? » Disse la reina [78]: « Che tu la cacci via, chè
quegli [79] non sono tuoi figliuoli » Fioravante disse.
« Donna Drusolina [80], io ti comando, a [81] pena della
testa, che per tutto questo giorno tu sia fuori del mio
rengno. » E comandò a Riccieri, a [81] pena della testa,
che la vada [82] a 'ccompagnare insino nella [83] selva di
Dardenna, e ivi la lasci sola [84] con questi [85] due figliuoli,

---

[62] qui foe arso M. — [63] cum che lei era ligata de M —
[64] il fuocho tutto O; niente El fuoco uscì tutto M — [65] ne le
care M; alla camera F. — [66] arse O. — [67] le camere e i g e F,
le chase egiudici nel fuocho O, li giudici le loro case et la lor
roba M — [68] Andò ancora n. M — [69] et solamente M. — [70] tutta
manca a M — [71] Drusolina F, nè la donna M — [72] Quest' e in
O sta dopo misericordia. — [73] rimenata M — [74] Allora F. —
[75] O figliuolo bene to io detto O, gli d B. te dixe io senza figliuolo
M — [76] questi s M. — [77] queste tal cose M, fano isforzo cho di-
moni ongni chosa O — [78] la raina dixe M — [79] questi F. — [80] ad
Dusolina. Donna M — [81] a la M — [82] andasse M. — [83] a la M,
chella nada achonpangniare e a pena della testa nella O. — [84] sola
manca a F, li la lassasse sola M — [85] quigli M.

« e [86] sia domane tornato dinanzi da [87] me, a pena
della testa » E in sua presenza fece mettere uno
bando [88], che altra persona non la seguitasse nè accompagnasse [89]; e che, passato quel dì, a pena della
lingua [90], nessuna persona, quale si fosse, di questo
parlasse [91] nè in palese nè segreto [92], e ognuno ne
potesse essere [93] accusatore.

Riccieri montò a cavallo [94], e misse a cavallo Drusolina, e il dì e la notte cavalcò tanto [95], che l'atra
mattina [96] giunse dove Fioravante gli aveva comandato E, volendosi partire Riccieri [97], Drusolina gli
disse piangendo [98]: « O Riccieri, dove m' abbandoni
e lasci? È [99] questo il merito che voi mi rendete [100]
del mio ben fare per voi, quando savate in prigione?
Bene è [101] ragione che quella persona [102], che tradisce
il suo padre e la sua [103] madre, patisca pena del suo
inganno [104]; ma [105] (Iddio m' aiuti!) io ingannai mio
padre due volte [106] per campare voi una [107] e Fiora-

---

[86] *et disegli* M — [87] *a* M, *dinanzi* manca a O — [88] *Fece
poi in sua presentia mettere bando* M. — [89] *acompagnasse nè seguitasse* F — [90] *linghua che* O — [91] *lingua di questo non si
potesse parlare* F, le due parole *nè in* mancano a O. — [92] *cre-
lato* F — [93] *ne fosse* O, *nessuna persona a pena de la lengua
de questo parlasse nè in publico nè in screto et ogne persona
qualunca se fusse ne possa essere.* M. — [94] *Alora m a c Rizieri*
M. — [95] *et cav t i d et l nocte* M — [96] Le parole *l'atra* m.
mancano a F. — [97] *Riccieri* manca a O, *et quando Rizieri se
volse spartire da lei et lassaila per tornare indietro a parise* M.
— [98] *piangendo* manda a M. — [99] *Et è* M. — [100] *arrendite* M
— [101] *Egli è ben* M. — [102] *quale p.* O; *quel figliolo o figliola* M
[103] *tradischa sua p. e sua* O — [104] *de' suoi inganni* F — [105] *ma*
manca a O. — [106] *doe volte el mio padre* M — [107] *camparri
una* F.

vante due, e male m' [108] avete meritato [109]. E [110], bene
che io patisca pena dello [111] inganno fatto a [112] mio
padre, questi due figliuoli non [113] ànno colpa: perchè
ne debbono portare [114] pena? Oimè, Riccieri, questi
sono pure [115] figliuoli di Fioravante, tuo singnore. »
Allora Riccieri cominciò a piangnere e [116] disse « Madonna, se [117] v' è di piacere, io rimarrò qui [118] con
voi. » Ella rispose· « Io so il comandamento che Fioravante vi fe', e però vi priego che voi [119] mi mostriate
in quale parte voi credete che [120] io possa trovare
più tosto abitazione dimestiche [121]; e poi te ne va' a
corte, e priega Iddio per me, e più per questi due del
sangue di Franza. » Riccieri [122] così le 'nsengnò, e
poi si partì da lei, e lasciolla così soletta, e tornò [123]
a Parigi, e disse a Fioravante come [124] l' aveva lasciata, e le parole che ella gli disse [125] alla par-
tenza. Disse [126] Riccieri: « O [127] Fioravante, per mia
fe', ch' [128] io temo che tu non sia stato ingannato; chè [129]
io non posso credere che Drusolina t' avesse fatto [130]
fallo » Fioravante lagrimò e non gli rispose [131]; e
stette più di due[132] mesi addolorato, che mai[133] non

---

[108] *me n'* F — [109] *meritata* F. — [110] *Ma* M, *E* manca a O.
— [111] *del mio* O, *questa pena per lo* M. — [112] *al* F. — [113] *de* F.
non M; *che non* F. — [114] *patii e* F, *o perche* etc. O. — [115] *pui
sono* M. — [116] *Dicendo D. queste tale parole et simile ley et lo
dicto Rizieri amaramente pianzerano. Cossi pur piangendo gli rispoxe et* M — [117] *sel* M — [118] *ben* M, *io e qui* mancano a O —
[119] *voi* manca a O. — [120] Le *par c. che* mancano a O. —
[121] *io più tosto truovi abitazione dimestica* F. — [122] *e Ric* F —
[123] *et luy t* M, *e tornosi* O — [124] *dove* F, *ch egli* O — [125] *aicru
dette* F — [126] *e d* O — [127] *Poi ancora Rizieri dixe a* M —
[128] *ch'* manca a F. — [129] *chè* manca a M — [130] *mai per niente
facto* M — [131] F *non gli rispose e partissi lagrimando* F. —
[132] *tie* O — [133] *addolorato c mai* mancano a F.

detto udienza a persona, e tutta la città ne stette
addoloiata [134].

Capitolo XLIV.

**Come, dormendo Drusolina, uno ladrone le tolse uno de' fi-
gliuoli [1], e uno lione gli [2] tolse l'altro, e ella [3] dietro
al lione [4] correva. [5]**

Partito Riccieri dalla abbandonata Drusolina, se
non da Dio [6], ed ella tutto quel [7] giorno andò soletta
per quello diserto, e la sera si [8] rammaricava delle
sue pene [9]; e [10] maggiore doloie aveva pegli [11] due
figliuoli, ch'ella non aveva di sè. E [12] giunse [13] a una
fonte d'acqua chiara, quando il sole era per andare [14]
sotto, alla quale era [15] quattro vie, e non v' [16] era presso [17] abitazione [18]. Ella si pose a sedere allato alla
fonte piangnendo [19] e baciando i due figliuoli; e allat-
tògli el [20] meglio ch'ella potè, ed [21] ella mangiò certe

134 giente vi stette doloiosa F; città ne statu maiaiiosamente
addoloiata M.

1 uno figliuolo O. — 2 le O. — 3 ella manca a F. — 4 d al
dicto l. ella M — 5 choreua chosassi gridando O — 6 Le parole
se non da Dio mancano a F, che aggiunge dopo giorno queste
altre infuoii che da Dio acompangnaia. — 7 il F — 8 -erto
Ella se M. — 9 pene sue M, si iacomandaia d s p addio F —
10 ma assai M — 11 de' F — 12 Ella M — 13 giunta F —
14 ch paitito q i. s. eia andato O — 15 eiono O, Al cncuito de
questa fonte M. — 16 v' manca a M — 17 erano senza presso O
— 18 abitazione dimestiche et F, habitatione et era assai tiibulata
M — 19 piangnendo allato alla fonte F, che non ha le 5 parole
seguenti — 20 al M — 21 ed manca a M

frutte salvatiche, ch' ella aveva ricolte [22] per la selva; e, avendo e' due figliuoli in braccio, sempre si [23] raccomandava alla reina di vita etterna. Come [24] piacque a Dio, ella s' addormentò nel dolore, e tutta la notte istette co' due figliuoli in braccio a quella fonte [25], e [26] da ongni braccio ne teneva uno.

La [27] mattina per tempo [28] v' apparì uno ladrone, ch' era chiamato per lo paese Giogante, non perciò ch' egli [29] fosse, ma pel [30] nome, e vide questa donna dormire con questi due figliuoli [31] in braccio [32]. Accostossi pianamente [33] a lei e pianamente [34] gliene tolse uno, eportollo via E [35], partito il ladrone [36] Giogante, v' apparve uno grande lione [37], e tolsele [38] l'altro. Drusolina [39] si destò, e vidde il lione ch' aveva preso il figliuolo in bocca [40]. Pensò ch' egli avesse mangiato l' altro; ma [41], perchè ella sentiva quello piangnere, ella [42], vinta più dalla tenerezza del figliuolo che dalla [43] paura, correva drieto al lione co' sassi e con grida il meglio ch' ella poteva [44]. e 'l lione pianamente le fuggiva dinanzi; ed [45] ella, per riavere il figliuolo, lo [46] seguitava il meglio ch' ella poteva [47].

ᵇ

---

[22] racholte O. — [23] ella se M. — [24] e come F — [25] Le parole a quella fonte mancano a O — [26] che O — [27] e la F — [28] a buona otta O. — [29] non perchè M; non chede O — [30] fosse giogante ma aveia quello F — [31] fanciulli F — [32] in le braze M — [33] pianamente manca a F. — [34] lezeramente M — [35] L manca a M — [36] ladro F — [37] li apari u. l. g. M. — [38] -gli O. — [39] edusolina O, In questo D. M. — [40] in bocha presso il figliuolo O, preso et teneia in la sua bocca el suo figliolo M. — [41] Ella non redendo l'altro fanziullo pensò ch' el lione lo havesse mangiato Oi ella hebbe pur paura ma M. — [42] ella manca a M — [43] più che da O — [44] cum cridi et cum saxi al meglio che ella possua correva dietro al lione M — [45] ed manca a O — [46] lo manca a O. — [47] sequitava cossì come de sopra è dicto M

Capitolo XLV.

Come il ladrone fu morto, e l'altro figliuolo, ch' e' portava,
fu venduto[1] a uno mercatante di Parigi[2], e fu portato
a Parigi[3], e postogli[4] nome Gisberto del Fier Visaggio.

Quello ladrone, che portava l'altro fanciullo[5],
volendo passare[6] presso a una fortezza di Cristiani,
dove stava la[7] guardia, perchè il paese stesse sicuro,
fue veduto dalla guardia[8] della torre, e, levato il romore, fu assalito da cento a cavallo[9]. Come Giogante
vidde questa gente, misse il fanciullo in una siepe di
pruni, e cominciossi a difendere: all' utimo[10] fu morto,
ma egli uccise dieci[11] cristiani. E[12] poi che l'ebbono
morto, gli feciono cerchio intorno[13], e per meraviglia
lo guatavano[14]; e uno di loro si scostò per volere
orinare; e, volendo orinare[15] nella siepe[16], vidde il
fanciullo, e portollo[17] al loro capitano Ed egli[18] lo
fe' notricare uno mese, e poi lo mandò a vendere a
una fiera, credendo[19] ogni uomo[20] ch' egli fosse fi-

1 *morto el fanciulo rend* O, *ladione che ne portava l'altro*
figliuolo, fu morto, e fu venduto il fanciullo F — 2 Le par. di P.
mancano a O — 3 La proposiz e fu p. a P. manca a F —
4 *possegli* M; *fugli posto* O — 5 *ne p il fanc. rubato* O; *aveva*
portato l'a f F — 6 *voleva posare* F. — 7 *una* M — 8 *dalle*
guardie O — 9 *ciento cavalieri* F, *cento christiani a c.* M. —
10 *alla fine egli* F, *ult il* M. — 11 *venti* F — 12 *E* manca a M,
ma O. — 13 *intorno cierchio* O senza l'*e seg* — 14 *loro el guar-*
davano senza l'*e seg* M — 15 *Mancano a M le par. e volendo or*
— 16 *predicta siepe et* M. — 17 *pigliolo et poi tolo* M; *portavolo*
O. — 18 *il quale lo vidide* (sic) O; *al cap. loro. questo capitano* M
— 19 *credendosi* F. — 20 *ongniuno* O

gliuolo di quello [21] ladione, chiamato Giogante [22]; e perchè egli [23] era tanto bello, ne [24] domandava tant' oro, quanto [25] pesava.

Intervenne [26] che alla fiera venne uno mercatante da [27] Parigi, che aveva nome Chimento, ed [28] era il più ricco mercatante del mondo; e andando questo mercatante su [29] per la fiera, vidde questo fanciullo che si vendeva, e [30] fermossi a vederlo, e [31] fecielo isfasciare [32], e viddelo ingnudo, e dimandò quanto ne volevano [33], e fugli detto: « Tanto oro, quanto pesa. » El fanciullo gli parve [34] tanto bello, che molto gli piacque, e, tornato [35] al suo alloggiamento, pensando fra [36] sè medesimo, disse: « Io non ò figliuoli e non ne sono per avere [37], e sono in molta vecchiezza [38]: egli è meglio che io compri [39] questo fanciullo, e farollo mio figliuolo adottivo, e sarà mia reda, e crederassi essere mio figliuolo [40]. » E, chiamato uno suo famiglio, detto [41] per nome Matteo, e' dissegli· « Va' e [42] compra quello fanciullo che noi vedemmo, e non lo lasciare per danari. » E [43] comperòllo tanto oro quanto [44] pesò, e [45] poi fece [46] trovare due balie per allattarlo, e disse a Matteo:

[21] questo F, al M — [22] Le par chiamato G mancano a F — [23] lo fanzullo M — [24] il ne M — [25] quant' egli F, quanto lo fanzullo M — [26] Interviene M, e int F — [27] di F. — [28] el quale M — [29] su et giù M. — [30] e manca a F. — [31] e manca a M. — [32] disf M. — [33] quanto voleva F — [34] Parsele M, e paregli O, così a M come a O mancano tutte le par e fugli ... fanciullo — [35] tornando F — [36] infra senza pensando F, tra M — [37] e n. s. p. averne F; per ne havere perchè M. — [38] e sono oggimai di tempo F: richeza O. — [39] chonpero O. — [40] Le parole da e sarà fino a figliuolo mancano a F, lui essere mio naturale f M, che continua· El deliberato de comperarlo chiamò etc — [41] chiamato M. — [42] e manca a F — [43] Andò et M — [44] quant' egli F. — [45] e manca a M, che trasporta il poi dopo trovare e, poi manca a F. — [46] gli f. O

« Vattene con questo fanciullo a Parigi, e fammelo
allevare, e dirai alla mia donna ch' egli è mio figliuolo,
e quando sarà [47] in età, fara' gli insegnare [18] leggere
e scrivere, imperò che mi conviene andare in levante
per fare tutte le mie ricchezze venire [49] a Parigi, ch' io
sono oggimai [50] vecchio e non potrei [51] più attendere
alla mercatanzia [52], e starò forse otto o dieci anni E
quando sarà grandicello, guarda bene ch' egli [53] non
vada a [54] mangiare nè [55] a bere in corte del re Fioravante [56], imperò che tu sai quello ch' egli [57] fece de' suoi
figliuoli, e sai che tutte le donne di Parigi vogliono
male alla reina, perch'ella cacciò Drusolina [58]. » Allora [59]
Matteo promisse di così fare, e il [60] mercatante gli
diede un altro compagno, che aveva nome [61] Bichieragio, e menarono il fanciullo con le balie a Parigi.
E [31] quando la moglie di Chimento udì dire ch' egli era
figliuolo di Chimento, suo marito, pensando ch' ella
non aveva figliuoli, l' accettò per suo figliuolo come
Chimento o più [62], e facevalo notricare con amore [63] e
con grande guardia, e [31] fecelo battezzare come Chimento
aveva ordinato, e poseglì nome Gisberto Fier Visaggio [61] Egli [65] era tanto bello, che ognuno gli poneva
amore

---

[47] fia F — [48] insengniugli O — [49] fare renire le mie recheze tutto M, a ragunare tutte le mie richezze e farle renire F
— [50] Ogimai son senza ch' io M. — [51] potro O, posso M —
[52] mercantia M; a mercatare F — [53] egli manca a O. — [54] nè a
M. — [55] o O — [56] Fioravante manca a F; a la c d r. F. M —
[57] lui M — [58] La prop perch' ella c. D manca a F. — [59] e F —
[60] così sta in O dopo Matteo, Mattheo alora promisse de fare
tutto quel che lui commandara El M. — [61] chiamato F. — [62] figliuolo più che non areia fatto il marito F. — [63] cum am. lo fac
notr. M; le par. con amore e mancano a F — [64] del fiero risag-
gio F, che trasporta qui la proposiz come Ch ar ord — [65] et F.

Capitolo XLVI.

Come Gisberto Fier Visaggio [1] vestì cento giovani e comprò uno sparviere, e vinse Fioravante e Riccieri nel torniamento.

Quando Gisberto Fier Visaggio fu in età d'otto anni, lo menavano [2] alla scuola, e imparava molto bene, e sempre l'accompagnavono [3] Matteo e Bichieragio [4]. Quando ebbe imparato a leggere e a scrivere, lo [5] menavano al fondaco Egli [6] vi stava [7] mal volentieri, e prese [8] dimestichezza con certi giovani di Parigi [9] di suo tempo, e cominciò [10] a giostrare e [11] armeggiare e fare [12] molte feste. E [13] la spesa rincrebbe a quelli giovani, e [13] Gisberto ne vestì cento [14] a sue spese [15], e comperò loro e' cavalli [16], e sempre teneva [17] corte, tanto che per tutto [18] si diceva. « Gisberto tiene maggiore corte [19] che il re [20] Fioravante. » La moglie [21] di Chimento gli disse: « Figliuolo, tu fai troppe [22]

---

[1] -aggio in la età de octo anni commenziò andare ala scola et come poi M — [2] menaia F, Mattheo et Bichierago lo m M. — [3] acompagynaia F — [4] bene accompagnato sempre da li dicti dui famigli M — [5] li predicti Mattheo et Bichierago el M. — [6] et egli F. — [7] El gie andaia et staia M — [8] Prese (senza l'e) in processo di giorni M — [9] Le parole di P mancano a F — [10] chommincianono (senza l'e) O — [11] Le parole giostrare e mancano a F, armeggiare et giostrare senza l'a dopo il verbo cominciò M. — [12] affare F. — [13] E' manca a M — [14] L O, cinquanta F — [15] a soe spese ne resti cento M — [16] a ciascuno un bel caiallo M. — [17] gli tenera a sua F. — [18] tutti O — [19] chorte maggiore O — [20] il re manca a F. — [21] dona M — [22] mio tu fai troppo M, voi fate troppe F

grandi spese. » Allora disse Gisberto [23]: « Madre, io [24] ne guadagnerò più in uno giorno, che non farà [25] mio padre in dieci anni »; e alquanto s'adirò. Allora [26] ella gli die' licenza di fare a suo modo, e mostrògli grande tesoro E [13] Matteo e Bichieragio lo menavano spesso al fondaco; e [13] la prima mercatantia che egli fece, si fu [27] che [28] uno villano portava uno spaviere in [29] pungno per venderlo, onde [30] egli domandò [31] che ne voleva [32]. Rispose il villano [33]: « Cinque franchi » Disse Gisberto: « Sempre sarai [34] povero »; e fegli dare venti franchi. Disse Gisberto [35]. « Ongni volta ch' [36] io comperrò da uomo [37] cortese, pagherò doppiamente [38]. » Matteo ghene disse male, ed egli s'adirò [39] a Matteo parve avere mal fatto [40], e chiesegli perdono.

E [13] quando fu in età di diciotto anni, fece uno grande torniamento e [41] una festa di rompere asti [42]. El paladino Riccieri andò a vedere, e [43] ruppe una lancia con Gisberto; ma alla seconda rimase Riccieri [44] vinto, e Gisberto gli chiese perdono: Riccieri [45] lo confortò di provarsi con ongnuno francamente [46] E tornò Riccieri [47] a Fioravante, e disse [48] · « Questo Gi-

[23] *Gisb al. dixe* M — [24] *ma io* M — [25] *fa* F — [26] *Et* M, *ma* O. — [27] *-tia de Gisb foe* M. — [28] *che* manca a O — [29] *in lo suo* M — [30] *et* M; *onde* manca a O — [31] *ne dom* O, *ello el dom* M. — [32] *quello che egli ne voleva* F, *quanto ne vol desso* M. — [33] *El villano rispoxe et dixe* M. — [34] *Gisb. dixe tu serai sempre* M — [35] *Gisb dire* M — [36] *sempre quando* F — [37] *da uno* F. — [38] *sempre pagherò a doppio* F — [39] *se adirò* O — [40] *ma a M poi parse havere male parlato* M — [41] *a* F. — [42] *aste elancie* O — [43] *Le parole andò a vedere e* mancano a F — [44] *Rizieri rimase* M — [45] *marcieri* O — [46] *francamente con ongnuno* F — [47] *Rizieri tornò poi* M — [48] *dissegli* F.

sberto sarà molto valente », e dissegli [49] come egli [50]
l' aveva vinto a rompere aste di lancia. Fioravante [51]
disse. « Io voglio andare a provarlo [52] » E [13] an-
dovvi, e rimase con quello onore che fe' [53] Riccieri.
Fioravante lo pregò che egli andasse a stare alla corte,
facendogli grande onore [54]. Gisberto disse « Io non mi
partirei mai [55] dalla volontà di Matteo e [56] di Bichieragio, a cui mio padre Chimento m'à commesso. »
Fioravante [57] pregò Matteo che gli facesse quella [58] grazia, e disse [59]. « Io non ò figliuoli, e [60] prometto che
alla mia morte io lascierò a Gisberto la corona [61]. »
Ed [13] eglino [62] risposono. « Chimento ci [63] à comandato [64] di non lo lasciare [65] andare a corte », dicendo [66]
che Chimento temeva che quelli di Maganza non lo
avvelenassimo; « e [13] però aspettate tanto che Chimento
torni, e farà quello che voi vorrete [67] »

E [13] stando a Parigi Gisberto e [68] faccendo molte
grandi spese, la moglie di Chimento lo riprese che
egli spendeva tanto francamente [69] Disse Gisberto « Io [70]
andrò in luogo ch' io ne [71] guadagnerò, e non ispen-
derò del vostro » Ed [72] ella temè [73] che [74] non si par-

[49] poi gli dire M edisei (sic) O — [50] egli manca a O. —
[51] et F M — [52] andarlo a provare F — [53] rimase F — [54] Le
parole fac g o mancano a F che ha poi Gisb rispose —
[55] mai manca a O M. — [56] ne O — [57] e F F — [58] questa O —
[59] dissegli F, disse senza e O. — [60] come tu vedi nè figliolo nè
figliola et io te M — [61] las (senz'io) la c a Gisb M. gli lascierò
l c F, alla m m ui prom chio lacierò agil la cor difranca O
— [62] egli M — [63] ne M, Santa chorona C. ec O. — [64] fatto stretto
commandamento M — [65] che Ch areva loro commesso che non lo
lasciassino F — [66] a la corte dicendo al re M. e F. — [67] volete F
— [68] e manca a F — [69] faceva molto grandi spese F; larga-
mente M — [70] G dire. io certamente M — [71] mene O — [72] Ed
manca a M — [73] temendo O — [74] ch' egli F

tissi, e mostrògli tre forzieri di tesoro, che Chimento
in quegli dì aveva [75] mandato [76], e confortollo· per
questo Gisberto [77] gli chiese perdono [78] Matteo gli comandò che egli non mangiasse in corte e non vi beesse;
e così [79] mantenne a Parigi grande [80] corte per [81] insino
che 'l mercatante Chimento tornò [82], il quale credeva
che [83] fosse suo padre [84]. E stette Chimento passati anni
diciotto allora a tornare; ma egli recò a Parigi tutte le
sue ricchezze [85]; e Matteo ogni giorno gli scriveva
de' [86] fatti di Gisberto. E [13] Chimento di questo si ralle-
grava [87], ma non delle grande [88] spese che egli [89] faceva;
e per questo [90] s'affrettò di tornare più tosto.

[75] anra inque dì O — [76] mandati F. — [77] haueva mandato
in quel dì et mitegolo Gisb per questo M — [78] le chiese perdonanza O — [79] Cossì (senza e) Gisberto M — [80] gi et signorele
M. — [81] per manca a F — [82] Chimento manca a O, -tante tornò
zioè Chiomento M. — [83] Gisberto che M — [84] p naturale M —
[85] diciotto anni a fare tornare tutte l s i F, Alora Chiomento
era stato più de diexe octo anni a tornare ello hareia grande
recheze a Parise M — [86] de' manca a F; li M. — [87] se relegiaia
de ogne cosa M, tutta questa prop manca a O — [88] grandi-
sime O — [89] Gisberto M. — [90] Onde Chiomento per questa casone M, quest' ultima propos manca del tutto a O.

Capitolo XLVII.

**Della[1] festa della tornata di Chimento mercatante, che com-
prò Gisberto Fier Visaggio. e come Gisberto fu fatto
servidore di coppa del re Fioravante e fatto dal re[2]
ereda del reame.**

Passati anni diciotto, Chimento tornò di levante
con grandissimo tesoro[3]; e quando fu presso a[4] Parigi, mandò a dire a Matteo[5] come egli venia. Matteo
lo disse[6] a Gisberto, il quale[7] in due giorni vestì
cento[8] giovani di Parigi[9] a una divisa, e aspettava
che suo padre giungnesse presso a Parigi. E[10] quando
seppe ch' egli era presso a dieci miglia[11], montò a
cavallo con quelli[12] cento[13], e andògli incontro La
novella andò a Fioravante. Subito montò[14] a cavallo
non per Chimento nè per debita cosa[15], ma per vedere
la nobiltà di Gisberto; e montò[16] a cavallo[17], e andò
drieto a Gisberto, e[10] quando lo[18] giunse, disse[19]:

---

[1] *La* M. — [2] *di* F. *e f. d* r O, Le par *e f d* mancano a F,
che dopo *Fior* ha subito *hereda, mercatante padre e adoptivo de Gisberto Fier Visagio facta da esso Gisberto, quando Chimento tornò
da levante a Parise et c* G *f f s d c. d* Fior *facto per re* M
— [3] *tesoro grand* M senza l' *e* seg — [4] *de* M — [5] *M e a Bi-
chieri gi* F — [6] *e eglino lo dissono* F. — [7] *Gisberto* M. — [8] *dugiento* F — [9] Le par *di Parigi* mancano a F. — [10] *E* manca a
M — [11] *lui era d. m. apresso* M *giungiese giunse presso a parigi
a X miglia e quando seppe dovera* O — [12] *detti* O — [13] *cento
giovani* M, *dugiento* F — [14] *il montò* M — [15] *-ento chel non era
cosa honesta* M — [16] *montato* F, cui manca l' *e* davanti a *andò*
— [17] La frase *e montò a c* manca a M [18] q *Fioravanti lo* M.
— [19] *gli d* O *Gisberto* M.

« Perchè non mi facesti assapere la tua andata? »
Rispuose[20]: « Per non vi dare fatica, Santa Corona. »
E[10] cavalcando[21] iscontrarono Chimento con certa[22]
compangnia in su uno portante. Gisberto domandò
Matteo[23]. « Qual è il mio[24] padre? » Ed[10] egli[25]
ghele mostrò[26]. Gisberto[27] ruppe in uno albero[28] l'aste
ch' egli aveva in mano, e presto saltò[29] a[30] terra del
cavallo[31], e furongli stracciati e' drappi che egli aveva[32] sopra al[33] giubberello, ed egli gridò. « E anche[34]
el mio cavallo e tutti quelli, ch' ànno i[35] miei compangni vi dono. » Appena[36] poterono e'[37] compangni
rompere loro[38] aste, che furono rubati[39] di cavalli e
di sopravveste, e fu teso uno baldacchino di velluto
sopra il capo di Chimento in su l'aste[10] E[10] Chimento domandò Matteo[41] « Qual è il mio figliuolo? »
Ed egli[42] ghe[le] presentò[43], e[10] Chimento l'abbracciò
e baciollo, e poi lo dimandò « Dimmi, Gisberto[44], di
cui sono questi cavagli, che sono così messi in preda? »
Disse Gisberto: « Ongni cosa è comperata de'[45] vo-

---

[20] *Gisberto rispore signore re* M, cui mancano le parole *Santa Cor* — [21] *Cavalc et gratiosamente rasonando* M — [22] *poca* F — [23] *a* M M — [24] *era il suo* F — [25] *Mattheo* M — [26] *mostro cio fu chimento* O — [27] *e G* F. — [28] Le parole *in uno alb* O le trasporta dopo *mano* — [29] *lui saltò* M. — [30] *in* F. — [31] *da c* M, queste due parole mancano a F — [32] *fugli straciato i drappi chauia* O — [33] *a* O. *in sul* F — [34] *gridò ancora* F *In questo li drappi che lui havea sopra lo zipparello gli fuorono straziati et il cridando dire* M — [35] *quelli de'* F. — [36] *e ap* F — [37] *e suoi* F. — [38] *le loro* M. — [39] *spodestati* F. — [40] *teso uno padiglione di bald in su l'aste sopra al c di C* F *davanti a Chim in* M c è a — [41] M. *et dire* M a F manca la prop *Q. è in* f. — [42] *Mattheo* senza la congiunz M — [43] *e Gisberto s'apresentò allui* F — [44] *figliuolo* F — [45] *di* O; *Gisberto disse d. r dan è comp. ogne cosa* M

stri danari. » Disse Chimento « O figliuolo, dunque
quello [46] ch' io ò in tanti [47] anni guadangnato [48], tu lo
getti via in [49] questo modo? » Gisberto rispuose.
« Padre mio, se voi non volete ch' io spenda, io me
ne anderò altrove, e guadangnerò da spendere. » Chimento l' abbracciò e disse « Figliuolo mio [49 bis], io sono
vecchio oggimai [50]: io ne spenderò pochi [51], e sappi
ch' io n' ò tanto arrecato [52] in questa andata [53], che ti
basterà [54] gran tempo, e però [55] spendi francamente, e
fatti [56] onore a te e a me. »

Fioravante [57] giunse, e abbracciò Chimento, e ac-
compagnuollo drento a Parigi, e molto gli [58] lodò Gisberto per lo più valente giovane [59] del mondo. Essendo
lo re Fioravante a casa [60] di Chimento a desinare,
disse [61] a Chimento. « Io voglio che Gisberto [62] mi serva
della coppa del vino; e sappi ch' [63] io gli ò posto tanto
amore, che alla [64] mia morte lo [65] farò mio [66] ereda
del reame di Franza » Disse Chimento [67] « Io temo
che [68] non mi sia morto per invidia da quegli di Maganza, perchè [69] voi sapete che voi non avete figliuoli,
e dopo la vostra morte aspettano la [70] corona » Fio-

---

[46] *questo* senza le tre prec parole F — [47] *cento* O —
[48] *Chiomento dixe o figliolo quel adonca che io ho acquistato in cento anni* M — [49] *a* O. — [49 bis] *o figl* senza *mio* O — [50] *oggimai io sono i.* M, l' *oggimai* in F sta dopo *spenderò* — [51] *puoco* M — [52] *tanti arrecati* F, *arecato tanto* M — [53] *mia tornata* F
— [54] *basteranno* F, *chel te bastarà longo* M. — [55] *e* manca a M, *però* a F — [56] *et fa che tu te faze* M — [57] *In questo Fior* M
— [58] *gli* manca a O — [59] *cavaliere* F — [60] *in casa Gisberto cioè* F. — [61] *il dire* M — [62] *voglio, Chiomento, che G tuo figliolo* M — [63] *vino perchè* M — [64] *dopo la* F — [65] *io lo* O — [66] *mio* manca a O — [67] *Chiomento dixe* M — [68] *chel* M — [69] *perchè* manca a M — [70] *elli la* M

ravante rispuose [71]. « Non dubitare [72] di quello [73]; ch'io
darò [74] tale ordine, che non lo potranno offendere. »
Chimento ghele concedette; e [10] Matteo e Bichieragio
sempre erano al suo governo.

Quando [75] Chimento morì, lasciò [76] Gisberto suo
reda [77] Così [78] con grande nominanza stava a Parigi
Gisberto Fier Visaggio, e aveva maggiore nominanza [79]
per lo reame, che non aveva Fioravante, che era re
di Franza.

Capitolo XLVIII.

Come santo Marco in forma di lione accompangno la reina Drusolina [1], e come capitò in Iscondia [2].

Drusolina, ch'era rimasa [3] alla fonte, come [3 bis] di
sopra è detto, andava drieto al lione, che gli aveva tolto
l'altro figliuolo [4], vinta più dallo amore del figliuolo che
dalla [5] paura; e tanto la guidò [6], che la [7] condusse in
su la marina, dove Senna mette in mare [8] Drusolina
vidde una nave che, per fortuna, era entrata nel golfo

71 e Fieravante disse F — 72 dubitate O — 73 -are però F. —
74 fato bene O — 75 e quando F — 76 restò F. — 77 sua reda
O, herede suo universale M. — 78 e così F. — 79 Il stava a Parise
cum grande nominanza Gisb F V et mag nomin. harea M

1 Marco evangellista ac l r D in f de l M, in luogo di
forma F ha guisa — 2 et e ello cap in Scondia cum l'altro
fanzullo M, e cap misc O — 3 rimasa manca a M — 3 bis e
c. F — 4 l'altro f gli har t M — 5 vintto prudam del fig più
che di paghura O, le par del f mancano a F — 6 guidò Iddio
F. — 7 paria el ducto lione la guidò tanto che portando lui lo
fanzullo in la bocca et lei seguitando per rihaerlo la M —
8 dove sanamente F, mare e O.

di Senna: ella[9] fece cenno col velo E'[10] marinai si[11] maravigliarono, perchè in quel tempo non era abitata quella parte di quella selva, e presto[12] mandarono uno battello a[13] terra con quattro remi; e, giunti, la[14] dimandarono chi ella[15] era. Rispose loro[16] ch'era[17] una donna d'assai[18] gentile lingnaggio, che aveva rotto in mare ed era istata tre giorni in queste selve[19], « e[20] campai con due miei[21] figliuoli, e[22] quello leone me n'à mangiato uno, e l'altro m'à tolto[23]. » E[24] i marinai non volevano venire[25] a terra per la[26] paura ch' avevono del leone In questo[27] il leone si partì dalla riva[28], ed entrò nel bosco; e[24] i marinai vennono presto a terra, e tolsono Drusolina nel[29] battello, come ella fu[30] diento, e[24] il leone tornò[31] alla riva E' marinai fuggivano fra[32] mare, e 'l leone posò il fanciullo allato all'acqua in su la bangnata rena[33], e ritornossi nella selva[34]. Drusolina s'inginocchiò, e tanto pregò e' marinari, ch' eglino ebbono piatà di lei e del fanciullo, e ritornarono[35] alla riva, ed[36] ella ri-

---

⁹ *et ella* F — ¹⁰ *Le parole* col velo *mancano a* F; *cum el suo velo a li* M — ¹¹ *loro se* M, *sene* O — ¹² *de selra Presto pur* M, *non v'era abitazione in quella parte se non selve e boschi Apresso* F — ¹³ *in quella parte a* F — ¹⁴ *la manca a* M, *giunto la* O — ¹⁵ *ella manca a* O — ¹⁶ *ella lor rispoxe* M — ¹⁷ *risp io sono* O — ¹⁸ *assai di* F — ¹⁹ *per la selva* M; *la posiz ed era istata . selve manca a* F — ²⁰ *et dixe* M — ²¹ *mei manca a* O. — ²² *e manca a* O. — ²³ *me n'à tolto uno e l'altro m'à mangiato* F. — ²⁴ *E manca a* M. — ²⁵ *isciendere* F — ²⁶ *la manca a* M — ²⁷ *paura di quello leone e in quello* F — ²⁸ *Le par d. r. mancano a* O — ²⁹ *e insola nel* O, *in nave zoe in el* M — ³⁰ *e come furono* F — ³¹ *cum el fanciullo vivo et immaculato in la bocca tornò* M. — ³² *per* F, *fra el* M — ³³ *in sulla riva insula rena bagniata* O — ³⁴ *tornossi nel bosco* F. — ³⁵ *ritornarono* O — ³⁶ *ed manca a* O

prese il fanciullo, e tornò [37] nel battello. E [24] come si
partirono dalla [38] riva, apparì el lione [39], e gittossi [40]
a nuoto; e' marinai vogavano, e pareva loro [41] che il
leone andasse sopra all' [42] acqua come per terra, e [43]
a Drusolina pareva che egli [44] notasse sì forte, che
giunse [45] la nave, e saltò [46] in nave, e posesi a sedere
a' piedi di [47] Drusolina, e poi a giacere. Ed [24] ella subito, ispirata da Dio [48], pensò che questo era miracolo,
e [49] pensò che 'l lione [50] era il più gentile animale
inrazionale che fosse, e raccordossi [51] delle leggende
di certi santi [52] e cominciò a dire a' marinari, che non
avessino paura, ch' egli era suo marito, immaginando [53]
che Iddio gliele [54] avesse mandato per [55] compangnia,
e disse. « Questo è suo figliuolo, e » disse [56] « sappiate
ch' i' sono figliuola di re e moglie di re. » Disse uno
marinaio. « Egli è ben [57] vero, ch' egli [58] è re del-
l' altre bestie. » Giunti [59] alla nave, entrarono dentro;
ma il padrone non voleva in nave el lione [60]; ma tanto
il pregarono, che [61] lo tolse in nave E 'l padrone
molto guatò [62] Drusolina, e dimandolla come ella ave-

---

[37] ritornò F — [38] da O — [39] el l app M — [40] arruò
el l e missesi F — [41] a lor pareva M — [42] dell Γ — [43] e
manca a F, ma M — [44] egli manca a O — [45] che egli giungnesse F — [46] saltasse F — [47] de la rama M — [48] da dio in-
spirata subito M. — [49] e manca a O a M manca poi il verbo
pensò. — [50] che questo F. — [51] areodorsse M. — [52] alcuni s M
santi padri F. — [53] -andose M — [54] li M — [55] el lione per M,
in sua O — [56] disse manca a M, O inserisce un disse disolina
dopo sappiate — [57] Uno mai dire el è b M, -aio bene O —
[58] perchè el lione M — [59] gunto O, le par giunti . dentro mancano a Γ. — [60] nonelena ilione inare O — [61] ma Drusolina il
pregara tanto che egli Γ, il manca a O. — [62] guatava molto O.

va [63] nome, e come era [64] arrivata, e chi ella era [65]. Ella [66] disse a lui come ella [67] aveva detto a' [68] marinai, e disse [69] che aveva nome Rosana; e 'l padrone pure la guatava. Ed [24] ella fece orazione a Dio che l' aiutasse, temendo di non ricevere vergongna El padrone le fece dare da mangiare e da bere, e ritornolle il colore più [70] vivo Allora il padrone ne innamorò [71] più forte, e [24], rabbonacciato il mare, entrarono in alto [72] mare, navicando con buono vento [73]. Di giorno in giorno il padrone innamorò [74] tanto, che egli [75] diliberò di fare di Drusolina il suo piacere [76], e comandolle che [77] andasse in santina Ella [78] conobbe il suo mal [79] pensiero, e [24] pregavalo per Dio che egli non [80] le facesse violenza, ed egli [81] comandò a' [82] marinari che la pigliassino e per forza la mettessino [83] in santina, ed egli fu il primo che la volle pigliare Allora il lione si gli gittò a dosso [84] e tutto lo smembrò, e uccise quattro de' marinari, gli altri dimandorono [85] merzè e perdono a

---

[63] *haveva ella* M, *ella* manca a F che per prima domanda mette *chi ella era.* — [64] *v' era* F, *ella era cossì* M — [65] *e a chi allora* (sic) O. — [66] *et ella* F. [67] *gli rispose et dire come* M — [68] *duto li* M *le par a lui detto* mancano a O — [69] *e e disse* mancano a O, *ma dire* M — [70] *assai più* M — [71] *se mam- m de lei* M — [72] *presono alto* F, *eabonaciato* etc O — [73] *vento del suo* M. — [74] *mamorato* O — [75] *el patr. de g in g se mamorava più in lei tanto che lui* M — [76] *talento* F. — [77] *chella* O. *et comandò a marinari ch' egli tacessono et fencessono de non se accorcere per che lei non se vergognasse Commandò poi a ella che* M — [78] *e ella* F, *ella che* M — [79] *male* F — [80] *il preg che per dio non* M, *cheno* O — [81] *Allora il* M. — [82] *li* M — [83] *per forza e metesla* O, *menassino* F. — [84] Le par. *si g g a d* mancano a F — [85] *egli altri domandando* senza *merzè e* O *Et vogliando lui essere el primo a pigliarla, el lione cum mugito et ira grande se gittò*

Diusolina, ed ella perdonò loro [86]. El lione si pose a giacere, e [24] Drusolina s' inginocchiò, e rendè grazie a Dio [87] della buona compangnia, ch' e' gli aveva mandata [88] E' marinai dissono [89]. « Madonna [90], el padrone della nave è morto, la nave è vostra comandate in qual parte [91] volete andare. » Ella [91 bis] disse: « Portatemi [92] in Iscondia. » Questa città di Scondia si chiama oggi [93] Salance, ed è presso a Bruggia a quaranta miglia verso la Mangna [94]. Così [95] la condussono in Iscondia [96]; e, giunti in porto, la [97] novella andò per la città, come era in porto [98] una nave d'uno leone che aveva moglie e figliuoli. Drusolina s' acconciò per modo la faccia con erbe e con unzioni [99], che mai persona non la riconobbe, e [100] stava molto velata e col viso coperto; e fornissi di queste cose alle [101] spese del padrone ch' era [102] morto.

Lo re Balante, udendo [103] questa maraviglia, che uno lione avesse [104] moglie, venne insino al porto per vedere. Quando [105] vide questo, si [106] fe' grande maraviglia, e [107] disse· « Donna [108], se voi volete dimorare

adosso et ucciselo et cum ira et impeto tutto lo smembiò. De gli altri marinari ne uccise quattro, li altri non toccò perchè egli chiesono M — [86] loro perdonò M — [87] a dio devotamente gratie M. — [88] concessa M. — [89] gli dixeno M. — [90] Madonna manca a F. — [91] che paese M, ed e F — [92] portami O M — [93] al dì d'oggi si chiama F — [94] lamarina O — [95] e così F. — [96] in Iscondia manca a F, il seg. e manca a M — [97] incontenente la M — [98] in lo porto era M — [99] con erbe la facci per modo F, in voce di per modo M mette un così qui in fine della frase. — [100] et ancora M — [101] De le cose a zo necessarie ella se fornì a M. — [102] era già M — [103] e udendo lo re B F — [104] aiua O — [105] Et q il M — [106] lui se M — [107] et a Dusolina M, ebbe reduta questa maraviglia le F. — [108] madonna F

in questa città [109], io vi prometto di darvi [110] drento
al [111] mio palazzo uno bello alloggiamento per voi e
per lo leone, e non vi mancherà niente. » Drusolina [112]
accettò, e andonne [113] col re Balante [114], suo [115] padre,
ma egli [116] non la conosceva, ma [117] Drusolina congno-
sceva bene lui, e [24] fulle assengnata una camera e una
sala con uno [118] giardino e [24] con ongni cosa [119] che
fa [120] di bisongno alla vita dell' uomo e della donna [121].
E tenevasi lo re Balante [122] a grande deungnità questa
cosa [123], e 'l lione dormiva in camera, e sempre guardava Drusolina e 'l fanciullo.

Stette [124] anni diciotto in Iscondia sconosciuta,
ed [125] era chiamata Rosana; e il figliuolo fu [126] chiamato Ottaviano del Lione, e chiamavasi [127] per tutto [128]
così, perchè ongnuno credeva di [129] certo che egli
fusse figliuolo del lione.

Questa nominanza andò insino in Levante al vecchio Danebruno, soldano di Bambillonia [130] d' Egitto,
come [131] Balante aveva uno lione che aveva moglie e
figliuoli d' una donna umana, e [132] 'l figliuolo uomo
ch' aveva [133] anni diciotto. El soldano gli mandò uno

---

109 *corte* F. — 110 *donarvi* O. — 111 *dal* F — 112 *disse dr̄u-
solina andiane* e O. — 113 *andò* M. — 114 *com Balante* F. —
115 *chera suo* O — 116 *lui* M — 117 *ma* manca a M — 118 *uno bello*
O, *una sala e una camera c n.* F — 119 *con ciò* F — 120 *facia* O
— 121 *del lione e di lei* F — 122 *ala vita delo homo et de l donna
fa de bisogno Lo re Balante se teneva* M. — 123 *questa cosa con
grande deungnità* F. — 124 *e stette* F — 125 *così scognosciuta Dr̄u-
solina diexe otto anni in Scondia ella* M — 126 *era* M, *fu chiamato* manca a O — 127 *chiamasi* F. — 128 *per tutto il se chiamata* M. — 129 *teneva di* F, *del* M. — 130 *-onia et* M — 131 *zoe
come* M. — 132 *en* O. — 133 *nomo* manca a M, *et era d' età
d* F

ambasciadore [131], che gli mandasse el lione e la moglie
del lione [135] e 'l figliuolo [136] Balante, temendo la forza
del soldano, immaginò che un' altra volta non lo assediasse, come già [137] fece per lo passato, e di questo
prese [138] gran pagura [139], e disselo a Rosana, moglie
del lione Ed ella rispose che [140] non vi voleva andare,
e che, se egli [141] non la volesse [142] in Iscondia, che
egli [143] la rimettesse in su la nave, e [144] anderebbe a
sua [145] ventura. Lo re Balante rispose agli ambasciadori [146] che [147] non la voleva sforzare nè cacciare del
rengno Gli [148] ambasciadori si parirono e tornorono [149]
al soldano [150]. dando la volta tra la Franza e l'Inghilterra, girando tutta Spagnna, entrarono [151] pei lo
stretto di Gibiltar, costeggiando tutta l'Africa e [152]
Libia, giunsono [153] in Egitto dal [154] soldano

---

134 *una ambasciaria* M, *mandò uno ambasc a Balante* F. —
135 *la donna elione* O. — 136 *cum la moglie et cum el figliolo del
lione* M — 137 *soldano e per paura non lo assediasse come egli
lo* F — 138 *di* (senz' e) *q gli prese* O — 139 *temenza* F — 140 *risp.
e disse* F *come per lo passato havera facto andò a D et dire o
Ros la cosa sta cossì et dissegli et de la ambasciaria del soldano et del timore che lui havera ella risp che ella* M — 141 *lui*
M — 142 *voleva* M — 143 *egli* manca a F — 144 *che ella* M —
145 *nave sua e andrebbesene alla* F — 146 Prima si è parlato di
uno ambasciadore a togliere l'incongruenza M (v. la n 134)
mette nel 1° luogo *una ambasciaria* — 147 *che ello* M — 148 *e*
gli F — 149 *tornando* O — 150 *al loro singnore soldano* F —
151 *tutta la S et andando* M — 152 *la* M. — 153 *et giunsono finalmente* M — 154 *del* M

Capitolo XLIX

Come il figliuolo di Danebruno, soldano di Bambillonia, andò [1] in Ponente con gran gente, e [2] assedio Balante, ed egli [3] usci fuori di Scondia [4] e fu preso.

Tornati [5] gli ambasciadori al soldano e raccontata l'ambasciata, el soldano molto [6] si turbò contro a Balante, e [7], rammentandosi della passata ingiuria, disse al [8] figliuolo, il quale aveva eletto soldano dopo la sua morte, per modo [8 bis] ch'egli era chiamato soldano come Danebruno. « O figliuolo, va' [9] in Ponente a dosso al re Balante [10] e tutte le 'ngiurie passate vendicherai, imperò che egli [11] non arà ora con seco Fioravante, re di Franza, che lo aiuti. » El soldano novello scrisse al re di Spangua, al re di [12] Aragona e in [13] Granata e in Portogallo e 'n [14] tutta la Spangna, che [15] voleva al tutto disfare [16] Balante di Scondia, nimico [17] dello imperadore e della fe' saraina [18]; e con grande armata passò in Ispangna, e tutti gli diedono

---

[1] del soldano Dan passò F. — [2] Le parole con y g e mancano a O — [3] chegli O — [4] Le parole di S mancano a F. — [5] Tornato O — [6] rachonto l'amb molto O; l'amb molto M [7] e manca a F — [8] chiamò quel M — [8 bis] tanto O — [9] -i uno e disse o f. O; morte et ancora in sua vita voleva ch el fosse chiamato soldano come che lui et dixegli. figl mio ratene M — [10] a B O. — [11] rendecai aiti de le inzurie p el M — [12] e in F — [13] et al re de M — [14] e O, le parole e 'n tutta l S mancano a M — [15] che il M — [16] vol andare a dosso al re F, disfare n M — [17] come nimico et rebelle M — [18] impei della f s O, setta de sarracini finalmente ello andò M

grande aiuto, e pose [19] campo alla città di Scondia, andando [20] per mare con grande armata, minacciando Balante [21] di morte e della singnoria. Lo re [22] Balante ebbe grande paura [23]; nondimeno richiese amici e parenti, come uomo ch'era di [24] grande animo. E [25] uno tartero, sottoposto [26] a Balante, chiamato [27] Giliante di Mondres di là da Reno, si ribellò da [28] re Balante, e accordossi col soldano, ed era di schiatta di gigante [29]. Per questa novella di Giliante lo re Balante, come disperato, uscì di Scondia, e combattè con la sua gente [30] contro al soldano. Fra le molte battaglie Balante s'abboccò col soldano [31]; e, combattendo insieme [32] aspramente, fu morto el cavallo sotto al franco Balante, e fu preso, e la [33] sua gente fu sconfitta, e la maggiore parte morta e rimessa [34] diento alla città, dove si fece grande pianto della presura del re Balante, la reina, e' cittadini e Drusolina addolorati, e più Drusolina che gli altri [35], temendo [36] non essere menata in [37] Bambellonia.

[19] *posono* F, che mette le parole *andando con grande armata* subito dopo *aiuto* — [20] *andogli* M — [21] *irre Balante* O. — [22] *Le* par *lo re* mancano a F. — [23] *paura grande* F. — [24] *huomo di* F — [25] *In questo* M. — [26] *ch' era sottop.* F. — [27] *che era nome* F — [28] *al* M; le parole *d i. B.* mancano a F — [29] *era questo tartaro de la schiatta de giganti* M — [30] *cum la s zente combatti* M — [31] Tutta la frase *Fra le soldano* manca a F, per essersi corsi coll'occhio da *soldano* a *soldano, et fra le* etc M — [32] *insieme* manca a F — [33] *a B e la* F, *et lui senza altro pericolo fu preso la* M — [34] *mort erimise* O — [35] *Le* par *che gli a* mancano a O — [36] *de la presura del re B la raina li cittadini et Dus adol feceno grande pianti Dus. però stara più adolorata degli altri perchè la temera* M. — [37] *di non essere in* F.

Capitolo L

Come Drusolina fe' cavaliere Ottaviano, e la reina l'armò, e Ottaviano[1] prese il soldano, e riscosse Balante, e[2] tolse per moglie la[3] figliuola del soldano.

Vedendo Ottaviano del Lione piangere la reina di Scondia e Drusolina, sua madre, le confortò e disse[4] « Se io avessi arme, io andrei[5] alla battaglia, e[6] credo per la virtù dello Iddio di[7] mia madre che io vincerei il soldano. » Disse la reina[8] « Per arme non rimanga[9] ! Io[10] ti darò le migliori arme del mondo e la migliore spada, la quale fu[11] di Fioravante, re di Franza. » Ella[12] e Drusolina l'armarono[13] Com' egli[14] fu armato, disse la reina[15]: « Io ti voglio fare cavaliere » Ma[16] Drusolina disse[17] · « Io lo voglio fare cavaliere[18] io, imperò che io[19] sono figliuola di re e moglie di re » Rispuose la reina e disse[20] · O[21] Rosana[22], tu di' vero[23], imperò che 'l lione[24] è re di tutte le[25] bestie. » Drusolina[26] lo fe' cavaliere e

---

[1] *Come Octav da lione foe facto cavaliere da Dus. sua madre, et come la raina de Scondia lo armò · et come lui* M. — [2] *et come* M — [3] *Octaviano la* M — [4] *ello se c. e d.* M, *disse loro* O. — [5] *e io andassi* F — [6] *e manca a* O F. — [7] *della* F; *de dio de* M — [8] *La reina* manca a O, *La raina dire* M — [9] *mancarà* M — [10] *chio* O. — [11] *le quale cose et arme fuorono* M — [12] *et ella* F. — [13] *armar e* F — [14] *egli* manca a M — [15] *la raina dice a Octaviano* M — [16] *Ma* manca a M — [17] *rispore* M — [18] *cavaliere* manca a O — [19] *io* manca a F — [20] *Disse la reina* F. — [21] *O* manca a O — [22] *et figliola et moglie de re la raina rispoxe certamente Rosana che* M — [23] *il vero* O. — [24] *chel lione elione* F. — [25] *le altre* M. — [26] *e dusolina* O; *D alora* M

14

dissegli [27]: « Sia valente della tua persona [28] com' è tuo padre e quelli della tua schiatta. » La reina e gli altri credevano ch' ella dicesse — come sono valenti [29] la schiatta de' lioni. — Armato, Ottaviano fece armare quanta gente era nella città, e uscì della città [30] con gran gente armata [31] a cavallo

Essendo [32] fuori [33] della città, el romore si levò nell' oste del soldano, il quale [34] mandò a sapere chi era quello che era [35] capitano di quelli di Scondia· fugli risposto ch' egli era il figliuolo del lione, il quale volentieri combatterebbe a corpo a corpo col soldano. El soldano accettò la battaglia più [36] per vaghezza di vederlo che per combattere, e [37] armossi e venne al [38] campo contro a Ottaviano, e pregavalo che gli piacesse d' andare con lui [39] in Bambellonia dal padre suo Danebruno, che lo farebbe gran singnore Ottaviano rispose [40]. « Insino ch' io non ò racquistato lo re Balante [41], non potete [42] avere nessuno patto [43] meco » El soldano s' adirò, e presono del campo, e dieronsi due [44] grandi colpi; e 'l soldano cadde a terra del cavallo, e arrendessi a Ottaviano. E' menollo nella città prigione, e [45] disse: « O soldano, se voi volete campare [46] la vita, mandate per lo re [47] Balante. » El

---

[27] disse F — [28] Le parole della t. p. mancano a F. — [29] sia valente chome O — [30] Le parole e uscì d. c. mancano a O, l' altra (senza l' e) mutma uscì de la c M — [31] armato e F — [32] et essendo F — [33] di fora M. — [34] il quale il soldano F — [35] Le parole quello che era mancano a O — [36] ma più M. — [37] e manca a M — [38] a O. — [39] piac and e l O, le par con lui mancano a F. che ha poi a per in. — [40] rispose Ottaviano F — [41] raq Bal. O; la re Bal. aquistato F — [42] tu non puoi F, poteristi M. — [43] acordo F. — [44] due manca a M. — [45] poi gli M. — [46] campari M. — [47] perre O

soldano fece [48] una lettera di sua mano suggellata del suo anello [49] del segreto, che 'l re Balante gli fusse mandato con tutti [49 bis] gli altri ch'erano prigioni [50], e [37], mandato uno famiglio con la lettera nel campo, fu rimandato dentro [51] lo re Balante con molti altri. E [37] quando fu in su [52] la sala, molto ringraziò Ottaviano e [53] Rosana, moglie del lione. Allora parlò il soldano verso Ottaviano, e disse [54]. « Ecco lo re Balante. son io libero ? » Rispose Ottaviano [55] « Se voi vi volete levare di [56] campo, voi [57] siete [58] libero a ogni vostro piacere » El soldano giurò di partirsi di campo con tutta l'oste, e poi disse verso Ottaviano: « Io ò una mia figliuola molto bella: se tu volessi fare meco parentado, io te la darò per tua moglera [59] per [60] la tua valentia. » Ottaviano se ne rise, e disse: « Io [61] la voglio prima vedere. » Allora fece pace Balante [62] col soldano, e [63] mandò Balante in persona nel campo [64] per la moglie e per la figliuola. E [37] come Ottaviano la vidde, fue innamorato di lei, e andonne a Drusolina, e domandolla, se ella voleva che [65] la togliesse Ella rispose di [66] sì, sì veramente [67] che egli non an-

---

48 *incontinente* f M. — 49 *suggiello* F, il *del* seg manca a M 49 bis *tutti quanti* O — 50 *imprigione* F, *altri presinieri* M. — 51 *dentro* manca a F — 52 *lo re Bal. foe su* M — 53 Le parole *Ott e* mancano a F — 54 *Allora disse il sold v Ott* O, *Alora Oct stando cum grande contenteza, lo soldano gli dixe Ortaviano* M — 55 *Octaviano rispoxe* M — 56 *re doute levare de* M, *u leta di* F, *da* O. — 57 *voi* manca a F — 58 *serite* M. — 59 *per moglie* O. — 60 *solo per* F — 61 *Io* manca a M — 62 *Bal* manca a F — 63 *Alora i re Bal et lo soldi feceno pace Poi el soldano* M — 64 *nel c in pers* O. *le par in pers* mancano a M — 65 *domandò sella* etc O, *ch'egli* F — 66 *che* F — 67 *de sì più* M

dasse col soldano in Levante [68]; e così giurò nelle
mani [69] della madre [70]. E, fatto il patto [71], la sposò,
e [37] fecesi le carte come il soldano [72] gli [73] dava di [74]
dota la quarta parte del suo [75] reame, la parte che
venia verso Libia, tra [76] Egitto e la Morea; e [37], fatte
le [77] carte, la tolse per moglie, e fecesi [78] gran festa.
Lo re Balante lo fece suo erede di tutto il [79] suo
reame dopo la sua morte. El soldano entrò in mare,
e [80] tornò in Ispangna, e poi rientrò in mare, e tornossi
in Egitto in [81] Bambillonia.

CAPITOLO LI

**Come lo re Balante [1] e Ottaviano [2] assediorono le terre di
Giliante, e come Ottaviano [3] uccise due gioganti, cio fu
Anfiro e Carabrun [4]; e [5] poi conquistò Giliante a [6] corpo
a corpo.**

Partito il soldano di [6] Scondia [7], lo re Balante ragunò sua gente, e, adirato, contro a Giliante n'andò [8].
E passato il gran bosco d'in sul Reno [9], entrò per

[68] Le par. *in lev* mancano a M — [69] *in man* M. — [70] *madre
de non gli andare* senza il seg *E* M — [71] *l'acordo* F — [72] *e
feciesi il patto col sold che egli* F. — [73] *le* F — [74] *in* M. —
[75] *suo* manca a F, *de tuto el suo* M. — [76] *tra lo* M — [77] *fatto le*
O, *de zo le* M — [78] *fecesene* F — [79] *il* manca a M. — [80] *e* manca
a F M. — [81] *di* O, *mare et andò insino a lo Egipto et andò
finalmente da Egipto in* M.
[1] *Come Bal* F, *Bal di Scondia* M — [2] *Gisberto Frei Visaggio* F, *Octai de Lione* M — [3] *e* manca a O, *-liante tartaro
et suo ribello. et come Oct de lione* M. — [4] *marabru e anfion* O,
lo uno foe Carabruno. lo altro foe Amphiro M — [5] *et come* M,
e manca a O. — [6] *da* M. — [7] *di Scondia il soldano* F, *delle parte
di schondia* O. — [8] *andò contra a G.* M. — [9] *disutieno* O; *di
sereno* M.

le terre di Giliante, il quale, come sentì la sua [10]
venuta, mandò [11] al fiume di Brussa due gioganti suoi
cugini, e [12] istavono a guardare i passi Quando [13]
Balante passava questo fiume, avendo [14] prima passato
Ottaviano, e [15] questi due giganti, chiamato l' uno [16]
Carabrun e l' altro Anfiro, assalirono [17] Ottaviano
Egli [18] non temè, ma fece fare testa [19] alla sua gente, e
grande battaglia si cominciò [20] Era la gente de' due [21]
gioganti [22] circa a [23] ottomila ; quegli [24] di Balante
erano [25] ventimila [26], ma non avevano passato [27] il fiume
semila, quando furono assaliti [28] ; ed erano rotti tutti [29]
quelli ch' erano passati [30], se non fosse la [31] franchezza
d' Ottaviano E [32] mentre che la battaglia era grande,
Ottaviano s' abboccò con la spada in mano con Carabrun, ch' era a pie' con uno bastone di ferro in mano,
e al [33] primo colpo uccise il cavallo sotto a [34] Ottaviano, e, combattendo a pie' [35], Ottaviano gli tagliò la
testa. L' altro [36] giogante sentì la morte di Carabrun.
adirato, corse in quella parte, e trovò Ottaviano ancora
a pie', e grande battaglia cominciò [37] con lui [38]. Alla

---

[10] Come Gil. sente la furia M. — [11] ven. presto mandò M, ragunò
sua giente e mandò F — [12] et li M; le parole e istar mancano
a F. — [13] il passo e q F. — [14] et hai. M — [15] e manca a O.
— [16] l' uno chiamato M — [17] asaltorono O. — [18] et egli F —
[19] temeva e f f t grossa O — [20] et li se commenziò giande battaglia M — [21] de li M — [22] chugini O — [23] a manca a M —
[24] ma quella F — [25] era F. — [26] $\frac{m}{x}$ O — [27] ma e non era passati F, avia passato O cui mancano le parole il fiume, havevano
ancora passato M. — [28] assaltati M. — [29] tutti quanti O —
[30] aveno pasato O, Quigli che erano passati erano rotti sel M —
[31] sta la M — [32] de lione senza l' E M. — [33] mano il O — [34] -allo
che haveva sotto M — [35] cossì a pie' el franco M — [36] Come
l altro M — [37] inchomincò O — [38] ancora a li piedi stando, zoe
non era a cavallo et commincò a fare cum lui gi batt M

fine Ottaviano, al menare [39] d' un colpo che fece Aufiro col [40] bastone, essendo piegato [41], Ottaviano gli diede [42] a traverso di [43] Durindarda, e riciselo a traverso [44].

In [45] questo mezzo lo re Balante [46] s'era sforzato di passare il fiume detto Brussa, e ruppono tutta la gente de' due giganti, e assediarono Giliante in Uliè Ma egli [47] uscì fuori con gran gente, e 'ngaggiossi [48] di combattere con Ottaviano, e l'una gente e l'altra era armata per combattere [49]. Ottaviano e Giliante si ruppono le lance a dosso; e [50] Giliante prese poi uno bastone ferrato e [51] nerbato [52], e Ottaviano prese Durindarda; e [53] combattendo Ottaviano uccise il cavallo a [54] Giliante. per questo Ottaviano [55] ismontò [56] a piè, e cominciò Ottaviano [57] a 'vere il piggiore della battaglia; e 'l lione stava a vedere. La cagione, per [58] che Ottaviano perdeva, era [59] perchè egli si raccomandava a Balain e a 'pollino, ch' erano gl' idoli [60] di Balante, e, raccordatosi [61] che Drusolina gli aveva detto che egli [62] non adorasse quelli idoli, ma ch' egli [63] si raccomandassi al suo Iddio, onde egli [64] cominciò a dire. « Balain e [15] Apollino, voi non mi date aiuto; ma [65] io mi raccomando allo Iddio [66] di [67] mia madre. »

---

39 *mena* M. — 40 *del* F — 41 *pieghato atraverssq* O — 42 *die rno cholpo* O — 43 *chon* O. — 44 *de uno dardo et uccíselo* M — 45 *e in* F — 46 *Lo re B in q in* M. — 47 *lui* M — 48 *incagosse* M cui manca poi *l' e* dopo *Ottaviano* — 49 *armata e* O. — 50 *e* manca a M. — 51 *e bene* O — 52 *nerbato e ferrato* F, *nerbuto* O — 53 *et cossi* M. — 54 *sotto a* F — 55 *Ott p q.* M — 56 *e p q Ott combattè* F — 57 *Ott* manca a F — 58 *il per* F — 59 *e questo era* F. — 60 *li dei* M — 61 *rachordato* O, *et cossi huendo la pezore parte se recordò* M — 62 *egli* manca a M — 63 *quigli tal dei ma il* M — 64 *lui* M — 65 *però* M — 66 *a li dei* M — 67 *iddio chadora* O.

Le [68] forze gli cominciorono [69] a tornare, Giliante cominciò a 'vere il piggiore della battaglia. E non si poteva tenere Ottaviano, ch' alcuna volta non [70] chiamassi Balain e Apollino [71], e subito [72] perdeva; ma [73] quando s' avvidde [74] che, chiamaie [75] lo Dio della madre, egli vinceva, subito riunegò [76] Balain e Appollino disprezzandogli per falsi idoli [77], e disse. « Io giuro allo [78] Iddio di mia madre di non adorare mai [79] altro Iddio che lo Iddio di mia madre [80] » Subito il lione mugghiò tre grandi [81] mugghi, e [82] Giliante tremò di paura. E Ottaviano [83] raddoppiò le foize [84], e gittò via lo scudo, e prese a due mani Durindarda [85] per ferire Giliante; ma egli si gittò in terra ginocchioni [86], e arrendessi a Ottaviano. Egli [87] lo menò al re Balante, e fegli perdonare, e tutte le sue terre diede al re Balante; e, preso [88] la singnoria, ritornarono in Iscondia con grande allegrezza [89], e menarono Giliante con loro [90].

---

[68] elle F, *Dicto cossì le* M. — [69] *la forza gli chomincio* O — [70] *e Ottaviano non si poteva alcun' otta teneie che non ricordasse c* F — [71] *Apoline et Balain* M, in O è nominato solo *Ap* — [72] *et egli* F, questo inciso manca a M. — [73] *ma* manca a O — [74] *uidde* O. — [75] *al ch.* M, *quando chiamaia* F — [76] *egli s riiocò* F. — [77] *pei ydoli vani et falsi dispi exiandogli* M; le par *dispi . . idoli* mancano a F — [78] *pello* O — [79] *mai* manca a F — [80] Le par *che madie* mancano a M, *che quello chella adoia ella* O, *madie e* F — [81] *grandi* manca a O — [82] *e* manca a F — [83] *Octai* senz' *E* M, *Gisberto* F — [84] *la foizza* O — [85] *la spada cioè dur.* F, *Durinduida cum doe mane* M. — [86] *singinochiò in teira* O, *in zenochione* M. — [87] *Lui* M, *che* O — [88] *diede* F, *piesa* senza l' *e* M. — [89] *cum allegieza et festa grandessima* M, cui manca l' *e* seg. — [90] *c. l. Gil.* M.

Capitolo LII.

Come il re Balante andò con grande gente e con Ottaviano del Lione a dosso al re Fioravante di Francia; e [1] Fioravante e Riccieri furono presi e dati in guardia a Drusolina al padiglione [2].

Non passarono molti giorni, ch' el re Balante, considerando la [3] possanza d' Ottaviano del Lione, pensò [4] muovere [5] Ottaviano alla guerra contro al re di Franza, e fare vendetta di suo padre e [6] di [7] suo fratello e [6] de' sua nipoti [8] e della sua figliuola; e, chiamato un dì Ottaviano in una camera, gli disse [9] piangnendo [10] tutto quello ch' era addivenuto [11] con Fioravante, re di Franza, e [12] come uccise Finaù, suo nipote, e [13] 'l re Mombrino, suo nipote, e [13] 'l re Galerano, suo fratello [14], e tolsegli [15] Drusolina, sua figliuola, e lui aveva tante volte [16] abbattuto e ferito. « Pertanto [17], se per la tua virtù io [18] sarò vendicato, io [19] non in-

---

[1] *andò a dosso al re di Fr. con gran giente e* F; *Bal. et Octav. d. L cum gi zente andorono adosso al re F et come* M, *giente chon atamano* etc O. — [2] *presi et menati al padiglione lo re Balante li diedi in guardia a la regina D.* M — [3] *pensando in la* M — [4] *deliberò* M — [5] *penso uno di chiamo* O. — [6] *e manca a* M, *a fare vendetta di f uend di s. p e* O. — [7] *del F.* — [8] *del suo nipote* F. — [9] *e dissegli* F — [10] *pianzendo gli dire* M. — [11] *gli era intervenuto* F. — [12] *Disegli* M — [13] *lo* M — [14] *aveva ucciso il re Mambrino e Finaù suo nipote e 'l re Gallerano suo nipote fratello* F, *ma il 2° nipote è espunto* — [15] *et come gli haveva tolta* M — [16] *cotante volte* M; *tante volte manca a* F — [17] *però* M. — [18] *io manca a* F — [19] *io manca a* M

dugerò alla [20] mia morte di [21] farti singnore, ma io ti
farò di [22] tutto il [23] mio reame vivendo [24] io, però
ch' io [25] sono vecchio, e non ò altra reda [26] che te. »
Rispose Ottaviano [27] « O singnore [28] e padre mio, re
Balante, quello che piace a voi di questo fatto, piace
a me [29], e parmi mill' anni di trovarmi a [30] campo a
Parigi [31] contro a [32] Fioravante per fare [33] vostra vendetta » Lo re Balante lo ringraziò, e abbracciollo e
baciollo; poi [34] fece [35] molte ambascierie e mandò richiedendo molti amici e parenti [36], spezialemente [37] il re
di Spangna e 'l re di Portogallo e quello di Granata
e quello di Ragona [38], e quanti singnori erano [39] in
Guascongna, in [40] Tarteris e in più parti della Mangna,
e per tutte [41] parti donde credeva avere aiuto [42]. E in
brieve tempo [43] fece oste [44] di Saraini, e [45] con CC
migliaia [46] di Saraini venne nel reame di Franza ardendo [47] e dibruciando [48], e menò seco la reina e [49]

---

[20] dopo la F — [21] a F — [22] te faro re M, che non ha l' io
davanti a te — [23] il manca a O — [24] vivuendo O — [25] Come
tu vede io M — [26] et altro herede non ho M — [27] Octaviano rispoxe M — [28] singnore mio F — [29] Le parole di q f mancano
a F, in questo facto quel me piace a me che piace a voi M —
[30] in M — [31] trovarmi a Parigi alle mani F. — [32] al re M —
[33] fare la F — [34] e poi F. — [35] Fece poi el re Balante M —
[36] -erie a molti amici e parenti richiedendo F. — [37] espez O
— [38] e di raona que di granata O senza l' e seg., el re de Ragona
el re de Granata M — [39] era O — [40] e 'n F. — [41] tutte quelle
M — [42] doue egli credette avere aiuto O, ai grente F; il credeia
potere havere soccorso et aiuto M. — [43] Così finalmente M —
[44] fece dugento migliaia F. — [45] et in breve tempo M — [46] milia
senza il di M, le par con CC m d. S, com' è naturale, mancano
qui a F, che ha già dato prima questo numero. — [47] e ard F
— [48] et brusando ogne cosa senza il seg e M — [49] seco ed e mancano a O; Drusolina e la reina F.

Drusolina e la moglie d' Ottaviano e molta baronia,
e assediò la città di Parigi.

Quando[50] lo re di Franza vidde tanta gente per
lo reame e 'ntorno alla città di Parigi, ebbe[51] grande
paura, e seppe la cagione della loro venuta[52]. Lo re
Balante pose campo intorno alla città, e da più[53] parte
la assediò. Ottaviano stava di per sè con la madre in
uno campo e con la moglie e col lione[54]; Balante di
per sè colla reina[55]; Giliante e uno almansor di Raona
nella[56] terza parte tutto il paese andava[57] a fuoco,
predando e[58] rubando el reame. La mattina del terzo
giorno s' armò lo ammiraglio[59] di Spangna[60], e venne
verso Parigi, e mandò uno trombetto[61] a Parigi al re
a domandare[62] battaglia. Fioravante disse a Riccieri
paladino[63] che s armasse, ed egli così fece, e[64] ringraziò Fioravante di tanto onore, e[65] venne al campo,
e passò con la lancia[66] l' ammiraglio di Spangna, e
morto lo gittò a[67] terra del cavallo. Poi[68] gli venne
incontro l' almansor di Ragona[69]: Riccieri similmente
l' uccise Balante, adirato di questo principio, mandò
al campo Giliante, e ferironsi delle lance, e 'l cavallo

---

[50] e quando F. — [51] edebe O — [52] deloro uenue O —
[53] doe M — [54] con la m e con la m e c l. da una parte F,
dopo campo O ripete chola madre — [55] di per sè e F, lo re
Bal cum la raina da per si M — [56] e nella F — [57] El
paese and. tutto M — [58] ardendo e dibruciando e F — [59] amansor F — [60] lo ammiale del reame de Spagna se armò M —
[61] messo F — [62] Le par. al re mancano a O a la città uno trom-
betta a domandare al re Fior M — [63] primo pal M — [64] Le par.
ed e mancano a M che prosegue Rizieri rengratiò — [65] et
armosse et M. — [66] cum l l p M, l'ammaglio con l l. cioè F
— [67] in O — [68] e poi O — [69] et gittolo morto da cavallo u
terra l'amansor di Ragona gli venne poi incontra et M

cadde sotto a Riccieri, e fu attorniato [70] e preso [71] Giliante per onore [72] lo mandò a Balante, e 'l [73] re Balante lo mandò a Rosana, madre d'Ottaviano del Lione, cioè [74] Drusolina, la quale ne fu molto allegra Giliante [75] domandava battaglia verso la città Allora Fioravante [76] chiamò Gisberto Fier Visaggio, e disse: « Figliuolo [77], io non ò figliuoli, e [78] però dreto alla mia morte io ti lascio mia reda [79] del [80] reame » ; e in presenza di molti baroni [81] lo fe' singnore, se di lui intervenisse meno che bene. « s'io [82] sono preso o morto, governa il reame » E [83] addomandò l'arme e, armato [84], a cavallo uscì di [85] Parigi, e, giunto [86] dov'era Giliante, e salutato [87] l'uno l'altro, disse Giliante [88]. » O Fioravante [89], tu mi uccidesti mio [90] padre, detto Adimodan d'Ordret [91], ma in questo giorno ne farò vendetta » E preson del campo, e diedonsi gran colpi. Fioravante andò per terra con tutto il cavallo, e fu preso e menato [92] a Balante, ed egli lo mandò a Rosana a donare per onore d'Ottaviano del Lione [93].

[70] et a R. gli caze el cavallo sotto. R foe atorn incontanente M. — [71] e menato preso e F. — [72] Le par per on. mancano a O. — [73] e 'l manca a M — [74] cioè manca a F, zoe a M — [75] e gil O. — [76] Allora manca a F, F. alora M — [77] Gisberto figliuolo M; figliuolo manca a F. — [78] e manca a M — [79] però ti lascio mio hereda dopo la mia morte F. — [80] in lo M — [81] singnori F — [82] et dire se io per ventura M — [83] Poi M, le parole E add l'arme mancano a F — [84] armi et ben M — [85] fuora de M — [86] capito M, giunse O. — [87] salutollo O — [88] Giliante disse M. — [89] Il vocativo o Fior manca a F — [90] tu ucc. il mio F — [91] tu me ucc Adimodan mio padre M — [92] mandato F — [93] del L manca a O, Balante per hon de Ottai lo mandò a donare a Ros M

Drusolina ne fu[91] molto[95] allegra, d'averglı a[96] sua
guardıa. Gilıante tornò a domandare battaglia, e[78]
quegli della città stavano addolorati, vedendo preso il
loro singnore

Capirolo LIII.

**Come Gisberto [1] e Ottaviano, figliuoli di Fioravante [2], com-
batterono insieme, e [3] Santo Marco gli fe' riconoscere [4],
e Balante [5] si battezzo e [6] lasciò il suo reame [7] a Ottaviano del Lione [8].**

Vedendo Gisberto[1] preso Fioravante[9] e Ricciеrı
e[10] che tutta la città era piena di pianto[11], disse·
« Poi ch'egli è preso il mio singnore[12], non piaccia a
Dıo ch'io voglia stare in[12 bis] Parıgi come poltrone! »
E[13] addomandò l'arme, e, armato, andò alla battaglia: non fu in Parigi[14] altro cavaliere[15] che si volessı
mettere[16] a questa[17] ventura Giunto[18] a Giliante,
domandava[19] la battaglia. Gilıante lo[20] domandò chi
eglı era· Gisberto rıspose[21] ch'era[22] figliuolo d'uno

---

91 e Dr. fu F — 95 molta O. — 96 in M.
1 Gisb Fier Virago M. — 2 Fior. et de Dus M. — 3 et come
M — 4 chonocieie O. — 5 et come Bal re ili Scondia padre de Dus.
M — 6 e manca a M — 7 lo r. M, hereda del suo r. F, senza l'a
seg — 8 M aggiunge et come cum grande solazı il fece la pace
cum F., del L manca a O — 9 el re F M — 10 e manca a O
— 11 la e era tutta p d piantı M — 12 chel mio signoie è preso
M — 12 bis a O — 13 E manca a M — 14 In Parise non foe
M — 15 Parıgı huomo F. — 16 armun e e mettersi F — 17 la O
— 18 e giunto F — 19 adomandò F. — 20 lo manca a F. —
21 Gisb manca a F, G i et dixe M — 22 luy era M.

mercatante di Parigi[23]. Giliante disse[24]: « Tornati[25] drento, chè io non combatterei con mercatante[25 bis]. va', fa' la tua mercatanzia » Gisberto non voleva tornare, ma[26] voleva la battaglia Disse Giliante[27] « Tu non se' cavaliere, e però non[28] dei combattere con cavalieri. » Disse Gisberto[29]. « Se tu mi prometti d'aspettare, per mia fe' che io[30] tornerò a farmi cavalieri[31]. » Giliante se ne rise, e disse · « S' io credessi che tu tornassi, io te lo prometterei[32]. » Gisberto non disse altro[33]: volse il cavallo, e correndo[34] tornò alla[35] città dinanzi alla[35] reina, ed ella lo fe' cavaliere. E[36] tornò al campo, e disfidò Giliante, e[37] ognuno prese[38] del campo, e dieronsi gran colpi Giliante ruppe sua lancia, ma Gisberto l'abbattè[39] a terra del cavallo ferito Allora tutto il campo[40] s'armò vedendo Giliante caduto[41], e armossi Ottaviano del Lione[42], e venne alla battaglia, e, giunto dinanzi a[43] Gisberto, lo salutò e domandollo[44] chi egli era Rispose[45]: « Io sono figliuolo d'uno mercatante di Parigi, ma voi, che mi domandate, chi siete? » Disse Ottaviano[46] « Io sono figliuolo di quello lione, che voi vedete qui allato a noi,

---

[23] Le par. di Par. mancano a F — [24] disse gil O — [25] torna F. — [25 bis] cho merchatanti O — [26] ca M, e O. — [27] Gil dixe M — [28] tu non M. — [29] Gisb d. M. — [30] io senza che M, per mia fe' che se tummi aspetti F — [31] M farme fare cav. da la regina M — [32] che tummi aspettassi cioè chettu tornassi io t' aspetterei F — [33] altro ma M; le par n d. a mancano a F — [34] correndo manca a F, e a O — [35] nella   dalla F — [36] et egli F, Tornò poi senza E M. — [37] e manca a O — [38] e presono F. — [39] la sua etc M, e G. lo gittò O — [40] El campo alora tutto M — [41] Le par red Gil cad mancano a F — [42] del L. manca a F che ripete e Ottaviano — [43] dov' era F. — [44] domando O. — [45] Il risp M, il seg io manca a F — [46] Octaviano rispose M, il seg. io manca a F

e [47] d'una donna. » El lione era quivi [48] presente Disfidaronsi [49] e rupponsi le lance a dosso, e non si feciono altro male [50], e non vi fu alcuno [51] vantaggio. Allora fece [52] el lione tre terribili e grandi [53] mugghi, che parve che tutta la terra [54] tremasse, e Saraini e Cristiani ebbono paura [55]. molto si maravigliò Balante della diversa [56] boce, che tanto fu fuori dell'ordine naturale [57]. E' due fratelli trassono le spade, e feciono quel dì [58] tre assalti, e [59] sempre fu la battaglia uguale [60], chè l'uno non vantaggiava [61] mai l'altro; e in [62] ongni assalto el lione faceva tre mugghi. La sera ongnuno [63] aveva taghato lo scudo [64] e l'arme, e [65] con piacevoli parole feciono patto di tornare la [66] mattina alla battaglia; e Gisberto [67] tornò in Parigi, e Ottaviano e Giliante al padiglione [68]; e ongnuno lodava molto l'avversario E [69] l'altra mattina tornarono alla battaglia con migliori scudi; e, rotte [70] le lance, el [71] lione fece [72] tre mugghi. Balante [73] disse: « Questo

[47] a mme F, senza le par seg e d'una d, de lato a noi M. — [48] vi O — [49] e disf. O, disfid. l'uno cum l'altro M. — [50] altro male non se feieno M, cui manca l'e seg — [51] vi altio F. — [52] Fece alora M. — [53] Le par. e grandi mancano a F — [54] chella t. F; terra tutta M. — [55] grande p F — [56] terribile F — [57] De la du voce che tanto foe f. del' ord nat. Balante molto se merai M, ch'era tanto fuori d'ord. nat. F. — [58] il di O, in quel dì fereno M — [59] ma M — [60] di pari in quanto F, la batt sempie foe eg M — [61] vantagio O — [62] In senza l'e M, non vantaggiaiano l'uno l'altio e a F — [63] cadauno M — [64] li schudi O — [65] onde M — [66] l'altra F — [67] e luno O, Et poi G M, Gisb senza l'e e senza il seg tornò F — [68] e qil tornò chonatamano al padiglione senza il seg e O, et Octaviano ali padiglione. Giliante andò cum Octaviano M — [69] E manca a M. — [70] rotto O — [71] rompeno le loro lanze et lo M — [72] misse F — [73] El ie B M

lione singnifica gran misterio [74]. Balain ci aiuti ! » Li
due fratelli ripresono le [75] spade, e feciono il dì [76] molti
assalti e grande battaglia, e sempre erono del [77] pari,
e vennono in tanto amore in su [78] la sera [79], che l'uno
non voleva ferire l'altro, e [80] temevano di non [81] offendere l'uno l'altro, e pregava [82] l'uno [83] l'altro che
tornasse alla sua fede. Ottaviano diceva. « Tu [84] adorerai lo dio di mia madre, ch'egli è sì [85] buono iddio,
ch'egli [85] m'aiuta, quando lo [86] chiamo » E [87] Gisberto
diceva: « Tu [84] adorerai Jesù Cristo, che volle morire
per noi in sulla croce » El lione a ogni assalto [88]
mugghiava [89]. Lo re Balante [90] domandò suoi indovini,
che singnificava il mugghiare del lione d'Ottaviano;
uno [91] disse: « La nostra [92] parte o [93] la loro rinne-
gherà suo Iddio » Balante [94] credette avere vinto
la guerra dicendo [95]· « Fioravante [96] è preso; egli rin-
negherà »; e [97] fu per lo contrario. La sera Ottaviano [98]
pregò tanto Gisberto [99], che egli andò la sera con
Ottaviano [100] fidatamente al padiglione di Drusolina [101],

[74] *qualche g m.* F, *Questo mugge è de misterio grande signo* M, *misterio di dio* O, *cui manca l'esclamazione seg.* — [75] *loro*
M; *presono le* F. — [76] *in quel dì feceno* M. — [77] *furono d.* F,
Erano però sempre M. — [78] *inverso* F. — [79] *et cossì combatendo
in su la sua vennono in tanto amore* M — [80] *et anchora* M. —
[81] *non se* M — [82] *pregarano* F — [83] *l'uno pregava* M — [84] *Tu
manca a* O — [85] *che e cossì che* M — [86] *io lo* O — [87] *E manca
a* M. — [88] *cholpo* O, *per noi volse in su la croce morire A ogni
ass el l* M — [89] *mugiva* M — [90] *e Bal* F — [91] *e uno di loro*
F — [92] *vostra* F — [93] *e* O — [94] *loro i B. O, soi dei Re B* M.
— [95] *credette dicento* F — [96] *Lo re Fior* M — [97] *Ma il* M —
[98] *Octaviano de lione la sira* M. — [99] *a Ghisb Fier Vixagio* M
— [100] *Le par con Ott mancano a* O — [101] *al pad di Di fidutam*
F, *che fidutamente andò cum lui al p d D* M.

e, smontati, trovarono Fioravante [102] e Riccieri al [103]
padiglione di Drusolina [104], ch' andavano in qua e in
là [105] pello padiglione, perchè Drusolina aveva fatto
loro sempre grande onore [106] Fioravante, quando vidde
Gisberto, sospirò [107] e temè; ma Ottaviano disse « O
singnore Fioravante [108], non temete [109]; chè Gisberto è
così sicuro qui come in Parigi. » Drusolina disarmò
Ottaviano; Fioravante [110] e Riccieri disarmorono [111]
Gisberto, e 'l lione faceva non meno [112] festa a Gisberto
che [113] a Ottaviano. In questo [114] giunse Balante [115], e
domandò [116] se Gisberto era prigione, e maravigliavasi
ch' el lione faceva festa a ongnuno [117]. Quando si puosono a cena, molti dell'oste dicevano l'uno all'altro ·
« Pe' [118] nostri Iddei che questi due campioni [119] paiono
fratelli e figliuoli del lione e di Rosana ! [120] » E questo
affermava Balante [121] Poich' ebbono cenato, el re [122]
Balante tornò [123] al suo padiglione [124], e dentro alla
città [125] era grande pianto [126] e tristizia; i [127] due ba-

---

[102] lo re F. M. — [103] Riz. primo paladino nel M. — [104] Le
par. di Drusolina mancano a M — [105] -ieri ch' and. fidatu-
mente a spasso F — [106] sempre faceia et haieia facto honoie
a li dicti M, il sempie in O sta avanti a Drusolina — [107] su-
spirò q i G M. — [108] Fioiavante singnore senza O F. —
[109] temeie senza il seg che M — [110] e Fiei F. — [111] disaima-
iano M — [112] non faceia meno M — [113] facia festa agilibeito
chome si faciese O. — [114] questa F — [115] lo ie B giunse M. —
[116] domandaia O — [117] ongnuno e l', gli faceia tanta et tale
festa a lui et a ogne homo M — [118] ciena ongniuno dicia aluno
alatio questi pei O — [119] compaigni F. — [120] di Rosana e del
lione F, senza l' e seg. — [121] zo af. ie B M, Balante e F. —
[122] ie senza el M, el ie manca a O — [123] si toino O — [124] a' suo
padiglioni F — [125] Intio de Paiise M — [126] eiano gran pianti F.
— [127] e i F.

roni dormirono insieme. E la mattina s' armarono [128],
e feciono patto che 'l re Balante e la [129] reina, moglie di Balante [130], e la [131] madre d'Ottaviano e 'l
lione e Fioravante e Riccieri fossono a buona guardia
a vedere la battaglia; e così di concordia furono in
sul campo. Ottaviano e Gisberto [132] presono del campo,
e rupponsi [133] le lance a dosso Allora il lione mugghiò [134] sì forte, che a fatica [135] si poterono ritenere [136]
gli spaventati cavalli, e, fatto [137] tre mugghi e raffre-
nati [138] e' cavalli, e' [139] due fratelli, tratte le [140] spade,
accesi di grande ardire [141], si tornarono [142] per ferire
in mezzo de' sopra detti singnori e di [143] diecimila armati. E [144] come s'appressorono, el [145] lione entrò in [146]
mezzo di loro due, e aperse le braccia, ed era [147] maggiore che uno grande giogante, e parlò con grande
boce [148]: « Non vi ferite più: udite [149] le mie parole.
Sappiate che voi siete fratelli e [150] figliuoli di Fioravante [151] e di Drusolina; e [152] io sono santo Marco,
che ò guardata questa donna anni diciotto [153]. » E
subito sparì via, e lasciò uno grande [154] splendore.
Allora fu manifesto [155] come Drusolina non aveva fal-

[128] Le parole *E la m. s'arm.* mancano a F; *E* manca a M. —
[129] *patto chella* O; *cum la* M. — [130] *reina di Scondia* F. — [131] *et
Rosana* M. — [132] *li due fratelli* F. — [133] *rompeno* M. — [134] *el
lione alora mugì* M. — [135] *pena* F. — [136] *poteuono tenere* O. —
[137] *fatti* O. — [138] *rafermato* F; *refrenati* M. — [139] *et li* M. —
[140] *le loro* M. — [141] *ardore* F; *ardente ardire* O. — [142] *torna-
rano* M. — [143] *di* manca a O. — [144] *E* manca a O. — [145] *el
nobile* M. — [146] *nel* M. — [147] *branche et renne* M. — [148] *et cum
gr. roce parlò et dire* M. — [149] *ma udite coi tutti* M. — [150] *et
siti* M. — [151] F. *re de Franza* M. — [152] *e* manca a M. —
[153] *anni 19* O; *diexenori anni* M che continua: *Dicte queste parole
sparì* etc. — [154] *maraviglioso* M. — [155] *manifestuto* M.

lato di [156] quello ch' ella era stata incolpata [157] contro a [158] Fioravante. Balante, veduto e udito sì [159] grande miracolo, rimisse [160] tutta la mala volontà contro [161] a Fioravante e ongni odio, e volsesi a lui e abbracciollo, e la [162] sua donna abbracciò Drusolina E' due fratelli gittarono le spade in terra, e, smontati da cavallo, s' abbracciarono. Tutta la gente [163] ch' erano [164] dintorno [165], smontarono [166], e 'nginocchiati « Per misericordia, » gridavano « battesimo! [167] » E quando Drusolina abbracciò Fioravante, ella [168] tramortì d' allegrezza [169], e Fioravante le dimandò perdono; e così fece Riccieri [170] La grande allegrezza fu quando Drusolina abbracciò e' fighuoli· non v' era tanto crudele uomo, nè sì [171] duro cuore che non piangnesse [172]; ella rammentava [173] le fatiche ch' ella sostenne [174] per lo bosco, e le paure [175] della spada di Fioravante [176], e 'l miracolo della fornace [177].

[156] peccato in M, era incholpata di O. — [157] achusata O, stata manca a M. — [158] lo honore de M — [159] avendo ved e ud sì F, udito evedutosi O; El re B. veduto sì M. — [160] rimessa M. — [161] chania chontro O, e odio che portava contra M — [162] la regina senza e M — [163] Tutte le zente M — [164] era O — [165] intorno M — [166] smont da cavallo F, ismontati O — [167] domandavano misericordia e baptesmo M, senza il seg E, inginochiati chiamando miserichordia batesmo voghano tutti credere in giesù apo O — [168] ella manca a F. — [169] de allegrezza stramortì M — [170] perdono charia mollto falato echosi fe Ru. paladino O, Fioravanti (senza l' e) e Rizieri gli chiesono perdono M — [171] nonera niuno O, le parole nè sì duro cuore mancano a F — [172] Non gli era tanto crudeli homini nè sì duri de cuori che non piangzesseno M. — [173] e ella i. F, Ramentava ella M. — [174] mera sostenute F — [175] ella paghura O — [176] -ante chome lanolena vedere inchamera O. — [177] fornacie grandisimo O

Fioravante venne verso la [178] città col re Balante [179]; tutta la gente ch' era con loro armata, posarono [180] l arme, e sanza arme [181] entrarono nella città
con Fioravante e con la bella donna d' Ottaviano,
ch' era stata [182] presente, e col franco Riccieri e con
Balante e con Drusolina e con la madre di Drusolina,
reina [183], e con Gisberto [184] e con Ottaviano e con
molti [185] singnori. Quando fu palese nella città [186], si
fece grande [187] allegrezza. Lo re Balante con la sua
moglie [188] si battezzò, e battezzossi la maggiore parte
della sua gente [189], e chi non si volle battezzare, fu
messo [190] dalla sua gente medesima al filo delle spade [191], sì che ne furono morti circa a sessantamila, e
tutti [192] gli altri si battezzorono.

La [193] reina di Franza fu condannata al fuoco e
fu arsa, ciò fu [194] la madre di Fioravante [195]. Lo re

---

[178] *fornacie et entrarono nella* F. — [179] *-ante suo suocero* O,
Balante e F — [180] *puosono giù* O, *Le zente che erano cum loro
armati tutte posarono* M — [181] *larme* O — [182] *dotauano figliuola
delsoldano dibanbilonia edel rechio danebruno cheru istato* O. —
[183] *Rizieri primo paladino e cum re Balante di Scondia e
cum Dusolina e cum la raina de Scondia madre de Dusolina* M
— [184] *Ghisb fier urragio* M — [185] *iano de lione e cum Galiante
e cum molti altri* M — [186] *città dipangi* O, *Ne la cita quando
zo fue palese* M — [187] *grande festa et* M — [188] *donna reina* O
— [189] *ella mag p della s g si batezo* O — [190] *messu* O. —
[191] *al filo delle spade da loro medesimi* F — [192] *moglie e la magiore parte de la sua zente si baptizorono Quigli che non se tolseno baptizare fuorono messi al filo de lo spada per le loro mede-
sime zente che se erano baptizati. Fuorono morti circa sexanta
milia sarracini Tutti* M — [193] *ella* F — [194] *e fu* F, *come ella
meritaua zoè* M — [195] *-ante chome falsa iniquia eperfida ema-
ladetta femina per uniciere una sua ghiara achonsentina tantto*

Balante affermò Ottaviano suo [196] ereda dopo la sua morte, e [197] partissi [198] di Franza, e tornossi [199] in Iscondia, e fece tutto il suo reame [200] battezzare E da poi vivette poco tempo, che egli morì [201], e Ottaviano rimase [202] singnore di Scondia e di tutto il suo paese [203], e acquistò poi [204] tutto il reame di Frigia bassa [205]

Fioravante vivette poi tre anni, e, quando morì [206], lasciò la corona di Franza [207] a Gisberto Fier Visaggio [208], e Drusolina vivette dopo [209] Fioravante cinque anni [210].

Finito il libro secondo della gesta de' Reali di Franza, seguita il terzo libro della gesta di Chiaramonte: trattasi d'Ottaviano del Lione. Deo grazia; amen [211].

male della reina drusolina ede sua dua figliuoli tutti inocienti di poi O. — [196] sua O, de lione in M. — [197] Poi M; e riposatosi alquanto chorre fioravante si uolle partire e O. — [198] se partì M. — [199] ritornosi O, tornò M. — [200] t. el suo r. fece M. — [201] -zare Da poi puoco tempo luy morì M — [202] de lione rimise M, cui mancano poi le parole di Scondia e. — [203] morì e lasciò la singnoria a Ottaviano di tutto il suo reame F — [204] Octauiano da poi la morte del re Balante acquistò M, e appresso poi O — [205] de la Africa bassa M, bassa manca a F — [206] Le par quando morì in F stanno dopo Gisberto — [207] Le par di F mancano a F; del suo reame de F M. — [208] Fier Vis. manca a F, il seg. e manca a M — [209] Poi dopo la morte di O — [210] da poi cinque anni dietro a Fioravanti M, anni Amen F — [211] Qui e finito lo sec libro de la gesta de Constantino imperadore e de Roma de Reali de Franza. Deo gratias M; Francia chomincia il libro ⅓ di detta opera deo grazias amene O, dove una mano posteriore aggiunse Finito il terzo libro ichomincio il quarto, le parole della gesta (dopo secondo) mancano a F

LIBRO III.

——

CAPITOLO I.

Qui comincia il terzo libro della gesta di[1] Gostantino imperadore di Roma, e trattasi[2] d' Ottaviano del Lione,
come ando in Egitto per[3] acquistare[4] la dota della
sua[5] mogliera.

Rengnando Gisberto, re di Franza, e Ottaviano,
re[6] di Scondia, fu manifesto a Ottaviano come il suo
suocero era morto, ed era rimaso l' avolo della sua
moglie singnore[7], ed era vecchio, e aveva nome
Danebruno. Ottaviano diliberò[7a] fare passaggio per[8]
acquistare la dota della moglie, la quale gli fu promessa in Iscondia pel[9] suocero, la quarta[10] parte della
singnoria inverso[11] Libia; e, ragunato suo consiglio,
molti si profersono fargli compangnia, fra'[12] quali fu
Gisberto di Guascongna e Giliante di Mondres, che
giurò fargli[13] compangnia insino alla morte. Dilibero

[1] di Chiaramonte cioè di F — [2] tratterà F — [3] per manca
a F — [4] raquistare M — [5] sua manca a O — [6] signore M;
delione Re O — [7] mogliera sua senza singuore F et che l'avolo
d. s. m. era r sign M — [7a] determinò F — [8] e O — [9] pello suo
O — [10] quale F zoè la q M — [11] verso la M, diverso O —
[12] tra li M. — [13] di fargli F

Ottaviano questo acquisto richiese Gisberto re di Francia [14], suo fratello, d' aiuto, ed [15] egli gli diede quarantamila [16] combattitori e tutto il naviglio che gli
bisognava e la vettuvaglia Ottaviano [17] fece altri
ventimila d' altra gente [18] da cavallo e da pie' Con [19]
questa gente entrò con grande naviglio [20] in mare, e [21]
verso levante prese suo viaggio, e [21] per molti giorni
navicò Passando [22] molti paesi [23] giunse nel mare Libicon [24] tra la Morea e l' Egitto nelle parti di Libia,
e prese terra a una città che si chiama [25] Nobia la
grande, la quale [26] era capo del reame di Renoica
E [21] come fu smontato, combattè questa città e presela
per forza [27], perchè la trovò sprovveduta. Perchè [28] erano
stanchi del mare, fu loro grande riposo [29], ed [30] ebbe
speranza d' acquistare tutto il reame di Renoica

Ma [31] la novella andò [32] al soldano d' Egitto, ch'era
in molta vecchiezza, nondimeno era molto grande e
di [33] forte natura, e aveva [34] più di centocinquanta

14 Le par re d F mancano a F. — 15 ed manca a O. -
16 10 o/in di buoni O — 17 quali foe el re de Franza Ghisberto
Fier Visagio che era suo fratello el qual gli diedi quan. in
comb et tutto el nar che gli besognava et la vectuaglia. Li altri
fuorono Ghisberto de Gruscogna et Giliante de Mondres che
gniirò fargli compagnia insino ala morte· et cossì Octaviano deliberò questo acquisto et M. e Otar O — 18 d'altra buona g. F
fece dalltra mente in/XX O. — 19 e con F, in Franza sua zente da
cavallo et da pie vinti milia homini da fare fuzti Cum M. —
20 et cum grande navilio intrò M — 21 e manca a O — 22 pasati
per O — 23 paesi et M — 24 dilibichon O — 25 chiamava O —
26 Le par. la q mancano a O — 27 per forza la prese M —
28 e perchè F — 29 gi rifrigiero e rip O — 30 Questa città lor
foe grande riposo, perchè erano stanchi del mare Per questo buono
principio Octaviano M — 31 Ma manca a M — 32 n'andò F —
33 ello era di molto grande et M — 34 Haveva Danebruno M.

anni [35] Sentendo come [36] Ottaviano gli aveva tolto [37]
Nobia, ragunò grande moltitudine di gente; Egizi,
Arabi, Etiopi, Libiani [38], gente di Soria ed Indiani, e
della Morea e d'Africa e di Caldea e [39] di strane e
di [40] diverse nazioni condusse contro a [41] Ottaviano; e,
quando [42] fu presso alla città di Nobia a una giornata,
fece cinque schiere, e fue el suo campo [43] trecento-
sessanta [44] migliaia d'infedeli La prima schiera diede
al re Dormarion con ventimila arcieri del rengno d'Etio-
pia (parve a' Cristiani, quando da prima gli sentirono,
ch' eglino abbaiassono come cani per la strana fa-
vella [45]); la seconda condusse lo re Cariprodas con
quarantamila [46] del rengno di Polismangna, armati a
cuoi cotti [47] con bastoni nerbati [48] e ferrati; la terza
guidò Amustirion, re di Carmaria presso all'India,
tutti Tarteri con [48 bis] grande faccie (la [49] maggiore parte
mangiavano la carne cruda [50], com' e' cani)· questa
schiera furono sessantamila, disarmati d' arme [51] di
dosso, ma avevano lance, dardi [52] e archi [53]; la quarta
condusse Filopar, nipote di Danebruno [54], e questa [55]
furono ottantamila· la quinta condusse il vecchio Danebruno [56] con tutto il rimanente dell' oste· e con gran

---

[35] anni più di $\frac{O}{CL}$ O — [36] Et sentendo che M. — [37] tolta M —
[38] cioè Eg sti Libani Etiopi F — [39] Le par di C e mancano a O
Libani Indiani Suriani Moreani Africani Caldei et altri M
— [40] di manca a M — [41] a manca a M — [42] Quando il senza
e M — [43] El suo campo foe M — [44] ciento sess F — [45] lo strano
loi arlani M — [46] sessantamila F. — [47] cotto M — [48] nerbuti
senza le pai. con bast O — [48 bis] e con F — [49] e la F — [50] fresca
cioè cruda O. — [51] disarmati manca a O d'a manca a F che ha
poi del in luogo di di — [52] e dardi O — [53] archi et dardi F —
[54] del soldano O — [55] questi senz' e O. — [56] Le pai. e questa
Danebruno mancano a M.

boce venivano [57] verso Nobia, con [58] grande urla minacciando Ottaviano e la sua gente. Ed era in quel
tempo [59] imperadore di Roma Teodosio e Valenziano,
ed era papa Filice, che [60] fu romano, negli anni domini 438 E [61] giunti presso alla città di Nobia, pareva [62]
che 'l mondo si dovesse disfare di grida e d'urli e di
suoni istrani [63].

CAPILOLO II.

**Come Ottaviano [1] uccise Danebruno [2] e ruppe suo campo, e
prese [3] il rengno di Renoica e parte d'Egitto, e assedio
Bambellonia, ed ebbe uno figliuolo, detto Bovetto; e la
morte d'Ottaviano; e Bovetto prese Bambellonia e ri-
perdella [4], e [5] fu assediato in Gerusalem [6].**

Come [7] Ottaviano sentì la venuta del soldano,
chiamò tutti e' baroni [8] a consiglio, e avvisògli della
sua venuta, e dimandò [9] quello che [10] pareva loro [11] di
fare. Levossi in [12] pie' Gisberto di Guascongna [13], e disse

[57] ne vennono O, Venerano tutti cum grande voce M. — [58] et
cum M — [59] In quel tempo era M. — [60] el qual M — [61] E
manca a M — [62] pare F — [63] Le par e di s istr mancano a
F, de gridi urli et strani soni parera ch'el m s dov desf M
[1] -ano de lione M — [2] -uno soldano de Babilonia M — [3] pese
O, et come pr M. — [4] ripadella O — [5] dito Boreto et come
da poi la morte de Octaviano Boreto prese Babilonia et come la
perdette et come Boreto M — [6] Le par in Ger. mancano a O —
[7] Come manca a O, Quando M — [8] singnori senza a cons F —
[9] poi dom M, e manca a O; dimandogli F — [10] quello manca
a M, che a O — [11] par a loro fusse M — [12] su in O — [13] Ghisb
de Guasc si levò in pie' M

che[14] si mandasse per soccorso[15] a Gisberto, re di Franza[16]. Appresso si levò uno cavaliere di Scondia, chiamato Branforte lo Cortese, e disse « Noi abbiamo in meno[17] di due mesi preso Nobia e più di trenta castella: se alcuno è tra noi[18] che abbia paura, torni alle nostre navi, e vadasi con Dio » Ottaviano[19] molto lo ringraziò, e al suo consiglio s'attenne[20], e così tutti i[21] baroni

E uscirono[22] della città contro a Danebruno, e fece Ottaviano[23] cinque schiere: la prima diede a Branforte con cinquemila[23 bis]; la seconda condusse Filippo di Provenza con diecimila, la terza condusse Antonio di Borgongna con quindicimila, e[24] con lui Gisberto di Guascongna[25], la quarta condusse Sanson di Sansongna con diecimila e[24] con lui Giliante di Mondres, la quinta e utima condusse Ottaviano e Duodo di Brabante e altri singnori[26]. Ottaviano lasciò la sua schiera a Duodo[27], ed egli passò dinanzi alla prima schiera, e[28] lo re Danebruno, vecchio soldano, venne alla ischiera sua dinanzi[29], essendo Ottaviano dinanzi[30] alla prima schiera mezza[31] balestrata, e così[32] Danebruno; e appressati[33] l'uno domandò l'altro chi egli era. Quan-

[14] chel M — [15] per più giente F — [16] Franza e F, a Ghisb Frei Viragio re de Franza per soccorso M — [17] manco F — [18] sebianoi einuno O. — [19] e otar O — [20] lo rengraiò molto et tennese al suo consiglio M. — [21] i manca a M — [22] Uscirono poi fuoro M — [23] Octar fece M — [23 bis] ᵐ O — [24] e manca a O — [25] lo guascon F — [26] Le par. e D singnori mancano a F — [27] Le par a D mancano a O — [28] e manca a M — [29] entrò dinanzi alla schiera sua F — [30] Octaviano essendo din M mazzi O. — [31] quasi meza M schiera (senza prima) sua a m F — [32] et cossì ancora M — [33] apresato O.

do [34] Danebruno udì ch' egli era [35] Ottaviano, disse
« Molto [36] se' stato ardito a venirmi a torre [37] le mie
terre. Non bastava [38] quello che mi fece il tuo bisavolo
Fiovo e 'l tuo avolo Fiorello e 'l tuo [39] padre Fioravante! Ma [40] tu porterai pena del [41] loro malfare, e
non ti varrà avere [42] la mia nipote per moglie, per
cui [43] addimandi la dota, ma io ti darò la morte pei
dota [44] » E, disfidati, presono del [45] campo e rupponsi [46]
le lance a dosso, e, tratte [47] le spade, si diedono certi [48]
colpi, ma [49] Ottaviano al secondo colpo gli tagliò [50] la
spalla [51] a traverso, e al [52] quarto colpo [53] l' uccise.
Morto Danebruno, si fece grande battaglia· alla fine [54],
per la [55] virtù d' Ottaviano e di Giliante, furono sconfitti e' Saraini [56]. E, vinta [57] questa gente, presono questo [58] reame di [59] Renoica, nel quale presono [60] sette
città e molte castella Le città furono queste [61]· imprima Nobia, ch' era in sul mare Libicon, e [62] prese [63]
Cirena e Prenussa, che sono in sul mare detto [64] Libicon; e [62] fra terra e' [65] prese Marottissa a pie' del
monte Gianus, e presono [66] Amonissa, posta in sul

[34] e quando F; Come M — [35] chi e. e senza Ott O — [36] Ota-
riano molto O — [37] -ito atormi O, a venne atoreme M — [38] ti
basta O — [39] ai ie F. et tuo M — [40] Certamente M — [41] de M —
[42] d ar F — [43] cui tu M — [44] ma del certo pei d io te darò la
m M — [45] del manca a M — [46] rompese M — [47] tratto O —
[48] grandi O, percossono e F — [49] ma manca a M, che ha poi al
s c Ott — [50] glitaglio al sechondo cholpo O — [51] spada M —
[52] el O — [53] colpo manca a M. — [54] ma finalmente M — [55] la manca
a O   [56] li S f sconf M, senza il seg E — [57] unitto O. —
[58] lo M — [59] di manca a O — [60] sono O — [61] Le par e molte .
queste mancano a O, che in luogo poi di in legge la — [62] e manca
a M — [63] presa O — [64] et prese Renusa a pie' del monte in su
'l dico mare M — [65] e' manca a F — [66] Prese senza e M

lago detto [67] Fonte Solis, e presono [66] la città di [68] Filo-
fila, e Centropoli diverso la Morea; e [62] queste sono
tutte [69] nel reame di Renoica

Poi passò [70] Ottaviano verso Egitto [71], e prese Ales-
sandria e molte altre città, e in capo del primo anno
pose l'assedio di [72] Bambillonia E, mentre ch'egli [73]
aveva il campo a [72] Bambillonia, prese molte [74] città
d'Egitto; e lasciava Gihante all'assedio, ed [75] egli
andava conquistando; e [62] prese Damiata, e [62] andò in
Giudea, e prese Gerusalem, e 'l terzo [76] anno al-
bergò al Santo Sipolcro due notte e due giorni digiun-
no [77] in orazione, e [62] l'anguolo gli appaìi in visione,
e confortollo [78] ch'egli tornasse all'assedio in [79] Bambillonia, e dissegli [80] « Di te nascerà gente che man-
terranno [81] la fede di Cristo ». Risentito, Ottaviano si
confessò da capo e comunicossi [82], e partissi di Gerusalem, e tornò [83] in Egitto, e accampossi intorno a
Bambellonia. E in quelli dì [84] ingravidò la sua donna
Augaria in uno figliuolo maschio; e [62] l'anno che
Augaria partorì, morì Gihante: e [62] Ottaviano al battesimo [85] pose nome al figliuolo Bovetto. E [62] stando a
campo a [86] Bambellonia, feciono molte battaglie, e grande
gente vi morì, e [62] stette [87] a assedio [88] Ottaviano anni

[67] detto O. — [68] di manca a M — [69] Queste sonno senza e e
senza tutte M. — [70] Passò poi M; e poi p F — [71] nel reame
d'E F — [72] in M — [73] egli manca a M; la frase mentre
Bamb manca a F — [74] dimolte F — [75] in lo ass de Babil. senza
ed M — [76] -lem il t F, che mette l'e dopo anno   [77] di dig in
in O; et orando M — [78] -tolo et disegli M — [79] di O — [80] disse
F — [81] mantera O — [82] chomunicho O — [83] tornose O; da
Iher e t M — [84] o quello anno e di O, quigli di M — [85] Le
par al b mancano a F — [86] al c a O, in c in M — [87] istet-
tetti O — [88] campo F

XVIII[8o], tanto che Bovetto portava arme. E in quello
campo [90], compiuti anni diciotto, Ottaviano [91] morì d'uno
beveraggio [92] che la moglie gli diede a bere [93], perchè
egli l'amasse più [94], ma quella [95] che fece il beveraggio [92], l'avvelenò, e vivette tre giorni, poi che l'ebbe
preso [96] E fu portato il suo corpo [97] in Nobia la grande
e soppellito [98].

Bovetto prese Bambellonia il secondo anno dopo
la morte di [99] suo padre, e tutta la misse a fuoco
Come [100] ebbe arsa Bambellonia, e' [101] Persiani, gli [102]
Arabi e 'iopi [103] con grande moltitudine di gente
entrarono in Egitto, e perdè [104] Bovetto tutto l'Egitto
e [105] 'l reame di Renoica. E [62] fu la prima cosa, che [106]
la città di Nobia fu disfatta insino a' [107] fondamenti, e [62]
convenne a [108] Bovetto fuggire in Gerusalem, e ivi
fu [109] assediato

[89] Octaviano stette dixe octo anni in lo assedio M — [90] anno
F. — [91] -iano in quello campo F — [92] bereione F — [93] Le pai
a bere mancano a F. — [94] più manca a M — [95] quello O, colei
F — [96] poi che l'ebbe preso tre g F, hebbe preso el bereiagio M
— [97] El suo corpo foe portato M — [98] e quivi fu sopp F, sopel.
di poi O — [99] del O, de Octariano M. — [100] echome O; quando
F — [101] e' manca a O — [102] e gli altri F — [103] et li ethiopi
M — [104] perdire senza Boretto M — [105] et tutto M — [106] e O, le
par la pr c. che mancano a F — [107] infino ne O — [108] a
manca a O, a B com M — [109] e fu F, et ly il foe M

Capitolo III

Come il re Gisberto Fier Visaggio diventò lebbroso, e come Bovetto ebbe soccorso in Gerusalem, e tornò in Francia al suo rengno [1].

Mentre che le sopra dette cose erano in Egitto e 'n Soria [2], lo re Gisberto [3] di Franza ebbe vere novelle [4] come Bovetto, suo nipote [5], figliuolo d'Ottaviano del Lione [6], aveva presa Bambellonia; onde Gisberto montò in tanta superbia, che, essendo in camera disse [6 bis] verso [7] uno crocifisso: « Oggimai non è in terra maggiore singnore [8] di me, e a pena che Iddio sia in terra maggiore [9] di me » E subito [10] diventò tutto lebbroso, e venne a tanto, che la reina [11] morì per lo puzzo [12]. Essendo così lebbroso e cercando tutte le medicine, non poteva trovare riparo nè [13] medicina; e [13 bis] mandò per tutti e' medici che si potevono avere [14] nel mondo, e [15] nessuno non gli seppe dare riparo nè rimedio alla sua malattia Allora Gisberto [16] conobbe [17] avere fallato troppo [18] contro a Dio, e chiamò l'antico Duca di Sansongna, ciò fu [19] il [20] paladino

---

[1] Le par in Ger. e al s. r. mancano a F, in el suo reame in Fr. M. — [2] in Eg e in S. eran le cose sopranotate M — [3] Gh re M, lo re gisberto Re O. — [4] vera novella O — [5] nip e O — [6] Le par del L mancano a O — [6 bis] disse sta in M dopo crocifisso — [7] inverso d F — [8] magiore singn in terra O — [9] magiore intera O, In terra ormai non è mag sign di me et a p che in t Dio sia mag. M — [10] Sub dette queste parole M — [11] reina sua donna O — [12] la puza M — [13] possette ritrovare rip in M — [13 bis] e manca a M. — [14] poteiono a F. poteia trovare M — [15] e manca a O — [16] G alora M — [17] chonobbe bene O — [18] troppo manca a O — [19] zoe M — [20] il primo F

Riccieri, e fecelo luogotenente di Franza, e raccomandògli la singuoria e [21] uno suo figliuolo piccolo [22] ch'aveva nome Micael, e confessossi e comunicossi, e partissi celatamente vestito come romito [23], e andossene nelle montangne [24] Perinee verso la Spangna L pei le selve di Spangna n andò [25] gran tempo come [26] bestia salvatica, tanto che le spine [27] e' prum e' bronconi delle selve lo lasciarono ignudo [28]

L [13 bis] in questo tempo Bovetto, che [29] era assediato in Gerusalem, mandò in Franza per soccorso [30] Riccieri non fece come vicerè, ma fece propio come [31] re, pensando [32] che il lengnaggio di Gostantino mancava; e [13 bis] apparecchiò grande moltitudine di nave, e con gran gente soccorse [33] Bovetto E non feciono molte battaglie; ma [34] come l'ebbe tratto di Gerusalem e messo in su [35] le nave, e' [36] feciono vela e [13 bis] abbandonorono Gerusalem, e tornorono in Franza Bovetto [37] si tornò [38] in Iscondia nella singnoria che 'l re Balante lasciò a Ottaviano [39]; e [13 bis] la sua schiatta [40] poi [41] presono Inghilterra.

---

[21] Le par la s e mancano a O — [22] picholino O, piccolo figliolo M — [23] euscito chome Romito O, Da poi il se confesso et communico et vestito come romito se partì M — [24] nella montangna senza le par e and O — [25] andò senza n' Γ — [26] et gi tempo se ne andò per le s. de Sp. come che M — [27] le ispine e senza e prum O — [28] lo lascierano F — [29] Boreto el quale in questo tempo M — [30] per lo s M, voce ma F — [31] vice de re ma il f. p M. ma propio come se fosse Γ anzi fece chome O — [32] -ando et redendo M. — [33] andoe et soccorse M — [34] ma manca a M — [35] lebono etc O. el mese su M — [36] e' manca a F — [37] e Boi F. — [38] tornò senza si M, si itorno O — [39] che Ottaviano ebbe da Balante F — [40] ischiata sua O — [41] da poi M poi in F sta dopo presono

Capitolo IV.

Come Gisberto Fier Visaggio [1], re di Francia [2], guarì della lebbra, e come [3] tolse per moglie la reina d'Articana, chiamata Sibilla, per cui fu poi chiamato il reame di Sibilla [4].

Gisberto Fier [5] Visaggio, avendo come bestia salvatica cerco [6] la maggior parte [7] delle selve di Spangna, stette nelle montangne di Granata sette anni in una grotta in parte molto diserta [8], dove non abitava altro che orsi e [9] porci cinghiali e [9] gatti [10] mamoni e scimmie, cioè bertucce [11], ed era allato a [12] uno fiume che si chiama Anor, e corre tra [13] la Granata e [14] la Spangna ed entra pel [15] mezzo del reame d'Articana. Passato Gisberto e' sette anni [16] con grande penitenza, raccomandossi [17] a Dio, e [9] ongni dì due volte [18] si lavava nel fiume Anor [19], e [9] viveva di frutte salvatiche, come [20] gli animali inrazionali Iddio [21] gli fece

---

[1] *Fier Vis* manca a O. — [2] *Le par re d F mancano a F* — [3] *come il* M — [4] *il i chiamato Sib* Γ; *per la quale el reame de Sibilla poi si foe chiamato cossì* M — [5] *del* F Γ — [6] *cercato* M, *cierche* F — [7] *ciercho e b salt ciercho le maggior parti* O — [8] *inuno disertto* O *et in molte parte discrete* M. — [9] *e manca a* M — [10] *se non porci salvatichi e orsi e g* F. — [11] *Le par cioè bert mancano a* O, *et bertuzi zoè simie* M — [12] *a manca a* M. — [13] *el quale corre per* M *e corre a t* F — [14] *per* M, *il seg la manca a* O — [15] *et passa per* M. — [16] *Passati li diti anni septe Glisberto* M — [17] *se recommando* M, *rachomandandosi* O — [18] *Le par. due i mancano a* O — [19] *fiume al nome di dio* O, *Doe volte el dì se lui in lo duto f A.* M — [20] *come fanno* F. — [21] *e I* Γ.

grazia che in capo di sette anni, purgato [22] per tanta penitenza, guarì della sua malattia, e trovossi nudo [23], tutto
piloso; ed [24] era stato tanto fuori [25] del senno naturale,
che egli [26] non sapeva in che parte si [27] fosse, o come
quivi venuto si fosse [28]. E vedeva che 'l fiume veniva
di grandissime alpi, e diliberò di [29] seguire il fiume alla
'ngiù [30], e [31] per molte giornate andò, tanto ch' egli [32]
arrivò nel reame d' Articana presso a una città chiamata Agusta; ed eravi grande guerra, perchè lo re
di Lusintania voleva torre il reame alla reina Sibilla
e aveva assediata Agusta. Giungnendo Gisberto [33] a
una villa di certe case, fu [34] preso dalla gente ch' era
a [35] campo, e menato dinanzi al [36] re Cananus, re di
Lusintania. E [9] quando il re lo vidde, se ne rise [37],
perchè Gisberto era nudo [23], e pareva bene affamato [38],
e domandò per Dio da mangiare, e [9] fugli dato del pane.
E [9] quando il re vidde che egli mangiava sì fieramente [39],
disse per istrazio [40] « Mandianlo drento a [41] Agusta,
che gli tolghino la fame, chè non ànno da [42] mangiare
per loro! » E [43] così fu [44] menato presso alla porta per
istrazio e lasciato in [45] su la riva del fosso della città.

[22] egli purg F. — [23] mgnnudo O, In capo de septe anni
lui hebbe purg. cum la penit. el grande suo deluto et Dio lo
fece grā. Trorosse in capo degli septe anni nudo et M — [24] or
lui M — [25] destracto M — [26] chel renendo in si M. — [27] il se
M — [28] quini renuto senza o come e si fosse O, nè onde era qui
renuto M, che ha poi Il in luogo di E — [29] di manca a M, l'e
dopo alpi manca a F — [30] a lungo M — [31] e manca a O — [32] lui
M — [33] Ghisb fier risagio M — [34] case Gisb fu F — [35] in M
— [36] dal F — [37] se e ne mancano a O, el rise M — [38] molto
bene affannato F. — [39] si forte mente O, tanto feramente M —
[40] per istamatione M — [41] a manca a M — [42] de M; le par.
da m. mancano a F. — [43] E manca a O — [44] il fu M — [45] in
manca a M

Gisberto [46] se n' andò alla porta, e tanto piegò [47], che egli fu messo drento, e [9] dimandavanlo, ed [18] egli non intendeva [49], ma uno provenzale, ch' era drento al soldo, lo 'ntese; e, parlando con lui, Gisberto disse [50] : « Se voi mi date buone arme e buono cavallo [51], voi vedrete che per vero [52] io sono di franco lengnaggio E [31] per uno grande peccato sono stato sette [53] anni lebbroso [54]; ora m' ànno perdonato e' miei Iddei [55] e sono guarito » Quelli della città non gli credevano, e [56] segretamente, mandando [57] lettere alla reina Sibilla, le singnificorono questo caso [58]. Ella [59] volle [60] per forza di scienza, con arte di negromanzia [61] sapere chi egli era. Quando [62] seppe che [63] egli era Gisberto, re di Franza, mandò segretamente uno messo a Agusta, e mandò a dire che lo rivestissino e armassino [64] e facessinlo [65] capitano e singnore della città, come a lui era in [66] piacere; e [67] così fu fatto.

Quando Gisberto fu armato e fatto capitano di tutta la gente drento, ed [9] egli mandò a dire al re Carianus di Lusintania se egli voleva provare la sua persona con lui rispose [68] che non si voleva provare con bestie salvatiche [69]. Per questa risposta [70] Gisberto

---

[46] *e G. F.* — [47] *dixe et priegò* M — [48] *ma* F. — [49] *Ello gli domandava et loro non lo intendevano* M. — [50] *disse giliberto* O. — [51] *a me et cavallo buoni* M, *arme e cavallo* F   [52] *per dio* O — [53] *otto* F. — [54] *octo anni nel bosco* M — [55] *li miei dei me hano perd* M — [56] *ma* M — [57] *mandarono* O — [58] *-mente per littere signficarono a la raina questo caso, zoè a Sibilla* M, *gli singn. chome di q c.* O — [59] *et ella* O F — [60] *volena* O — [61] *con arte di scienza per forza di negr* F, *et cum arte d n* M — [62] *e quando* F. — [63] *chi egli era e che* F — [64] *armassinlo* F — [65] *et che lo facesseno* M. — [66] *di* F — [67] *e manca a* O — [68] *Lui rispoce* M — [69] *salvaigie* O. — [70] *rispuose* O

fece armare la gente, che aveva [71] drento, e assalì [72]
il campo, e misselo [73] mezzo in rotta. Allora lo re
Carianus [74] l'assaltò e ferillo d'una lancia avvelenata
nella coscia; ma Gisberto gli tagliò la testa, e ruppe
tutta la sua gente. E, tornato [75] drento con la vettoria,
si [76] fece [77] medicare [78], ma niente gli valevano le medicine, e [79] stette [80] tanto nella terra d'Agusta, che la
vita gli sarebbe mancata Sentito [81] questo, Sibilla
mandò [82] una nave per lo fiume di Anor, e fece portare Gisberto alla città di Sibilla, e di sua mano lo
medicò. E [83] quando Gisberto fu presso che guarito,
disse Sibilla [84] « Singnore Gisberto, se voi volete
guarire, io voglio che voi siate mio marito. » Ed [83]
egli fu contento, e [83] poi ch'egli vide [85] ch'ella lo conosceva, disse [86] — sì veramente ch'ella si battezzassi —,
ed ella fue contenta [87]. E [83] tolsela per moglie, ed ella
si battezzò, e [83] da quello punto in qua non volle più [88]
fare arte di [89] negromanzia E [90] così, sendo singnore,
stette alcuno anno in grande sollazzo e piacere [91] nel
rengno d'Articana di Sibilla [92].

<hr />

71 *cher a* O — 72 *assaltò* M, *asalillo* O. — 73 *misolo* O —
74 *Lo re Carianus alora* M. — 75 *torno* O. — 76 *il se* M — 77 *e
faciasi* O. — 78 *-are immantanente* Γ — 79 *Le (senza il ma) medic.
non le valer. niente Il* M — 80 *istetono* O — 81 *sentì* F — 82 *gli
mando* O. — 83 *E* manca a M. — 84 *Sibilla gli disse* M. — 85 *contento reggendo* F — 86 *disse* manca a M — 87 *Le par. disse ..
contenta* mancano a F. — 88 *più* manca a O, *mai più* Γ. —
89 *l'arte della* F. — 90 *E* manca a O — 91 *piacere e sollazzo* F.
— 92 *nel r. de A de S. in gr sol et piac* M.

Capitolo V.

Come lo re Libauorus, fratello del re Carianus di Lusintania, seppe ch'egli era lo ie Gisberto[1] quello che aveva morto lo suo fratello, e[2] assediò con molti re Gisberto e Sibilla[3].

Essendo Gisberto perduto nell'amore di Sibilla, tanto che[3 bis] aveva dimenticato il suo propio rengno, intervenne che uno famiglio[4], buffone del re Libauorus di Lusintania, fratello che fu del re Carianus, andò, come vanno[4 bis] e' buffoni, in Sibilla, e quando vidde[5] Gisberto, subito lo riconobbe, e, tornato in Lusintania, disse al re Libanorus[6] come quello che aveva morto il suo fratello e[7] aveva tolta[8] Sibilla per moglie, era[9] Gisberto, re di Franza, e dissegli della lebbra, e perchè[10] s'era partito, e[7] che in Franza si credeva che egli fosse morto Quando[11] lo re Libauorus intese questa cosa, mandò il propio buffone a[12] re Sardaponus, re di Spangna, a dire[13] questo fatto, e[2] mandò[14] al re Balisdach di Granata un altro messo, e al re Arlottius, re di Portogallo; e, d'accordo, tutti questi re in un dì puosono campo alla città di Sibilla per avere Gisberto nelle mani e la reina Sibilla[15]. Sentendo Gisberto la cagione di questo campo, e come il suo

---

[1] chel ie Ghisb. fier rixagio era M, il seg quello manca a O — [2] e manca a M — [3] molti re di Spangna S. F, cum molti ass. r. G. e S M. — [3 bis] chelo M. — [4] famiglio manca a F. — [4 bis] fanno F — [5] il vide M — [6] Le par. e tornato. . Lib. mancano a F; et ritenuto etc M. — [7] e manca a O. — [8] tolto F — [9] era manca a O. — [10] et el p M, lebra che O. — [11] Comeche M — [12] el M — [13] per digli M — [14] mando a due O — [15] Sibilla manca a O.

nome era palese, aveva grande paura di non essere tradito, e nondimeno usciva della città armato, e faceva [16] grandi fatti d'arme. E [2] in tre volte ch'egli [17] uscì della città, abbattè tutti questi re, e ferì lo re Libanorus e il re Arlottius di Portogallo; e sostenne l'assedio quattro mesi; e [2] quelli [18] della città cominciarono [19] a trattare di tradirlo e [20] darlo nelle mani del re di Spangna. La [21] Sibilla sentì questo da [22] certi amici che la volevano accordare co' nimici. Allora Sibilla [23] ne parlò a [24] Gisberto, e ordinarono di fuggirsi segretamente amendua [25] isconosciuti. Gisberto sapeva già [26] molto bene la lingua del paese, e sapeva tutto il paese molto bene [27].

CAPITOLO VI.

Come Gisberto e Sibilla fuggirono verso Fianza, e [1] furono presi nella Ragona, passato Saragozza, al monte Arbineo.

Ordinato el tempo, quando [2] si doveano partire, seppe che quelli della città dovevano andare nel [3] campo una notte a confermare il tradimento, e dicevano a Gisberto e a Sibilla ch'andavano a fare la pace, e [4] dovevano andare venti cittadini co' loro famigli e

---

[16] fecie O — [17] che lui M. — [18] iquali quegli O — [19] chomminciauono O. — [20] et de M. — [21] La raina M — [22] per la via de M. — [23] all. la Sib. O, Sib al. M. — [24] con F. — [25] amendua manca a F; et secretam ordem de se ne fugire amendui M; amendua segreta mente e O — [26] già sap. M — [27] et assai bene ancora il sapea el paexe M

[1] fuzendo r F senza l'e M — [2] e quando F — [3] in F — [4] e manca a M

sergenti [5] Egli [6] diede loro [7] licenza ch'andassino quanti volevono, mostrando bene di [8] fidarsi di loro Ed [9] essendo in su la mezza notte, Gisberto s'armò isconosciuto, e fece portare a Sibilla l'elmo e la lancia e lo scudo, e [10] uscì fuori con quelli [11] cittadini [12] · nessuno [13] non lo conobbe per la notte ch'era scura E [10] come fu nel campo, si partì da loro, e passò tutto il campo con Sibilla, e tutta la notte cavalcò. E uscito [11] del reame d'Articana, per molte giornate passava [15] per lo rengno di Castiglia, e verso la Ragona n'andavano [16] per passare [17] in Franza. Quelli re che erano a campo a Sibilla, fecion patto co'cittadini d'entrare l'altra notte diento e di dare loro l'entrata, e [10] che la città fosse salvata co'cittadini e [18] non fosse rubata.

E ritornati [19] drento, andorono [20] la mattina in su [21] la terza per parlare a Gisberto e a Sibilla, e, non gli trovando, sentirono da certi famigli come Gisberto s'era armato e a che [22] otta. Allora immaginarono ch'egli era fuggito, e, levato il romore [22a], diedono la città al re di Spangna. E piese [22b] la terra; e [23], sentito che [24] Gisberto s'era [25] fuggito, mandò messaggi per tutte le terre di Spangna e cavallari, che Gisberto e [26] Sibilla fuggivano [27] e [10] che [28] fossino presi.

---

5 segreti O. — 6 e egli F, Ghisberto M. — 7 loro manca a M. — 8 volessino e fece loro buona ciera e di F, vol. sempre mostrando de M — 9 Ed manca a O, or M — 10 e manca a O — 11 questi F — 12 et cum quigli cittadini uscì fuora M — 13 e ness F — 14 tanto che usciono F — 15 passarano F — 16 miverso la i nandana O — 17 et andavano verso la Ragona per andare M. — 18 et ch'ella M. — 19 Tornati senza l'E M. — 20 Le par diento and mancano a O. — 21 mattina suto M — 22 e anche O. — 22 a vom diento F. — 22 b epresso O — 23 Poi M. — 24 chome O — 25 era senza s' M — 26 cum M. — 27 si fuggivano F — 28 ch'egli M

Gisberto non andò mai a nessuna terra, tanto che per molte giornate passò Saragozza, e passò il fiume detto Ibero, ed entrò nella Ragona, dove [29] credette essere sicuro. E [4] giunto in su uno [30] castello, che era [31] in su uno monte, chiamato monte Arbineo, ed entrato nel [32] castello, smontò in [33] uno albergo. L'oste gli fece grande [34] onore, e diegli una ricca camera. Quando [35] Sibilla si [36] cavò l'elmo, l'oste conobbe ch' [37] ell'era una femmina; tra [38] sè immaginò « Questo sarà [39] quello ch'el nostro singnore ci [40] ha mandato a dire che sia preso. » E [4] fatto [41] grande onore a Gisberto, e diegli bene da cena e di [42] perfetti vini. Egli [43] era assai affaticato [44] per lo cavalcare [45], e, fatto governare i cavagli [46], andò a dormire, e così fece Sibilla, credendosi [47] essere in luogo sicuro. L'oste, come gli vidde a dormire [48], andò al singnore del castello, e [49] disse « Egli è arrivato [50] uno cavaliere della tale condizione al mio albergo [51], ed à [52] una bella donna per paggetto » Subito il castellano disse [53]· « Questo è Gisberto, che s'è [54] fuggito di [55] Sibilla! » ; e, ragunata [56] molta gente armata, andò [57] all'osteria. L'ostiere [58], sanza fare romore, gli

---

[29] *là dove egli* F. — [30] *in uno* M, *a uno* O, però il copista aveva prima scritto *insuuno*, che poi cassò con un tratto di penna — [31] *è* F — [32] *in uno* O. — [33] *a* F — [34] *uno grande* O — [35] *e quando* F — [36] *la se* M — [37] In O era scritto *chi*; poi l'*i* fu cancellato con un tratto di penna verticale — [38] *et tra* M — [39] *che questo fusse* F. — [40] *se* M, *chel singn ce* F — [41] *Fece però* M. — [42] *et degli de li* M — [43] *et egli* F — [44] *afunato* O — [45] *Per el lungo cavalcare lui era assai affaticato* senza 1 e seg M — [46] *il cavallo* F. — [47] *credendo* F — [48] *lo ride dorm* M, *gli i adormentati* F — [49] *esigli* O. — [50] *armato* O. — [51] *al mio albergo è arrivato uno tal* etc M — [52] *ha cum sieco* M — [53] *disse il chastelano* O — [54] *che è* M — [55] *chon* O. — [56] *ragunò* F. — [57] *et andò* F, *andò prestamente* M. — [58] *nando aloste* O; *e l'ost.* F.

misse nella camera, e [10] prima [59] avea perdute tutte sue arme, che egli si sentisse, e [60] non potè fare alcuna difesa, e fu messo [61] in uno fondo di una [62] torre, e [10] Sibilla fu messa con le donne del castellano e tenuta a buona guardia.

E presto [63] mandò [64] lettere al re di Spaugna insino in Sibilla Ancora v' erano tutti [65] gli altri re, e [66], auta la novella, si partirono di [67] Sibilla tutti insieme per venire in [68] Ragona per lo re Gisberto Tanta [69] allegrezza ebbono che egli [70] era preso, che non si fidavano che altri lo [71] menasse loro [72]

CAPITOLO VII.

Come una figliuola del castellano innamorò [1] di Gisberto, e mandò per lei [2] lettere a Parigi, ed ebbe grande soccorso [3].

Essendo Gisberto in pregione a [4] monte Arbineo con Sibilla, sua donna, aveva [5] maggiore dolore della donna [6] che di sè propio, temendo che nolle fusse fatto [7] vergongna. E stando Sibilla con la donna [8] del castellano, faceva [9] grande lamento e diceva: « O [10] che

---

[59] *emprima gli* O — [60] *prima chel se sentisse gli tolseno le arme et cossì* M. — [61] *messa* F, *Il fo preso et in* M — [62] *una manca a* F — [63] *subito* F. — [64] *El castellano mandò presto* M. — [65] *et ancora a tutti* M — [66] *e manca a* F, *li quali* M. — [67] *da* M — [68] *insino in* F. — [69] *etantta* O. — [70] *lui* M — [71] *gli* F. — [72] *che altri che loro lo menasse* M

[1] *se inamorò* M — [2] *per lui mando senza e* O; *etper la sua via mandò* M — [3] *-orso et presto* M. — [4] *al* F — [5] *lui haiea* M. — [6] *di lei* F — [7] *chel non gli f. facta* M. — [8] *cholle donne* O. — [9] *ella faceia* M. — [10] *O manca a* O.

gran tradimento è questo d'[11] avere preso a tradimento
uno sì nobile re come è [12] Gisberto, re di Fianza, il
quale è il più bello uomo del mondo e il più ga-
gliardo! » E contava le battaglie [13] ch'egli aveva fatte
in Sibilla [14]. Una figliuola del castellano udì [15] queste
parole, e [16], pensando [17] quanto Sibilla lo lodava [18], fu
tentata d'amore verso Gisberto. E la [19] notte vengnente, che era [20] la terza notte che Gisberto fu preso,
ella imbolò le chiavi della camera al padre, che apri-
vano la prigione [21]; ed essendo passato il [22] primo sonno,
andò sola con una candela in mano [23] a Gisberto; e,
aperta [24] la prigione, lo salutò, e portògli [25] certe con-
fezioni, e stette uno poco [26] con lui, domandando [27] chi
egli era e come egli [28] aveva nome, e poi gli disse [29] ·
« Se tu farai la mia volontà, io cercherò modo di
cavarvi di prigione. » Disse Gisberto [30]. « O gentile
damigella, io sono tanto pieno di dolore, che io [31] amo
più la morte che la vita, e non sarebbe possibile che
a [32] me fosse al presente [33] caldo d'amore; nondimeno
sempre ti vorrò dolce bene. Ma io ti priego che tu
mi dica come sta la donna che fu presa con meco. »

11 *d'* manca a M — 12 *è* manca a M — 13 *la battaglia* M.
— 14 *a Sib e F, facta in la città de Sib contra quigli del
campo* M. — 15 *udite* M — 16 *e* manca a O M — 17 *pensato in
fra ssè* F — 18 *Sib lod Ghisberto* M — 19 *-ore et accesa di lui
onde la prima* M, *tanto tent d'am i G. che la* F — 20 *foe* M —
21 *cum le quale se aperia la pi.* M — 22 *il* manca a O — 23 *cum
una cand in m andò sola* M — 24 *aperto* O — 25 *presentole*
M — 26 *stua un pezzo* F — 27 *che gli portò. Poi che ella stette
un puoco ly cum luy, ley domando* M — 28 *luy* M — 29 *et dixegli Ghisberto* M, *le par e poi* mancano a O — 30 *Ghisberto
dire* M — 31 *io* manca a M — 32 *in* F — 33 *che al pres mi
fusse* M.

Rispose la damigella[34]· « Ella sta bene, imperò[35] ch' ella sta con la mia madre e con meco[36], e[37] le sue parole m' ànno fatto innamorare di voi, e per lei[38] so io[39] che voi siate re di Franza » Disse Gisberto[40] : « Se tu facessi quello che io vorrei, io ti prometto che tu saresti[41] tutto il mio bene e 'l mio amore. » Disse la fanciulla· « Messer lo re[42], e' non è cosa che io non faccia[43] per lo[44] vostro amore, pure che io possa[45]· » Disse il re[46]· « Io vorrei mandare una lettera in Francia segretamente[47]; se[48] tu la mandi, beato a te![49] » Ella[50] promisse di mandarla per uno segreto famiglio, e portò la carta e 'l calamaio e la penna[51] a Gisberto, ed[37] egli fece una lettera ch' andava a Riccieri, singnificando[52] tutte le sue disavventure[53], e come era guarito della lebbra, e[53a] dov' era stato e dov' era capitato, e come era[54] in prigione a monte Arbineo. La damigella gli[55] disse: « Mio[56] padre à mandata[57] una lettera in Sibilla al re di Spangna. » « Omè! » disse Gisberto[58]. « Se voi

[34] *La dam rispoxe et dixe* M. — [35] *però* M — [36] *Le par. e c. m* mancano a O — [37] *e* manca a M — [38] *epero* O — [39] *ò io saputo* F. — [40] *Ghisb dixe* M — [41] *sarai* O — [42] *la fanzulla dixe Signore re* M — [43] *faciessi* F — [44] *lo* manca a M — [45] *potessi* F — [46] *Ghisb. dixe* M — [47] *secretamente in Fi* M, *le par. in Fi* mancano a F — [48] *esse* F. — [49] *beata te* M, della par. *beato* in F è chiaro il *b* e il *to*, tra *b* e *to* c' è una lettera non chiara, correz. di altra precedentemente scritta, e tra questa lettera e il *t*, in alto, un segno d' abbreviazione. — [50] *e ella* F. — [51] *Le par. e la p.* mancano a M, *lacharta epena echalamaio* O — [52] *a lui sign* M. — [53] *isuenture* O; *auenture* M. — [53a] *Le par. d l* mancano a O, e a M. — [54] *Le par. e come era* mancano a O *stato et come era cap* M — [55] *gli* manca a F. — [56] *el mio* M — [57] *mandato* O. — [58] *Ghisb dixe Oime* M

non mandate tosto questa, io sarò menato in Ispangna »
Disse la damigella [59] « Non sarete, chè io la manderò. »
Tutto questo scrisse [60] in su la lettera Gisberto [61]. La
damigella riserrò la prigione, e non ebbe altro da
Gisberto, se non che egli la [62] baciò due [63] volte

La mattina ella chiamò uno donzello, lo quale
l'aveva tre anni amata [64]. e dissegli [65] « Se tu mi
volessi fare [66] un grande servigio, io non amerei mai
altro uomo che te, e non arei mai altro marito »
Disse il donzello [67]· « Se io dovessi morire, vi [68] ser-
viò », e così gli giurò pei tutti gli Dei [69] tenere [70]
segreto il suo comandamento Allora ella gli diede la
lettera, e diegli oro ed argento da spendere; e 'l donzello, vinto dallo amore, avvisato [71] della fretta che [72]
era, sì si partì celatamente [73]. E passò a pie' delle montangne [74] Permee, e passò a Lunella [75], e andonne a
Ciersal, e poi a Sanpotamio e a Mittaboccon, e giunse
a Parigi dinanzi al paladino Riccieri, ch'era molto
vecchio, e dissegli a bocca [76] come lo re Gisberto era
in prigione a [77] monte Arbineo, e diegli la lettera
Quando Riccieri vidde la lettera di mano di Gisberto,
subito mandò la lettera propia [78] a Bovetto, figliuolo
d'Ottaviano [79], e mandò [80] lettere in Brettangna e nella

---

[59] La dam d M — [60] scorse F — [61] Ghisb sù tutto q su l.
l M Gisb isulla let. O — [62] ella lo F, che la M. — [63] e abracio 2
O — [64] amata tri anni M. — [65] dissemi F — [66] farme senza il
prec mi M — [67] El donz d M, disse il d. disse O — [68] io ti Γ —
[69] tutti manca a F, li dei tutti M. — [70] di ten F — [71] e aii F
— [72] da la fi che li M — [73] ora si parti e cielat. O, celatam se
parti M — [74] le m. M: della montangnia O — [75] Le par E p a
pie'. Lunella mancano a F — [76] et a bocca gli dire M. —
[77] al F — [78] quella propio subito mandò M — [79] -rano del
Lione F — [80] mandò ancora senza e M.

Mangna e [37] 'n Sansongna e a [81] Provino, come Gisberto era vivo e [37] 'n prigione, ed era [82] guarito, e 'l bisongno [83] dell' aiuto, e 'l [84] tempo ch' era corto, e [85] che ongnuno s' affrettasse e andasse a Lunella, e ivi [86] s' aspettasse l' uno l' altro.

Tutta Cristianità fece [87] allegrezza, che 'l re Gisberto era vivo, e ongnuno s' affrettò d' essere con tutta sua forza [88] a Lunella. Vennevi Bovetto con venticinquemila [89] cavalieri, ma egli aveva [90] seco Ughetto di Dardenna, che fu figliuolo di Tibaldo de Lima; e [37] vennevi Eripes di Brettangna, figliuolo [91] di Salardo (in questo tempo morì Salardò [92]); e [37] vennevi Corvalius, figliuolo di Giliante, in compangnia di Bovetto; e 'l franco Riccieri si mosse da Parigi con trentamila [93] cavalieri, e [37] Eripes di Brettangna ne [94] menò cinquemila, e [37] ritrovoronsi tutti questi singnori [95] a Lunella con sessantamila [96] cavalieri cristiani. Tra' quali [97] vi venne uno abate di Sansongna, chiamato l' [98] abate Riccardo, che fu figliuolo del valente Folicardo di Marmora, el quale Riccieri fece battezzare a Pisa e morì [99] a Parigi. Quando [100] Riccieri vidde tanta bella gente,

---

[81] *in* M; le parole *e a Pr* mancano a F. — [82] *et come era* M, *e senza l'era* F — [83] *ebis*. O. — [84] *et del* M — [85] *e* manca a O — [86] *e qui* O, *et che ly se exp* M — [87] *ebbe* F. — [88] *ongni sua f* O, *tutto suo sforzo* F, *De la vita et de la sanità de Ghisberto tutta la christianità fece grande allegreza et cum tutta sua forza ogne homo se inzegnò sollicitamente de essere* M — [89] *XXV m⁰ di* O. — [90] *et haveva cum* M — [91] *che fu figl.* F — [92] *sul di bretangna* O — [93] *30 m⁰ di* O. — [94] *ne* manca a O F ha *con* in luogo di *ne menò* — [95] *-mila cavalieri e trovaronsi tutti questi cavalieri* F — [96] *60 m⁰ di* O — [97] *fra q.* senza *vi* F, *tra gli altri* M — [98] *l'* manca a M — [99] *et morì poi* M. — [100] *Q el valente* M

non volle dare indugio, ma presto fece le schiere per
passare per [101] la Ragona. La prima ordinò quindicimila [102] cavalieri, e questa diede all' abate Riccardo
per onore del suo padre [103]; la seconda volle per sè
con le bandiere di Franza [104], e mandò tutto il carriaggio innanzi alla sua schiera [105], sicchè andava [106]
presso [107] all' antiguardo, e [37] mandò Ughetto pella [108]
sopraguardia della vettuvaglia con diecimila [109]; e 'l
rietiguardo fece [110] Bovetto ed Eripes di Brettangna
con quindicimila. E [37] passarono in dieci giorni [111] tutta
la Ragona, e giunsono al [112] monte Arbineo tre giorni
innanzi ch' el [113] re di Spangna, e la prima schiera
salì il [114] monte, e diedono [115] gran battaglia [116] al
castello. Ma il terzo giorno giunse il re [117] di Spangna
con centocinquanta migliaia di [118] Saraini, e non poterono andare al [119] castello, ma ordinorono di [120] combattere co' Cristiani.

---

101 *per* manca a M — 102 *cum q* M, *15 m° di* O — 103 *per
amore diloro padre* O; *Et diedela la prima a lo abbate R per
lo honore del padre suo l'oneardo* M — 104 *cum le b* F, *e per
si* M — 105 *schiera* manca a M; *ella s s* F — 106 *fu* F
— 107 *apresso* M — 108 *pella* manca a F; *ala* M — 109 $\frac{m}{x}$ *cha-
talieri* O — 110 *edhe riguardo fu* O *il fece* M — 111 *In diece
giorno passarono* M — 112 *a* M. — 113 *manzi al* F — 114 *al* O
— 115 *diede* F — 116 *batt gi* M — 117 *giunsono i re* F —
118 *degli* M — 119 *aiutare il* F. — 120 *di* manca a O

Capitolo VIII.

**Come il re di Spangua ordinò le [1] schiere alla battaglia, e
Riccieri ordinò le sue; e la battaglia si fece, e [2] la
morte di molti da ongni parte; e [3] come Gisberto uscì
di prigione [4].**

Lo re Sadraponus di Spangua ordinò di [5] sua
gente quattro schiere. La prima diede al re Libanorus
di Lusintania con trentamila; la seconda diede al re
Arlottius di Portogallo con trentamila, la terza diede
al re Balisdach di Granata, e [6] questa furono quarantamila [7]; la quarta e utima tenne per sè, e [8] questa
furono [9] cinquantamila [10], ed [11] era in ongni schiera
molti singnori, conti, duchi e marchesi [12].

Quando Riccieri seppe ch'e' Saraini si schiera-
vano, fece [13] quattro schiere. La prima furono dicci-
mila armati, e [11] questa diede all'abate Riccardo di
Sansongua, e comandògli che egli assediasse il castello Arbinco, e [14] non si partissi, e non ne [15] lasciassi
uscire nè entrare persona, « perchè io non vorrei che

---

[1] *le sue* M — [2] *et de la bat che se fece et de* M, *le par si
fece* mancano a O. — [3] *Lo par da o. p. e* mancano a O —
[4] *come che uscì de pr re Gisberto* M. — [5] *di* manca a O — [6] *in*
M; *e* manca a O — [7] *60 m° O* — [8] *e* manca a O — [9] *fu* M
— [10] *Le par. quarantamila . furono* mancano a F, effetto della
vicinanza dei due *furono* — [11] *ed* manca a M — [12] *singnori
duchi echonti* O, *In ogne schiera eran di molti signore duchi
marchesi · et cunti* M — [13] *luy fece* M. — [14] *earbinco che* O. —
[15] *ne* manca a O

'l re Gisberto ne [16] fosse cavato e menato altrove [17] »
La seconda schiera, che fu la prima alla [18] battaglia,
diede a Corvalius d' Ordret con diecimila, e comandògli ch' andasse destamente contro a' [19] nimici; la
terza diede a Bovetto, figliuolo d' Ottaviano del Lione,
con quindicimila; la quarta e ultima tenne per sè —
questa [20] furono venticinquemila —, e [11] tutto il carriaggio mandò in su la piaggia del monte, per modo
che 'l campo de' nimici non lo vedevano [21]. E già si
rappressarono tanto l' una schiera all' altra [22], che le
saette s' aggiungevano El valente Corvalius si mosse
con una lancia in mano, e riscontrossi [23] col marchese
Cartilio di Lusintania, e morto l' abbattè a terra del
cavallo; e, tratta la spada, entrò fra' [24] nimici, faccendo gran fatti. Lo re Libanorus entrò nella battaglia, e uccise Angelieri di Parigi e molti altri L' una
gente percotea nell' altra, molti cadeano morti [25] da
ongni parte Ma e' Cristiani erano meglio armati, e
stavano serrati [26] insieme, per modo che morivano
molti [27] più Saraini che Cristiani, e [28] non potevano
sofferire [29], e cominciarono [30] a perdere [31] molto campo
Lo re Libanorus tornò alle sue bandiere [32] faccendo

---

[16] persona alcuna et dixe Io non voglio fare la loro via
perchè el re G non M, persona alco che gisbertto no O — [17] via
F — [18] in la M. — [19] contra li M. — [20] questi O. — [21] vedena
O — [22] si apresana luna ischiera laltra O; In questo da una
schiera alaltra si rapressarono tanto M — [23] scontrossi F —
[24] tra F. — [25] De morti cadeuano molti M. — [2] istretti O. —
[27] assai F. — [28] che saraini molti piu ne moriua che de cr e O,
ma perche li christ stauano meglio armati et meglio serrati insieme moriano molto più Sarracini che christiani tanto che M.
— [29] più soff M, sostenere O. — [30] ma cominciarano F, e manca
a M — [31] perd li sarracini M. — [32] alla sua bandiere O

sonare a raccolta; ma in quella parte si volsono e' Cristiani e 'l [33] franco Corvalius, e quivi si cominciò la [34]
battaglia più fiera · l'uno morto cadeva [35] sopra al-
l'altro [36]. E abboccato Corvalius [37] col re Libanorus,
si feriano aspramente delle spade, e rimanea perdente
lo re Libanorus [38], se la seconda schiera non fosse
entrata [39] nella battaglia, ciò [40] fu lo re Arlottius di
Portogallo. Questa schiera misse in mezzo la schiera
di Corvalius [41], e fu a pericolo di perdersi tutta questa
schiera [42]; ma l'abate, ch'era in sul monte, mandò
a dire a Bovetto, che gli soccorresse Quando [43] Bovetto entrò nella battaglia, veramente egli entrò el
lione fra [44] le minute bestie, e il [44] 'l primo colpo con la
lancia [45] uccise Pilias, fratello del re Arlottius di Portogallo [46], per cui si levò gran romore E re Arlottius
sentì [47] la morte del fratello; corse in quella parte
dov'era Bovetto, e fugli detto · « Quello cavaliere
uccise Pilias, vostro fratello. » Egli [48] impugnò una [49]
lancia, e ferì Bovetto amaramente [50] nel costato, e
lasciògli [51] il troncone fitto Allora Bovetto [52] uscì della
battaglia, e disarmossi, e fasciossi la piaga, e adi-

[33] cum el M — [34] la grande O. — [35] l'uno cad in M, e
cad l'uno morto F. — [36] sopra a l'a. M — [37] traboccato (senza E)
Cor F, Cor se aboccò M — [38] et de le sp. aspr. se ferì El
re Lib. rim perd M. — [39] entrato O — [40] che M — [41] Le par
di Port. Corvalius mancano a O — [42] tutta quanta F· et fu
questa schier a tal pericolo de perderse M. — [43] Veramente quando
M — [44] batt. par se esserege intrato uno l tra M — [45] Cum la
lanza in lo primo colpo M — [46] Le par di P mancano a M,
che, prosegue. per la cui morte — [47] sentita M — [48] et egli F
— [49] imp. allora una F. — [50] amar Bor M — [51] rimasogli F
— [52] Bor. allora M

rato [53] si riarmò [54], e tornò nella [55] battaglia In questo mezzo lo re Libanorus [56] e lo re Arlottius, combattendo con Corvalius, gli uccisono sotto il cavallo [57], e le sue bandiere furono gittate per terra; ed egli, ferito di due piaghe, a pie' si difendeva [58]. E già cominciavano e' Cristiani [59] a fuggire, quando Bovetto rientrò nella battaglia gridando alla [60] sua gente [61] « Dove fuggite, per morire? Se voi siete cacciati [62] di campo, tutti sarete morti. Noi siamo di lungi [63] dalle nostre terre, e siamo nel mezzo de' nimici· meglio è moriendo uccidere cui uccide noi, che fuggire [64]. » E fecegli volgere come disperati alla battaglia [65]; e Bovetto gittò via lo scudo, e prese a due mani la spada [66]. Or chi potrebbe dire [67] quanto fu [68] grande l'assalto de' cristiani cavalieri [69]? Bovetto, correndo [70] per lo [71] mezzo della schiera, giunse dov' era Corvalius, combattuto da due re e da molta [72] gente, e già aveva perduto tanto sangue [73], che tosto sarebbe mancato [74]· Bovetto

[53] *et cum lo animo irato* M; *e* manca a O — [54] *armò* F — [55] *alla* M — [56] *Lo re Lib in q. m* M — [57] *el cavallo sotto* F — [58] *si difendeva appie'* F — [59] *Per questo li C. communzavano già* M. — [60] *a* O. — [61] *Boveto (senza quando) che cum grande animo in questo rentirava in la battaglia vedendo fuzire custoro cridando a loro diceva* M — [62] *voi fugite* O. — [63] *da lonzi* M, *alingi* O. — [64] *morire uccidendo chi voi uccide che fuggire* F, *che non uccidere et morire* M, *o che fugire* O — [65] *come disp tornare a. b.* F, *Per tal parole et cum tal parlare li fece volzere ala battaglia come desperati* M *senza l' e seg* — [66] *la spada a doe mane* M — [67] *mai due* M — [68] *il foe* M. — [69] *di cav. crist* F, *del christiano cavalero* M — [70] *Corr. Bov* M. — [71] *lo* manca a F. — [72] *da dua Ri ede mollta* O — [73] *molto sangue per modo* F, *Tanto sangue haveva già perduto* M — [74] *mancato sel non fosse sta socorso* M

ferì lo re Arlottius di Portogallo e per [75] mezzo gli
divise la testa [76] E, morto questo re [77], e' Cristiani ripresono [78] ardire, e' Saraini abbandonavono [79] il campo;
e arebbono dato tutti [80] le spalle, se la terza schiera
sotto il re Balisdach non fosse entrata in battaglia [81].
Questa schiera faceva gran danno a' Cristiani, se Riccieri non avesse mandato Eripes di Brettangna con
diecimila alla [82] battaglia Allora fu la grande battaglia [83] Eripes francamente combattea, e nella [84] giunta
uccise [85] Brunas, congnato del re di Spangna, fratello
della reina Allora uscì Corvalius [86] della battaglia, e
tornò all' ultima schiera e disarmossi [87] e medicosse
E Riccieri [88] lo mandò a guardare il castello, e mandò
per l' abate [89] Riccardo, e diegli [90] cinquemila cavalieri, e mandollo alla battaglia Questo abate entrò [91]
nella battaglia, e [92] con la lancia in mano scontrò il
re Libanorus di Lusintania, e tutto lo passò, e morto
l' abbattè [93]. Per la cui morte e' Saraini volgevano le
spalle; ma [94] lo re Sadraponus di Spangna entrò nella
battaglia [95] con tutta la gente, e [96] per forza furono
e' [96] nostri Cristiani messi [97] indrieto: insino [98] alle bandiere di Riccieri perderono [99] campo.

---

[75] *pello* senza *e* O. — [76] *divisegli la t. per m* senza il seg. *E*
M — [77] *e morto ilgitto* O, *morto re Arloctiaus* M — [78] *presono*
M — [79] *abandonorono* F — [80] *tutti* manca a O. — [81] *entrato i.*
b O, *et se la terza schiera non fosse intrata in batt. che era*
sotto el re B, egli haverebbeno dato le spalle tutti. M — [82] *ella*
F, *alla batt. cum diexemilia* M. — [83] *la e batt.* mancano a F. —
[84] *Ne la sua* senza *e* M — [85] *eucisse nella g.* O — [86] *Corialio*
alora uscì M. — [87] *rifaciossi* F — [88] *le ferite e R.* F, *e* manca a
M — [89] *pella abate* O — [90] *et a quel diedi* M. — [91] *francamente*
intrò M. — [92] L' *e* in O sta dopo *mano.* — [93] *l' abb da cavallo a*
terra M — [94] *se* F. — [95] *Spangna non avesse soccorso* F — [96] *e*
manca a O. — [97] *rimisi* O. — [98] *e insino* F. — [99] *e perd* O

17

In questo mezzo la figliuola del castellano era
andata [100] alla [101] prigione al re Gisberto, e dissegli
come e' [102] Cristiani avevano assediato il castello; ed
ora gli andò [103] a dire della battaglia Gisberto la pregò
che, s'ella lo potesse cavare di prigione e armarlo,
ch'ella il facesse, e promissele [104] di farla la più alta
donna che mai fosse di suo lenguaggio. E quando
e' Saraini [105] aveano rimessi e' Cristiani insino alle bandiere come detto è di sopra [106], el castellano con quattrocento armati [107] assalì la gente ch'era posta a guardia del castello; e l'uno e l'altro romore [108] molto
spaventò e' Cristiani tutti quelli del castello erano [109]
su per le mura, chi non era [110] col castellano. La
damigella andò alla prigione, e cavonne Gisberto, e
armollo, perchè persona non la vidde [111], chè le donne
e gli uomini erano su per le mura e su per le torri [112].
Gisberto, armato [113], montò in sul [114] suo cavallo, e,
quando si mosse e andava [115] verso la porta, el franco
Corvalius d'Ordret, con tutto ch'egli fosse [116] ferito,
si volse contro a quelli del castello con molti armati,
e fu sì grande la forza [117], che strettamente gli rimet-

<hr/>

[100] andato O, La figliola del cast in q. mezo andò M —
[101] nella F — [102] e' manca a M. — [103] mandò M. — [104] armarlo
s'ella potesse gli promisse F, pregò che ella se potesse lo volesse
car di p e arm et promissegli M — [105] se ella el facesse Questo
foe in quello che li Saracini M — [106] band. de Rizieri come
de sopra è dicto M — [107] Le par con quattr arm. mancano a
F — [108] onde l'uno romore et l'altro M — [109] Quigli del c. er.
tutti M — [110] zoè quigli che non erano M, che non era O —
[111] videra M, le par. e armollo mancano a F. — [112] per su le m
et per su le t. M, la torri F — [113] e Gisb. de Franza bene
armato M — [114] su F. — [115] per andare M — [116] chel era fre-
scamente M — [117] et la forza de' christiani foe sì grande M.

teva drento. Allora giunse Gisberto [118] alla porta alle [119] spalle al castellano, e [120] cominciò grande uccisione, e [121] quelli del castello credettono che e' Cristiani avessino scalato il castello e fossino entrati drento, e [122] cominciarono a 'bbandonare la porta. Allora Corvalius, vedendo [123] abbandonare la porta, si misse [124] a seguire, ed entrarono [125] drento, e presono el castello per forza [126]: el castellano fuggì in una rocca molto forte, e tutto l'altro castello fu preso. Gisberto lasciò drento Corvalius, e raccomandògli [127] quella damigella; ed egli uscì fuori del castello con ottomila, e [128] soccorse il campo de' Cristiani.

Capitolo IX.

Come per la virtù di Gisberto [1] e' Cristiani ruppono il re di Spangna, e la [2] morte di molti re e singnori, e la [2] presura del castello.

Gisberto [3], re di Franza, uscito del castello, entrò nella battaglia con tanta tempesta [4] ch' e' Saraini si tirarono [5] indrieto, e [6] subito fu palese nell'una parte e nell'altra, e' Saraini ripieni di paura,

[118] *Ghisb alora gionse* M — [119] *et a le* M — [120] *et ly* M — [121] *e* manca a M — [122] *onde* M — [123] *Vedendo alora Corr. quilli* M. — [124] *missono* F — [125] *et in questo tal modo sequitando intraiono* M. — [126] *et per f. pres. el cast* M — [127] *accomandogli* M — [128] *diecimila* senza *e* F; *et cum oct. il* M

[1] *-erto de Franza* M — [2] *et de la* M — [3] *E E Gisberto* senza *i e* F, ma il primo *E* è del rubricatore, che evidentemente lo scrisse in luogo di *R* — [4] *cum tanta temp intiò nela b* M — [5] *tiaiano* M. — [6] *e* manca a O M

e' Cristiani d' ardire [7]. Le grida si levarono nell' oste
di Riccieri [8], l' abate Riccardo, Riccieri paladino [9],
Eripes di Brettangna gridando alla loro gente [10]. « Ferite
francamente, chè 'l re Gisberto è fuori di prigione
Vedete le bandiere dell' abate [11] in su le torre del castello? Gisberto [12] è nella battaglia » Allora fu tanta
allegrezza nel [13] campo [14], che tutte le bandiere furono
portate nella folta [15] battaglia; e' Saraini cadevano e
traboccavano per terra da ongni parte [16]. Gisberto
s' abboccò col re Sadraponus di Spangna, e combattendo l' uccise; e 'l franco Bovetto uccise il re Balisdach di Granata, e tutte le bandiere [17] gittarono per
terra; e [18] fu fatta grande uccisione di gente saraina,
e [18] furono rubati tutti i loro padiglioni [19], e non si
tolse niuno a [20] prigione Quando [21] e' [18] Cristiani tornarono alle loro bandiere, non fu mai fatta [22] tanta
allegrezza, quanto fu quella per lo re Gisberto che
era guarito e ritornato [23] e fuor di [24] prigione, e [25] per
la vettoria e per lo castello A furore tutta l' oste
andò [26] a combattere la rocca del castello [27] di monte
Arbineo, dov' era rifuggito [28] il castellano, che [29] avea

---

[7] ripieni d' a F, la sua libertà fec palese a l'una et a l'altra
parte onde li Saracini fuorono ripieni de p et li chr. de grande
ard. M. — [8] oste decristiani O. — [9] primo pal Et M — [10] -nte
diceuano M — [11] della ab. O. — [12] dal c G F, -erto nostro re M
— [13] fu fatto nel F — [14] nel c tunta all M — [15] folta manca
a F. — [16] Le par. per t. mancano a F, da ogne parte cadevano et trab p. terra. El re M. — [17] -iere de saracini M. —
[18] e manca a M — [19] loro padiglione fuorono tutti rubati M —
[20] a manca a M. — [21] e quando F — [22] fata mai O — [23] ritrovata senza il prec e. M. — [24] de la M. — [25] et ancora M —
[26] andò manca a F, Tutta l'o poi cum furore andò M, e a
fur. etc. O — [27] Le par. del c. mancano a M. — [28] fugito M
— [29] il quale F.

messo [30] Gisberto [31] in prigione; per [32] forza fu presa
la rocca e disfatta, e [33] Gisberto fece legare quello
castellano a uno lengno in alto [34], e fece venire, arcieri [35], e [36] disse: « O castellano, se tu ti fai [37] cristiano, io ti perdonerò [38] la vita; quanto [39] che no, io
ti farò saettare. » Rispuose quel cane [40] « Fi' di cane,
togli! » e sputò verso Gisberto. Allora comandò che
lo saettassino, e così morì, e fu disfatto tutto il castello [41] e spianato E [18] tornarono tutti i singnori [42] con
Gisberto a Parigi, dove [43] si fe' grande allegrezza della
sua tornata. Gisberto fece [44] sposare la damigella che
lo cavò di prigione, a quello donzello, che recò [45] la
lettera in Franza; e donògli presso a Parigi [46] uno
ricco castello; e [18] fu battezzato, e postogli [47] nome
Teris Bonoamì, e alla [48] damigella posono nome Dia-
mia, e [49] inprima aveva nome Galiziana di [50] loro
nacque [51] molti figliuoli e figliuole.

[30] che misse O — [31] -erto re del reame de Franza M —
[32] Finalmente per M, e per F. — [33] la rocca foe presa et disf.
El re M — [34] pigliare quello castellano e in su uno lengno alto
porre F — [35] et fecegli venire inanzi Rizieri M. — [36] e poi F.
— [37] vol fare M — [38] perdono F. — [39] e q O, in q M. — [40] castellano F. — [41] El cane figliuol de cane, spudando verso Gisberto
rispoxe et dixe Togli Alora re Gisb commandò chel fosse saet-
tudo, e cossi foe morto. El castello foe tutto desfarto M — [42] in
singnoria F — [43] Gisberto re de Franza eum li signori tornarono in Franza a Parise Qui M. — [44] Re Gisb fece cum grande
apparato et cum grande honore M. — [45] arecò F. — [46] et presso
a Parise gli donò M. — [47] Fuorono baptizati trammedo A lui
gli foe posto M. — [48] ella O — [49] Ella M; l'in- seg manca
a F. — [50] e di F. — [51] naqueno M.

Capitolo X.

Come Alfideo di Melano mando al re Gisberto per aiuto [1], e come il re Gisberto [2] passò con molta gente in Lombardia [3].

Ritornato Gisberto [4] nel suo rengno [5], e tutti i [6] baroni tornarono in [7] loro paesi [8]. E riposato Gisberto cinque anni, si [9] cominciò in Lombardia una guerra [10] di grande pericolo pe' [11] Cristiani. Perchè, rengnando in Melina, cioè in Melano, uno figliuolo che rimase [12] di Durante, il quale Fiovo fece battezzare (fece battezzare Durante, e poi [13] Melina, Novara, Monza e Lodoenza, chiamata poi Lodi, e fello singnore ancora di Pavia), questo suo figliuolo [14] era chiamato Alfideo, ed era d'età di sessantacinque anni, quando il [15] re Gisberto tornò in Franza, e [16] aveva quattro figliuoli valenti [17] da portare arme l'uno [18] aveva nome Fiovo o [19] l'altro Durante, il [20] terzo Arcadio e 'l quarto [21]

---

[1] *per socorso al re G* F. — [2] Le par. *il re G.* mancano a F — [3] *in L cum molta zente* M; le par. *con m g* mancano a O — [4] *re G de Franza* M — [5] *reame* F. — [6] *e* manca a M, *iloro* O. — [7] *ai* F — [8] *paese* O — [9] *si* manca a F — [10] *in L se c una g.* M; *una g in L.* F — [11] *per* M; *perche i* O cui manca il *perchè* dopo *Cristiani* — [12] Le par. *che rim* mancano a M — [13] Le par. *fece batt D e poi* mancano a F, *et fece bapt Durante. zoè fece baptizare* M — [14] *Fello* (senza l' *e*) *poi Fiovo a questo Durante signore de Pavia. Questo figliolo de Durante* M — [15] *il* manca a M — [16] *Ello Alfideo* M. — [17] *valenti* manca a F. — [18] *che l'uno* F. — [19] *e* manca a M. — [20] *el* O — [21] Dopo *altro, terzo e quarto* M ripete *haveva nome*.

Riccardino. E aveva d' una gentile donna di Roma
auti i primi due, cioè Fiovo e Durante [22], e, poichè
la madre di questi due morì, avendo [23] guerra con
molti infedeli, tolse per moglie una sarama, che aveva
nome Stellenia, sorella d' Artifero e di Camireo e di
Carpidio, singnori di Bergamo e [19] e di Lodi e [19] di
Brescia e [19] di Crema e [19] della maggiore parte del-
l' Alpe [42] verso la Mangna, ed erano [25] di smisurata [26]
grandezza, sicchè [27] per tutto [28] erano chiamati [29] giganti

Essendo andati a Bergamo i [30] loro nipoti, figliuoli
d' Alfideo [31] e della loro sirocchia, ciò fu [32] Arcadio e
Riccardino, tanto [33] gli seppono questi tre gioganti
lusingare, promettendo [34] di fargli singnori di Melano
e del paese del loro padre, che eglino rinegorono.
E, tornati a casa, ribellarono al padre Monza e No-
vaia, ed ebbono aiuto da' tre giuganti, i quali mandarono nella Mangna [35] a [36] Verona, a [36] Vicenzia,
ch' ancora erano infedeli, e [37] in Ungheria per gente;
e assediarono Melano con sessanta [38] migliaia [39] d' Infedeli, e [19] in poco tempo tolsono Pavia Per questo

---

[22] *e avevane prima auti due d' una gientile donna di Roma*
e ciò furono F e D F , e ama dua ama duna etc O, *Li primi*
doi zoè F. et D gli haveva de una zent donna di R M, senza
l *e seg* — [23] *-endo il* M. — [24] *delle magiori alpi di* O — [25] *et.*
quisti M — [26] *desmesurata* M — [27] *et de tale che* M — [28] *tutti*
O — [29] *ch et existimati* M — [30] *e i* F — [31] *iloro figliuoli dal-*
fineo loro nipoti O. — [32] *li diti loro nepoti del duto Arcadio et*
de la loro serochia figlioli zoè M — [33] *tanti* M — [34] *e prometegli*
O, *et promissione grande fae* M — [35] *Le par ed ebbono Mangna*
mancano a F, che legge poi. *e Verona e Vicienzia ancora* etc. —
[36] *et a* M. — [37] *e mandarono* F. — [38] *10* O. — [39] *m ha* senza
il *d'* M.

mandò Alfideo [40] a Parigi al re Gisberto per soccorso,
mostrando per diritta ragione, che, se [41] Lombardia
tornava [42] nelle [43] mani de' Saraini, era tanta la forza
d' Ungheria [44] e della Mangna e dell' Alpe d' Apennino e di Dalmazia e di Corvazia e de' Pollani, che
Roma era [45] perduta, con ciò sia [46] cosa che lo 'mperio [47] di Roma attendeva solo alla città di Gostantinopoli. Ed [19] era imperadore in questo tempo [48] Teodosio con Valenziano, ed [19] era papa di Roma Felices
de Roma [49].

Per questa novella Gisberto [50] mandò per tutti e'
baroni. Vennevi [51] prima l' abate Riccardo, el quale
era fatto singnore [52] di Sansongna, perchè l' anno seguente [53] che Gisberto tornò, morì il paladino Riccieri [54], e [19] vennevi Corvalius d' Ordret, e [19] vennevi
Eripes di Brettangna, e [19] vennevi Ughetto di Dardenna e con lui vi venne Valenziano di Baviera, e
vennevi [55] Gulion di Baviera e molti altri, a cui [56]
parlò Gisberto in questa forma e modo [57]· « Nobilis-
simi regi e prenzi ! E' nostri antichi per la divina

---

[40] *Alf. per q mandò* M. — [41] *se la* M — [42] *venia* F —
[43] *alle* O — [44] *dell' Ungheria* F; *tantto la f. dung* O — [45] *fiolam
cherono era* O, *la forza de U de la M. de le A de A de D de C et
del friolam era sì grande che R era* M — [46] *fusse* F. — [47] *imperadore* O, *dove il copista aveva prima scritto* impedirono, *che poi
cassò con un tratto di penna* — [48] *in quello tempo imperadore* F,
In questo t. era imp. M. — [49] *felice Romano* O — [50] *egli* F, *El re
G per questa nov.* M — [51] *e venn* F — [52] *ch' era fatto duca* F.
— [53] *venguente* F — [54] *Sansogna Già Rizieri primo paladino era
morto dal sequente anno che Gisberto tornò de la victoria de monte
Arbineo in Parise* M — [55] *Le par* Ughetto *. vennevi mancano
a* M — [56] *et altri signori assai ali quali* M. — [57] *forma et
dize* M

virtù acquistorono questo paese (lo [58] Dio merzè ancora lo tenghiamo [59]), e ancora el mio [60] antico Fiovo Gostanzo prese la maggiore parte della Mangna e fecela tornare [61] alla vera fede cristiana [62] Anche [63] prima aveva presa [64] la città di Melina in Lombardia [65], e lascionne singnori e' figliuoli di Durante, ciò fu Alfideo [66], ed [19] egli, per avere pace co' suoi vicini, fece parentado con tre grandi nostri nimici e della fede nostra, ed ebbe due figliuoli di quella donna [67], che [68] al presente l' ànno tradito e toltogli tre città, cioè Novara, Monza [68a] e Pavia. E se presto non à [69] soccorso, tutta [70] Lombardia è [71] perduta, e [72] noi perdiamo la via di Roma e 'l santo viaggio [73] Lo 'mperio di Roma à assai fatica a [74] Gostantinopoli; a noi conviene soccorrere Lombardia. »

Tutti e' baroni consigliarono [75] che re Gisberto [76] rimanesse a Parigi e lasciasse andare a loro; ma [77] egli non volle, e fece [78] grande sforzo di gente, e passò in Lombardia. E [19] in questa venuta gli si [79] arrendè Carasco in Piamonte, e [19] prese Asti e Allessandria, e tutte [80] tornarono alla fede cristiana; e passò [81] il grande fiume di [82] Po, e prese Susana e Vercelli, e [19] pose

---

[58] *pe lo* O, *la* M. — [59] *tengono* F — [60] *nostro* M. — [61] *ritornare* O — [62] *cristiana* manca a F, *era* manca a O; *et condorela ala fede de Ihesu Cristo vero dio et vero homo el quale* M. — [63] *e anche* O; *ancora* F — [64] *conquistato* M — [65] *Lo par in L.* mancano a F. — [66] *de li quali el primo è A* M — [67] *nostra fede sancta et de quella d ne hebbe dui f* M — [68] *e quali* F. — [68a] *e Monza* F — [69] *e* O — [70] *tutta la* M — [71] *è presa e* F — [72] *e* manca a F. — [73] *et cossì nui perderemo la via del sancto viaggio de Roma* M *da roma etc* O — [74] *in* M — [75] *consigliarano* F — [76] *che G* F, *che l re* M — [77] *ma* manca a M — [78] *Fece* (senza *e*) *adonca* M — [79] *se li* M. — [80] *tutti* M — [81] *sancta christiana fede Passò poi* M — [82] *del* Γ.

campo a Novara, che la guardavano [83] Saraini per li
figliuoli d' Alfideo, cioè pei [84] due traditori che rine-
garono la fede cristiana, e tenevano il padre loro assediato in Melano [85].

Capitolo XI.

**Come Artifero e' fratelli [1] e' nipoti levarono campo da Me-
lano, e andorono contro al re Gisberto [2] ch' era a [3]
campo a Novara; e la [4] prima battaglia che feciono.**

Sentendo [5] Artifero come lo re [6] Gisberto era a [3]
campo intorno a [7] Novara, levò campo da Melano, e
andò verso e' [8] Cristiani E [9] quando s' appressorono
a' nimici, fece [10] tre schiere: la prima diede a' due
traditori [11], Arcadio e Riccardino, con ottomila [12], e [9]
la seconda diede [13] a Camireo, suo fratello, con diecimila, la terza diede a Carpidio, l' altro suo fratello,
con tutto il resto. E [9] tutto il dì andarono, poi che
furono schierati, pianamente verso e' Cristiani [14], e [6]
la sera s' accamparono tre miglia di lungi dal loro
campo [15] L' oste de' Cristiani corse ad arme; e fece
Gisberto [16] quattro schiere. la prima fu dell' [17] abate

---

[83] guardavano e F; guardava O. — [84] pei li M. — [85] la sancta
fede chi   et che in Melina tenevano el loro padre assediato M.

[1] ...lit cum soi fr M — [2] agisberto O; al i. G de Franza
M. — [3] in M — [4] dela M — [5] Sentito F — [6] chel re M le par.
lo re mancano a O. — [7] a manca a M — [8] e' manca a M, andonne
verso F — [9] E manca a M — [10] ferrono F, il fece M — [11] trad. ri-
negati — M [12] VIII^m saraini O. — [13] il diede M — [14] Poi che fuorono schier per tutto el dì pianam and verso C. M — [15] da lunzi
a loro e M, miglia presso alloro F. — [16] et Re Gisb de Franza
fece incontinente M — [17] diede a lo M.

Riccardo con diecimila; la seconda diede a Corvalius con quindicimila; la terza diede a Eripes di Brettangna e [9] a Ughetto di Dardenna e a Valenziano di Baviera con quindicimila; la quarta tenne con seco e [18] Gulion di Baviera e Bovetto, suo nipote, e aspettavano [19] che 'l dì apparisse [20] per dare la battaglia.

Ma [21] Artifero mandò la notte le sue schiere [22] da tre parti a 'ssalire il campo de' Cristiani, e comandò che al fare d'un sengno tutte a [23] tre a una otta [24] assaltassino [25] in sul fare del dì. Come fu l'ordine dato [26] e fatto il cenno, el campo [27] fu assalito. Artifero [28] era [29] con Camireo [30], e [29] assalì la schiera dell' abate Riccardo, e andò insino alle [31] sue bandiere, e giunse, quando l'abate montava a cavallo, con [32] grande frotta d'armati intorno [33] all' abate, e per forza d' arme l' uccisono [34], e tutte le sue bandiere [35] gittarono per terra; e [36] furono morti molti Cristiani. E [9] rotto [37] questa schiera, e morto l'abate Riccardo, Artifero e Camireo si dirizzarono [38] verso il campo di [39] Gisberto. La schiera de' [40] due traditori, cioè d'Arcadio e di Riccardino, assalirono la schiera di [40a] Gisberto

[18] per se.. et cum sieco tenne e M — [19] expectavano M — [20] se aperisse M — [21] ma manca a M. — [22] Le par le s. s. mancano a O. — [23] e O — [24] botta M, le par a u o mancano a F — — [25] assalissno F, assaltasseno li christiani M, senza il seg in. — [26] dato l' ordine F, lordine daloro datto O, Quando foe la hora dell' ordene dato senza il seg e M — [27] campo del re Gisberto M — [28] da A F — [29] era ed e mancano a M. — [30] cholchainiero O — [31] nelle O. — [32] et cum M — [33] andò intorno M, dintorno F. etorno con in scritto in alto sul t O — [34] uccise F, uccisono lui M. — [35] et le sue band tutte M — [36] Qui M — [37] Rotta che foe M — [38] s'adirizzarono F — [39] del re M. — [40] di O — [40a] di manca a O.

molto fieramente, e [11] corse Arcadio [12] insino al padiglione, e [41], come giunse, assalì il padiglione con [42a] molti armati; ma egli era fuori del padiglione [43] quattromila armati [44], e facevano gran difesa [45] In questo punto Bovetto era [46] al suo padiglione Udì il romore ch'era al padiglione del re [47], s'armò in fretta, e con [48] la sua gente di Scondia corse [49] al romore, e [9], giunto nella nimica gente, conobbe essere nimici [50]. gridò a' suoi « Ferite a questi [51] cani ' » E arrestò sua lancia [52], e il primo ch'egli percosse [53], fu Riccardino, e abbattèllo morto, e [54] la loro schiera fu rotta dalli Scondii, e le bandiere loro [55] gittate per terra. Arcadio sentì che la sua gente fuggiva, volle tornare in fuga [56], ma egli scontrò [57] la gente di Bovetto, e fugli [58] morto il cavallo, e a pie' si [59] difendeva. E [9] quelli ch'erano corsi con lui [60] al padiglione di [61] Gisberto, furono tutti morti, e poca difesa fece Arcadio, che [62] fu preso Corvalius fu assalito da Carpidio, e la sua schiera si serrò insieme, e stretti si difendevano [63]; ma Eripes e Ughetto [64] e Valenziano gli soccorsono, e francamente

---

[41] e manca a O — [12] molto francamente assalirono la sch del re G Archadio corse M. — [42a] echo O — [43] fora del pad. erano M — [44] m° darmati O. — [45] grande festa O — [46] tenpo ughetto e O, Boreto era in q p M — [47] re Gisberto M — [48] et in freza il se armò cum M — [49] et corse M — [50] e nimici F, presso de la zente inimica il con. quella zente essere de inimici et per questo M. — [51] questi sna O, dicendo. F. francamente questi M. — [52] Etello arestò la sua franca lanza M, le par E arr. s.l mancano a F — [53] lui p M, e percorse F. — [54] al quale abbatte a terra morto · et cossì M — [55] loro bandiere fuorono M — [56] Lo par in f. mancano a O. — [57] et se M — [58] et da quella gli foe M. — [59] da loi se M. — [60] Q. che e. cum luy corsino M. — [61] del re M. — [62] Archadio fece puora defesa et M — [63] serrò isti etti e difendevansi F. — [64] et Eripes cum el valente U M

— 269 —

si difendevano Ma eglino furono assaliti da Artifero
e da Camireo; e⁹ allora⁶⁵ arebbono perduta la battaglia, e con gran danno, se non fosse il⁶⁶ re Gisberto
e Bovetto, che⁶⁷ gli soccorsono⁶⁸. Per questo e' Sa-
raini⁶⁹ si ritrassono⁷⁰ indieto, e presono la costiera
d'uno poggetto⁷¹; e' Cristiani si ristrinsono⁷² alle
bandiere. Già era levato il sole, quando l'uno e l'altro
campo si ristrinse e radusse⁷³ indieto⁷⁴.

CAPITOLO XII.

Come e' Cristiani racquistarono Novara; e'¹ Saraini si²
fuggirono, e Gisberto gli seguì³ e assediògli drento
a Monza; e rendè Novara a Alfideo, e rendègli preso
Arcadio, e 'l padre lo fe' dicapitare⁴.

Quando l'oste di⁴ᵃ Gisberto fu ridotto⁵ a' padi-
glioni⁶, viddono il danno che avevano ricevuto⁷ Tutti
furono ripieni d'ira e di furore, e dicevano al re
ch' andasse a assalire e' Saraini Gisberto⁸ non volle
che⁹ per¹⁰ quello dì più si combattesse; ma egli promisse la battaglia per l'altro giorno, e¹¹ questo fu

⁶⁵ Alora egli M — ⁶⁶ sel non fosse stato chel M — ⁶⁷ che
manca a M — ⁶⁸ soccorse F — ⁶⁹ Li sarracini per questo M. —
⁷⁰ trasono O. — ⁷¹ poggio F. — ⁷² ritrassono F. — ⁷³ ritrusse F,
eadusonsi O — ⁷⁴ Quando l'uno et l'altro campo se ristrinse et
radure indietro, el sole era già levato M.
¹ et come li M — ² si manca a M — ³ seghuito O, et lo re
G de Franza li seguì M — ⁴ et degli p A suo figliolo et come
el p l f. d in Milano M, e prese Arcadio e dicapitollo F —
⁴ᵃ del re M — ⁵ ridotta O — ⁶ al padiglione M — ⁷ ricevuti O
— ⁸ El re G M — ⁹ che in M sta dopo di — ¹⁰ per manca
a F. — ¹¹ e manca a O.

per [12] ispie notificato nella gente [13] de' nimici Ancora minacciò [14] Gisberto di disfare la terra di Novara, s' eglino rompessino [15] prima e' [16] Saraini ch'eglino s' arrendessino Questo fu palese nella [17] terra; e [18] per paura, essendo il [19] dì in su l'ora di vespro, si levò drento il romore, e' [20] cittadini uccisono la [21] gente d'Artifero, e arrenderonsi al re di Franza; ed [22] egli fe' pigliare la città, e misse [23] in punto sua gente per volere l'altra mattina dare la battaglia

Ma quella notte medesima li tre fratelli levorono campo e partironsi Come Gisberto lo seppe [24], divise sua [25] gente in tre parti la prima guidava Bovetto e Ughetto, e seguitava [26] la traccia con ventimila, e [27] l'altra guidava Gisberto [28] e Gulion di Baviera e Eripes, e l'altra [29], che era il retiguardo, con diecimila [30] guidava Corvalius, e non fu ben chiaro il giorno, che [31] entrarono in cammino

In questo mezzo i tre gioganti, Artifero e Camireo e Carpidio, passando [32] per lo terreno di Melano, predarono e [27] rubarono e missono a fuoco, e indugiarono il camminare, credendo che 'l re Gisberto non si partissi così tosto da Novara; ma, quando s' avviddono

<hr />

12 *per le* M — 13 *nel campo* F — 14 *minazıò ancora* M — 15 *se egli rompesse* F — 16 *e' manca a* M — 17 *per la* M. — 18 *onde* M. — 19 *quel senza essendo* M — 20 *dentro la terra se levò el romore in lo quale li* M — 21 *tutta la* F — 22 *ed manca a* M. — 23 *meso* O — 24 *e come G lo 'ntese* F, *Re G incontinenti chel seppe, il* M — 25 *la sua* M. — 26 *segh. senza e* O, *seguitarano* F, *Ug. cum ventimila. et questa seguitaia la traza* M. — 27 *e manca* M. — 28 *el re G senza il seg e* M — 29 *La terza senza e* M. — 30 *Le par. con diecimila mancano a* M — 31 *cheglino* O — 32 *passarono* F; *Li tri gig. zoè Art Cam et Carp passando in questo mezo* M

che Bovetto [33] era già tra loro, abbandonorono la preda, e [34], più fuggendo che difendendosi, si radussono drento da Monza, e ivi furono assediati dall' oste del re Gisberto

Quando Alfideo seppe come [35] egli era stato soccorso, uscì di Melano, e venne nel campo al re Gisberto, e inginocchiossi a lui egli [36] e uno suo figliuolo che aveva nome Fiovo (e l'altro, ch' avea nome [37] Durante, era alla guardia di Lodoenza, cioè di Lodi); e ringraziarono [38] molto il re Gisberto, e portògli [39] le chiavi di Melano El re le prese [40], e poi gliele rendè, e rendègli [41] la singnoria di Novara, e presentògli il suo figliuolo Arcadio [42]; ed [22] egli lo mandò a Melano, e fegli [43] tagliare la testa. Poi ebbe [44] licenza dal re Gisberto, e andò a 'ssediare Pavia, e puosevi il campo [45]; ma [46] non la [47] potè avere per insino che non fu [48] presa [49] Monza

'

[33] chel franco et valente B. M — [34] e manca a F M, a M poi mancano anche le par si radussono . del re Gisberto — [35] che M — [36] -ossi a' suoi piedi egli F, et qui se inzenochiò lui M. — [37] Le par ch' area nome mancano a O — [38] ringraziarono F — [39] portorongli F — [40] Fioro dinanzi a lui et molto ringratiorno lo re Ghisb et portogli le chi de M L'altro figliolo de Alfideo che haveva nome Durante, era a la guardia de Lodoenza zoe di Lodi. El re Ghisberto prese le chiare M — [41] rend (senza e) ancora M — [42] Arc. suo figliolo M — [43] et ly gli fece M — [44] Hebbe poi M. — [45] Le par e p i. e mancano a O . et possegli i M. — [46] e O. — [47] lo F — [48] che fu O — [49] preso F.

Capitolo XIII.

Come Bovetto combattè con Camireo e con Artifero [1], e amendue gli uccise a corpo a corpo, e fu a grande pericolo.

Artifero, vedendosi assediato co'[2] fratelli, e avendo poca speranza di soccorso e poca vettuvaglia con molta gente drento [3], essendovi già istato il campo trenta giorni, chiamò Camireo e Cupidio, sua fratelli [4], e disse loro [5]· « Io voglio combattere con [6] Gisberto o con uno suo campione [7] per nostro [8] scampo » Allora disse Camireo [9]: « Io ti prego che [10] tu lasci prima combattere a me, e poi combatterai tu. » Alla fine [11] gli die' licenza E [12] l'altra mattina s'armò e montò a cavallo Camireo [13], e menò seco uno loro [14] araldo, e [15], come fu [16] fuora della porta presso all'antiguardo de' Cristiani, mandò l'araldo a dimandare battaglia al [17] re Gisberto. Per avventura faceva il dì la guardia [18] Bovetto co' suoi Scondri [19]. Essendogli [20] menato dinanzi [21] l'araldo, udì la sua dimanda; onde egli

---

[1] con Art e con Cam F, Art a corpo a corpo M, dove questa rubrica finisce con la par uccise — [2] cum li soi M. — [3] et dentro poca v. et molta zente M, c. poca g d. F. — [4] Camilleo Carpidio suo fratello F — [5] et a lor dice M — [6] cum el re M. — [7] di soi campione M — [8] iostro F — [9] Camireo alora dixe M — [10] dolce fratello che M. — [11] Finalmente M — [12] E manca a M — [13] Cam se armò et m a car M — [14] suo F — [15] e manca a O — [16] c il foe M — [17] el F — [18] in quello dì la g. M. la guardia ildì O — [19] cum s S M; cho sua ischudieri O — [20] et ess M — [21] dinanzi manca a O

montò a cavallo, e andò con lui dinanzi al [22] re Gisberto, e, inginocchiatosi [23] a lui, gli addimandò una
grazia. el re gliela concedette Allora l' [24] araldo fece
sua ambasciata [25] da parte di Camireo. Fatta l'ambasciata, e Bovetto [26] disse. « Singnore [27] Gisberto, la
grazia che [28] m' avete fatta [29], sì è questa battaglia. »
El re ne fu malcontento; ma, poi ch' era promessa [30]
per grazia, gli die' licenza. Ed [31] egli tornò [32] all' antiguardo, e armossi, e montò [33] a cavallo, e andò a
a combattere con Camireo, e [31] lasciò capitano dell' antiguardo [34] Ughetto di Dardenna. Lo [35] re mandò Corvalius ed [31] Eripes e molti altri baroni all' antiguardo
armati per guardia di Bovetto, e tutto il campo stava
armato. Bovetto giunse dov' era Camireo, e usarono
villane parole, e disfidati [36] presono del campo, e rupponsi le lance a dosso, e, venuti alle spade, fecciono
uno fiero assalto, el primo [37]. E riposati [38] alquanto
per ricominciare il secondo, Bovetto al [39] primo colpo [40]
gli uccise il cavallo [40ᵃ], e poi ismontò, e a pie' combatterono gran pezzo E ripresono lena; e al [41] terzo
assalto s' abbracciarono: Bovetto lo gittò di sotto, e
col coltello gli segò la vena organale, e così l' uccise.

---

[22] dal F. — [23] inginocchiossi F. — [24] allora manca a F, l'
manca a M. — [25] gli fece l'amb F — [26] Boreto facta la umb.
M — [27] ore mio re M — [28] che voi F — [29] fatta già M. —
[30] poi che l'area promesso F. — [31] Ed manca a M — [32] tornò
alla sua gente F. — [33] se armò et tornò a l'antiguardia et bene
francamente montò M — [34] capit de l'antiguardia lassò M. —
[35] e lo F — [36] disfidaronsi e F. — [37] Le pur el p mancano a F.
— [38] rihomminciati O — [39] il O — [40] al p c B M — [40ᵃ] car
sotto F. — [41] lui smontò a p et per uno pezo combatterono cossì.
ripresono poi lena un poco al M

Morto Camireo, montò Bovetto [42] a cavallo, e tornò al suo alloggiamento dell' antiguardo, e a pena [43] era rinfrescato e trattosi [44] l' elmo, ch' egli uscì della terra armato Artifero, e cominciò a chiamare traditore quello cavaliere che aveva morto suo [45] fratello, perchè non lo aveva tolto a [46] prigione. La novella venne a Bovetto. Allora Eripes [47] e Ughetto volevano andare alla battaglia: Bovetto non volle, ma egli s' armò e [48] venne alla battaglia. L' uno dimandò l' altro chi [49] era, e [50] alla fine si diffidarono, e rupponsi le lance a dosso E, venuti alle spade, insino alla notte combatterono; e poi feciono [51] patto di tornare [52] l' altra mattina [53] alla battaglia [54], sì veramente che s' affermasse [55] patto, che, se Bovetto vincesse, che [56] la terra fosse data al re Gisberto; e se Artifero vincesse, che 'l re [57] con tutta l' oste [58] tornasse [59] a Melina e che la pace si facesse fra loro ed Alfideo [60], ed eglino renderebbono Pavia al loro [61] congnato, e ongn'altra cosa chi avesse, tenesse [62]. E con questo si partirono per quello giorno Bovetto a [63] gran fatica fece che 'l re Gisberto fu [64] contento, ma pure il patto s' affermò; e [31] l' altra mat-

---

[42] *Bov montò* M. — [43] *apena chegli* O — [44] *tratto* F. — [45] *il suo* O — [46] *Artifiro armato uscì d. t et chiamando il cridaia et diceva el cavalero traditore che ha morto mio fratello chi è? Perchè non lo tolse in* M. — [47] *Eripes alora* M. — [48] *Ai mosse lui et francamente* M. — [49] *chi egli* F. — [50] *e manca a* F. — [51] *comb. ins a la nocte. Feceno poi* M — [52] *ritornare* O — [53] *la mat.* M — [54] *alla bat latra mat* O — [55] *si fermasse* F — [56] *che manca a* M. — [57] *re Gisbeto* F. — [58] *l' oste tutta* M. — [59] *si tornase chon tutta loste* O. — [60] *tra loro et Alf se facesse la pace* M — [61] *suo* F. — [62] *chosa che tenesse* O, *chel havesse et tenisse del suo* M. — [63] *Boreto et Artifiro A* M, cui manca poi il verbo *fece* — [64] *fosse* F

tina Artifero, ch'era tornato nella città, s'armò e
venne alla battaglia, e menò [65] Carpidio che giurò
e' patti; e' baroni cristiani giurarono [66] col re Gisberto
Allora si cominciò la battaglia fra' due guerrieri. Rotte [67]
le lance, vennono alle spade; e durò gran pezzo il
primo assalto. E, cominciato il secondo, l'uno ina-
verò l'altro, e [68] molto lo pregava Bovetto [69], che egli
s'arrendesse al re Gisberto Alla fine di questo assalto,
essendo pure a cavallo e sanza scudi, s'abbracciarono, e [70] i cavalli per forza si scostarono, onde amendue e' [71] baroni caddono [72] a terra de' [73] cavalli, e [70]
nel cadere Bovetto gli cavò l'elmo di testa, e poi lo
lasciò [74], e [68], scostato, lo pregava [75] che egli s'arrendesse Egli [76], pieno di superbia, si mise alla difesa [77]
Allora e' baroni cristiani [78] s'erano ritirati [79] indrieto
tra la gente dell'antiguardo Subitamente fu aperta
una porta per soccorrere Artifero; ma quelli del campo
se ne avviddono, e mossonsi, nondimeno Carpidio
ferì [80] Bovetto d'una lancia, e fegli una piaga nella [81]
spalla, e, se non fosse [82] il presto soccorso, egli era [83]
morto. Ma Corvalius, Eripes e Ughetto rimissono e' Saraini [84] indrieto. Bovetto [85] non [86] abbandonò Artifero,
ma [87] combattendo gli levò [88] la testa dalle spalle. Poi [89]
che l'ebbe morto, poco stette ch'egli cadde per le

---

65 *m. cum sieco* M — 66 *giur. e patti* F — 67 *e rotte* F. —
68 *e manca a* O. — 69 *el valente Bov molto lo pregava* M — 70 *e
manca a* M. — 71 *onde i dua* O. — 72 *chadono amenduni* O. —
73 *da gli* M. — 74 *si scostò* F — 75 *alquanto sc. lo pr.* M, *pregha* O
— 76 *et egli* F. — 77 *alle difese* F — 78 *Li baroni che alora* M —
79 *tirati* F. — 80 *el traditore Carp f.* M; *ferì Corp* F — 81 *in
una* F — 82 *sel non fosse sta* M — 83 *Bovetto sarebbe* F, *era già* M
— 84 *li inimici sarracini* M — 85 *ma Bov.* F. — 86 *non però* M. —
87 *e* F. — 88 *tagliò* O — 89 *e poi* F

ferite che egli aveva [90], e fu portato al padiglione dinanzi al [91] re Gisberto E quando [92] seppe come [93] a tradimento Carpidio l' aveva ferito [94], comandò a tutti e' baroni che la guardia si facesse doppia con ougni ingengno, che egli l'avesse [95] vivo o morto; e in questa ira [96] ordinò maggiore e più [97] sagrete guardie alla città per avere Carpidio [98].

Capitolo XIV.

Come Gisberto [1] fece uccidere Carpidio, e come Gisberto [2] uf morto da [3] una saetta avvelenata da quegli di Monza.

Ordinata la guardia per tutto intorno alla [4] terra, Carpidio vidde ardere amendue e' corpi de' fratelli presso alla porta di Monza Per questo, come disperato, la notte uscì della terra [5], e assalì il campo de' Cristiani, e per grande ardire corse [6] insino all'antiguardo, non credendo che vi fosse tanta forza [7]; con lui s' abboccò [8] Corvalius, e cominciorono insieme [9] la zuffa. E [10] tutto il campo correva al romore, e furono

---

90 *per le ferite che lui hareva cade per terra* senza il seg. *e* M — 91 *a' padiglioni* dm. dal F — 92 *dinanzi al re Ghisb. al padiglione quando el re Ghisb.* M — 93 *che* F — 94 *lauia fedito charpidio* O; *Carp lo hav fer a trad* M — 95 *se dovesse fare d et che cum ogne inzegno che possesseno, se sforzasseno de harello o* M — 96 *e per questo* F. — 97 *m più* O — 98 *Et per har Carpidio cum questa ira ordinò ala e m et più s guardie* M.

1 *el re G. de Franza* M — 2 *el duto re G.* M — 3 *cum* M — 4 *la* M. — 5 *la notte sequente per questo lui uscì come disperato* M. — 6 *il corse* M — 7 *giente e* F — 8 *in prima et per ventura se ab* M — 9 *insieme communciarono* M — 10 *E* manca a M

rimessi e' Saraini drento. Ma Corvalius [11] non lasciò mai la battaglia con Carpidio, e fugli [12] morto el cavallo, e fu [13] preso e [14] menato al re Gisberto [15] il quale n' ebbe grande gioia, e [10] fello [16] menare dinanzi a Bovetto, ed [10] egli [17] lo domandò se egli si voleva battezzare. Rispuose: « Io vorria prima essere trainato [18] a coda di cavallo. » Bovetto lo rimandò al re Gisberto, e fe' pregare il re che gli [19] perdonasse, se egli tornasse [20] alla fede cristiana [21]. L' altra mattina lo re Gisberto [22] fece apparecchiare allato alla porta una colonna di lengno [23] ritta, e fecevi suso legare [24] Carpidio, e domandollo più volte [25] che egli si battezzasse, ed egli sempre più perfidamente rispondea [26]. Gisberto comandò a dugento [27] arcieri che lo saettassino, ed era ignudo [28] in su la colonna legato. E [10] lo sventurato re Gisberto lo [29] stava a vedere saettare, e, non si guardando, venne dalle [30] mura della terra o del [31] fosso più basso una saetta d' una spingarda avvelenata, e giunse nel camaglio dell' elmetto, e passò a Gisberto tutto [32] il collo [33], e cadde a terra del cavallo, e fu portato a' padiglioni [34] e sferrato [35] e medicato;

[11] onde li Sarracini furono rimisi dentro. Corr M. — [12] Finalmente a Carp li foe M — [13] et cossì il foe M — [14] efu O. — [15] dinanzi a G F. — [16] Gisberto el fece M. — [17] Boreto M — [18] Carp respondendo dixe in prima io volei essere trainato M — [19] are che gli O, che il ge M — [20] lui t M — [21] egli si battezzasse F, christiana fede M — [22] Gisb manca a F, Lo re Ghisberto l' altra matina M — [23] lengname F — [24] dicta et in suro quella gli fece ligare M — [25] -idio e pregollo e feciolo pregare F — [26] se il se volea baptezare. Ello sempre respondea più perfidamente El re M — [27] alti M. — [28] ign. manca a F — [29] che lo F — [30] o da le M. — [31] dul F. — [32] tutto manca a F. — [33] t. il c. al re G M — [34] al padiglione M. — [35] ispogliato O.

ma egli morì la notte vengnente E funne grande tristizia nel campo, e 'l [36] corpo fu portato a Melano e [10] imbalsimato, e poi [37] fu portato a Parigi Così morì [38] lo re Gisberto Fier Visaggio. Tutti [39] e' baroni [40] giurarono di non si partire d' [41] assedio, che disfarebbono [42] la terra. E fue fatto [43] due castella [44] di lengname, e in capo d' uno mese fu presa la città di Monza e disfatta insino a' [45] fondamenti, e non campò [46] persona che vi fosse drento Ma poi da ivi a poco [47] tempo fu cominciata a [48] rifare insino che 'l re Atilla fiagielum [49] dei venne d' Ungheria, che la disfe' con molte altre [50].

CAPITOLO XV.

Come Alfideo prese Pavia; e' singnori franzosi [1] tornarono in Franza, e 'ncoronarono il re [2] Michele, figliuolo di Gisberto del reame [3]; e come Bovetto e [4] Guido, suo figliuolo [5], passarono ad acquistare l' Inghilterra [6] contro agl'Ingilesi [7], ch' avevano cacciati i Brettoni [8].

Poichè Monza fu presa e disfatta, e' singnori di Franza col duca Bovetto andarono a Pavia, e [9] per

<hr>

[36] *de lu cui morte nel campo foe tristicia et pena grande. El suo* M — [37] *poi* manca a O — [38] *e così morto* F — [39] *etutti* O. — [40] *Li bar tutti* M — [41] *delo* M. — [42] *insino che non disfacessono in prima* M — [43] *fatte* F. — [44] *zoe Monza. Fuorono facti dui castelli* M — [45] *ne* O — [46] *scampò* M — [47] *poi (senza ma) da ly a uno certo puoco* M. — [48] *a* manca a M — [49] *flagellum* M, *fragiello* O — [50] *altre citta dilonbardia* O

[1] *paua e franz sing* F — [2] *-rono del reame* M — [3] *rengno* F, *del re G. Fier Visagio* M, *-ame difrancia* O. — [4] *cum* M — [5] *suoi figliuoli* F. — [6] *per aquistare ingilterra e* O — [7] *alingloys* senza le 5 parole seg. — [8] *ipeton* O. — [9] *e* manca a O

la loro venuta quelli che tenevano la terra per Artifero, s' arrenderono, salvo le persone alcuno si battezzò [10] e alcuni si tornarono [11] nell' Alpi, le quali Alpi
si chiamano Apennine [12]. Bovetto e gli altri baroni [13]
lasciarono la singnoria ad Alfideo di tutta quella Lombardia, che avevano acquistato [14], e a' suoi figliuoli
Fiovo e Durante, e [15] loro passarono l' Alpe di Piamonte, e tornoronsi [16] a Parigi. E [15] incoronarono el
figliuolo del re Gisberto, che aveva nome Micael,
che fu chiamato el re Michele, di cui [17] nacque poi il
re Angnolo Michele; e [15], fatta la festa dello incoro-
namento [18], ongni barone tornò in [19] suo paese.

Ed aveva Bovetto una donna molto bella [20], figliuola di Gulion di Baviera, e [15] aveva nome [21] Ali-
branda, ed aveva di lei [22] uno bello figliuolo, chiamato
Guido. In questo tempo gl' Inghilesi [23] avevano [24]
presa tutta l' isola d' Inghilterra e cacciatone [25] tutti
e' singnori, perchè 'e' loro maggiori morirono col buono
re d' Inghilterra a Roma, e 'l suo figliuolo Jonasbrando
ancora vi morì, ed era [26] fatto singnore d' Inghilterra
gente strana [27] Per questo diliberò [28] Bovetto, figliuolo

---

[10] *alcuni se baptizarono* M. — [11] *si* manca a M, *alchuno si
tiroiono* O — [12] *apenino* O M. — [13] *singiori* O — [14] *-ia che
haieiano acquistato in tutta questa Lombardia ad Alfideo* M —
[15] *e* manca a M — [16] *tornaiono* F — [17] *lì coionaiono del ieame de
Fianza Michaele, figliolo legittimo et primogenito del re Ghisbeito
Fiei Vixagio De questo re Michaele* M — [18] *de la incoronatione*
— [19] *in el* M. — [20] *El duca Boieto haieia una donna per moglie
molto bella la quale eia* M — [21] *nome costei* M — [22] *de ley
haieia* M. — [23] *li Anglixi in questo tempo* M — [24] *L'ingliloys
aieia* F. — [25] *et haieiano caziato* M. — [26] *et ly morì ancoia
Joanasbiando suo figliolo. Eia* M. — [27] *stiane* F — [28] *Pei questa
casone se mosse* M

d' Ottaviano del Lione, passare [29] all'acquisto dell'isola,
essendo chiamato [30] dal re d'Irlanda, promettendogli
quanto aiuto [31] potesse. Bovetto [32] richiese l'aiuto del
re Michele di Franza e l'aiuto del suo suocero [33],
Guhon di Baviera, e richiese molti altri; e [34] passò in
Inghilterra con cinquantamila [35] Cristiani, e [15] menò
con seco Corvalius d'Ordret e [15] Ughetto di Dardenna
e [15] Guido, suo figliuolo E [15] come giunse all' [36] isola,
ismontò al porto di Tamisa; e come fu nel porto [37],
fece cavare ongni cosa delle nave e molte [38] carrette
da portare la vettuvaglia e 'l carriaggio [39]; e, quando [40]
tutta la gente fu [41] smontata e vote le nave [42], e [15]
Bovetto comandò a' marinai, che [43], a pena della vita,
per insino a due mesi, che mai alcuna delle navi che
l'avevano [44] portato, entrasse in nessuno [45] de' porti
d'Inghilterra, e [46] che qualunche nave di quelle [47] fosse
per quello dì e per lo [48] secondo trovata in [49] porto,
fosse sicura; ma da quelli due dì in là, quale fosse
trovata, fosse arsa o affondata [50] in mare. Quando [51]
e' marinari udirono il comandamento, tutti [52] si missono
in mare con le vele gonfiate, e ritornarono ne' porti

[29] *et deliberò passare* M — [30] *de quella ysola chiamato però
ancora et requesto* M — [31] *tanto aiuto quanto il* M — [32] *Bor pur
anchora* M — [33] *suociero suo* F; *suo* manca a O — [34] *signori et
poi* M — [35] *L m° di* O. — [36] *nela* M — [37] *porto di Tamisa* F,
Thamisa et li M. — [38] *da le nare et ly careazio molte* M —
[39] *echarriaggio* O — [40] *Et come* M — [41] *fu tutta* F. — [42] *le nare
rode* M, *uoto le n* O — [43] *che* manca a M — [44] *aressino* F —
[45] *entrassino in alcuno* F. — [46] *e* manca a O — [47] *q. di quelle
nare* F, *le par. di quelle* mancano a O. — [48] *o per quello* F —
[49] *fosse trov. in quello* F — [50] *Le par. quale fosse troi* mancano
a O, *trovate in qualunca porto dovesse essere o arse o affondate*
M — [51] *e quando* F. — [52] *tutte* O.

di Franza e di Fiandra, e lasciarono l' Inghilterra.
La gente che aveva menata Bovetto [53], cominciarono
a mormorare, e [15] Bovetto disse a' loro [54] capitani « Io
non sono venuto per fuggire alle nave, ma voglio che
voi ne perdiate [55] ongni speranza [56] di fuggire Io [57] non
arò vantaggio da voi: le spade e l' arme [58] conviene
che sieno [59] le nostre navi, le nostre città [60] e le nostre
speranze » E [15] stette in questo luogo [61] accampato [62]
due giorni; e, quando giunse la terza mattina, n' [63] andò
verso Londres seguendo il fiume di Tamis

Capitolo XVI.

Come gl' Inghilesi vennono col loro re [1] contro a Bovetto [2], e la [3] battaglia che fece Corvalius d' Ordret col loro re [4].

Il duca Bovetto, seguendo la riva del fiume detto
Tamis, essendo [5] presso a Londra a una giornata in [6]
una bella prateria, viddono e' loro nimici che venivano
contro [7] a loro, ed [8] erano assai maggiore moltitudine [8a]
El loro re aveva nome Falsargi, ed erano molto grandi [9]

[53] in I tutta la zente che haveiano passata et menata. La
zente M — [54] disse loro F — [55] ma io voglio che anche voi cum
mieco perdiate M, levvate F. — [56] pensiero e speranza F — [57] Io
manca a M. — [58] le nostre spade le nostre lanze et le nostre
arme M — [59] arme saranno F — [60] nave e città F; il seg e
manca a O. — [61] l. Boicto cum la sua zente M. — [62] a campo
uno cioè F. — [63] n manca a M.

[1] chore O. — [2] a' cristiani F — [3] B alla O M — [4] re
loro F, cholore O; et come el franco cavaliero Corvalio d' Ordret
combatti cum el loro re M — [5] et ess M — [6] a F. — [7] inchontro O, verso et contra M — [8] ed manca a M — [8a] -ine di loro
F. — [9] molti gr O, zente molto grande M

di statura· questa [10] gente avevano [11] sottoposta l'Inghilterra [12] alla loro singnoria anni venti [13], quando
Bovetto v'andò Adoravano [14] le stelle e 'l sole e la
luna Questa gente sono chiamati di loro patria Cim-
brei e Liombros, e [15] alcuni gli chiamano Alzimenu,
e sono molto [16] grandi di statura [17]. Questi [18] avevano
presa tutta l'isola, e lo nome dell'Ingloys si diedono
eglino [19], perchè la lingua loro [20] volevano [21] dire Inghilesi, ed [22] eglino dicevano Ingloys, e [23] però furono
così chiamati in [24] Inghilterra.

Essendo [25] appressato [26] l'uno all'altro campo, Bovetto [27] ragunò tutti i caporali e [28] baroni intorno a sè, e
disse loro [29]: « Noi siamo venuti per pighare e non per
essere presi: a noi fa bisongno di difendere, o [30] noi siamo
tutti morti » E [31] ordinò ch' ongnuno fosse armato, e
fe' [32] tre schiere [33]: la prima diede a Corvalius con diecimila [34]; la seconda diede a Ughetto con quindicimila,
la terza tenne per sè, e misse tutto il carriaggio [35]
drieto a tutte le schiere E' nimici venivono [36] sanza
schiere, ma tenevano di larghezza dugento braccia e

---

[10] e questa F — [11] aveia F — [12] sotto posto ingilterra O;
la insula de Ing M. — [13] vinti anni M — [14] e ador. F; loro
ador M — [15] e manca a F — [16] molti O — [17] et de statura sono
molto grande M. — [18] costoro F. — [19] de lingloys et elli se diedono M. — [20] loro lengua M — [21] voleva F — [22] ed manca a F
— [23] onde M — [24] in manca a O — [25] Ess adonca M — [26] apres-
sati F. — [27] el duca Boveto M. — [28] et tutti li M. — [29] loro manca
a O, et a loro dixe M. — [30] de ne defendere oiero che M, di
manca a F. — [31] E manca a O; et cossì M. — [32] ordinò F. —
[33] et de la sua zente il ne fece tie schiere. Tenevano queste schiere
docento biaza de laigeza M — [34] diecimila cavalieri F. — [35] tutto
el carreazio mise M — [36] vennono F.

non più; ma il fine di loro [37] non si vedeva, e [38] venivano pianamente. Quando s'appressarono, veniva innanzi a tutti il loro re armato in su uno grande cavallo [39]. Essendo [40] circa di quattrocento [41] braccia l'una gente presso [42] all'altra, si fermarono gli Ingloys, e così ferono e' Cristiani. Allora fece il loro re [43] sengno di volere combattere Subito [44] si fe' innanzi Corvalius [45]; e, appressato a lui, lo domandò chi egli era; ed [8] egli rispose [46]. « Io sono Falsargi, re di questa isola, ma [47] dimmi se tu se' Bovetto. » Rispose Corvalius [48]: « Io fui fighuolo di Giliante: nimico [49] sono di tutta vostra falsa legge e fede [50]. O malvagio re Falsargi, come ài tu auto ardimento di pigliare questa isola, essendo de' [51] Cristiani? Ma tu poco la goderai, chè te e [52] tutta tua gente metteremo a morte. » Disse Falsargi [53]. « Se tu comandi alla tua gente che stiano saldi insino che noi due combattiamo [54], io ti caverò la lingua, con che tu ài [55] parlato, con le mie mani [56]. » Corvalius comandò alla sua schiera che non si movessino [57] a fare battaglia, se la gente nimica [58] non si movesse [59], e tornò [60] al nimico, e sfidaronsi [61]

---

[37] *ma, come è già dicto, egli tenevano de largeza non più de docento braze et di loro nimici el fine* M. — [38] *e* manca a M — [39] *appressavano Inanzi a tutti reneva armato et bene a cavallo el loro re* M. — [40] *Ess. presso* F, che omette il *presso* dopo *gente* — [41] *a q* Γ, *di 40* O. — [42] *appresso* M. — [43] *el loro re fece* M — [44] *esubito* O. — [45] *Corv. subito se fece avanti* M — [46] *-oxe et dice* M — [47] *ma ttu chisse'* F — [48] *Corv. rispoxe et dine* M — [49] *et inimico* M. — [50] *fede e legie* O — [51] *ess quella de* M, *di* F — [52] *la goderai poco: perchè a te et a* M — [53] *Falsargi dixe* M — [54] *combattaremo* M — [55] *che mai* O — [56] *cum le mane mie come che tu hai parlato* M. — [57] *movesse* F — [58] *inimica zente* M — [59] *movesse a fare battaglia* F. — [60] *tornato* M, cui manca l'*e* dopo *nimico*. — [61] *se disfidarono* M.

l' uno l'[62] altro, e con le lance si dierono grandi colpi.
E, rotte[63] le lance, trassono le spade; ma Falsargi
prese uno bastone, e cominciorono grande battaglia.
Bovetto, non sentendo il romore, venne insino[64] dinanzi, e vidde[65] questa battaglia, e pose mente agli
ordini della loro gente. E, tornato a Ughetto, gli comandò ch' egli passasse il fiume di Tamis[66] con semila a cavallo[67], e che egli andasse[68] tanto, che egli
assalissi alla codazza de' nimici; ed[8] egli così fece.
E[8] cavalcò[69] per certe boscaglie tanto, che egli vidde
il fine de' nimici; allora passò[70] il fiume diverso loro,
e assaltògli[71] con fiera battaglia El[72] romore fu levato
Bovetto gridò[73] alla sua gente[74] che entrassino nella
battaglia, ed egli con una[75] lancia andò a ferire[76]
Falsargi, che aveva el migliore della battaglia, e diegli un colpo, che lo fece ˙cadere. E quando si rizzò,
bestemmiò tutti e' suoi Iddei, e 'l suo cavallo fuggiva
verso e' suoi[77]. La gente cristiana assalirono e' nimici,
e Falsargi era da molti percosso[78], e menando uno
colpo del bastone a uno che ferì d' una lancia, gli
uccise il cavallo e correva a dosso al[79] cavaliere alzò
il bastone e tutto il capo gli disfece[80]. Ma in quello
punto Corvalius, essendogli da lato, gli[81] misse la
spada tra 'l capo e le spalle, e levògli la testa dallo

---

[62] et l. M. — [63] rotto O. — [64] infino O — [65] vedendo M, senza
l' e dopo battaglia — [66] fiume dinazi O — [67] chavalieri O —
[68] andasseno M. — [69] charalchando O. — [70] il passoe M. — [71] as-
saltogli F — [72] fiume et andoe verso l et cum fiera batt gli
assaltò et così el M — [73] ebovetto g. O, comandò F. — [74] zente
sua M — [75] una grossa F. — [76] assalire F — [77] la sua zente M
— [78] percosso da molti M — [79] el M. — [80] sfece F, -iere et
cum el bastone tutto el capo g. d senza il seg ma M. — [81] ma
in questo Corialus gli F, ess da l. Corialius gli M

'mbusto, e per la sua morte e per l'assalimento che fece Ughetto, el campo loro [82] si misse tutto in fuga, e peggio si facevano tra loro [83], che non facevano e' Cristiani. Bovetto ristrinse tutte le schiere in una [84], e dava loro la caccia· insino a Londra gli seguitò [85]. Quelli di Londra, come [86] viddono le bandiere de' Cristiani, subito [87] furono all'arme, e tutti gl'Ingloys cacciarono fuori, e corsono la terra per loro. Bovetto sentì come uno fratello di [88] Falsargi era a [89] una terra che à nome Alpeon, ed egli n'andò là con l'oste [90], e trovò ch'egli era [91] fuggito, e seguillo [92] insino alla marina, e ivi [93] lo giunse e sconfisselo [94]; e [95] fu morto dalla sua gente medesima. Per campare la vita lo rappresentarono [96] a Bovetto; ma [97] egli come [98] traditori gli fe' tutti tagliare e uccidere, e [99], anta la vettoria, s'accampò in su la marina in [100] una bella rivera, e [101] quivi morì la moglie di Bovetto Quello [102] saraino che fu morto qui, che era fratello di [88] Falsargi, aveva nome Anteron Bovetto per lo nome di costui [103] e per lo nome della sua donna ch'avea nome Librantona, fece una città in questo porto in sul mare, e posegli [104] nome Antona; e così fu sempre chiamata.

---

[82] Uy fece el loro r M — [83] infra lloro F; et tra loro se fai p M — [84] le sue s. i u M, uno O — [85] gli manca a O; seguiono F, et davagli agli innici la caza seguitandogli insin a Londra M — [86] chome q il L v O — [87] et incontinente M — [88] del F — [89] in M — [90] et cum l'oste andò in là M — [91] che s'era F. — [92] seghuitolo O — [93] ly senz'c M — [94] et ly el sconfise M. — [95] e ivi F — [96] presentorono F — [97] ed O — [98] come a F — [99] -are erendare e O. tutti quanti tagliare e uccidere gli fece per spengnergli e F, et da la sua medes zente foe morto. et cossì morto per camp la v loro lo rapres. a Bov. Bov. li fece tutti tagl in peze et uccid. come traditori M. — [100] a O — [101] e manca a M — [102] equello O — [103] culluy M — [104] puoselle O

Capitolo XVII

Come Bovetto prese tutta Inghilterra, e di [1] loro volontà;
e come innamorò [2] della figliuola del re di Fris.

Bovetto, posto [3] la città d'Antona in sul mare
che viene verso Normandia — questo è il più bello
porto ch'abbia [4] l'isola d'Inghilterra, e stette a porre
questa città uno anno saldo [5] — in questo tempo la città
di Londra si dette a Bovetto, e ancora [6] gli si diede
Giunsal in sul [7] mare d'Antona, e dieglisi Briscon e
Ixeona e Banazia e Leonisse; l' [8] altre terre d'Inghilterra teneva parte [9] il re d'Irlanda, e parte gli Scozii;
e 'l re d'Irlanda teneva Norgales e [10] Gales e [11] teneva
Uregales e Miraforda. Allato alla [12] città d'Antona correva [12a] uno fiume ch'aveva nome [13] Lavenna, e di là
dal fiume era una cima [14] d'uno poggetto molto rilevato presso [15] Antona a meno di tre miglia, e in su
quel [16] poggio fece [17] fare Bovetto per salvamento del
porto [18] e della città una fortissima [19] rocca, e posele
nome la Rocca a [20] San Simone. Ella singnoreggiava
tutto il paese, e [11] fece dintorno abitare e accasare, e
lavoravasi tutto il poggio con certe [21] ville dintorno [22].

1 *tutta l'Inghilterra di* F. — 2 *se in* M — 3 *posta* M —
4 *chessia in tutta* F. — 5 *a porre soldo uno anno a q i* M
— 6 *anc se* O M. — 7 *che è su el* M — 8 *De le* M. — 9 *parte
ne teneva* M — 10 *teneva* M — 11 *e manca a* M. — 12 *de la* M
— 12a *e chorera* O. — 13 *che ha in* M, *nome* manca a O —
14 *una città ma* F, *una città* O, *che poi ha in per d'* — 15 *et
presso* M. — 16 *e in sul* F, *e manca a* O — 17 *il fece* M —
18 *poggetto* F — 19 *-ma fortezza e* O. — 20 *a manca a* M. —
21 *altre* O. — 22 *de intorno* M

E [11] diede [23] questa rocca per la più bella stanza che avesse Antona, a Ughetto di Dardenna [24], e diegli per moglie una gentile damigella di Londra; e [11] di costoro nacque Sinibaldo dalla Rocca a [20] San Simone [25]

E rengnando [26] Bovetto molti anni in questa singnoria [27], tanto che il [28] suo figliuolo, il quale ebbe di Librantona, ciò fu [29] Guido, era già d'anni sedici [30], in [31] questo tempo lo re di Fris, avendo [32] una bella figliuola che aveva nome Feliziana, d'età di [33] quindici anni, diliberò volerla [34] maritare, e ordinò una ricca [35] festa e gran corte. E [11] fece bandire questa festa, alla quale vi venne [36] uno duca di Cimbrea, cugino di Falsargi, e vennevi con grande adornezza [37], ed aveva nome Armenio; e [11] vennevi Cassandro d'Alcimenia, e [11] vennevi Candrazio di Rossia, e [11] vennevi Serpentino di Salmazia e molti altri infedeli per averla, perchè era fama che 'n [38] tutto il mondo non era la più bella dama [39] di [40] lei. E [41] intervenne ch'ella parlava un dì [42] con una sua balia, e la balia [43] disse. « O figliuola mia [44], tu se' la più bella damigella del [45] mondo; bene [46] vorrei che tu avessi per marito uno bello cavaliere. » Ella [47] rispose [48]: « Balain lo volesse! »

[23] d. Boveto M. — [24] a U de D. per la più b. st che hav Ant M — [25] dalla r e Sansone F. — [26] Regnò senz' e M — [27] in q s molti anni M; le par. m a mancano a O. — [28] quel M — [29] di branona di baviera ciò fu O; di Brantona che hebbe nome M. — [30] d'età d'a. s. F; sed anni M — [31] e in O — [32] aua O. — [33] -una che era de M; F ha poi sedici — [34] divolella O — [35] bella F — [36] ciennevi F, vi manca a M — [37] adorneze M. — [38] fama per O — [39] donna O. — [40] da M — [41] E manca a F — [42] Et uno dì interv ch'e parlava F — [43] la quale gli M, le par la b manc a F. — [44] Le par o f. m. mancano a F — [45] de tutto el M — [46] . per questo io M — [47] e ella F — [48] risp et dixe M.

E [11] così parlando di molti siugnori, vennono a dire
alcune [49] donne che v' erano · « Il più [50] franco cavaliere che porti arme al dì d' oggi, si è Bovetto, figliuolo
che fu [51] d' Ottaviano del Lione, e sono stati i [52] più
belli cavalieri e uomini [53] del mondo. » E [11] fuvvi men-
zionata Drusolina e Fioravante e Ottaviano, e [54] come
Bovetto aveva presa Inghilterra e [55] morto lo re Falsargi Per [56] queste parole Filiziana [57] innamorò tanto
forte di Bovetto, ch' ella sospirava [58]; e una delle vecchie se ne avvidde e disse: « Egli è di quelli traditori cristiani. » Nondimeno Filiziana [59] non se ne curò.
E 'l terzo giorno dopo queste parole uno maestro
d' arpa che le insegnuava [60] sonare, andandole a 'nsen-
gnare [61], la trovò malinconosa, ed egli le [62] disse: « O
bellissima dama, rallegrati, chè [63] il tuo padre ti vuole
dare marito » Disse Feliziana [64] « Come non ti ver-
gongni tu a [65] dire a me queste parole? » El giovane
s' inginocchiò [66] e dimandò [67] perdonanza Ella [68] disse
« Io non ti perdono, se tu non mi prometti per sagramento [69] di farmi uno sagreto [70] servigio. » Rispose il
giovane maestro [71] · « Madonna, per [72] mia fe', se io

[49] dimolte F — [50] alcune donne vennero a dire de assai che
gli erano chel più M — [51] Le par che fu mancano a F. —
[52] et che sono li M — [53] Le par e uom mancano a O, le par.
caval e mancano a F — [54] et dicto M. — [55] et come havea M.
— [56] eper O. — [57] Fel per q. p. se M. — [58] sospirò F, sospirava
gravemente senza l' e seg M — [59] F. nond M. — [60] insegnò F.
— [61] andando a 'nsegnargli F, andandogli per ms. M. — [62] le
manca a O, il gli M — [63] non stare malinconosa, ma allegrati
però che M — [64] Fel. dixe M — [65] tu manca a O; a ed a me
mancano a M — [66] si vergongno F — [67] domandògli M — [68] et
ella F — [69] perdonarò mai, se per sacramento tu non promith M
— [70] grande O — [71] el maistro giovin risp M — [72] per la M.

dovessi [73] di certo [74] morire, io farò vostro comandamento » ; e così le [75] giurò Ella [66] gli fece una lettera [76], e l' altra [77] mattina, tornato [78] a lei, ella gli die' la [79] lettera, e dissegli [80] · « Vattene da mia parte in Inghilterra da Bovetto, duca [81] d' Antona, e salutalo da mia parte, e, quanto è possibile, a lui mi raccomanda, e dagli [82] questa lettera. »

El caro [83] maestro andò [84] al porto che si chiama Golfo Ulie in sul mare Ozeiano Smanius, e verso [85] Inghilterra navicò, e [86] in poche giornate fu [87] in Inghilterra, e trovò Bovetto a Londra, e salutollo, e posegli la lettera in mano El duca [88] lesse la lettera. Ella [89] diceva come [90] ella innamorò [91] di lui, e come ella era gentile donna, e ch'ella non [92] si curava d'essere matringna di Guido, e che la sua fama l'aveva fatta di lui innamorare, pregandolo che andasse a quella [93] festa almeno a vederla, e pregandolo [94] ch'egli le [95] desse il suo amore sì [96] come ella l'aveva dato [96ª] a lui. Bovetto disse al servo. « Come mi [97] posso io fidare ? » Ma [98] egli gli fe' tanti giuri [99] o spergiuri,

---

[73] credessi F — [74] si bene io de certo dovesse M. — [75] il M — [76] lett. e suggiellolla F — [77] la seguente M — [78] tornata O. — [79] una O. — [80] disse O, dixegli Tho' M — [81] a B. d. O, in I da mia parte duca M — [82] et cossì anchora per mia parte lo saluta. et quanto possibile me se poterai a luy prima me i et poi gli darai M: dalla m p. e quanto egli etc. F — [83] caro manca a M — [84] nando O. — [85] e 'nverso F, e manca a O, verso l M — [86] e manca a O. — [87] pochi giorni narrò F, il seg. in manca a O — [88] il Boreto M. — [89] in la quale M — [90] e in che modo F — [91] se in M — [92] e come non F. — [93] questa O; Pregando per quella littera che and in q M — [94] e manca a O, et anchora el priegata M — [95] gli M. — [96] sì manca a O, cossì M. — [96ª] ai d el suo M — [97] i' mi F — [98] Ma manca a M — [99] giuramente M

che egli gli [100] credette; e tutte le bellezze della donna
gli contò per modo [101], che 'l fece [102] altrettanto e [11]
più innamorare Bovetto [103] lasciò la singnoria a Guido,
suo figliuolo, e non manifestò [104] dove andare si [105]
volesse, e [106] segretamente in su una nave si partì E
tanto navicò, ch' egli [107] arrivò nel Golfo Ulic a' confini [108] della Mangna, e, sconosciuto, entrò nella città
di Fris. El maestro di Feliziana lo menò a [109] una
buona osteria, e fecegli dare una buona e bella camera [110], ed egli lo servia [111].

Capitolo XVIII.

Come Bovetto vinse il torniamento in Fris il primo dì [1].

Passati [2] e' tre giorni che Bovetto giunse in Fris,
fu ordinato il torniamento, e tutti e' baroni s' appa-
recchiarono, e cominciossi la giostra all' ora di terza
da gente di bassa condizione Egli era [3] in su la piazza
venti giostianti [4]. quando fu in sull' ora di [5] mezzodì,
venne in piazza Armenio di Cimbrea, e in poca [6] d' ora
tutto il campo rimase a lui. Poi giunse in piazza [7] Cassandro d'Alcimenia, e fece due colpi con Armenio,

---

100 *el* M — 101 *donzella* etc F; le par *gli contò per modo* mancano a O M — 102 *che* † F — 103 *o più* † Bor. e F — 104 *no*
(senz' e) *manifestando per o* O — 105 *onde andare il* M. — 106 *Poi*
M. — 107 *che* F. — 108 *confine* M. — 109 *mandò a l'oste buono cioè*
a F. — 110 *una bella cam.* O, *una buona cam.* F. — 111 *servi con*
grande laltude M.

1 *il primo torniamento a Fris* F; *in f. e p d* O — 2 *pasato*
O — 3 *eran senz' egli* M. — 4 *giostiatori* M, *giostranti e* F —
5 *del* M; *fulora insullo* O. — 6 *pocho* O — 7 *campo* M.

e [8] poco vi fu di vantaggio. Allora giunse in piazza Serpentino di Salmazia, e amendue gli abbattè; ma eglino ruppono in prima [9] tre lance per uno. E, giunto in piazza Candrazio, fece al [10] primo colpo andare per terra Serpentino. La bella Feliziana era venuta [11] a uno reale [12] balcone a vedere, e lamentavasi [13] del suo maestro, che non era tornato [14] a lei; e, sospirando [15], ella lo vidde apparire in su la piazza, e vidde uno cavaliere armato di drieto a lui [16] con una sopravvesta di seta azzurra, e dinanzi al petto aveva [17] una damigella vestita d'oro, e così di drieto e nello scudo, e tirava un arco e aveva passato con la saetta [18] uno cuore d'un uomo [19], e uno breve aveva dalla sua bocca al cuore che diceva: « Se io vivo era [20], e io per voi son morto »; e questo era Bovetto. E, giunto [21] in sul campo, al primo colpo abbattè Armenio, e poi abbattè Cassandro, e appresso a lui abbattè cinque buoni cavalieri [22], e poi abbattè Candrazio, il quale non era ancora [23] stato abbattuto, e rimontò furiosamente. In questo mezzo Bovetto [24] abbattè certi altri cavalieri, e poi abbattè Serpentino. Quando Feliziana vidde questo

---

[8] *e* manca a O — [9] Le par *in p* mancano a O. — [10] *in* M, *il* O — [11] *venuto* O — [12] *reale* manca a O — [13] *lamentandosi* O — [14] *tornata* M — [15] *sospirava e in questo* F — [16] *dopo a l* O, *et drieto a luy ella vedi uno cav. arm.* M. — [17] *aveua al petto* O — [18] *una s* F, *cum la s hav. pass* M, *pasata quella s.* O — [19] *d'uomo* F. — [20] *sio nomoro* O — [21] *et da la soa bocca insino al cuore haueia uno breve che diceua. Se io ve ho minita et io sono morto per voi. Questo tal caualiero era Boveto. Giunto Boveto* M — [22] *cinque baroni* F; *e altri valenti et boni caualieri senza l'e seg* M — [23] *anc non e.* M — [24] *ma incontinente et cum furia et impeto furioso rimontò a cauallo. Boveto però in questo mezo* M

cavaliere fare tante [25] prodezze, subito immaginò.
« Questo è [26] Bovetto d'Inghilterra », e, chiamato uno
sergente, gli mostrò il suo maestro che serviva a [27]
Bovetto, e mandògli a dire che andasse a lei, finita
la giostra [28]. In questo mezzo Bovetto [29] gittò un'altra
volta tutti e' baroni per terra. El famiglio fece l'ambasciata al maestro dell'arpa. E, finita [30] la giostra,
rimase Bovetto [31] vincitore, e tornavasi verso l'abergo;
ma [32] lo re di Fris, che aveva nome re [33] Adramans,
conoscendo il maestro della figliuola, fece venire Bovetto dinanzi da sè, e domandò [34] chi egli era. Rispose
che [35] era uno povero gentile uomo d'Egitto, che andava cercando sua ventura, e che egli [36] aveva conosciuto quello [37] maestro [38] in Egitto; « e [39] però lo
pregai [40] ch' e' m' accompagnasse. » El maestro con-
fermò [41] il suo dire. E 'l re [42] lo fece alloggiare in casa,
e comandò al siniscalco di [43] corte che lo fornisse di
ciò che faceva [44] di bisogno, e fu alloggiato e bene
servito Bovetto [45], e 'l maestro di Feliziana si [46] stava
con lui in compagnia.

---

[25] tanto di O — [26] prodeze per le altre grande cose che
haveva udito dire del duca Boveto, subito imaginò che quello era
M — [27] a manca a O — [28] fin la g. and allei F — [29] Bov
in q mezo M — [30] finito O — [31] Bov iin M — [32] ma manca
a M. — [33] ire O, re manca a F. — [34] din a si el franco caval.
Bov. et domandolo M — [35] Il risp et dire che ello M. — [33] lui
M — [37] questo O. — [38] in de arpa M — [39] e manca a O. —
[40] pregai lui F. — [41] chosi rafermo O — [42] El re alora M. —
[43] de la M — [44] fa F; chello facia O, il seg di manca a M —
[45] Foe (senz' e) Bov a e b s M — [46] si manca a M

Capitolo XIX.

Come Bovetto vinse [1] gli altri due giorni, e [2] uccise uno parente [3] del re Adramans; e la notte fuggì, e menonne [4] Feliziana.

La bella Feliziana mandò la sera [5] per lo suo [6] maestro, ed egli andò a lei con l'arpa in mano. E [8] quando Filiziana ebbe [7] il tempo, lo domandò chi era quello cavaliere; ed [8] egli gli disse « Egli è [9] Bovetto, il quale voi amate tanto [10] ». Ed ella tutta si rallegrò [11]. Disse il [12] maestro « Se voi l'amate, tenete il suo nome celato, chè grande tradimento sarebbe [13] a fare morire un tanto valente [14] cavaliere » Ed [8] ella disse: « Istasera, quando ognuno sarà a cena, menalo qui da [15] me, chè io gli voglio parlare e vo' lo [16] vedere disarmato. » E così fece [17]. Quando [18] ella lo vidde, fu più allegra che prima, e [8] favellògli e confortollo ch'egli non avesse paura; e giurarono lui d'essere [19] suo marito, ed ella [20] d'essere [21] sua moglie e farsi cristiana [22].

---

[1] *vinse il torniamento* F. — [2] *et come* M. — [3] *sette parenti* F. — [4] *et come la n. il f e m. cum sieco* M. -- [5] *la sera mando* O — [6] *suo* manca a F. — [7] *vidde* F. — [8] *ed* manca a M. — [9] *ch'egli era* F - [10] *avette tantto amato* O — [11] *el duca Bov. el quel tanti voi amati Ella si se allegroe tutta et* M — [12] *al* M. — [13] *velato el suo n chel serebbe uno grandenessimo trad* M — [14] *farlo mor ete* F. *valente* manca a O — [15] *a* O — [16] *et sel voglio* M — [17] *Et e el maistro el fece. Menò Boreto cum si da ley* M — [18] *e q* F. — [19] *desere lui* O. — [20] *egli* F. — [21] *d'essere* manca a O — [22] *cristiani* F; *de forse rera et catholica xpiana et de essere sua moglie* M

Venuto l'altro giorno, ancora vinse Bovetto[23] il
torniamento; e così fece[24] il terzo. Essendo tornato la
sera del[25] terzo giorno[26] alla sua camera e disarman-
dosi[27], e[8] Feliziana andò sola alla sua camera, tanto
la vinse l'amore di Bovetto[28]; e, giunta in camera,
non si curò del suo maestro, ch'ella si gittò al collo
a Bovetto: egli, che[29] s'aveva tratto l'elmo, la baciò[30]
In[31] quello che egli la[32] baciò, entrò dentro[33] nella
camera uno nipote del re Adramans e cugino di
Feliziana[34], e videla baciare, e[35] accostossi a lei, e
disse «Falsa meretrice, ancora non t'à sposata[36], e
tu l'ài abbracciato e baciato[37]! » E alzò la mano[38],
e dielle una grande gotata Non potè Bovetto[39] essere
sofferente[40], alzò[41] il pugno e diegli nella tempia
sì grande la percossa[42], che subito cadde in terra e
fu morto[43]. Feliziana ebbe maggiore paura che dolore,
e disse. «Omè, singnore mio! egli è[44] nipote del
mio padre e mio cugino; omè! come potrete[45] iscampare? » Disse Bovetto[46] «Io mi raccomando a voi. »

---

[23] *Bov vinse anchora* M — [24] *et cossì ancora vinse* M —
[25] *de quel* M — [26] *g. Boveto* M, *g e tornatosi* F — [27] *disar-
matosi* F, *disarmanasi* O. — [28] *sola et senza compagnia veruna
andò da Boveto ala camera, tanto la constrinse el suo amore de
luy* M. — [29] *al suo collo a* B *che* M *se gli gittò al collo e
Bovetto che* F — [30] *et basolo* M — [31] *e in* F. — [32] *ella lo* M
— [33] *dentro manca a* F — [34] *uno nep. del re A et cug. de* F
intrò dentro a la cam M — [35] *e manca a* M, *le par e vid. bac.
e mancano a* F — [36] *egli isposata* O — [37] *bac. e abb* F —
[38] *Le par. e alzò l m mancano a* M — [39] *Bov non potè* M —
[40] *paziente* F — [41] *chegli alzo* O — [42] *sì gr la p n. t.* M; *in
su la testa sì gr il colpo* F — [43] *sub e morto in terra* M. —
[44] *cheglie* O, *egli era* F, *omè et chi avete voi facto, o signore
mio Ello è* M — [45] *et come (senza omè) p voi* M; *potremo* F. —
[46] *dise abor* O, *Boveto rispore et dize* M.

Ella [47] disse · « Mettetelo sotto il letto, e stanotte ve
ne andrete [48], chè noi non tengniamo porte serrate [49]
della città [50] » Disse Bovetto [51] « Io ò una nave in
porto a mia posta; o [52] non verrete voi [53] con meco? »
Ella rispose e disse di [54] sì, e[s] fermarono il patto e
l'ora del partire, e missono il morto sotto il letto,
chè [55] poco sangue s'era sparto. Bovetto mandò il
maestro di Feliziana [56] alla nave, che si mettesse in
punto; e [57] la sera, poi ch'ebbe [58] cenato ongnuno,
essendo ore quattro [59] di notte, Bovetto s'armò, e[s]
Feliziana menò con [60] seco la sua balia e una fighuola
della [61] balia molto bella, e [57] sconosciute [62] andorono
col maestro dell'arpa alla nave e con Bovetto [63], e
feciono vela, e uscirono del golfo Ulie, e[9] verso [64]
Inghilterra dirizzarono le vele [65]. E con prospero vento
navicando, giunsono al [66] porto d'Antona, dove si fece
grande allegrezza della tornata di Bovetto e della bella
donna. E andonne da [67] ivi a pochi giorni a Londra,
e fecela battezzare, e sposolla onorevolmente per sua
legittima sposa, vivendo in grande allegrezza [68]

---

[47] *Ella gli* M. — [48] *questa nocte ve ne andati* senza il che
seg M. — [49] *porta serrata* F, *serrate le porte* M — [50] *terra* F —
[51] *Bov. gli dire* M — [52] *or* M. — [53] *o voi non volete venire* F —
[54] *risp. di* O; *e ella ... che* F. — [55] *e* F. — [56] *disse bovetto maestro
va* O — [57] *e manca a* O. — [58] *ebono* O — [59] *circa quattro hore*
M — [60] *con manca a* F — [61] *balia reina fighuola della sua* O.
— [62] *sconosciuta* F — [63] *e con B allu n* senza l'e seg M —
[64] *inversso* O — [65] *si dirizzorono* F, *Drieiarono le vele verso* I.
M. — [66] *nel* M — [67] *da manca a* O — [68] *de la tornata de Boveto et de la venuta de la bella donna se fece grande festa Da
ly a puochi giorni andone a L et cum grande triumpho la fe'
prima baptezare et honorevelmente poi la sposò per legittima sua
sposa in grande allegrezza vivendo et piacere* M

Capitolo XX

Come lo re Adramans trovò morto il nipote, e i seppe che
la figliuola s' era [2] fuggita con Bovetto, e [3] fece gran
gente, e passò in Inghilterra con molti siugnori minacciando Bovetto [4].

Venuta [5] la mattina, s' apparecchiava di fare le
nozze, e mandò lo re Adramans alla camera di Bovetto
molti ricchi vestimenti [6], e mandòvvi Armenio di Cimbrea e Cassandro d' Alcimenia che facessino compangnia al novello vincitore del tornamento; e, non trovando persona, fu [7] veduto un poco di sangue, e, cercando, fu veduto uno morto sotto il letto Ongnuno
credette [8] che [9] fosse quello cavaliere ch' aveva vinta
la giostra, che [10] fosse stato morto per invidia; e corse
la novella al re che [11] n' ebbe grande dolore, e con
molti baroni n' [12] andò alla camera, e [13] quando riconobbe el [14] nipote, fu il dolore [15] maggiore. E [13] la
reina, non trovando la [16] figliuola, venne al re, e [17]
l' uno dolore giunse sopra all' altro. E faccendo cer-

1 et come M — 2 era senza la partic pronom M — 3 et come
M, e manca a O. — 4 Queste 2 ultime par mancano a O —
5 Venuto F. — 6 Adi a Boreto che credea fosse in la camera
molte riche vestimente M. senza seg e. — 7 in la camera fu M
— 8 e ong. cr O; cerc. per la camera fu reduto sotto lo letto uno
homo morto. Credette ogne homo M. — 9 ch' egli F — 10 unto etc.
O chel M — 11 corsa l n al re senza il che F, et incontenente
la norella corse al re El re M. — 12 n' manca a M. — 13 e manca
a M — 14 il re. el suo M. — 15 nip el dolore O, el dol. foe M
— 16 la sua M — 17 Le par. al re e mancano a O

care [18] per la [19] città e al porto, alcuni marinari [20] dissono come in su la mezza notte s' era partita una nave
d' Inghilterra, « e vedemovi [21] entrare uno cavalieri
armato [22] e [13] tre donne e uno famiglio disarmato »
Per questo fu [23] immaginato che quello che aveva vinto
il torniamento, era stato Bovetto, duca d'Antona;
ancora [24] fu manifeste le tre donne per la [25] balia e
per la figliuola della balia e per Feliziana. E non passarono [26] quindici giorni che le novelle furono certe [27]
d'Inghilterra [28]. Per questo lo re Adramans bandì grande
oste; e con tutti quegli [29] baroni, ch' erono [30] istati al
torniamento, e con molte navi e con sessantamila [31]
Saraini di più condizioni [32] di gente [33] passò in Inghilterra, e smontò al porto di Tamis, perchè egli era più
presso [34] al suo paese [35]; e, quando [36] fu in terra con
tutta l' oste, n' andò verso [37] Londra ardendo e rubando
tutto il paese e uccidendo [38]

---

[18] e cercando O — [19] nella F. — [20] al re et dixegli de
la figliola che non se trovava L' uno dolore soprainse l' altro.
Fece incontenente cercare per la città et alcuni marinari del porto
M — [21] vedemo O; de il regno de Ing. in la quale vidono M
— [22] armato manca a F — [23] Foe per questo M — [24] e ancora
F — [25] manifesto l t d. p. l F; -feste letere e donde pella O
— [26] Foe anchora manifeste le tre donne zoè la una era
Feliciana, figliola del re Adramans l' altra era sua baila · et
l' altra era la f de la b Non pass poi M. — [27] chiare F —
[28] dela insula de I M — [29] gli M, questi F — [30] era F —
[31] LX m⁰ di O — [32] natione M — [33] giente F. — [34] vicino M. —
[35] paese suo F. — [36] Quando che il senza il piec e M — [37] inverso
O; n' andaron verso F — [38] ard e uccid e rub tutto il p F,
andò verso L cum tutta l' oste, crudelmente rubando, indifferente-
mente ardendo el paexe tuto, et senza piutà alcuna uccidendo M.

Capitolo XXI.

Come Bovetto venne incontro [1] al re Adramans di Fris colla sua [2] gente, e combattè, e fu sconfitto e [3] assediato in Londra.

Sentito Bovetto come il re Adramans era smontato al porto di Tamis, subito mandò alle sue terre per la gente che [4] poteva fare E [5] vennevi Guido, suo figliuolo, che era in [6] Antona, e [5] vennevi Ughetto dalla Rocca a San [7] Simone, e trovossi [8] con venticinque migliaia di Cristiani [9], e [5] partissi da Londra [10], e venne incontro [11] al re Adramans, e [12] una giornata di [13] lunge si trovorono insieme amendue l'oste, dove Bovetto vinse lo re Falsargi. E [5] fu detto [14] a Armenio di Cimbrea. « Qui fu vinto [15] il tuo cugino Falsargi. » E [5] egli giurò fare [16] quivi la vendetta. Bovetto fece tre schiere la prima diede a Ughetto con semila cavalieri, la seconda diede a Guido, suo [17] figliuolo, con settemila cavalieri [18]; la terza tenne per sè, che [19] furono dodicimila. Lo re Adramans diede la prima [20] al franco Armenio di Cimbrea con ottomila; la seconda diede a Cassandro d'Alcimenia con diecimila; la terza

---

[1] *contro* F. — [2] *sua* manca a M, che dopo *gente* legge *et come i*; le par. *e colla sua g e c* mancano a F — [3] *e fu* O. — [4] *chel* M — [5] *e sue gienti e* F; *E* manca a M — [6] *in* manca a O — [7] *dela r. S* M — [8] *el qual se trorò* M — [9] *milia C* M, *cavalieri* F. — [10] *L Bov cum tutta zente* M. — [11] *contro* F — [12] *a* O — [13] *da* M — [14] *d. alora* M — [15] *i et morto* M — [16] *di f* F — [17] *G primo et unico suo* M, le par *suo figl* mancano a O — [18] *cavalieri* manca a M — [19] *e* O — [20] *Ad fece cinque schiere. a prima diede* M

diede a Candrazio di Rossia con [21] diecimila, la quarta
diede a Serpentino di [22] Salmazia con dodicimila ; la
quinta e ultima tenne per sè, e questa furono [23] ventimila. E ognuno [24] destramente si mosse [25]. Le due
prime schiere s'assalirono Armenio e Ughetto si ruppono le lance a dosso, e ognuno entrò nella nimica
schiera E' Cristiani cominciarono sì aspra battaglia,
ch' e' Saraini arebbono dato [26] le reni [27]; ma egli entrò
nella battaglia Cassandro [28], e [29] per forza d'arme e
di gente ruppe la schiera del franco Ughetto E nel [30]
tornare Ughetto alla [31] sua gente, s'abboccò con Armenio [32], e fu attorniato da tanta gente [33], che 'l cavallo
gli fu morto sotto [34], ed [35] essendo a pie', si difendeva
francamente [36] Ma il fiero Armenio dismontò [37], e combattendo fu levato l'elmo a Ughetto, e Armenio gli
partì la testa per mezzo; e qui finì sua vita [38], e [5] di
lui rimase uno figliuolo piccolo [39], che avea nome
Sinibaldo dalla Rocca a San Simone. Morto Ughetto,
el fiero Armenio entrò nella battaglia. tutti quelli
d' Ughetto sarebbono [40] morti, se non fosse [41] il valente
giovinetto Guido, ch' entrò nella battaglia, e pose la
lancia in su la resta. El primo ch' egli scontrò, fu
Cassandro d'Alcimenia, e più che mezza l'aste il [42]

---

21 *chandrazio chon* O — 22 *serp. e* O — 23 *foe* M, *chefurono*
O — 24 *ognuna* F — 25 *Destramente ogni homo se commenciò
a morere* M — 26 *date* M — 27 *spalle* F — 28 *ma Cass intrò
n. b.* M — 29 *e manca a* O — 30 *Nel (senza l e) suo* M —
31 *verso la* M. — 32 *col franco Arminion* F — 33 *et ly foe da
tanta zente atorniato* M, *tutta gente senza il che seg. F* — 34 *sotto
manca a* F — 35 *ed manca a* O — 36 *francam. def.* M — 37 *a
pie' d* F — 38 *vita il franco Ughetto* F. — 39 *Rim d. l. uno p.
fiolo* M. — 40 *tutti i. n. (sic) sarebono* F — 41 *y d. U. s. stati
tutti morti, sel non fosse stato* M — 42 *m. la testa lo* M

passò di drieto, e moito l'abbattè alla [13] terra. Per
costui si levò [44] gran romore da ougni paite; e 'l [45]
franco Guido, tratta [46] la spada [47], entrò per lo mezzo
de' nimici. L'animo il portava [48] più che la ragione,
e corse insino alle bandiere delle due prime schiere,
e uccise quelli che le tenevano ritte. Per questo furono
e' Saraini [49] messi in fuga e [50] per la morte di Cassandro. Allora gli soccorse [51] Candrazio di Rossia con
diecimila, e fu tanta la moltitudine de' Saraini più
che [52] de' Cristiani, che Guido non potea tanto sostenere
la [53] sua schiera, ch' ella [54] abbandonava il campo [55].
Guido gli confortava e soccorreva· egli era tutto coperto di sangue, ma non poteva contro a tanti [56] sofferire [57]. Allora Bovetto [58] entrò nella battaglia Ora [59]
qui fu fatta [60] la grande uccisione, e' Saraini davano
le spalle; ma egli entrò nella battaglia Serpentino di
Salmazia [61]. L'una gente era mescolata con l'altra,
ed era dubbia la vettoria a questi ch'erano alle mani [62].
Bovetto vidde venire da lungi [63] le bandiere [64] del re
Adramans subito [65] tornò alle sue bandiere [66], e fece

[43] a M — [44] levarono M. — [45] Ma el M — [46] tratto O. —
[47] cum la sp. tratta M. — [48] lo traportava F. — [49] questo Sarracini fur. M. — [50] e manca a O. — [51] gli corse M. — [52] diec.
Sarracini et la loro molt. foe tanta più che quella M; il
seg de' manca a F. — [53] potè t. s alla F — [54] sost. chella
sua giente O; ch' ella manca a M — [55] Le par il campo mancano a O. — [56] poteua tantto O — [57] sostenere F. — [58] ma contro
a t. non pot. luy ormai più sufferire. Bov alora M — [59] ora
manca a M — [60] fatto O. — [61] ma Serp intrò n batt cum tanto
grande lo impeto che M — [62] et a questi che er a m la vict
era dubia M, in dubbio la v etc F — [63] da l venne F. —
[64] tute le b M — [65] et s il M — [66] sue manca a O, alla sua
bandiera F.

sonare a raccolta, e, ritratta [67] sua gente il meglio che
egli potè [68], inverso Londra tornò; ma egli perdè [69]
più di diecimila Cristiani, e perdè il buono Ughetto;
e, se egli avesse aspettato [70] il re Adramans, egli erano
tutti morti Bovetto entrò diento a Londia, e fornì la
terra, e afforzolla il [71] meglio che egli potè, di gente,
d'arme e di vettuvaglia; e [5] con lui era il suo figliuolo
Guido [72]. E 'l terzo giorno che feciono la [73] battaglia,
lo re Adramans assediò Londra da ongni parte, e tutto
il paese metteva a fuoco e [74] fiamma. Le novelle andorono al re d'Irlanda, ed egli fornì [75] e afforzò tutte
le terre ch'egli aveva [76] in su l'isola [77], di vittovaglia
e di gente da cavallo e da pie'.

Capitolo XXII.

Come Guido [1] combattè con Armenio di Cimbrea, e taglògli [2] la testa, e gittolla nel campo de' nimici [3].

Adramans, re di Fris, tenendo [4] assediata la città
di Londres passati [5] quindici giorni [6], uno suo barone,
ch' [7] avea nome Armenio di Cimbrea, rammentandosi
che Bovetto gli aveva morto [8] Falsargi, suo fratello,

---

[67] ristare la O, ristretta M — [68] giente meglio che pote O;
al m etc M — [69] tornò in verso Londra In quel giorno il perdè
in la battaglia M. — [70] luy hav exp. M — [71] al M — [72] E a G
suo figliolo cum lui M — [73] giorno dopo la M — [74] e a F. — [75] se
fe fornie M — [76] ch'erano F — [77] is. de Inghiterra et M

[1] el franco et valente Guidone M. — [2] et al fine gli taglò M.
— [3] Le par. de' nim mancano a F — [4] uiendo F. — [5] passato
O — [6] quind. giorni passati M. — [7] uno di sui baroni il qual M
— [8] Le par. gli ai m. mancano a O.

s' armò una mattina, e andò presso alla[9] città, e domandava[10] battaglia A Bovetto fu portata la novella al palagio[11], ch' uno Saraino lo domandava a[12] battaglia. Essendo[13] presente, Guido s' inginocchiò[14] al suo[15] padre, e dimandògli questa battaglia El padre non voleva, ma[16] tanto lo pregò, che gliela[17] concedette Guido s' armò, e montò a cavallo, e venne fuori di Londra, dov' era Armenio[18]; e, giunto a lui, lo salutò, e domandòllo[19] chi egli era. Disse Armenio[20]. « Tu addimandi me[21] chi io sono? Ma dimmi[22] se tu se' Bovetto, figliuolo d' Ottaviano del Lione. » Disse Guido[23]: « Io sono suo figliuolo. » Disse Armenio[20]: « Va', torna al[24] tuo padre, e digli ch' io sono Armenio, fratello del re Falsargi, che[25] voglio sopra a lui far la vendetta e racquistare il reame del[26] mio fratello. » Rispose Guido « Per mia fe', che sarebbe poca discrezione, se[27] mio padre uccise tuo fratello, che[28] a me non toccasse a uccidere te! Io non mi partirò da te, ch'[29] io ti manderò allo 'nferno a trovare il tuo fratello tra gli altri demoni, tarteri cani che voi siete! » Allora s' adirò Armenio e gridò.

---

[9] *suo fratello F. se armoe et andoe una mat verso la* M — [10] *adomandare* O. — [11] *et cum grande superbia et audatia domandara battaglia a Bor. Al palazo foe port la nor.* M — [12] *a la* M, *le par. A Bovetto . . . battaglia sono omesse in* F — [13] *Essendogli* M — [14] *G. il se inz.* M. — [15] *suo manca a* F — [16] *che* O. — [17] *il gela* M; *ghe* O — [18] *armato* O. — [19] *dimandoghi* F — [20] *Armenio dixe* M. — [21] *a me* M — [22] *ma disse dimmi* F — [23] *Guidone dixe* M — [24] *a* O — [25] *et che io* M — [26] *di* O — [27] *G rispoxe Per la mia sanitu et vera fede il ser assai puoca discr. la mia, sel* M. — [28] *se* F. — [29] *insino ch* F; *che io non dovesse uccidere a ti Da ti ormai io non me partirò che* M

« Traditore cristiano [30], tu mi chiami cane [31]? E io [32] giuro a [33] tutti gli miei Iddei che io ti farò mangiare a'cani. » E diffidati [34] presono del campo, e con le lance si percossono e' tronconi [35] andorono per l'aria E, tratte [36] le spade, si tornarono a fedire: Armenio ferì un gran colpo sopra a Guido, ma egli percosse lui sì aspiamente, che Armenio [37] disse: « Ahi, crudeli Iddei, costui à più possanza che [38] 'l padre! »; e, riferito Guido, tutto lo 'ntronò. Allora ebbe Guido [39] un poco di paura; ma [40] Bovetto uscì dalla città con molti aimati, temendo che 'l figliuolo [41] non fosse assalito da altra gente [42]; e, come fu di [43] fuori, sonò il corno per confortare il figliuolo. Allora Guido [44] si vergognò, e prese a due mani la spada, e, d'ira e di vergongna ripieno [45], gittò lo scudo dopo le spalle, e ferì sopia a Armenio, e levògli un pezzo del cerchio dell'elmo, e 'l biando andò giuso, e divise la testa al cavallo tra ambe gli orecchi [46], e cadde morto il cavallo [47]. Come Armenio fu caduto, fu [48] ritto, e Guido ismontò, e

---

[30] disse tradit. cane cr F, manderò trovare el tuo fradello che è u lo inferno cum li altri demonii dannato come tartari cani che voi siti. Armenio alora per queste tal parole se adirò fortemente, et cridando dire O christiano traditore M — [31] cane Non e sì M — [32] ma io O; et io te M — [33] per M — [34] Disfidaronsi et M — [35] Le trocone de le rotte lanze M — [36] tratto O — [37] ma Guidone incontinente percosse sì aspiamente a Arm che il M — [38] ca non ha M — [39] Guidone alora hebbe M — [40] ma manca a M che continua Boi in quello uscì — [41] che G. suo figliolo M — [42] da l'altra zente del campo M — [43] c. Boieto foe da M — [44] Guidone alora M. — [45] ripieno manca a O, ripieno il M. — [46] tramendua ghiochi O, tra ambe le orechie M — [47] e 'l cavallo cadde morto F. — [48] incontenente foe M

andoronsi a ferire, e a una otta [49] si percossono delle spade Guido tutto intronò, ma Armenio cadde, e Guido gli corse a dosso, e dilacciògli l'elmo, e tagliògli la testa, e rimontò a cavallo con [50] la spada in mano, e spronò il cavallo verso e' nimici, e gittò la [51] testa nel mezzo del [52] loro antiguardo, e gridò [53]: « Togliete, cani, e mangiate l'uno l'altro! » Allora si mossono più di semila Saraini, e [54] fu percosso da molte lance, e fu [55] attorniato; ed egli nel mezzo con la spada a due mani [56] si faceva fare piazza; ma pure vi sarebbe perito, se 'l padre non lo avesse [57] soccorso con molti cavalieri; e rimissono [58] e' nimici insino agli [59] alloggiamenti, e poi si ritornarono drento.

Bovetto riprese Guido di quello che fece della testa, perchè [60] non era cortesia di cavaliere, e per lo pericolo a che [61] s'era messo Della [62] morte d'Armenio si fece gran festa.

---

49 e amendum F. — 50 et cum M che non ha l' e nè dopo testa, nè dopo mano — 51 quella F. — 52 di F — 53 g nel mezo de quigli del loro antiquardo la testa de Armenio, et gridando a loro dire M — 54 et Guidone M — 55 f. da loro M — 56 mano a due mani O — 57 non havesse tosto M — 58 li quali per loro francheza rim M — 59 ai loro M — 60 p la M — 61 che senz' a O, in lo quale M — 62 e della F.

Capitolo XXIII.

Come, passati¹ quattro mesi che l'assedio era stato a Londra², Bovetto³ raguno quanta gente potè, e ruppe il campo.

Fra⁴ molte battaglie che furono fatte, passati e' quattro mesi che l'assedio era stato a Londra, e' nimici erano molto⁵ mancati, e avevano patito⁶ molti disagi. Essendo⁷ presi certi di Fris, furono menati a⁸ Feliziana, e dissono come l'oste del padre aveva molti disagi Ella⁹ ne parlò con Bovetto, ed egli chiamò molti de' suoi¹⁰ gentili¹¹ uomini, e trattarono di mandare al re Adramans a¹² trattare accordo. E, trovato l'ambascieria¹³, mandò per¹⁴ salvocondotto per due ambasciadori al re Adramans¹⁵, ed egli lo diede. E¹⁶ Bovetto mandò due savi e¹⁷ gentili uomini che trattassimo di rimanere parenti come¹⁸ dovevano essere, e¹⁹ che egli farebbe a Feliziana ongni cosa di carta²⁰ della sua singnoria, e¹⁹ che egli le²¹ perdonasse, e che egli²² la 'ncoronerebbe d'Inghilterra²³, e¹⁹ che al re Adramans farebbe ongni ammendo²⁴ ch'egli voleva,

---

¹ pasato O — ² llondra O — ³ e Bov F, Come che duca Boveto pass li q m. chel re Adramans de Frisse haiera tenuta in assedio la cità de Londres M — ⁴ tra M — ⁵ molti O — ⁶ patiti F — ⁷ Or ess M — ⁸ da M. — ⁹ et ella F. — ¹⁰ Le par de' suoi in M stanno dopo uomini. — ¹¹ gienti F — ¹² e F — ¹³ trovata l' a. M: trovati gli ambasciadori F — ¹⁴ per lo F — ¹⁵ Le par al re Adr mancano a O — ¹⁶ L' manca a M — ¹⁷ e manca a F — ¹⁸ chome eglino O — ¹⁹ e manca a O — ²⁰ di corte F — ²¹ il gli M — ²² luy M — ²³ de reame dingilterra O, F prosegue e al — ²⁴ amenda O

e [19] che egli voleva essere suo figliuolo. Gli ambasciadori portarono questa ambasciata Udita [25] el re Adramans questa domanda, montò in tanta superbia, che,
s' egli avesse [26] auta la gente drento alla città per
correrla [27], non arebbe fatta sì aspra risposta, e disse:
« Cani cristiani, io [28] credetti che voi mi recassi le
chiavi della città [29], e che Bovetto e la meretrice di
mia figliuola si venissino a 'nginocchiare alla mia volontà, e fare quello di loro che mi [30] piacesse. Or va',
e di' a Bovetto e alla puttana [31] di [32] mia figliuola,
che io non mi partirò di questo paese, se non quando
io [33] arò fatto mangiare Bovetto e 'l suo figliuolo
a' cani [34], e lei [35] ardere, e gittare la polvere al vento [36]
per vendetta del mio nipote. E [37] se io non vi [38] avessi
fatto [39] il salvocondotto, com' io ò [40], io [41] vi farei a
'mendumi cavare le lingue [42] » E' fedeli [43] ambasciadori tornorono a Bovetto, e feciongli la crudele risposta Bovetto, tutto acceso [44] di focosa ira, subito fece [45]
trovare e' suoi corrieri [46], e mandò al re d' Irlanda [47]

---

[25] Le par e che al re Adr . *Udita* mancano a M, che
prosegue *Lo re Adr per questa d* M, *udito* O; le par *questa
dom* mancano a Γ — [26] *avesse* manca a M. — [27] *per la correre* M. — [28] *io mi* O. — [29] *de la città le chiavi* M. — [30] *mia
persona di fare loro quello che a me* F; *et de loro che io fesse
quel c m* M — [31] *putta* F — [32] *della* O — [33] *insino che io
non* M, *io* manca a F — [34] *da cani Bov et suo figliolo* M -*olo
ella mia figliuola achani* O — [35] *e poi lei* O, *et a lei* M, *ellei
fare* Γ — [36] *al vento la polvera* M — [37] *et giuro che* M — [38] *vi
manca a F* — [39] *esio none avessi fatto e seio noui avessi fatto* O
— [40] *io ofatto* O *come che ho* M. — [41] *io* manca a F — [42] *la
lingha* O; *le l a am* M. *cavare tramendue le l* F. — [43] *fedi* F.
— [44] *tornarono cum la crudele et aspera risposta a Bov. Bov
acceso tutto* M — [45] *il f* M. — [46] *soi cavalieri et corrieri* M,
uno choriere O — [47] *mando indirlanda* O,

pregandolo per Dio che[48] lo servissi[49] di semila cavalieri, e[16] mandò per[50] tutta l'isola per quanta gente potè[51] fare da[52] cavallo e da pie', e[16] diede ordine il[53] dì che egli voleva uscire[54] alla battaglia co' nimici, avvisando e' Cristiani, ch' e' Saraini erano male in punto da[55] combattere. Per queste lettere e messaggi, che[56] segretamente e di notte uscirono di Londra[57], fu soccorso Bovetto di quindicimila[58] cavalieri, e nella[59] città n' era[60] ottomila, e[61] più di diecimila pedoni, e[16] di fuori erano più di diecimila pedoni apparecchiati[62] E 'l dì ch' egli ordinò[63], essendo in su la terza, parlò[64] a' suoi conestaboli e caporali[65]. « Fratelli miei, voi sapete che io addomandai[66] la pace, e quello ch' e' mi rispuose[67], v' è palese[68]. Noi siamo certi che[69] non sono per la mezza parte forti, che[70] quando vennono. Io ò ordinato, che, come noi assalireno[71] il campo, e'[72] saranno assaliti da molta gente, ch' aspettano el nostro sengno Meglio è francamente morire, che stentando vivere[73] in vergongna. » Allora tutti gridarono[74]. « Battaglia! Battaglia! » E[16]

---

[48] che per dio M — [49] sochoresse O — [50] -ò ancora per M. — [51] il potera M — [52] a O — [53] del M — [54] usc fuori F — [55] per M — [56] che manca a F. — [57] usci d L e O, Per q l e m avisò tutti che cum la gratia de Thesu xpo et cum puoea più zente il debellerere et desfereve lo re Adramans et tutta sua zente Per quisti secreti avisi li quali de nocte usurano fuora d L M — [58] semila F; m/XV di O — [59] alla O — [60] erano M — [61] et erano piu dentro M — [62] er apparcchiati più de altri diexe milia M. — [63] da lui preordinato M. — [64] Boreto parlò M — [65] chapitani O, -orali et a loro dixe M — [66] adomando F. — [67] chemm' è stato risposto F — [68] et sapiti chel i' è palece quel chel me rispoxe M — [69] che qli M. — [70] che erano M. — [71] assalteremo F — [72] e' manca a M — [73] stentamente rivere et in M — [74] gridarono tutti M

fece Guido il primo feritore [75] con quattromila cavalieri
e tremila pedoni; ed egli con quattromila [75a] cavalieri
e cinquemila pedoni lo seguitò [76]. E [16] quando si mosse,
tutte le torre [77] feciono cenno di fummo [78]. Guido uscì
per [79] una porta, e 'l padre [80] per un' altra, e [81] come
gente disperata assaltorono [82] il campo Guido entrò
nella battaglia come uno drago, e [81] così la sua schiera;
e' cavalieri ruppono l'antiguardo, e' pedoni gli ucci-
devano come cani [83] El romore si levò · Candrazio [84]
corse al romore di [85] Guido, e [16] Serpentino corse [85a]
al romore di Bovetto. Guido fu percosso d'una lancia
da Candrazio, e mancò poco [86] che Guido non cadde
da cavallo, e, adirato, in sè stesso si rodeva d'ira [87],
e [81] per la propia disperazione volse il cavallo drieto
a Candrazio Giungnendo ira a forza [88] e forza a
a forza, lo [89] giunse avendo gittato via lo scudo, e gli
partì per [90] mezzo [91] il capo. infino alle [92] reni gli misse
la spada. Per [93] la morte di Candrazio tutto il campo
impaurì, e 'l romore e le grida e [94] gli stormenti rin-
tronavano il cielo [95] e la terra. In questo punto fu
assalito il campo da due altre parte da gente che
giungneva. da cavallo e da pie', e già el campo,

---

[75] feritore O, C suo figliuolo fece p f. M — [75a] III O —
[76] il seguitò cum altri quattro milia cav et cum cinque m ped M
— [77] le torre tutte M — [78] fuocho O, signo de f M — [79] fuori d'
Γ — [80] et Boi suo padre uscì M — [81] e manca a O — [82] asa-
luono O — [83] Le par c c mancano a O — [84] et C M — [85] di
manca a O — [85a] corse manca a Γ — [86] et puoco mancoe M —
[87] adir se stesso rod d' i. F, se rod de na si instesso M —
[88] forza all'na F, na o na M — [89] gli M. — [90] lo se na el p p. F,
ispartì pel O — — [91] per mezo gli partì M — [92] insino alle M,
inf nelle O — [93] e per Γ — [94] e manca a F. — [95] l'ana M

dov' erano le bandiere del re Adramans [96], era assalito [97] per modo, che non poteva soccorrere all altro [98]
campo. Serpentino [99] s'abboccò con Bovetto, e [51] per
la furia de' cavalieri fu gittato [100] per terra e mortogli
il cavallo; e morì [101] assai vituperosamente, perchè i
pedoni lo trovarono mezzo morto tra' piedi de' cavalli,
e liverarono d'ucciderlo [102]. E correndo verso le bandiere del re Adramans, si fecìono [103] due schiere una,
cioè [104] quella di Bovetto e di Guido [105], ma Guido era
innanzi [106] al padre. Quando il re Adramans vidde le
bandiere di Bovetto e [107] conobbe non avere rimedio,
subito abbandonò le bandiere e' padiglioni tutta sua
gente [108] cominciò a fuggire Or qui fu la grande uccisione d'infedeli. Tutto il campo andò a preda [109], e
poco seguitarono lo re Adramans, ma con la vettoria [110] tornarono a Londra ricchi di pieda d' oro [111]
e [16] d'ariento e di cavalli [112]. pochi prigioni v'era,
perchè la battaglia fu disperata, e [16] molti prigioni
furono morti, poi che turono a Londra. rammentandosi della [113] crudele risposta del re Adramans e delle
sue minacce [114].

---

96 *dov' era el re Adramans cioè le sue bandiere* F — 97 *assalito* manca a F; *erano asalite* O. — 98 *-rere l'a* F. *poteano
socherelle alatro* O — 99 *eserp* O — 100 *cucciato* Γ — 101 *morto*
F, *-ato da cavallo et fogli morto el car et cossi m* M — 102 *delibe-
rarono ducidallo* O *de lo uci* M — 103 *et ferenosse* M *fecìono
di* F — 104 *cioè di* Γ — 105 *zoì una della zente de Boveto et
l'altra di la zente de Guidone* M — 106 *ma G già in* F. —
107 *e* manca a M F M però mette qui un *il* e un *et* dopo *rimedio.*
— 108 *et la sua zente tutta* M — 109 *a piede* O — 110 *Le par ma
e l i* mancano qui a M — 111 *richi d'oro* Γ — 112 *cavagli cum
la insperata et gloriosa victoria* M. — 113 *eramentandosi la* O —
114 *elle minacie* O, *-osta et de le manaze del re Adramans* M

Capitolo XXIV

Come il re Adramans di Fris [1] si dispero [2] per modo, ch' e' per disperazione uccise [3] il duca Bovetto, e ancora morì [4] egli.

Quando il re Adramans giunse al porto di Tamis, dov' erano le sue nave, e vidde con quanta vergongna e danno conveniva [5] tornare in suo paese, e anche era [6] in dubbio di tornarvi [7], si misse in disperazione, e diliberò nel suo cuore [8] di morire e uccidere Bovetto [9]. Egli si disarmò e vestissi [10] la più vile [11] roba di marinaio ch' egli potè [12], e prese uno [13] bordone e 'l cappello, e [14] come povero pellegrino cominciò a 'ndare accattando per l' isola Le nave si partiuono, e [15] chi fuggì [16], e chi fu morto, e chi fu preso della sua gente; e [17] furono pochi i prigioni Tutta l' Inghilterra fece festa [18] della vettoria, e tutta la [19] cristiana fede Guido [20] si partì da Londia e tornò ad Antoua, e ivi stava per sua abitazione [21].

---

[1] Le par. di F. mancano a F — [2] desp sì factamente et M — [3] che p il il ucise M — [4] e morì anche O, ancora manca a M — [5] gli conv M — [6] e ancora era F, et era anche M — [7] de possirgli tornare il M — [8] ms e O, nel suo quore dil. F, che omette le par e ucc Bor — [9] di avanti a morire manca a O, nel suo animo de uccidere Boreto et de morire lui Cossì cum tale proposito M — [10] nesti O. — [11] una vile F — [12] possette havere M, le par ch' e p mancano a F — [13] il F. — [14] et cossì M. — [15] e manca a O. — [16] fuggì qua e chi là F — [17] e manca a F — [18] tutta inghilterra feciono festa O, et dele sue zente parte ne fugino, parte ne forono morti et parte prese ma puochi ne fuorono presoni. La Ing tutta fece festa grande M — [19] la manca a F — [20] Guidone poi la festa dela victoria M — [21] abitanza F

Passati erano [22] due [23] mesi dal dì ch'[24] ebbono la
vettoria, quando il re [25] Adramans sconosciuto venne
a Londra, e portava [26] uno spuntone avvelenato sotto [27]
Essendo una mattina in su la sala Bovetto tutto solo,
e andava per la sala in giù e in su [28] dicendo suo
ofizio, e [29] Adramans cominciò pianamente a 'ndare [30]
verso lui. Bovetto pensò ch'egli volesse carità [31], e
fermossi, e diegli due [31ª] monete d'argento, e, quando
si volse e volgevagli [32] le reni, el disperato re [33] gli
ficcò lo spuntone corto, cioè uno [34] trafiere, nel fianco,
e gridando disse [35] « Traditore, tu non goderai più
la mia figliuola! » Bovetto l'abbracciò e tolsegli il
trafiere, e con quello uccise ancora lui [36], e amenduni
caddono morti in terra. Alcuni cortigiani [37], che gli
viddono, gridarono, e tutta la gente vi corse; e [38] fu
grande il pianto, e sopra a tutti e' [39] pianti fu quello di
Feliziana E fu [40] mandato per Guido, e fu fatto singnore, e duca rimase [41] per lo suo padre, e fece soppellire il padre a grande onore [42], e 'l corpo del re
Adramans fu bruttamente soppellito. Bovetto non potè
fare testamento; ma Guido fece grande onore a Feli-

[22] *erano* manca a M, che omette poco più oltre il *quando* —
[23] *e due* F che omm le par. *dal dì   vettoria* — [24] *misi poi che*
M — [25] Le par *il re* mancano a O — [26] *portato* F, *portò* M.
— [27] *sotto u sp avel* F — [28] *Bov una mat in la sua sala
solo che andava in su et in zu passezando et* M. — [29] *el re* M —
[30] *andare piana mente* O — [31] *una carità* M. — [31ª] *tre* F —
[32] *et poi gli volgi* senza le prec. par *e q s i.* M — [33] *re Adramans* M. — [34] *lo sp cioè il* F. — [35] *e disse* F; *eguido* O —
[36] *e quello medesimo l'uccise lui* F — [37] *alchuno chortigiano* O
— [38] *e* manca a M — [39] *tutti gli altri* O. — [40] *Lo p foe gi :
ma sopra tutti amaramente pianzera Feliziana Foe* M — [41] *rimase* manca a F. — [42] Le par. *a gr. on.* mancano a F, *et cum
gr. hon. il fece sepell. el padre* M.

ziana, e [8] diella per moglie a Corvalius d'Ordiet, e
reugnava Guido in [43] suo paese con grande allegrezza
e 'n pace [44] gran tempo.

Capitolo XXV.

Come morì il [1] re Micael di Franza, e la loro nazione [2], e alcuna differenza degli autori [3] di loro nomi e imperadori [4].

Nel tempo che fu morto il duca Bovetto, morì il
re Micael re di [5] Franza. Di [6] lui rimase uno fighuolo
ch'ebbe nome Gostantino; ma [7] fu tanto beniguo
singnore [8], e tenne in tanta pace il reame di Franza [8a],
che e' Franzosi lo chiamorono [9] Angnolo, e fu tanto
innanzi questo nome [10], che in molte scritture non [11]
fu menzionato [12] Gostantino, e [13] tutte le scritture istoriche [14] di Francia lo chiamano [15] il re [16] Angnolo.
Costui fu imperadore di Roma, ed ebbe due fighuoli.
l'uno ebbe nome Lione e [17] l'altro Pipino, e [17] rengnò
imperadore con Pipino anni sedici, e poi fu imperadore Lione. Poi [18] che 'l re [19] Angnolo ebbe rengnato

---

[43] il O nel M, le par i s paese mancano a F — [44] paese
in pace et in allegreza in quel ure M

[1] il manca a M — [2] e della loro gieneiazione F. — [3] et degli
aut M, degli altri O, aut e F — [4] Le par e imp mancano a F,
et imp de loro sangue M. — [5] morto Boi m il re Michael di F
— [6] e di F. — [7] Gostantino Costui M — [8] singnore manca a
M — [8a] el i de F in tanta pace M — [9] chiamanono O —
[10] Questo nome andoe et foe tanto manzi M — [11] ne O. — [12] chiamato nè menzionato F — [13] ma M — [14] ystoriografe dele geste M
— [15] chiamanono O — [16] il manca a M, Gostantino, ma re Angnolo F. — [17] e manca a M. — [18] e poi F. — [19] ch ie O

nel reame anni venti, amava [20] più Pipino che Lione;
e, quando fu fatto imperadore, incoronò [21] Pipino del
reame di Franza, e Lione fece gonfaloniere di Santa
Chiesa [22]. E quando incoronò Pipino, mandò per tutti
e' baroni della Fede cristiana, infra e' quali [23] vi venne [24]
il duca Guido d'Antona, ed [25] era molto amato e temuto
più [26] che altro barone, perchè a [27] suo tempo nessuno
altro aveva [28] dimostrato sua virtù [29] nell'arme, quanto
lui e Bovetto, suo padre; ed [30] ancora vi venne il
marchese Rinieri, figliuolo del marchese Aldrigi di
Maganza; e [17] vennevi Corvalius d'Ordret, che aveva
per moglie Feliziana, matrigna di Guido, e [31] molti
altri singnori; e [17] fu molto magna e ricca la festa [32],
e durò uno mese. Poi [33] che 'l re Pipino fu incoronato,
rengnando lo 'mperadore Angnolo Gostantino, intervenne un dì uno strano caso — già era compiuta la
festa [34] —, essendo un dì tutti e' prinzi e [35] singnori in
su la sala dinanzi allo 'mperadore e al [36] suo figliuolo,
re Pipino

---

[20] *il amava* M — [21] *il inc* M — [22] *de la chiesa* senza l'E
seg M — [23] *tra quali* O — [24] *de la christiana fede santa et
rennegli tra gli altri* M. — [25] *el quale* M — [26] *amato più* O —
[27] *al* M — [28] *non haveva* M — [29] *sua virtù dimostrata* F —
[30] *ed* manca a O — [31] *et rennegli* M — [32] *La festa foe molto
magna et ricca* M — [33] *e poi* F — [34] *foe coronato et compiuda
la festa uno dì intervenne uno caso molto strano* M — [35] *e*
manca a O — [36] *a* F

Capitolo XXVI.

Come il duca Guido d'Antona uccise Rinieri di Maganza dinanzi allo imperio, e per questo fu sbandito [1].

La fortuna, movitrice [2] degli stati [3], per molte vie aopera suo [4] corso, come fece in questa parte, che da lungi seminò nuovo travaglio a chi [5] posava per lo tempo passato. El marchese di Maganza (era conte e marchese), cioè Rinieri [6], avendo udita la nominanza della [7] bellezza di Feliziana, moglie di Bovetto, l'amava molto, in tanto [8] che alla vita di [9] Bovetto, quando la menò di Fris, venne in Inghilterra, e non si seppe [10] perchè, e Bovetto [11] gli fece grande onore, ed eravi stato un mese, poi [12] s'era tornato in suo paese. E [13] quando Bovetto morì, mandò [14] a dimandarla per moglie; ma ella era già sposata a [15] Corvalius d'Ordret, che fu figliuolo di Giliante, e però [16] non l'ebbe E trovandosi ora [17] a Parigi, dinanzi a tanti [18] baroni disse verso [19] Guido d'Antona. « O duca [20], tu non mi vo-

---

[1] *allo imperadore e fu sbandegiato* O, *et per questa casone foe sbandito* M — [2] *mutatrice* F. — [3] *istrani* O. *stati temporali* M — [4] *el suo* M. — [5] *si mutò nuo* (in fin di riga) *trav. e chi* F; le par. *che... travaglio* mancano a M — [6] *zoè Ram era e e in et* M — [7] Le par *nom della* mancano a F — [8] *et tanto dico* M — [9] *del duca* M — [10] *sepe il* O — [11] *il renne Ramero in Inghiterra per ela redere ma non se seppe che per tale facenda glie fosse renuto Boi* M. — [12] *e poi* F; *Stettegli* (senza d'ed) *in Inghiterra per tempo de uno mexe poi* M — [13] *Em* anca a M — [14] *il mandò* M. — [15] *in* M. — [16] p. *Ramero de Maganza* M — [17] *Or trovandose* M — [18] *tutti i* O — [19] *il dixe verso el duca* M *rerso* manca a F — [20] *o duca* manca a F

lesti dare [21] per mia donna [22] Feliziana; ma io ò bene
saputa la cagione. io [23] non la vorrei avere tolta per
tutto il rengno d' Inghilterra [24]. » Guido rispuose [25]
« Io non so, conte [26], quello che voi vi [27] vogliate dire,
ma io conosco Corvalius [28] per franco e leale [29] cavaliere, e [13] conosco Feliziana per gentile e onesta donna,
quanto nessuna altra donna che io vedessi mai, e [30]
chi volesse dire il contrario, per mia fe', dallo imperio [31] e da [32] Pipino in fuora, e' [33] non è uomo al mondo,
che [34] per forza d' arme io [35] non gliele voglia provare
in campo [36], a corpo a corpo, in presenza del nostro
imperadore » Rispose il conte Rinieri: « Questo [37] è
testimonanza alle [38] mie parole; perchè voi [39] non la
volesti dare a me, chè [40] non l' aresti potuta godere
a' vostri piaceri. » Quando Guido udì queste parole,
tanta ira gli venne, che egli gridò [41] « Traditore, tu
menti per la gola! » e, tratta la spada [42] percosse il [43]
conte Rinieri in su la testa, e subito cascò morto nel

[21] non volisti darme M — [22] per moglie F — [23] saputo la
c. chio O; e F — [24] per tutta l' I. F — [25] disse F — [26] Conte.
io non so M. — [27] vi manca a M; F ommette che voi vi. —
[28] Corr d' Ordret M — [29] buono e franco F — [30] o O —
[31] imperadore O, con anchora F p q et per tanto honesta damma
quanto alcuna altra damma che mai io vedesse, et per la mia
fede lialmente giuro che da lo imp M — [32] -no el re F. —
[33] e' manca a O — [34] mondo el qual volesse dire el contrario che
M — [35] io manca a F — [36] chanpo o O le par a c a c mancano a F — [37] Qua F da corpo a corpo in campo et in la presentia del nostro inclito et christianissimo imperadore io voglio
provare El conte Ranero rispose questa M — [38] dele M —
[39] voi manca a F. — [40] perchè F — [41] q. tal parole il gli venne
tanta grande la ira che furiosamente cridando dixe M — [42] et
cossì dicendo trae la spada et M — [43] al F

mezzo della sala. E [44] Guido fuggì fuori di Parigi, e
in pochi dì giunse [45] al mare, e passò in Inghilterra,
e tornossi ad [46] Antona; e [13], temendo che 'l re di
Franza e il suo padre [47] non gli facessin guerra, fornì
di vettuvaglia e d'arme, di gente tutte sue terre [48]
A Parigi fu gran romore, e fu seguito Guido, per
pigliarlo, insino al mare [49], e fu soppellito il conte Rinieri [50], e [13] Guido fu sbandito di tutto il [51] reame di
Franza e di [52] tutta la Cristiana Fede [53], e molto minacciato dallo imperio e dal re Pipino [54].

Del [55] conte Rinieri rimase [56] due figliuoli; l'uno
aveva nome Duodo, e l'altro Alberigo. Per questi due
crebbe molto la casa di Maganza, e crebbe l'odio e
la briga tra loro e 'l [57] sangue del duca Guido [58], e
molti ne morirono da ongni parte.

E [13] vivette il duca Guido [59] grande tempo, e non
fu biasimato di nessuna [60] cosa, se non perchè egli [61]
non tolse [62] moglie se non [63] in vecchiezza. La [64] cagione

<hr>

[44] *E manca a* O — [45] *e giunto senza* in p di F, *che omette*
l' e dopo mare, *sì che subito nel mezo de la sala casò morto Et*
G tosto et senza alcuna induzia fuzì fuora de P. Giunse G in
puochi giorni M — [46] *tornossi in* F — [47] *ch'el re Pipino de*
Franza et lo imperadore Constantino padre de quello M — [48] *d'arme*
tutte sue terre edigiente O , *guerra Per questa paura il se fornì*
de victuaria et de arme et de zente et cossì fornì le soe terre
tutte Per questo contingente et strano caso M — [49] *seguitato G.*
insino al m p p F — [50] *il corpo di* R F, *el conte R foe*
sep M — [51] *Guid foe et del* M — [52] *da* M — [53] *tutta cristia-*
nità F — [54] *da lo imp et dal re P. minacciato* M — [55] *edel* O
— [56] *rimaseno* M — [57] *da loro al* M, *brigha deloro* O — [58] *di*
G F. — [59] *Guido manca a* F — [60] *d'alcuna* F — [61] *et de nes-*
suna cosa foe mai biasemato so non che il M — [62] *ebbe* F. — [63] *se*
non manca a M — [64] *ella* O.

non mostra [65] l'autore e il perchè [66] se lo facesse, ma immaginossi [67] per la briga e per lo bando che [68] aveva per la morte del conte Rinieri E [69] così [70] vivette gran tempo

Capitolo XXVII

La [1] morte di Gostantino imperadore, vocato [2] re Angnolo [3] di Franza, e fu il LXVI [4] imperadore [5] di Roma; e di [6] Pipino, suo fighinolo.

Non passò molti anni che lo 'mperadore morì, e rimase imperadore Lione, suo primogenito, e fu fatto imperadore per lo papa di Roma. Pipino teneva la corona di Franza; e [7] fu di tanta superbia, che, mentre che visse, diceva essere egli imperadore [8], come reda di suo padre; e però fu [9] da' Franzosi detto Pipino imperadore.

E [10], reugnando Pipino, el duca Guido non ebbe guerra; e [10], poi ch' [11] ebbe passati e' sessanta [12] anni, tolse per [13] moglie la figliuola del re Ottone di Guascongna, re di [14] Bordeus, la quale aveva nome Brandoria, ed era [15] sì giovinetta e bella, che a lui non si

---

[65] recita M — [66] auet perchè il M, il p senz' e F — [67] ymaginare ce possimo chel facesse M — [68] che il M. — [69] E manca a F — [70] e Guidone M

[1] De la M — [2] chiamato M — [3] re Angniolo re O. — [4] il sedecimo F — [5] che morì negli sexanta sei imper M — [6] et de re M — [7] et questo M — [8] che il mentre imperadore lui M — [9] epero e poi ofu (sic) O, l'e manca a M — [10] E manca a M — [11] Poi chel duca Guidone M — [12] passati LX O, quaranti F — [13] il t per sua M — [14] -ongnia e di O — [15] edera detta O, Era (senza ed) costei M.

confaceva, tanto era antico, ma tolsela [16] per avere
figliuoli, e quella [17] fu la sua morte e disfazione di
lui [18] e di molti altri suoi amici, come racconta il seguente libro di Buovo. Deo grazias [19].

Finito [20] il terzo libro de' Reali di Francia e di [21]
loro schiatta, e [22] comincia il libro quarto. Deo grazias.
Amene [23].

[16] *a lui che era tanto annoso non se confaceia. ma il la tolse*
M — [17] *ed ella* O — [18] Le par. *di lui* mancano a O — [19] *morte*
quella ancora foe la disfactione sua de luy et molti soi amici·
come el seg libro intitulato de Buovo raconta De gratias M —
[20] *Qui è f.* M — [21] *della* O — [22] *e* manca a O, *schiatte* M
senza le seg par *e c il l. q* — [23] *amene* manca a F

LIBRO IV.

—

Capitolo I.

Qui comincia il quarto libro de' Reali di Franza, chiamato [1] Buovo d'Antona. In prima [2] tratta la [3] sua nazione, e dove [4] fu allevato insino [5] in [6] età d'anni nove e [7] renduto al padre, e [8] l'odio che Brandoria prese contro a Guido, suo marito. perch' e' era vecchio.

Il duca Guido d'Antona, avendo tolta per [9] moglie la figliuola del re Ottone di Bordeus di Guascongna, el primo anno ella [10] ingravidò, e partorì al duca Guido uno fanciullo maschio molto bello, di cui si [11] fece grande allegrezza per Guido, suo padre, e per tutti e' suoi amici e [12] sottoposti e per tutta l' [13] Inghilterra; e [14] posegli nome Buovo d'Antona, perchè era nato ad Antona [15], la quale città fece l'avolo suo Bovetto, e per lui ebbe nome Buovo. El duca Guido lo dette a [16] guardia al maggiore e al più fidato amico [17],

1 intitulato M — 2 chapitolo primo O che ripete tale espressione in fine alla rubrica, le par In pi mancano a F — 3 et narra de la M. — 4 dove et come M — 5 per insino F — 6 ala M — 7 et come il foe M — 8 et de M — 9 per sua M — 10 la M — 11 De lu natività de questo fanciullo se M — 12 et altri M — 13 l' manca a O, la insula del M. — 14 e manca a M — 15 Le par perchè .. Antona mancano a F — 16 in M — 17 maggiore amicho elpiu fidato O

che egli avesse [18], e [14] questo [19] aveva nome Sinibaldo
dalla Rocca a [20] San Simone; e Sinibaldo per migliore aria e per più sicurtà [21] menò le balie col fanciullo alla Rocca a [20] San Simone, e raccomandò Buovo
a Luzia, sua moglie; e [14] aveva Sinibaldo [22] uno figliuolo che aveva nome Teris. E [14] fu allevato Buovo [23]
con grande solennità [24], e sempre aveva tre balie che
lo allattavano, e poppò sette anni, e, quando Sinibaldo
lo fece spoppare, sempre mangiava con lui, e due anni
lo tenne poi alla Rocca. E quando [25] fu entrato ne'
dieci anni, lo vestì riccamente [26], e rimenollo ad Antona [27] al suo padre Guido, il quale [28] ne fece grande
allegrezza, e fece grandi doni a Sinibaldo, e diede a
Buovo [29] uno maestro che gli insegnasse leggere; ma
Sinibaldo gli aveva già fatto insegnare alla Rocca [30],
ma poco sapeva ancora.

E imparando Buovo, e la sua madre Brandoria [31]
era d'età d'anni ventiquattro, ed [14] era tanto bella,
che assai volte nella sua camera, sè medesima specchiandosi [32], maladiva chi mai l'aveva dato per marito
Guido d'Antona, ch' era vecchio canuto, per modo che

18 areia M — 19 Costui M — 20 a manca a F — 21 Sin cor-
dialmente acceptò et p m a et anche p p s M, e più sicura F —
22 Symbaldo haveia M. — 23 Buovo foe allevato M — 24 studio et
sol M — 25 poi che il foe spoppato Symbaldo el tenne ala Rocca
San Simone Quando che Buovo M — 26 realmente F — 27 Le
par. ad A mancano a F. — 28 al duca Guidone suo padre el
duca Guidone M — 29 a Symbaldo fece grande doni et a Buovo
diede M. — 30 de liezere ben che ala Rocca Syn già li hai f i
M — 31 anchora. Brandoria la sua madre de Buovo in questo
tempo M. — 32 specchiara e specchiandosi F, ella era ivi tanto
bella che in la sua camera se medesima specchiandose assai
volte M

non si curava di donna; e diceva. « Il padre mio doveva bene pensare [33] che 'l duca Guido aveva passati tanti anni sanza moglie, perchè poco amore di donna rengnava in lui: o se da giovane [34] non ebbe amore di donna, o come l'arà ora [35] in vecchiezza? E io, misera [36], mi perdo il tempo mio, e sono pasciuta di baci e di promesse e di belli vestimenti, e vivo combattendo con l'amore [37] e da lui [38] riscaldata; e [14] quando veggio il mio vecchio [39] marito, non sono sì [40] allegra, che io non mi [41] contristi, e convienmi sforzare di celare il mio pensiero [42] e [43] ridere, quando ò voglia di piangnere Che vale a me la nominanza della sua virtù? Che vale a me [44] la sua grande singnoria? Che vale a me l'assai ricchezza e belli vestimenti [45], che di quello che io doverrei avere, sono nuda e povera? Ed egli vive [46] pieno di gelosia, e sono guardata, e crede [47] che io non me ne avvegga · egli ama el figliuolo, che io gli ò partorito, perchè egli non si

---

[33] *Antona, et cossì maledicendo quigli tutti che in quel mandazo per farse se impazarono cum se instessa dicera Doreia ben pensare el mio padre* M — [34] *in lui regnava poco amore de dona · or et se da giouentù* M — [35] *ora manca a* F — [36] *la mis. senza il seg mi* M. — [37] *la morte* F. — [38] *de basi de uno vecchio increscerele · sorno passuta de impromesse et sono passuta de belle restimente. Vivo cum lo amore combattendo et da quello* M — [39] *vechio mio* M. — [40] *mai cossì* M — [41] *me ne* M — [42] *Le par sforzare di manearno a* M; *di mostrarmi allegra* F — [43] *et monstrare* M — [44] *la nom d l s r che vale a me? che me vale* M — [45] *che me valeno le grande rechezze et le assae et belle vest* M, *le sue grandi richezze e b. v.* F — [46] *Ello vive senza Ed* M — [47] *credono* F, *et io stentata sotto guardia piena de mala agonia et crede el vechio* M.

sente da poterne[48] acquistare mai più[49]. Ma io trovèrò[50] modo d'avere marito[51] giovane, e non mi perderò il tempo mio[52]. »

Capitolo II.

Come Brandoria trattò la morte del duca Guido d'Antona, e mandò per Duodo di Maganza[1], e come andò in Inghilterra[2].

Brandoria, investigata[3] e tentata dal dimonio, essendo giovane piena di lussuria più che di buono amore[4], pensando ne' suoi ardenti[5] pensieri, non vedeva in[6] che modo uccidere il duca[7] e dare la singnoria a uno nuovo amante, temendo, s'[8] ella manifestasse il suo pensiero a veruno singnore[9], che quello singnore non la tradisse come[10] ella tradiva il suo singnore E per molti giorni stette[11] in su questo pensiero· alla fine seppe[12] come il duca[13] Guido aveva morto il conte Rinieri di Maganza, e[14] come del[15] conte Rinieri era[16] rimasi due figliuoli, ciò era Duodo

---

[48] *potere* O — [49] *più acq ormai* M. — [50] *trov. bene el* M — [51] *altro marito* F. — [52] *et del certo io non perderò più ormai el mio tempo* M.

[1] *Maganza ch' era suo nimico mortale* F. — [2] *Antona et come ella mandò in Inghiterra per Duodo de Maganza* M — [3] *instigata* M; *le seg par. e tentata mancano a* F. — [4] *amore buono* M — [5] *ard. soi* M. — [6] *a* O; *sed lume et non sapea in* M. — [7] *duca Guidone* M. — [8] *che se* M — [9] *signore veruno* M. — [10] *sicome* F — [11] *-ore et marito Stette per molti giorni* M — [12] *et finalmente ella venne a sapere* M — [13] *Le pai el duca* mancano a F — [14] *et ancora* M — [15] *al* O — [16] *erano* M.

e Alberigo, ed erano d'[17] età di XXXV anni[18], ed erano molto[19] belli uomini, e ancora non avevano[20] moglie nessuno di loro[21]. Pensò fra sè[22] · « Costoro amano[23] di fare la vendetta di loro padre[24], e sono giovani assai[25]. Duodo si confà a me, e io mi confarò[26] a lui ». E fatto[27] sua immaginazione[28], essendo andato un dì il duca Guido[29] a cacciare, ella chiamò uno suo sagreto famiglio, che aveva nome Antonio, ma era chiamato Gascon, perchè egli era di Guascongna[30], e dissegli. « Gascon, egli è di bisongno che tu mi servi d'una ambasciata » El[31] sergente si gittò a' sua piedi[32] ginocchione, e tutto si proferse a lei[33] ella lo fe' giurare e impalmare di non manifestare mai sua[34] ambasciata, ed egli così le giurò. Disse Brandoria: « A te[35] conviene andare in Maganza, e non guardare che sia lungo il cammino[36], chè io ti meriterò il servigio, e porta questa lettera sagretamente a Duodo da mia parte ». Disse Antonio. « O[37] madonna, egli è mortale nimico[38] del duca Guido! » Disse

17 *che haievano nome l'uno Duodo et l'altro Alberigo. Erano quisti* M — 18 *di circa a trenta o trentadue anni* F — 19 *ancora molto* M — 20 *ai aiuto* F — 21 *et niuno di loro haveva anchora moglie* M. — 22 Le par. *fra sè* mancano a O, *e p fra sè* Γ, *P ella adonca tra si instessa et dire* M — 23 *debbono amare* F — 24 *del padre loro* F — 25 *assai e* F, *assai* manca a O, *assai giuvini et belli homini* M — 26 Le par *mi confarò* mancano a F — 27 *fatta* Γ — 28 *f questa tale imag da sy a si et* M. — 29 *el d G un dì* M — 30 *ma perchè ello era de G era chiamato Gascon* M, cui mancano le par seg fino a *ambasciata* — 31 *Questo tal* M — 32 *se le g in terra* F, *piedi in* M — 33 *a lei tutto se prof* M; *et ella* F — 34 *la sua* M — 35 *et cossì il giurò de mai la manifestare Brandoria gli dise Il te* M — 36 *el c sia l* M — 37 *Oimè senza madonna* Γ, — 38 *el del servizio et de la futura l'ortarai secretamente questa littera da la mia parte a Duodo di*

Brandoria [39] · « Io lo so meglio di te: va' e fa' [40] il mio
comandamento, chè [41] tu dei credere che io amo poco
questo vecchio puzzolente e canuto [42]. » El famiglio
la 'ntese subito a queste parole [43]. prese la lettera [44]
ed entrò in mare nel porto d'Antona, e navicando
venne [45] al porto di Salance, e poi a Pontieri e ad
Argentifa, e passò el Reno, e giunse in [46] Maganza
dinanzi [47] a Duodo, e al sagreto gli fe' la [48] sua ambasciata. Duodo sapeva chi era la dama [49], come era
giovane e bella, e per molti buffoni aveva saputo [50]
come [51] ella amava poco [52] il duca Guido. nondimeno [53]
non si fidò [54] leggermente, ma, poi ch'ebbe letta la
lettera [55], disaminò molto il messo, e appresso prese
consiglio col suo fratello Alberigo, e lessegli la lettera, la quale in brevità diceva queste parole [56]
« A Duodo, figliuolo di Rimeri, marchese e conte di
« Maganza, mando alquante salute [57]. La tua innamo-
« rata Brandoria, figliuola del re Ottone [58] di Guascon-

---

*Maganza Ant dixe: Come madamma, non è ello immuo mor-
tale M. — [39] Brand. dixe M. — [40] te ma fa O. — [41] chè manca
a M. — [42] Le par. puzz e mancano a O, M agg. dopo canuto
et che non lo poterci mai amare. — [43] a queste parole subito la
intese et M — le lettere F. — [45] venne manca a F — [46] al porto
di M — [47] inuzi O — [48] la manca a F — [49] donna O, bene
come la damma era M, senza le par come era — [50] sapeva O
— [51] che F. — [52] pocho amava O, et per parole de molti buffoni
il havea gia saputo come che ella amava poco M — [53] e nond
F — [54] il u s f sì M — [55] la letera letta O. — [56] laq dicea
inpoche parole queste parole O, che luy hebbe leite le littere era-
minò molto bene el messo Lesse ancora quelle littere inanzi suo
fratello Alberigo e de zo prese cum lui consiglio Le littere de
Brandoria erano de puoche parole et de questo tal tenore M —
[57] parole F — [58] Ottone manca a O.*

« gna, a te si raccomanda Partefice del tuo amore[59],
« à due dolori[60] con teco[61]. l' uno è l' amore che io
« ti porto, perchè sempre t' ò di lungi con l' effetto[62]
« e presso con l' animo, el secondo[63] mio dolore si è
« che, amando io te[64], mi racordo udire dire ch' el
« vecchio mio marito, non dengno di me, uccise lo
« tuo padre dinanzi allo[65] impeiadore Angnolo Gostan-
« tino e al re Pipino, e mai non ài fatta vendetta[66]
« Or se[67] questo vecchio duca muore[68], sopra a chi
« ti vendicherai? El suo figliuolo è fanciullo e sarà
« tenuto in guardia: intanto tu sarai vecchio, e non
« ci[69] sarà Brandoria che te[70] ami e[71] dia il modo,
« come io ti darò ora[72] per averti per mio[73] marito,
« e farotti[74] singnore di tutto questo paese Morto co-
« stui, non n' è più[75] di sua schiatta, chè[76] noi ter-
« remo Buovo in prigione, e tu sai che Guido à bando,
« e 'l re di Francia sarà contento della sua morte
« Vieni a pigliare la[77] singnoria e me per tua mo-
« gliera; e mettiti in agguato presso a Antona, e io
« te lo metterò[78] nelle mani a salvamento; e[79] poi
« che l' arai morto, ti darò la città d' Antona[80] e me

---

[59] pei lo tuo partificie amoie F, part. pei l. t. a. M. —
[60] haui dolore M. — [61] contengo F, contencho O. — [62] che sempie
da lungie t' ò con l' u. F; chonefetto O — [63] Laltio M — [64] te
io M — [65] dallo F. — [66] et dinanzi al ie P. et ancora non hai
facto la vendecta mai M — [67] esse F — [68] mio ducha si muoie
or O; morissi F. — [69] se M. — [70] tu O. — [71] et che te M. —
[72] daro e O; come darà Brandoia ora F. — [73] mio manca a F —
[74] Faio te (senza l' e) anchoia M. — [75] altro M — [76] che Buovo
M. — [77] bando dal r. d F e etc F, Ultia zo anchora tu sai
che G have b et de la sua morte el re de Franza serà contento Viene adonca a pigliare questa M — [78] manderò O. —
[79] e manca a M — [80] d' A manca a F.

« in tua balìa, e vieni celatamente, che Guido non
« sappia [81] la tua venuta »

El conte Duodo, udita la [82] lettera col suo fratello
Alberigo, domandò il fratello quello gli pare da [83] fare.
Rispose [84] « Quello di noi, per cui [85] rimane questa [86]
andata, sia tenuto traditore » E [79] feciono in pochi
giorni [87] quanta gente poterono, e mandarono segretamente [88] a 'pparecchiare el navilo al porto che si
chiama Oregiaco, ch' è in mezzo tra [89] la Fiandia e
la Fiancia in sul mare verso Inghilterra [90] E [79] poi si
partì da Maganza, e passò il Reno, e passò per mezzo
Fiandra, avendo tutte sua arme e insegne [91] cambiate
per non essere conosciuto; e [79] andò con lui Alberigo,
suo fratello, e menarono [92] ottomila cavalieri, e passarono Avelangna e Alissa; e [79], giunti a 'regiaco, en-
traiono in mare sagreti e presti. E [93] navicarono pochi
giorni, che furono in Inghilterra, e smontarono a certe
piaggie fuori [94] del porto di notte [95], e poi cavalcorono
verso Antona, e presso ad [96] Antona si posono [97] in
agguato in uno grande bosco, dove Biandoria aveva

---

81 *senta* M — 82 *la sua* F — 83 *-ello chegliparese da* O,
*Duodo lette in la presentia le littere de Brandoria et quelle bene
intese et domandò a Alb suo fratello che gli parea de* M —
84 *Il respore et dixe* M, *risp dicho per* O, *risp che* F — 85 *lo
quale* F — 86 *di fare q* F — 87 *In puochi zorni feceno* M. —
88 *segr* F, *secr mand a fare* M. — 89 *al porto el navilio chia-
mase el porto* Or *et è tra* M — 90 *fra la Francia e l' Inghilterra verso la Fiandra* F — 91 *per lo mezo de* F *cum le
sue arme et ins. tutte* M — 92 *men cum loro* M — 93 *E* manca
a O. — 94 *di fuor* F — 95 *secretamente cum cautele intraiono
in mare et in puochi giorni et presti navigarono fin ch' egli fuorono
in Inghilterra Smontarno de nocte fuora del porto a certe spiage*
M. — 96 *in* O. — 97 *ponsaronsi presso ad A.* M.

ordinato ad⁹⁸ Antonio che gli menasse. E⁷⁹ quando
furono in agguato, Duodo chiamò Antonio e disse⁹⁹:
« Vattene alla città, e di' a Brandoria come noi siamo
venuti, e ch' ella non ci facci indugiare, chè noi po-
tremmo essere scoperti da' paesani del paese. » El
messo¹⁰⁰ andò alla città, e giunse all' aprire della
porta. E⁷⁹ come Brandoria fu levata, n' andò¹⁰¹ a lei,
e ogni cosa le¹⁰² contò, ed⁷⁹ ella lo rimandò e disse.
« Domattina lo manderò alla caccia; e confortagli che
non abbino paura e guardino di non essere scoperti. »
E Antonio tornò a loro, eglino¹⁰³ si stettono segreta-
mente¹⁰¹ nel bosco ch' era grande, e puosono tre
agguati in tre parte del bosco per non fallire¹⁰⁵.

CAPILOLO III.

Come Brandoria mandò il duca Guido alla selva a cacciare, perchè Duodo² l' uccidesse.

La duchessa Brandoria, come ebbe rimandato il
il messo³, subito s' infinse essere⁴ di mala voglia, e
cominciò a dire ch' era grossa⁵, e ch' ella s' avia di

---

⁹⁸ *chon* O. — ⁹⁹ *chiama . . dixegli* M — ¹⁰⁰ *Antonio* M. —
¹⁰¹ *Antonio andò* M — ¹⁰² *gli* M — ¹⁰³ *et egl.* F. — ¹⁰⁴ *segreti*
F — ¹⁰⁵ *dixegli Tornai presto a Duodo et confortalo che non
habiano paura et diglie che guardino de non essere scoperti, che
domatina mandarò Gudone a la caza Antonio tornò a Duodo et
rendégli la dicte de Brandoria. Elli secretamente se stessono nel
bosco che era grande et in tre parte possono per non fallire tri
aguarti nel bosco* M

¹ *per* F. — ² *D de Maganza* M, *il ducha Dodo* O — ³ *come
che lei . . Antonio* M. — ⁴ *desere* O — ⁵ *gravida* F; *che ella
era gr* M.

più dì passati [6] sentita grossa [7], immaginando [8] il
tempo che il duca era usato con lei; e [9] per questo
ella mandò per lo duca Guido, e dissegli · « Io [10] sono
grossa, ed ò una [11] grande voglia [12] d' una cacciagione
presa di vostra mano [13]. » El duca, udendo dire [14]
ch' ella era grossa, ridendo allegramente [15], si proferse
d' [16] andare alla selva a pigliarne una, e fecie apparecchiare la caccia per l' altra mattina, e, come fu
giorno [17], s' armò con trecento cavalieri [18]. Quando la
duchessa udì [19] come egli andava armato e [20] in punto,
congnoscendo [21] la sua virtù, mandò [22] per lui e disse:
« Or veggio [23] che voi non mi amate, dacchè [24] voi
andate armato per [25] pigliare una vile cacciagione [26],
che, essendo voi disarmato, a pena [27] la potrete [28] pigliare, non che andando armato. » E [29] seppe tanto
dire, che 'l duca si disarmò e [30] fe' ongnuno disarmare,
e non menò se non cento [31] compangni disarmati, e
andò [32] fuori d'Antona alla caccia; e, come [33] giunse
nella [34] selva, fu ordinata la caccia Entrando per lo [35]

---

[6] et che era passati più dì che ella se era M — [7] et che di
più dì passati se n' era aveduta F — [8] e mangiando O — [9] e
manca a F. — [10] Signore mio Guidone io M — [11] una manca
a M. — [12] volontà F — [13] deglie vostre mane M. — [14] dire manca
a F — [15] allegramente et ridendo M. — [16] d' manca a M. —
[17] feze (senz' e) incontenente per la matina sequente app. la caza
et come chel foe g il M — [18] chavalieri e O — [19] sentì O, uldì
dire M — [20] e manca a O. — [21] e c O; considerò M — [22] et subito
mandò M. — [23] dixegli Or credo ben M. — [24] da poi che F. —
[25] a O — [26] per p. una v c voi and arm M — [27] apie apena
O — [28] poti voi O — [29] Le par non che and. arm mancano
a O, essendo arm Finalmente ella M. — [30] et anche il M. —
[31] menò cum luy altro che cento M non menò seco ciento F —
[32] et cossì andoe Guidone M — [33] Come che il senza il prec. e
M — [34] ala M — [35] et intrando per lo uguaitato M

bosco co' segugi, levarono alcuna [36] cacciagione [37], faccendo romore di corni e di grida e di cani [38], come è usanza [39]

Capitolo IV.

Come Duodo di Maganza[1] uccise il duca Guido d'Antona nella selva, e[2] prese la città d'Antona e Brandoria per[3] moglie.

Andando Guido per la selva, si levò uno cervio. E' cani lo seguivano, e[4] Guido si misse a seguitarlo[5], e molto si discostò[6] da' compagni[7], tanto che 'l cervio lo misse nella più folta selva. Alla fine fu[8] preso, e a questo cervio si raccolsono tutti e' cacciatori[9], e non si avvedevano ch' egli erano nel mezzo di tre agguati, e[10] da tre parti corse loro la gente[11] a dosso. E'[12] miseri cacciatori si davono[13] a fuggire, e tutti furono morti. El duca Guido, rimontato a cavallo, s' avvolse[14] un suo vestimento al braccio, e con la spada in mano si[15] difendeva; e dissono da[16] poi e' ca-

---

36 *levarano alcune* M — 37 *chaciagioni* O M. — 38 Le par. *e di cani* mancano a F — 39 *come è degli caziadori propria usanza* M

1 Le par. *di Maganza* mancano a F. — 2 *et come il* M — 3 *et prese Brand. per sua* M. — 4 *e* manca a O — 5 *assediarla* F — 6 *siparti* O — 7 *et per questo il se elongò molto dagli c. et* M. — 8 *più* F. *el cervo foe* M — 9 *et per questo li caziadori se recolseno tutti in quello luoco* M. — 10 *e* manca a M — 11 *le gienti* F. — 12 *La zente de Duodo da tre parte gli corse adosso onde li* M. — 13 *miseretti cacc. si metterano* F — 14 *rimontò a car et rivolsese* M, *rimontò in sul carallo salio* F — 15 *il se* M. — 16 *di* F.

valieri maganzesi che fece [17] maraviglie [18] della sua persona, chè, essendo vecchio e disarmato, alcuno non [19] arebbe creduto ch' egli avesse fatta tanta difesa Bene è vero che ognuno non [20] lo voleva uccidere per dare l' onore a Duodo o ad [21] Albengo, e uccisongli [22] il cavallo [23]. Allora giunse Duodo e [24] disse « O duca [25] traditore, tu mi [26] uccidesti il [27] mio padre, ma [28] il tempo della vendetta è [29] venuto. » Guido si gittò in [30] terra ginocchioni [31], e prese un poco di terra, e comunicossi [32] e raccomandossi [33] a Dio : questo [34] fu il primo dì d' agosto negli anni del nostro Singnore Gesù Cristo [35] . . . . . Duodo gli ficcò la lancia per le reni, e conficcollo [36] in terra. El duca aveva già [37] molte [38] ferite sanza quella, ed ancora glie ne fu aggiunte sopra a quelle [39], e così morì il duca Guido [40] con tutti e' suoi compangni alla caccia per l' operazione della iniqua moglie. E [10] però non pensi niuno vecchio [41], ch' una [42]

---

[17] fu O ; *secondo che da poi dicono li car mag il fece Guidone* M — [18] *maraviglia* O — [19] *nessuno non l'* F — [20] *persona et sì che mai alcuna persona harerebbe creduto chel haiesse facta tanta difesa come il fece, essendo cossì vecchio come il era Il è bene el vero che niuno* M — [21] *ad* manca a O. — [22] *ma bene gli uccisono* M — [23] *cai sotto e* F — [24] *Duodo y. et vedendo Guidone li constrecto gli* M — [25] *o conte o veramente o duca* F — [26] *mi* manca a M. — [27] *il* manca a F. — [28] *mae ora* O — [29] *è pur* M — [30] *a* F — [31] *in zenochione* M — [32] *et missesela in bocca* F — [33] *e vchomandandosi* O — [34] *e questo* F — [35] *anni di Cristo* F, *signore nostro Thesu Christo* M, *e dopo Christo* F M *lasciano un breve spazio in bianco*, O *omette le parole Gesù Cristo e non ha nessuna interruzione nella scrittura*. — [36] *confisselo* F — [37] *Haveva già el duca* M. — [38] *dimolte* O — [39] *altre sopia quella senza l' e seg* M — [40] *Guido* manca a F. — [41] *adonca niuno vechio credere voglia nè pensare* M. — [42] *nessuna* F

giovane lo deggia amare per atto [43] di matrimonio,
nè d'[44] amore d'ingenerare [45], perchè la ragione non
è nel corpo vecchio [46], che si possa d'amore riscaldare,
come nel giovane

Morto il duca Guido [47], Duodo con tutta la sua
gente n'[48] andò verso [49] Antona, ed entrò nella città
sanza nessuno [50] romore, perchè non si faceva guardia [51], e andonne al palazzo, e Brandoria lo raccettò
come singnore. Ma [52] certa gente d'arme [53] conobbono e' Maganzesi, e [10] levarono romore, e cominciossi [54] battaglia; ma, quando [55] fu saputo che 'l
duca era morto, non feciono più difesa molti ne [56]
fuggirono e molti ne furono morti. E' cittadini, ripieni
di paura, posarono l'arme; e [10] Duodo e Alberigo corsono la città [57], e alloggiaronsi per la terra la gente
sua; e mandò in Maganza per più gente per pigliare
l'altre città e [4] per essere più forte [58]; e sposò Brandoria per sua moglie [59], e fecie sè [60] duca d'Antona,
come seguita appresso [61]

---

[43] atto damore O. — [44] per O. — [45] da gienerare F. — [46] nel
corpo rechio non è la rasone M — [47] Guido d'Antona F. — [18] n
manca a M — [49] verso lucitta d O. — [50] diento nella città sanza
alcuno F — [51] fecie g O; et senza nessuno romore intrarrno
nela città Il non se facevano guardie senza l' e seg. M — [52] Ma
manca a M. — [53] arme che M. — [54] cominciarono F — [55] come
M — [56] si O, però ne M — [57] per la c M, terra F. — [58] et
le sue zente se allogiaono per la terra mandò poi per più zente
in M. per essere più forte et per pigliare le altre città senza l' e
seg M — [59] mogher Duodo M. — [60] feciorsi O — [61] qui appresso
seguita M.

Capitolo V.

Come Sinibaldo se ne menava Buovo[1] verso la Rocca a
San[2] Simone, e fu toltogli, e[3] la rocca assediata[4] da
Duodo[5].

Mentre che le sopradette cose si facevano per la
città d'Antona, Buovo, figliuolo del duca Guido[6],
ch'[7] era in età d'anni undici, sentendo come suo[8]
padre era morto, ripieno di paura, non sappiendo[9]
che si[10] fare — e udiva[11] come la madre l'aveva
fatto morire — aveva paura che ella non facesse uccidere[12] ancora[13] lui; e, come fanciullo, si nascose sotto
una mangiatoia[14] nella stalla, e coprissi di paglia
Essendo la novella andata[15] a Sinibaldo alla Rocca a
San Simone di questa[16] cosa ch'era intervenuta, fece[17]
armare venti suo' compagni, e come[18] Maganzesi si
vestirono[19], e vennono ad[20] Antona così sconosciuti,
e[21] vidde ongni cosa perduto[22]: andava[23] dimandando
certi conoscenti se sapevano niente di Buovo[24]. Essendo

---

[1] menò Buovo F, menava ma Buovo, figliuolo del duca Guidone per scamparlo et menaralo M. — [2] rocca San M, e così sempre
— [3] et come li foe tolto, et come M — [4] foe ass M — [5] Le par
da D mancano a F. — [6] dighuido O. — [7] el quale M. — [8] il F.
— [9] sapeia O. — [10] chi se M. — [11] sepe O; uldendo M. —
[12] morire F. — [13] ancora uccidere M. — [14] mang dechauagli O
— [15] de zo andata la nov M. — [16] se dolse assai de tal M. — [17] f.
incontinente M — [18] chome i O — [19] inti compagni li quali se
iestirono come Maganzesi M — [20] verso F — [21] e manca a M
— [22] perduta M — [23] e andaua O — [24] B. figliuolo dighuidone
O; B et M

entrato [25] nella stalla, addimandando [26] certi famigli,
e [21] Buovo lo sentì, e uscì di sotto [27] la mangiatoia
piangnendo Sinibaldo, perch' e' non fusse conosciuto,
lo fece tacere [28], e fece sellare uno cavallo di Guido,
e miselo a cavallo [29], e uscirono fuori del palazzo per
menarlo via. Intervenne che Brandoria era a [30] una
finestra del palazzo, e vidde Buovo passare la piazza:
e' Maganzesi [31] non lo conoscevano. Allora Brandoria
chiamò Duodo [32], ch'era in su la sala armato, e disse [33]:
« O singnore [34], el figliuolo del duca Guido è menato
via, e credo che sia [35] Sinibaldo della Rocca quello
che lo mena via [36]; e, s'egli non è preso, tutta l'Inghilterra [37] si darà a lui, e [38] tu sarai sempre in
guerra. » Duodo, ch'era ancora [39] armato, con grande
romore montò a cavallo, e con molta gente, correndo [40], seguiva Sinibaldo.

Quando [41] Buovo fu fuori della porta con Sinibaldo [42], s'affrettarono [43] di cavalcare, ed [21] erano mezzo
miglio di lunghi, quando Duodo uscì della porta [44], e
spionando e' cavalli loro [45] drieto, Sinibaldo [46] se ne
avvidde, e fece spronare a Buovo, e passarono [47] il

[25] entrati O — [26] edom. O, domandò M — [27] da sotto a M.
— [28] istai e chetto O — [29] Tutte le par. e fece Guido mancano
a F, che continua. e uscì della stalla per etc, prestamente sel-
larono uno cavallo, che era stato del padre, et missolo a c. M —
[30] in M — [31] Mag che M — [32] Buovo O, chiama D M —
[33] dixegli M — [34] Le par O sing. mancano a O. — [35] ch'egli
i F. — [36] vi manca a O, che quel chel mena via siu Syn dela
roca Sansimone M — [37] lo reame de I tutto M, tutta ing O —
[38] et cossi M — [39] ancora manca a F — [40] correndo manca a
F — [41] e quando F. — [42] Sinib f. f d. p chonbuouo O —
[43] s'afrettarano F — [44] città M — [45] spion loro e cavalli F. —
[46] asinibaldo esinibaldo O. — [47] passare F.

fiume E [21] giunti di là dal [48] fiume, e Duodo giunse
al fiume gridando [49]. Sinibaldo affrettava Buovo, ma
la fortuna non volle che egli campasse, imperò che [50]
la strada era sassosa e [51] 'l cavallo di Buovo si sferrò
di [52] due piedi, e non potè [53] andare: allora [54] fu soprag-
giunto Sinibaldo [55] cominciò a fare grande difesa co'
sua [56] cavalieri, ma tanta gente giungnea, e giunse
Duodo, e Sinibaldo cominciò a fuggire verso la Rocca.
Allora giunse [57] Duodo, e prese Buovo pelli capelli [58]
con la mano stanca, e tenealo in aria [59] sospeso, e
trasse la spada per volerlo isbudellare, e diceva. « Io
ò morto tuo padre, e [60] tu non sarai cagione nè tua
semenza [61], che mi disfaccia. » Ma [62] uno gentile uomo
d'arme disse [63]: « O singnore, per Dio, non fare [64]
tanto vitupero al tuo [65] lengnaggio, che [66] sia chiamato
crudele, e [21] pensa alla sua madre che [67] t'à fatto singnore De' modi ci [68] sono assai, e non sarai biasimato
a [69] farlo morire » Per queste parole Duodo [70] lo gittò
in terra e disse: « Pigliatelo e menatelo [71] alla du-

---

48 del M. — 49 cridando g. al f M — 50 imperò che manca a M.
— 51 buona ma O. — 52 Er a l str. molto s. et lo suo cav. de B. s. s.
dagli M — 53 potendo F; poteuano M. — 54 allora manca a F, et
alora gli M — 55 sinibaldo e O — 56 dif. et cum molti M; con a
fuggire e grande difesa fecrono e F — 57 Le par. e giunse .
Allora mancano a F, dove la circostanza della fuga è già stata
accennata (v. nota prec), giunzera a Duodo, che Symbaldo non
potendo più a quella resistere commincò a fuzre verso la Rocca
Sansimone Giunse alora M — 58 Le par pelli cap mancano a
F — 59 imano O — 60 per cierto F — 61 sarai mia temenza O,
non s quelle herede M. — 62 In questo M — 63 disse a Duodo M
— 64 non fare per dio M — 65 tuo nobele M. — 66 e che F;
chel M — 67 pensa prima anchora un puocho che la sua madre
M — 68 se M — 69 da O — 70 assai de farlo morre senza tanto
biasemo Duodo per q p M — 71 portatolo M

chessa Brandoria, che lo faccia [72] bene guardare
tanto che io torno [73]. » E [21] poi n' andò [74] alla Rocca
a San Simone, e assediòlla [75] minacciando [76] di di-
sfarla; ma ella [77] era forte di luogo, forte [78] di torre
e di mura, forte di gente e d' arme, e sempre era
fornita per quattro anni di vettuvaglia; facevansi beffe
di lui nondimeno vi pose [79] il campo

E [21] Buovo fu menato alla sua madre, che [80] lo
misse in prigione in una forte camera, donde non si [81]
potesse fuggire, e teneva le chiave nella sua camera [82],
acciò che persona non gli [83] aprissi, e [84] perchè Duodo
non veniva alla città la sera [85], Brandoria molto si
lamentò come iniqua, lussoriosa e crudele [86]

[72] faia O — [73] torni F — [74] Andò poi inviatamente M —
[75] Le par e ass mancano a F — [76] et minaziò M — [77] Questa
rocca M. — [78] eforte O — [79] et de luogo et de torre era forte
de muri et de zente d'arme era sempre forn de vict per q a
et per tale rasone quigli de la rocca se feran beffe di luy nondimeno il glie p M — [80] et ella M — [81] non manca a O, si a
M — [82] camera sua F. — [83] in O — [84] et perchè pers non li
ap ten le ch nela s cam. Or M — [85] Le par. la s. mancano
a F. — [86] la sua non ven. Duodo ala città, Brand. come in luxor.
et crud. molto assai de lui agravandose ella se lamentò M.

Capitolo VI.

D' uno songno che fe' Duodo, per lo quale[1] voleva che[2] Buovo fosse morto; e come Brandoria lo volse[3] attossicare, e[4] una cameriera lo fe' fuggire di prigione.

Passato[5] due giorni che Buovo era tenuto[6] dalla sua madre in[7] prigione, la notte songnò Duodo di Maganza[8], essendo a campo alla Rocca a San Simone, che gli pareva essere a una caccia, e[9] pigliò molte fiere, tra le quali pigliava[10] uno lioncello piccolo, e pareva[11] che gli fuggissi, e poi si rivolgeva a Duodo e uccidevalo[12]. Allora Duodo[13] si destò e levossi[14], e chiamò Alberigo e alcuno[15] altro, e disse questo che[16] aveva songnato. Uno[17], più antico di loro[18], disse· « Per mia fe', tu ài poco senno a 'llevarti la serpe in seno. Tu ài in prigione Buovo, e tutte queste città[19] amano più lui che te; e[20], s' egli scampa, ancora ti farà morire; e[21] questo è il lioncello che la fortuna t' à dimostrato[22]. » Duodo mandò ad Antona cento armati a dire[23] a Brandoria che[24]

---

[1] *Come D. fece un songno p l. q* F; *Come per uno s che f D il* M — [2] *de* O — [3] *voleua* O. — [4] *e come* F — [5] *Passati e* F — [6] *tornato* O. — [7] *e in* O — [8] *Duodo se sommò* M — [9] *in la quale il* M — [10] *pigliò* O, *il pigliava* M — [11] *pareagli* F, *il che seg manca a* M — [12] *uccidelo* M — [13] *D. al* M — [14] *si leuo edestosi* O, *le par e lei. mancano a* F. — [15] *uno* M — [16] *ch'egli* F, *altro amato et dixe quel che se* M — [17] *e uno* F — [18] *di loro più ant* O, *di l. el più ant* M — [19] *tutta questa città* O, *hai et tiene B. in presone et q* (*t* M. — [20] *e manca a* M O — [21] *e manca a* M — [22] *mostrato* F — [23] *Le par a due mancano a* F — [24] *Duodo uldite queste tal parole incontinenti mandò cento armati al Ant et mandò a dire a Brandoria ch' ella* M.

gli mandasse Buovo, ma ella disse loro che ella la farebbe [25] morire la mattina E [21] fece fare [26] una piccola torta e uno pane fresco, e ongni cosa avvelenato [27], e uno beveraggio avvelenato, acciò che di quello [28] pigliasse [29], morisse; e chiamò [30] una sua segreta [31] cameriera, e dielle le chiave della camera. dove era Buovo [32], e dissegli [33]. « Va' e [31] porta questa vivanda a Buovo, che mangi. » La cameriera sapeva tutto il fatto, e, giunta a Buovo, disse [35]: « Te, figliuolo; mangia [36] l' ultimo boccone: questo ti manda la tua madre [37]. » Buovo era molto intendente e [31] di buono intelletto, e udì [38] dire l' ultimo boccone, pregò la cameriera che [39] gli chiarisse [40] questo fatto, ed [31] ella [41] ongni cosa gli disse. Buovo cominciò a piangnere, e diceva · « O crudele madre mia, voi m' avete morto il padre mio [42], e ora volete uccidere me, che mi portasti nove mesi nel ventre! O buona cameriera [43], vengati [44] piatà di me più che non a [45] mia madre! » Per queste parole la cameriera piangeva e disse [46]: « O

---

[25] *ella (senza il ma) rispoxe a colloro et dixe Io lo farò* M — [26] *fare poi* M. — [27] *atelenò* F, le par. seg. e .. *airel* mancano a M — [28] *q ello* M; le par *prima pigl* mancano a O. — [29] *atelenasse o rero pigliasse* F — [30] *morisse et cossì anchora fece fare uno bereragio atelenato Chiamò poi* M — [31] *segetaria* O M. — [32] *onde B. era in presone* M — [33] *-le* O — [31] *e manca a* F — [35] *giunto a b d.* O, *fatto e disse a B* Γ — [36] *che supera el facto tutto, andò quando ella fu giunta dinanzi a B. et ella gli dire O figliolo, tu manzi* M. — [37] *madre e tua* F, *madre e* O — [38] *e manca a* O, *però uldendo* M — [39] *che ella* M — [40] *diciessi* O [41] *egli* O — [42] *mio manca a* F, *mio padre senza il* M, *il seg e manca a* O — [43] *calla chameriera disse* O — [44] *rengari* F — [45] *non tiene alla iniqua* Γ — [46] *piangiendo disse* O, *me poi che in mia madre pietà di me reni non pote*

figliuolo mio [47], io non ti posso atare [48], salvo che [49],
quando la tua madre arà mangiato e [50] andrà [51] a dormire [52], io ti lascierò testè tutti [53] gli usci aperti.
imbrattati [54] tutto il viso e le calze, e volgi il tuo
vestire [55], e procaccia di campare, se tu puoi [56]. » Allora
Buovo se le [57] inginocchiò, ed [21] ella si cavò di [58] borsa
certi danari, e dieglieli per comperarsi [59] del pane,
quando fusse di fuori E, tornata a [60] Brandoria, disse.
« Io ghel' ò portato » E [21] quando madonna vacca
ebbe mangiato, disse · « Io voglio andare a dormire,
e poi farò soppellire [61] Buovo. »

In questo mezzo ch' [62] ella dormiva, e Buovo,
ammaestrato dalla cameriera, uscì della camera, e
aveva fregate [63] le mani alle [64] mura e per lo viso,
ed era tutto [65] imbrattato, e così le [66] calze, e [21] aveva
volto il vestimento a [67] rovescio, e [21] pareva uno cotale
pazzerone. E [21] uscì del palazzo, e trovato [68] uno che
vendeva del pane, ne comperò [69] tre, e uscì fuora
d' Antona, e per le selve si misse a camminare, e
andonne [70] verso Brisco, ma non andò alla terra [71],

La cameriera per queste lacrimose parole pianzela cum lui et
dissegli M — [47] mio manca a O — [48] altiamente aiutare M. —
[49] che manca a O. — [50] mang ella se n' F — [51] serrà M. —
[52] dormire e O. — [53] tutti manca a F — [54] imbiatte bene M
— [55] restito M. — [56] p a bene senza l' allora seg M — [57] se
gli M, le si O — [58] de la M. — [59] perche si chomperasi O.
— [60] ella a M, pane quand' ella fu tornata di fuora a F
— [61] soterare O — [62] In quel che M — [63] freghato O —
[64] per le M — [65] iso ello se era tutto bene M, mura epostesele
auiso era tutto O — [66] le sue M. — [67] iluestimento auia uolto
a O, voltato el suo restito per lo M — [68] tiouo F — [69] il ne e
M, ecopionne F — [70] misesse a camminare per le selve et andò M
— [71] torre O

e [21] passò via. E per più di dieci giorni andò come
bestia per boschi e per [72] selve, tanto ch'egli arrivò
a una punta dell'isola d'Inghilterra, ch' à nome el
porto [73] Amusafol in su una montangna di terreno
rilevato [74], e aveva tutti e' panni [75] stracciati per le
spine, e aveva mangiato più frutte che pane, ed era
in su la riva del mare Bruttamo Oziano [76].

La madre, poi ch'ebbe [77] dormito, chiamò la cameriera, e disse: « Andiamo a vedere Buovo. » Ma [78]
la cameriera v'era andata prima di lei, ed aveva
serrati [79] tutti gli usci, e sapeva bene [80] ch'egli non
v'era. Giunte [81] alla camera, non ve [82] lo trovarono
Disse la duchessa [83]· « Tu l'ài fatto campare »; ma [84]
ella diceva. « Io serrai [85] gli usci, ma io [86] temo che
altri non gli abbi aperto. » Alla fine, per paura di
Duodo, diliberarono di dire ch'egli era morto e [87]
sotterrato, e [21] levarono un poco della torta e del
pane, e di quello [88] si fe' pruova, e trovossi essere
avvelenato [89]. Non si cercò più avante, e sparsesi la
boce [90] ch'egli era morto di [91] veleno che la madre gli

---

[72] peboschi e pele F — [73] Le par. el p mancano a M —
[74] montanglia diterreno e rilevata O, cui manca l'e seg — [75] li
panni tutti M. — [76] bi octiano M bi. ebegiano O — [77] ella
hebbe M — [78] Ma manca a M — [79] serrato bene O — [80] li usci
tutti et bene sapera M — [81] egiunti O — [82] ve manca a M, tutto
l'inciso non ve lo tror manca a O. — [83] La duchessa dixe ala
camariera M. — [84] ma manca a M. — [85] serrai pure F — [86] mu
manca a F, io manca a M. — [87] morto del veleno che la madre
gli avera dato e ch'egli era F. — [88] quella O. — [89] trovaronsi
essere avelenate F, et uno puoco del pane et fecesse prova di
quella et trovasse che erano avenenati M — [90] ma la fama se
spurse per tutto M — [91] del M.

aveva dato [92] E [21] Duodo si levò poi [93] da campo egli,
ma sempre vi tenne gente e bastie [94] intorno [95] alla
Rocca a San Simone, faccendo loro [96] gran guerra;
e [21] rengnava la [97] singnoria d'Antona, ed ebbe di
Brandoria uno fighuolo il primo anno, chiamato [98]
Gailone

Capitolo VII

**Come Buovo monto in su una nave [1] di Levante, e verso
Levante fu portato come piacque a Dio [2].**

Buovo, essendo in su [3] la punta d'Amusafol e non
avendo [4] che mangiare, molto si doleva della sua
fortuna e della sua madre, e pregava Iddio che lo
aiutasse, e stettevi una notte [5]. E la mattina vidde
apparire una nave che veniva di verso Irlanda, e
andava verso Spangna Buovo si cavò la camicia, e
tolse un pezzo di lenguo [6], e appicovvela suso, e faceva [7] sengno [8], come aveva già udito dire. E quelli
della nave conoscevano che quella punta era dubitosa [9]
per le navi, e [10] quando viddono [11] il cenno, dissono:

[92] *dato* manca a O — [93] *Levosse poi Duodo da campo* M. —
[94] *giente eloste* O. — [95] *dintorno* F. — [96] *ma s però intorno ala
Rocca Sansimone gli tenne zente et bastie alora facendo* M —
[97] *Duodo r. in la* M — [98] *et lo primo anno il hebbe de Brandoria uno figliolo che hebbe nome* M.

[1] *galea* F — [2] *et come che a Dio piaque il foe portato verso
levante* M — [3] *Essendo B. su* M — [4] *ar ello* M. — [5] *se doleva
molto et dela s f et dela impieta d s m Stetteglii una nocte pregando Dio che lo aiutasse senza l' E seg* M — [6] *quel cuolo* F.
— [7] *fece* O. — [8] *cienno* F — [9] *dubiosa* O — [10] *però* M —
[11] *li marinari id* M.

« Qualche nave avrà rotto a [12] questi giorni a [13] 'niu-
safol »; e [14] comandarono che 'l battello fosse in punto
E, calate le vele, gittarono l ancore, e mandarono il
battello con quattro remi a terra, e, trovato Buovo,
lo portarono alla nave Quivi [15] erano mercatanti di
lontane [16] parti, e uno [17] disse « Dimmi, dolze [18] fighuolo, donde [19] se' tu [20]? E come ài tu nome? E a [21]
che modo venisti alla [22] riva del mare? » Disse Buovo [23]
« Perdonatemi, chè io ò sì grande la fame, che io [24]
moro [25] di fame » E [14] quelli mercatanti gli fecciono
dare da mangiare e da bere; e [14], poi ch' egli ebbe
mangiato, disse « Nobili [26] mercatanti, ora potrò io [27]
parlare e dire [28] quello che voi m' addimanderete [29]
Sappiate che 'l mio [30] padre fu prestiniero, cioè [31] molinaro, e la [32] mia madre lavava [33] panni a prezzo,
e [14] 'nnamorossi d' uno, che uccise mio padre a tradimento; e uno soldato me ne voleva [34] menare, e diemmi
questi panni [35]; e quello che si tiene mia madre, mi
prese e rimenommi a [36] mia madre Ella [37] mi volle
attossicare, e io me ne sono fuggito alla riva del
mare, e sono in questa vostra nave, e [14] voglio essere
vostro servo di tutti voi, e 'l mio nome si è Agostino.
Ora v' ò io [38] detto tutto [39] mio essere. » E' merca-

---

[12] in M — [13] a la punta de M. — [14] e manca a M. — [15] Qui
li M. — [16] molte O — [17] uno (senz' e) degli dize a Buoro M —
[18] dolze manca a M — [19] onde F — [20] tu sei M — [21] in O —
[22] tu in questa M. — [23] Buoro rispose et dire M — [24] io mi O
— [25] dela M — [26] onobili O. — [27] io peterò M — [28] rispondere
a F — [29] adomandate O — [30] che mio O. — [31] Le par prest
cioè mancano a O — [32] la manca a O. — [33] larandara cioè lu-
iara F — [34] tolse M — [35] li panni che ho in dosso senza l'e
seg M — [36] me represe et r. ula M — [37] et ella F — [38] io
manca a M — [39] el M, di O

tanti lo vestirono di belli panni secondo giovinetto e [40] sergente Disse uno de' mercatanti, essendo a tavola, e Buovo [41] serviva molto bene [42] « Chi ti insegnò servire? » Rispose [43]· « Certi gentili uomini che stavano presso al mulino, e io usava in casa loro » Disse uno de' mercatanti· « Io non ti credo, chè tu [44] somigli essere figliuolo di gentile uomo e di gran donna e gentile [45]. » E [44] per questo ognuno de' mercatanti lo voleva per servo [46], e vennono a questione; ma Buovo disse [47]: « Singnori [48], io credo ch' io nacqui in mal punto. Mia [49] madre mi volse attossicare, mio padre mi fu morto e voi *per me vi* volete [50] uccidere! Io vi servirò tutti, e voglio essere famiglio di tutti voi [51] » E pacificògli; e [52] ognuno si maravigliava del suo pronto e bello parlare. E andarono questi mercatanti [53] a' porti di Spagna, e poi a' porti di [54] Marocco nel mare di

[40] e manca a O — [41] *a B che* F — [42] *bene edisse* O; *Essendo a tav li mercadanti et B seriendo a loro zentilmente, uno d'egli adomandandolo gli dire* M. — [43] *Il risp* M — [44] *el mol. del mio padre in casa digli quali io usara Uno de quigli mercad. dixe. Io non tel credo. Tu* M — [45] *gi zent donna* M. — [46] *suo* F — [47] *Per sua bella presentia adonca et per le belle sue custume et destreze et perchè era de zentile intellecto ognuno de quisti merc lo col per si et per servo. Vennero per questo tra loro finalmente a questione. Buoro sentendo zo dixe. O* M. — [48] *singnore* F — [49] *La mia* M — [50] *coi ora me* M, *coi mi* O F, lezioni tutte contrarie al senso, su di che cfr. l' *Introduzione* p LXXXII sg - [51] *coi* manca a F. — [52] *che* F. — [53] *uccidere fati per vostra zentile et nobele cortesia che poi che la fortuna me ha posto in le vostre braze, io ve sia accomandato Io ve servrò a tutti et de voi tutti voglio essere famiglio Cossì cum el suo zentile dire li pacificò De suo prompto et bello parlare ogne homo se maravigliava Navigando quisti mercadanti andarono* M — [54] *del* F

fuori [55] dalla [56] terra; e [14] poi entrarono [57] allo [58] stretto di Gibiltauro, e cercarono tutti e' mercati d'Africa e [14] d'Egitto e di Baruti e [14] di tutta Soria, e poi furono [59] in Cipri, e indi [60] entrarono nel mare di Setalia, e viddono Ermenia [61] minore, e [14] in [62] questa Erminia vollono [63] andare, perchè certi [64] di loro erano [65] di quello paese, e perchè [66] à una città che si chiama [67] Ermenias a' confini di Cilicia presso al rengno Feminoro, onde [68] furono l'Amanzone anticamente. Buovo gli vidde rallegrare, e [14] domandògli [69]: « Quanto siamo noi di lungi a quello paese [70], donde [71] voi mi levasti? » Disse uno de' mercatanti [72]: « E' ci è in mezzo mezzo il mondo. » Disse Buovo [73]· « Lodato sia Iddio, ch' io sono fuora delle mani de miei nimici! » E [14] così giusono al porto della città d'Ermenias, e [14] Buovo vidde tanta gente in terra e tanti padiglioni che coprivano [74] tutta la riva del mare. Domandò [75] che voleva dire quello Fugli detto: « Questa è una fiera di mercatanti che dura uno mese, e fassi de' due anni l'uno [76], e per questa fiera vengniano noi per vendere e per [77] barattare nostre mercantatie. »

---

[55] neman fuori O — [56] della F — [57] Indi poi M — [58] nello F — [59] Soria tutta Fuorono poi M. efurono O — [60] ini O — [61] lerminia O — [62] a O — [63] volevono O. — [64] Er in loro andarono p alcuni M — [65] erano cierti diloro O — [66] paese per esere O. — [67] chiamata O M — [68] dove O — [69] il li domandò et dixe M — [70] de quel paese che se chiama la punta de Musafol M — [71] onde O — [72] marmari F, Un di loro rispoxe et dixe M — [73] B d M — [74] chopriva O — [75] et domandando M — [76] de' due anni una volta F, de dui in dui anni M — [77] per manca a F.

Capitolo VIII.

**Come Buovo fu venduto per ischiavo al re Erminione d'Er-
minia, e col re entrò nella città detta [1] Ermenias.**

Nel porto d'Ermenias entrò la nave co' [2] mercatanti, e [3], smontati a terra, tesono il padiglione e [4]
cavarono di nave loro mercatantia [5], e comandarono ad
Agostino (chè così si faceva chiamare Buovo [6] per non
essere conosciuto [7]) ch'egli stesse a guardare la mercatantia [8]; ed [4] egli così faceva [9] E quando e' mercan-
tanti lo lasciarono, dissono [10] ch'egli vendessi [11] de'
panni e dell'altre cose, e [4] Buovo diceva tra sè [12]:
« Maladetta sia mia madre che in mal' ora m' ingenerò e [13] partorì; chè [14] sono figliuolo di duca e di
rema, e sono condotto a vedere merzerie [15]. Volessi
Iddio [16] che questi mercanti m' avessino dato commiato [17]! Chè [18] io m' acconcerei a stare con qualche
singnore, e 'mparerei [19] a fare fatti d'arme; ma io
sono condotto [20] a vendere panni, e se alcuno me ne
domanda [21], io gliene darò [22], acciò che eglino non mi

---

1 *detto* O, *chiamata* M. — 2 *e co* F. — 3 *li quali* M. — 4 *e
manca a* M — 5 *mercatantie* F — 6 *buono chiamare* O. — 7 *zoè
a Buoro el quale per non essere cognosciuto se fera chiamare
Angustino* M — 8 *le mercatantie* F — 9 *Il fece cossì senza l' E
seg* M — 10 *gli direno* M — 11 *eglino rendessino* F — 12 *frasse
medesimo* F. — 13 *mi ingenerò in mal punto* F — 14 *me conci-
pette et in pegiore punto me parturì Io* M — 15 *merzeria* F,
mercantie M — 16 *Dio volesse* M — 17 *licenzia* F — 18 *che
manca a* M — 19 *aparerei senz' e* O. — 20 *io isto* O — 21 *ado-
mandera* O — 22 *donerò* F.

lascino più a fare [23] mercatantia [24] » In questa mattina lo re Ermminone venne fuori della città [25] con molta cavalleria armata, e andava vedendo la fiera com'era mangna e bella: e [26], andando, capitò a [27] questo padiglione, dov'era Bovo, e vedendo sì mangno padiglione, si fermò a vedere, perchè [27 bis] era bene fornito di mercatantia, e la sua [28] gente facevano [29] cerchio intorno al padiglione. Buovo [30] cominciò a dire che stessino a drieto, ed eglino si facevano beffe di lui: per [31] questo Buovo s'inginocchiò a' piedi del cavallo del re con tanta gentilezza di [32] riverenza, che il re lo gnatò [33] Buovo cominciò a dire « Santa Corona, io vi priego per la vostra nobiltà, che voi facciate comandare a questa gente che stieno [34] a drieto, che non mi guastino la mercatantia, chè [35] io arei romore da'miei singnori mercatanti » El re non lo intendeva [36], ma uno interpido, ch'era con lui, gli disse ridendo propio le [37] parole che Buovo diceva [38] Allora lo domandò il re per bocca dello interpido [39], donde egli era, e s'egli era cristiano, e per che modo era [40] venuto in questo [41] paese Lo re Ermminone [42] non lo domandò [43] se non per l'atto gentilesco che vidde [44]

[23] più fare M, più rendere F — [24] mercanzie M. — [25] della città uenne fuori della citta O. — [26] et cossì M — [27] in M —. [27 bis] epperchè F — [28] anche de mercantia bene fornito Le soe M — [29] facieua F — [30] e buoro O — [31] eper F, le par per questo mancano a M — [32] e O — [33] el guardò M guato e O. — [34] stia F, che per rostra magnanima et regal nobiltà roi fac com e q g rogliano stare M — [35] et poi M — [36] intese O — [37] ridendo dice quelle proprie M — [38] auea dette F — [39] El re alora per b d. l interpreto lo dom M — [40] egliera O — [41] capitato in quel M — [42] allora erm O — [43] Non lo adomandò de queste cose lo re Erm. M. — [44] r. essere M.

in lui Disse Buovo « Santa Corona[15], poichè v' è
di piacere ch' io vi dica di[16] mia condizione, io ve
lo[17] dirò. Sappiate che[18] mio padre fu prestiniero,
cioè molinaro[49], e[50] mia madre lavava i[51] panni a
prezzo, ed[4] ella innamorò[52] d' uno altro[53] uomo più
giovane che mio padre, e fece uccidere mio padre[34],
e tolse quell' altro per marito, e poi mi voleva[55] avve-
lenare[56]. E io mi[57] fuggì', e questi mercatanti mi
tolsono in nave, e[4] sono stato con loro sei mesi, e[4]
ògli serviti, sì che io posso[58] dire ch' io abbi[59] quaranta singnori; e[4] volentieri starei con qualche gentile uomo[60] Io so bene servire di coltello, e so conciare uno cavallo, perchè io conciavo il cavallo del
mulino » E[4] mentre che Buovo diceva queste parole[61], el re faceva gran risa co'[62] suoi baroni per
lo bello[63] aspetto del fanciullo, e[4] domandò[64] come
egli[65] aveva nome Rispose Buovo[66] « Io sono chiamato Agostino, e sono cristiano battezzato » Disse il
re verso alcuno barone[67]: « Per certo costui debbe
essere figliuolo di qualche grande e[4] gentile[68] uomo,
e non vuole essere conosciuto » E mentre che queste
parole erano, per avventura tornarono[69] la maggiore

---

[15] *Buovo rispondendo al dixe Corona sancta* M — [46] *di* manca
a O — [47] *e io re lo* F, *la* M — [48] *chel* M — [49] *mungniaio*
O — [50] *la* M — [51] *e* manca a F — [52] *se in* M — [53] *alto* O
— [54] *fecielo uccidere* O — [55] *eme muolle* O — [56] *et quel che
uccise mio padre ella tolse per suo marito poi volea ella avene-
nare me senza l' E* seg. M. — [57] *me ne* M. — [58] *Ho servito sì
quigli tutti che posso* M. — [59] *d' avere* F — [60] *quache singniore*
O — [61] *questa novella* F. — [62] *rici grandi cum* M — [63] *zentile
et bello* M — [64] *Domandolo senz' e* M. — [65] *egli* manca a O. —
— [66] *B. r.* M. — [67] *El re verso alcun baroni dixe* M. — [68] *qualche grent.* F — [69] *trovarono e tornarono* O

parte de' mercatanti [70] El ie disse: « O Agostino, vuoi
tu venire a stare con meco [71] ? E non staiai [72] a vendere
merzeria [73] ! » « Per mia fe', » disse Agostino « sì [74],
ma non sanza parola de' miei singuori mercatanti,
chè [75] io ci sto assai [76] mal volentieri. » Allora il re
disse [77] a uno suo spenditore che lo comperassi, e partissi [77 bis], e andò vedendo [78] la fieia. Lo spenditore non
fu d'accordo co' mercatanti, e, ritiovato il re [79], ghelo
disse; e 'l re, cercando per [80] la fiera, ch'eia grande,
e ritornato [81] a questo padiglione, fece [82] addiman-
dare [83] e' meicatanti, e fu d'accordo con loro, e compiò
Buovo [84] dieci cotanti che non si vendeva uno schiavo,
e [1] fesselo [85] montare in groppa, e tornossi dientro alla
città. Quando [86] smontò, Agostino [87] saltò in sella e
menò il cavallo del ie alla stalla; e fu ordinato quello
che gli faceva bisogno [88] con gli altri paggetti del re,
e [89] cavalcava molto bene E [4] ongni volta che 'l re
mangiava, mandava per Agostino, perchè si [90] pigliava
piacere d'udulo parlare, perchè parlava tanto [91] sper-
tamente E [4] stette a questo modo [92] cinque anni, e
già sapeva la lingua come s'egli fosse nato in quello

---

[70] et per aventuia mentie che q pai. ei. l m p. d. in torn
al padiglione M. — [71] seruie eistare mecho O — [72] stentai ai
M — [73] mei catantia O. — [74] Aug. iispoie Per mia fede, io gli
teneiei volentieia M. — [75] peiò che F. — [76] in questo tale mi-
steio io se sto M. — [77] El re al d. M; alloia d. ie O — [77 bis] pait.
da lì M — [78] ierso F — [79] ritornato al M — [80] el re che andaia per intorno M — [81] ritornò senz'e M — [82] et fece M —
[83] Ridomandaie O — [84] chonperoiolo O — [85] fecielo F; Fesselo
poi el ie M — [86] e quando F — [87] e Ag F, el re Ermunione
zonse dore che il ioleia smontare, smontò. Augustino piestamente
M — [88] di bis. F. — [89] Il M. — [90] si manca a F; il se M —
[91] il pailaia molto M — [92] In queto m. B. st M.

pæse propio, ed era fatto uno bello giovinetto, e, secondo famiglio, andava[93] meglio vestito che gli[94] altri famigli

Capitolo IX.

Come Buovo domo il[1] cavallo, che fu[2] chiamato Rondello.

Lo re Erminione aveva uno cavallo incatenato[3], il quale era il cavallo più bello del mondo, e avevalo tenuto sette anni rinchiuso e incatenato[4], perchè nessuno non lo poteva domare[5], e[6] molte volte[7] l'aveva voluto fare domare, e mai non trovò nessuno tanto ardito, che gli bastasse la vista (?) a domarlo[8]. Essendo Buovo in questa corte, andò[9] un dì el re Erminione[10] a vedere questo cavallo, e Buovo v'[11] andò a vedere, e udì dire al re[12] « Io farei gran doni a chi lo domassi e cavalcasse. » Disse Buovo[13] a quello « Oi[14] fuss' egli mio, chè io lo domerei e sellerei e cavalcherei[15]! » Lo re lo 'ntese e disse[16]: « O Agostino, per[17] mia fe', se tu lo domi, che[18] io ti farò grande bene[19], e caverotti[20] di conciare cavalli alla

---

93 *il andava* M — 94 *che nessuno digli* M, *che tutti gli* O

1 *domò al re Erm uno* M — 2 Le par *che fu* mancano a F — 3 *ini* manca a M; *achatenato* O — 4 *rinch et inc sette anni* M — 5 *non lo pot dom ness* M — 6 *e* manca a M — 7 *iolte il re* F — 8 Le par *che domarlo* mancano a O, *che se fidasse domarlo* M, *domarlo et* F — 9 *andando* F — 10 *lo re Em andò uno dì* M — 11 *r* manca a M — 12 *onde u d a re tal parole Certamente* M — 13 *B. dixe* M. — 14 *a quella ora* O M, *a quello se oi* F — 15 *et cavalcarei et sellarei* M — 16 *dixegli senza l'O seg* M — 17 *per la* M — 18 *che* manca a M — 19 *di grandi beni* F — 20 *et del certo te caverò* M

stalla, e [21] solo questo arai a governare. » Allora Buovo [22] si spogliò in giubberello [23], e prese un [24] bastone in mano, e andò verso il cavallo· e, quando gli [25] fu presso, il cavallo si rizzò [26] in pie'; e Buovo gli misse un grido a dosso, e 'l [27] cavallo si volle lanciare a dosso a Buovo [28], perchè aveva la catena al collo lunga, e [21] Buovo gli diede una grande bastonata, e gittòglisi [29] a' crini del ciuffetto, e diegli uno pungno nell'orec- chio manco [30] tale, che 'l cavallo fu per cadere. Buovo [31] prese la catena, e spiccòlla dalla mangiatoia, e me- nòllo a mano in su la piazza, e fecelo ferrare, e mis- segli [32] la sella e la briglia e montòvvi suso E [21] quando volle [33] che [34] si movessi, el cavallo fece tre lanci. ma [35] Buovo aveva [36] una grossa mazza [37], e [21] toccollo per la groppa [38] e pe fianchi, e l cavallo co- minciò a tremare, e [39] andava come Buovo voleva E [21] in otto giorni lo domò, e corse, e faceva ciò che Buovo voleva; e tanto venne vantaggiato che al [40] suo tempo non si trovò il più vantaggiato [41] cavallo; e non si voleva lasciare [42] cavalcare a niuna altra [43] persona che a [44] Buovo; e tanto era avvezzo con lui

<hr>

[21] e manca a M — [22] B alora M — [23] Le par in g man- cano a F — [24] uno grande M. — [25] il gli M — [26] dizzo M — [27] uno tal gi u d chel M — [28] B dito Augustino M — [29] git- tossegli M — [30] ne le orechie M — [31] e B. F — [32] missen F — [33] volera O — [34] b. volse chel cavallo M — [35] ma manca a M — [36] avera manca a O che ai M. — [37] mazza in mano F — [38] el toccò cun quella per le gioppe M — [39] ch O — [40] domò come volera, e a tanto venne buo' che al F; far ciò che facea bisogno et ciò che B volera che il fesse Il venne questo cavallo tanto avantagiato che nel M — [41] si franco M. il seg cavallo manca a O. — [42] ma non se lassava M — [43] niuna manca a O M. ad O manca anche altra — [44] senone a O cheda M

che, come Buovo parlava, il cavallo l'ubbidiva [45], intanto che [46] molti ingnoranti dissono, ch'egli era uno spirito ch'era entrato in quello [47] corpo di quello [48] cavallo E' [49] governava solamente quello, e vinceva a correre [50] tutti gli altri cavalli, e [51] per quello gli posono nome Rondello, dicendo ch'egli pareva una rondine che volasse, quando correva [52].

Capitolo X.

Come Buovo e Drusiana s' [1] innamororono l'uno dell'altro.

Poi che Buovo ebbe domato Rondello, lo re Erminione gli pose maggiore amore, e fecelo servidore di coltello alla sua tavola [2], e [3] Buovo serviva meglio che altro [4] famiglio [5] e più gentilemente, per questo tagliava [6] dinanzi al re Erminione. E cominciò a vestire gentilemente, ed [3] era [7] di tanta [8] bellezza, che uno giorno [9], essendo venuta una figliuola del re dinanzi al [10] suo padre in sulla sala dove mangiava il re [11], e [3] sonando una arpa, vidde Buovo dinanzi

---

[45] *ludina* O. — [46] *El cavallo era tanto avezzo cum Buovo che, come chel sentia parlare, il lo obedia. Per questo* M — [47] *nel* M — [48] *del* F — [49] *Buovo* O — [50] *A correre quel cavallo vinzera* M — [51] e manca a O — [52] *quando il correa, una rondena che volasse* M

[1] *s* manca a O; *D figliola del re Erminione se* M. — [2] *alla sua tavola dicholtello* O — [3] e manca a M. — [4] *niuno altro* F — [5] *altro signore nè famiglio che gli fusse* M — [6] *il t* M. *e poi q. serviva* F — [7] *era Buovo* M — [8] *t. et tale* M — [9] *dì* F — [10] *dal* F, *essendo venuta la f del re uno giorno d al* M. — [11] *padre dove egli mangiava* F.

al [12] suo padre servire tanto gentile [13] e **pellegrino**, che nessuno [14] altro non si assomigliava a lui questa [15], percossa da ardente amore, lo cominciò a 'mare. Ella aveva [16] nome Drusiana, e, ficcando la veduta e il [17] suo sguardo nella faccia di Buovo, gli occhi si scontrarono insieme, e amenduc, trafitti d'amore, abbassarono gli occhi, e l'uno e l'altro mutò colore [18] nel viso per modo, che l'uno conobbe l'altro essere di lui [19] innamorato; ma Buovo [20], percosso dalla [21] vergongna e dalla temenza [22], tenne [23] sempre più celato il suo amore a Drusiana, ch'ella non lo tenne a lui [24]. E [3] tornata [25] alla [26] sua camera e presa di [27] questo ardente amore, viveva sospirando, pensando e [28] immaginando la notte e 'l dì a' [29] legami in che ella [30] era avviluppata, e come potesse [31] fare cosa che gli piacesse [32] El terzo giorno ella mandò per Buovo; ma egli, temendo, non v'andò, e [3] Drusiana non si adirò per non gli [33] dispiacere, ma ella immaginò [34] di fare una festa con certe donne, e [35] invitò dieci donne delle maggiori della città, ch'andassino una mattina [36] a desinare con lei e ch' elle [37] menassino due o tre giovinette per una

12 *dal* F — 13 *che serviva tanto gentilemente* F — 14 *ninno* M — 15 *Questa figliola* M, *a ness.a non si assom e coster* F — 16 *Haveva ella* M — 17 *ued nel* O, *le par e il s sg* mancano a F — 18 *muti cum lo re* M — 19 *di lui* manca a F — 20 *Buovo però* M — 21 *da* M — 22 *dall'amore e dalla temenza e dalla reig* F — 23 *tenne* O — 24 *sempre tenne el suo amore più celato che Dr. el suo de ella* M — 25 *Tornata Drusiana* M; *e tornatosi* O. — 26 *dalla* F. — 27 *Le par e presa* mancano a M, *cham apresso a* O — 28 *e* manca a O — 29 *la nocte et lo dì pens et ymag a lo* M, *pens la n e 'l dì i* F — 30 *ella* manca a M — 31 *ella pot* M — 32 *piac a Buovo* M — 33 *lo* M — 34 *ma pensò tra sì* M — 35 *et cossì ella* M — 36 *una mat and* M. — 37 *equelle* O

E [37], fattole [38] invitare, fece ougni cosa ordinare [39], salvo che servidori che taghassino loro [40] innanzi; e [3], venuta la [41] mattina l' [42] ora del desinare, el siniscalco di sala [43] le [44] disse· « Madonna Drusiana [45], voi non avete donzelli che taglino dinanzi » Ed [46] ella fece tanto indugiare [47] el desinare, che 'l re Ermmione era posto a tavola, e poi [48] si mosse con tre damigelle, ella sonando [49] e le tre damigelle [50] ballando, e con tre donne antiche [51] venne dinanzi al padre, dove fu grande allegrezza della sua venuta [52]. Poi ch' ebbono un poco ballato, ed [53] ella ridendo s' inginocchiò e dimandò al padre [54] dodici che taglassino innanzi alle donne che ella aveva [55] invitate El primo, a cui [56] fu comandato [57], fu Agostino, e disse il re [58]. « O Agostino, va', servi dinanzi a Drusiana del coltello » Agostino tutto vergongnoso convenne ubbidire, e [59] andò alla stanza di Drusiana, e dinanzi da [60] lei fu ordinato che egli taglasse E [3], mentre che 'l mangiare [61] s' ordinava e le damigelle ballavano, Drusiana prese Buovo per la mano, e convenne [62] ballare. Poi [63] ch' ebbono dato due volte per la sala, e [3] Drusiana lo tirò da uno canto della sala, e disse [64]: « Come ài tu nome? »

[38] fatelle O — [39] Poi che ella fece invitare, fece ord. o. e M. — [40] a loro M — [41] euenuta euenuta la O; ven la ordinata M — [42] et l' M — [43] Le par. di sala mancano a O — [44] gli M — [45] a Di madonna M — [46] Per questo M. — [47] ind. tanto M — [48] tar. per desinare Poi ella M — [49] lei son l'arpa — [50] damig manca a O — [51] Andavano ancora in sua compagnia tre donne antiche M. — [52] de tale sua renuta foe grande alegreza M — [53] ed manca a O. — [54] s' ing al padre e dimandando F — [55] ella manca a O, havea ella M. — [56] al primo che F — [57] domandato O — [58] a cui el re dice M — [59] et cossì M — [60] a F — [61] desinare O — [62] convennegli M — [63] e poi F — [64] dissegli M

Rispuose, essendo inginocchiato « Madonna, io sono chiamato Agostino [65] » « O [66] come venisti in questo paese? Onde se' tu? E di che gente se' tu e di che nazione? » Rispose: « Madonna, mio padre fu prestinaio, cioè mulinaro [67], e mia madre lavava i [68] panni a prezzo; e sono di Ponente d' una valle che si chiama Pizzania. E mia madre [69] innamorò d' uno giovane, perchè mio padre era vecchio, e seppe [70] tanto fare, che quello giovane uccise mio padre [71]. Poi [72] che mio padre fu morto [73], ella tolse per marito [74] quello giovane, e cercò [75] d' avvelenarmi, e [76] io me ne fuggi' al mare; e [3] una nave di mercatanti passava, e io [77] feci cenno, e fui messo nella nave, e stetti sei mesi a servire quegli mercatanti [78]. E giungnendo in questa terra, ora fa [79] cinque anni o poco più, mi venderono al [80] vostro padre, e così [81] sono in casa vostra per ischiavo » E [82] mentre ch' egli diceva queste parole, egli [83] piangneva, e Drusiana piangneva con lui insieme, e [84] per confortarlo disse. « Se tu mi ubbidirai,

[65] e egli ess inginocch. rispose · Agostino F. — [66] e O. — [67] mungnaio O. — [68] i manca a F — [69] Buolo rispoxe et cum profunda riherentia et inzenochiando dire Io, madonna, son chiamato Augustino Ella dire Donde sei tu? di che gente sei? de che natione? et come venisti in questo paese? Buolo rispoxe Madonna, io sono de ponente de una valle che se nomina Pizzania Son figliolo de uno poreio pestrimero, zoè minaio, et mia madre lavara li panni a prezio Ella se M — [70] s ella M — [71] lucise O — [72] e poi F — [73] il fu morto el mio padre·M — [74] mai poi O — [75] quel giurine per marito et cercò ella M. — [76] ma F, e manca a M, che continua Io chel senti' me etc — [77] io gli M, e manca a O — [78] a s questi merc. F, q m sei mesi M — [79] è ora F — [80] a F; al signore re M — [81] e io M — [82] E manca a O — [83] egli manca a F — [84] insieme cum luy et ella M

io ti liberiò, e farotti franco. » Buovo[85] si profeise
dicendo[86]. « Madonna, io sono[87] apparecchiato a[88] fare
ougni[89] cosa che vi sia di piacere e d'onore di voi
e di[90] vostro padre per insino alla morte. » Ella lo
domandò[91]· « Quanto tempo ài tu[92]? » Rispose[93]
« Madonna, io ò sedici anni. » Ed[3] ella rispose[94].
« E io sono ne' quattordici[95] »; ed era tanto[96] bella,
che niuna a lei si[97] pareggiava E[3] le donne dissono[98]· « Andiamo a mangiare » E[3] l'acqua fu data
alle mani: Buovo die' l'acqua a Drusiana, ed[99] ella
gli gittò un pungno d'acqua nel viso, e[3] Buovo si
vergongnò e chinossi[100], e[3] disse Drusiana· « Per
certo che tu se'[101] bene figliuolo d'uno[102] prestiniero,
quando[103] una damigella ti gitta l'acqua nel viso,
a[104] non gli[105] gittare nel viso[106] quanta acqua avevi
nel bacino[107] » Le donne se ne risono, ed ella si pose
a[108] mangiare

---

[85] *ebuono* O, cui mancano le par *si prof* — [86] *se profeise et
dire* M — [87] *s sempre* M. — [88] *de* M — [89] *ongni* manca a O —
— [90] *on. vostro et del mio signore* M — [91] *dom* senza *lo* O;
domandolo yli dixe M — [92] *egli avera* F — [93] *Il risp* M —
[94] *dixe* M. — [95] *de q* M, *ne XIIII anni* O. — [96] *era* (senza *ed*)
mo ella tanta M. — [97] *nessuna la* Γ — [98] *d a Drusiana: Madona* M — [99] *Fu data l'a a m. ale done; et B d. l'a ale
done; et B d l'a ale mane a Drusiana et al fine* M — [100] *s'in-
ginochio euergongnossi* O; *non dire altro encetto che vergognoso tutto
se inzenochiò* M — [101] *chesse* Γ *Dr dire Tu sei* M. — [102] *de* M
— [103] *poi che* M. — [104] *e* O — [105] *le* Γ — [106] *Le pai nel viso*
mancano a F — [107] *gitt tu quanta aqua haine nel bazile a ellu
nel viso* M. — [108] *a tavola a* M.

CAPITOLO XI.

Come Drusiana bacio [1] Buovo sotto la tavola [2], e menollo in camera, e egli si [3] fuggì da lei, e non tornò da lei per paura [4].

Posta Drusiana a mangiare e così tutte l'altre donne, Drusiana [5] sempre aveva l'occhio [6] nel viso di [7] Buovo; ed era tanto accesa dell'amore suo [8], ch'ella non poteva mangiare, e [9] pensava com'ella [10] potesse dare posa [11] alle ardenti fiamme d' [12] amore; e quanto più pensava e più [13] guatava Buovo, più [14] s'accendeva Ella pensava [15] in che modo ella lo potesse pure [16] baciare; e, pensando, le venne [17] uno avviso, che le tovaglie della tavola aggiungnevano [18] insino in [19] terra da ongni lato, perchè era più onestà delle [20] donne a [21] non essere vedute di [22] sotto la [23] tavola. Ella si lasciò cadere il coltellino [24], e poi si

1 mandò M. — 2 Le par. la tav. mancano a F — 3 menatolo in chamera si O — 4 Le par. per p mancano a F, tavola et come lo basò. et come ella lo menò in cam. et il fuzì da lei et per paura non t p d l M — 5 ella M — 6 areva sempre gli occhi F. — 7 adosso a M; nella facia di O. — 8 nell'a s F, del suo a O nela sua fazza tanto a delo am di quello M — 9 et continuamente ella M. — 10 come meylio M. — 11 fare p O, dare riposo M. — 12 alla ardente fiamma d' F, de lo M — 13 pens e gustava e F — 14 più manca a O — 15 ma quanto in ciò più pensava et quanto in B più guardava, tanto più ella se accendeva et pensava M — 16 pure uno pocho O — 17 Cossì pensando gli venne per la mente M — 18 la toraglia d. t ayungniera O, le par. della tai mancano a F — 19 a M — 20 alle O. — 21 di O — 22 di manca a F che ha poi le tavole — 23 alla O — 24 coltello F

chinava, e fece [25] vista di [26] non lo [27] potere aggiun-
gnere, e disse: « Agostino [28], ricoglimi quello coltellino » Buovo si chinò, e come [29] fu sotto la tavola,
ed [30] ella disse « Vello qui! » — e pieselo pe' [31] capelli e per lo mento, e baciòllo, e piese [32] il coltellino,
e rizzossi [33] E [30] Buovo uscì di sotto la tavola tutto
cambiato di colore per vergongna, e Drusiana, tutta
accesa d'amore, similemente [34] era tutta cambiata nel
viso [35], ond' ella sospirò e disse· « Donne, perdonatemi [36], chè io mi sento tutta cambiata » Alcuna donna
disse [37] « Voi dite il [38] vero, chè [39] voi lo dimostrate
al [40] viso. » E volevano andare con lei, ed [30] ella
comandò ch' elle sedessino, e disse [41]· « Agostino, vieni
meco tu [42] » e chiamò una sua segretaria [43] damigella [44] e menolla seco, e menò seco [45] Buovo, e andossene nella sua camera E, giunta in camera, disse
alla damigella [46]. « Apparecchia qui una tavoletta [47], chè
io vogho mangiare qui » E [30] la damigella andò nella
guardacamera per la tavoletta, e Drusiana [48] si gittò
al collo a Buovo, e disse « O [49] Agostino, io [50] amo
più te che cosa di questo mondo; e se tu farai quello
che io ti dirò, tu sarai bene amato. » Disse Agostino [51].
« Madonna, io non sono dengno d'essere amato da

---

25 facieia F. — 26 di manca a M — 27 gli M — 28 O Aug
M — 29 come il M — 30 ed manca a M — 31 per M. — 32 pieso F.
— 33 drizzose M — 34 simile F — 35 similemente et Drus era
tutto nel riso cambiata et de amore accesa M — 36 perdonateme,
donne M — 37 -une donne diveno M. — 38 il manca a M — 39 madonna chè M — 40 bene al M — 41 d. a Buoio O M, disse
ad F — 42 ti O — 43 segieta O. — 44 damigella manca a F —
45 anche M. — 46 cameriera F. — 47 toraglietta F — 48 Drus
cum grandenessimo amore M — 49 O manca a O — 50 sappe che
io M. — 51 e disse A. O, Buoro rispose et dire M

una[52] tanto gentile damigella, quanto siete voi[53], essendo io di bassa condizione, nondimeno d' ongni cosa ch' io vi potrò[54] servire, io sono apparecchiato, faccendo l'onore vostro e del vostro padre che mi comperò[55]. » Ella lo baciò, e Buovo tremava di paura[56] di non essere veduto. Intanto la damigella[57] tornò in camera, e Drusiana lo lasciò, ed[30] egli[58] uscì fuori di camera, e tornossi alla sala dov'era il re[59], e andò a mangiare con gli[60] altri sergenti del re, e[30] Drusiana rimase addolorata. E molte volte mandava[61] per lui, ed egli non vi volle[62] mai andare; e stette poi[63] più che passato l'anno, che mai non andò[64] da lei, e[30] nondimeno ongni giorno[65] andava a sollazzo a cavallo[66] due o tre volte passando a pie' delle finestre[67] di Drusiana, tanto ch' ella lo[68] vedeva, e[30] sempre[69] più s'accendeva l'amore; e 'l più delle volte Buovo[70] cavalcava Rondello, quando con la sella, e quando sanza sella, e[30] così innamorati istavono[71] e' due amanti, cioè[72] Buovo, detto Agostino, e Drusiana[73].

---

[52] da voi F. — [53] voi siete F — [54] possa F — [55] servire cum lo honore vostro et del mio signore vostro padre che me comperò, sempre sono apparechiato M, le par che mi comp mancano a O — [56] Le par di p mancano a F — [57] La dammigella intanto M — [58] Buoro M — [59] re a mangiare O — [60] dov' erano gli F — [61] ella mand M — [62] ma ello non gli voleva M — [63] Il stette da poi M — [64] chegli nonando mai O — [65] dì F. — [66] Le par a s a c mancano a F, a cai a sol M, -allo ongni mdi O — [67] della finestra F, cui mancano le par di Dr. — [68] lo manca a O. — [69] tanto F, più manca a O. — [70] lo amore sempre se accendeva più. Buoro el più dele volte M. — [71] istanno F — [72] cioè manca a O, li dui am stav cossì inn zoè M — [73] Drus. figliola del re Erminione M.

Capitolo XII.

Come lo re Erminione fece bandire uno torniamento per maritare Drusiana, e molti singnori vi venne [1], tra' quali fu [2] il re Marcabruno di Polonia di Romania, ch' e in sul Mare Maore.

Aveva Drusiana [3] compiuti anni quattordici, e Buovo aveva compiuti [4] anni diciassette, quando lo re Erminione, padre di Drusiana, pensò di volerla maritare, e [5] ordinò [6] uno ricco torniamento, e mandò il bando per bocca di [7] suoi banditori [8], che chi vincesse il torniamento, avesse la sua figliuola per moglie, sì veramente che al torniamento non potesse [9] venire [10] nessuno che non fosse [11] cristiano. Onde molti singnori d'Erminia mangna e d'Erminia minore vennono a questo torniamento; e vennevi molti greci singnori, tra' quali [12] vi venne lo re Marcabruno [13] di Polonia, la quale città è posta in [14] sul Mare Maore, e singnoreggia [15] insino al fiume del Danubio e in Romania di là da [16] Gostantinopoli verso il [17] Danubio. Questo re Marcabruno venne per [18] mare, e venne [19] per lo stretto

---

[1] venono O — [2] vi fu F gli venne M — [3] dusolina O — [4] non area forniti F — [5] e manca a M. — [6] Ordinò adonca de volere apparechiare M — [7] de' F — [8] per bocca di s b mandò el b M — [9] potia O — [10] et che a questo tal torniamento non venisse M — [11] Le par che non f mancano a F — [12] onde a questo torniamento venneno molti zentil signori d E m e d E m Vennegli molti sign greci, fra gli altri M. — [13] Marc re M — [14] in manca a M — [15] s questa città M. — [16] de M — [17] al O — [18] plo (sic) O, Venne questo re M per M — [19] Le par e i mancano a O.

d' Alisponto con [20] grande naviglio, e passò per l'Arcipelago; e poi [21] costeggiò Penelopens e [5] l'isola di
Cipri, e giunse al porto d' Erminia con dieci nave
cariche di cavalieri. Lo re Erminione gli fece grande
onore; e [5], venuto il dì del torniamento, fu fatto uno
grande palancato in [14] su la piazza, dove si dovea
giostrare, con lance a roccetti, e Drusiana dovea stare
a uno balcone del palazzo con molte dame [22] in [23]
compangnia. In quella mattina Buovo, vedendo ordinato [24] il desinare in sulla mastra sala del palazzo [25],
temè di non avere a servire dinanzi a Drusiana, e [26]
tolse Rondello, e, sellatolo [27], tolse una falcetta da
segare erba, e andò con gli altri saccomanni per fare
dell' erba a Rondello di [28] fuori della città [29], e [5] furono
più di dugento saccomanni insieme con Buovo [30].

CAPITOLO XIII.

Come tornando Buovo con l'erba, trovò la giostra comin-
ciata, e con la ghirlanda del fieno e con la pertica del-
l'accia vinse la giostra [1].

Fatta [2] e' saccomanni l'erba [3], ongnuno caricò il
suo cavallo, e [4] Buovo con grande piacere stava a

---

[20] cum uno M. — [21] e manca a O, poi a M — [22] donne F.
— [23] in sua M — [24] ordinare F — [25] Le par in s in s d p
mancano a F; Vedendo B. in quella matina in su la sala de
pal el dexinare ordenato M. — [26] Per non gli incontrare questo
il M. — [27] selato O — [28] e O — [29] de f. dela c per f. de la
h a R M — [30] ins c B più de docento sac. M.

[1] della pertica della lancia senza le parole vinse la g. O,
et come coronado de una gulanda factu de feno giostrò cum la
lanza de pertica M — [2] Fatto F — [3] la herba li saccomanni M
[4] e manca a M.

vedere; e[4] quando ongnuno ebbe carica[5] la sua
soma, e[4] Buovo caricò la sua. Erano, dov' era Buovo,
dodici some cariche, e[4] l'altre erano in diversi luoghi
per lo paese[6], ma tutti[7] si ragunarono[8] intorno a
lui[9], perchè egli era il più onorato di tutti loro[10],
perchè serviva[11] dinanzi al[12] re, e Buovo tolse[13]
una brancata d'erba lunga[14], e fecesi una ghirlanda
d'erba[15]; e caricata la[16] soma ch' erano due fasci e
'l fastello[17], ed egli montò sopra la soma[18], e tor-
navano verso la[19] città, e Buovo diceva[20] una can-
zona, e gli altri rispondevano Ed[4] erano sì grande
le grida[21], che ognuno correva a vederli, e[4] passarono[22] per la piazza, e furono molto più guatati[23]
loro[24] che la giostra de' cavalieri; e[4], come Buovo
giunse in piazza, l'animo gli crebbe[25] di volontà di
giostrare[26] E[27] come le some furono scaricate, e[4]
Buovo disse a parecchi di quelli famigli · « Se io
avessi arme, io giostrerei; ma[28] io viddi in piazza
molti famigli[29] che avevano elmi[30] e scudi; io andrò

---

[5] *charicato* O — [6] *li altri er. per lo paese in diversi luochi*
M — [7] *tutte* F, *e tutti* O — [8] *ragunarano* F — [9] *a Buovo e* F —
[10] *de tutti loro luy era el più ornato* M, *che fosse infralloro* F —
— [11] *lui serr* M — [12] *dal* F — [13] *tolse Buovo* M. — [14] *lungha
derba* O — [15] *et de quella il se fece una g.* M — [16] *la sua* M.
— [17] *Le par e 'l fast* mancano a F. — [18] *s. alla s.* F, *fuscio o
fascella che voglia dire Il montò a cavallo in suso la somma in
sella* M — [19] *alla* F — [20] *chantava* O — [21] *Le loro grida er.
sì gr.* M — [22] *Pass. tutti cantando* M — [23] *molto più furono
guardati* M — [24] *loro* manca a F — [25] *glincrebbe* M. — [26] *dito-
leie giostrare* O — [27] *pertanto* M — [28] *ma* manca a O. — [29] *certi
fam* F *a parechi de qui famigli B disse Certamente assai
volentiera io giostraei, se io havesse arme, ma io vidi molti famigli passando noi adesso per la piaza* M — [30] *degli e* F

a torre loro uno [31] scudo e uno elmo » E venne in [32]
piazza, e [33], trovato uno famiglio che aveva uno scudo
e uno elmo, gliele [34] domandò in prestanza, ma egli
gli disse villania. Buovo l' abbracciò, e tolsegli l'elmo
e lo scudo, e tornò alla stalla, e [4] molti famigli della
stalla [35] montarono con lui in [36] su certi ronzini, e correvano per andare in piazza più [37] pei sollazzo che con
credenza [35] che Agostino giostrasse. Ed [39] egli non aveva
lancia, e [40] andando per la strada [41], vidde sopra a uno
uscio una pertica grossa, carica d'accia, che s'era
posta a 'sciugare Buovo [42] prese quella pertica, e tutta
l'accia scosse [43] in terra, ed ebbe un grande romore
di femmine [44] drieto, e [4] con quella pertica entrò in
campo, e aveva drieto [45] più di sessanta saccomanni
Tutta la gente gridava per lo suo sollazzo [46], e 'l primo
colpo ch' egli fece, abbattè [47] el conte di Monscinbiar,
el quale molto era grande [48] amico del re Marcabruno
Per questo [49] lo re Marcabruno, come Buovo si volse,
gli venne a dosso correndo a tutta briglia Buovo [50]
non lo schifò, e diedonsi [51] due gran colpi lo re spezzò
la [52] lancia in [36] su lo scudo a Buovo; ma egli diede

[31] e torró u F — [32] ad alcuno de loro uno e et uno se Venne
incontenente in la M, andò in F — [33] et qui M — [34] egli gliele
F. — [35] Le par. molti fam d st mancano a F — [36] in manca
a M — [37] et più M. — [38] opinione M, choncredendo O — [39] ma
F, ed manca a M, che ha poi Buovo invece d'egli — [40] ma M
— [41] Le par per la st mancano a F una ria M. — [42] il M —
[43] eischosse O; scosso M [44] onde da femene il hebbe grande
romore M — [45] et dietro il haiera M — [46] La zente p l s s
tutta gridava M — [47] abb per terra da cavallo M — [48] era
molto gi F, era grandenessimo M — [49] questo che Buovo francamente fece M — [50] correndo B M — [51] ma igli se derono M
— [52] la sua M

pei modo al re [53], che [54] l' abbattè d' arcione Era una [55] usanza in questi reami, che ongni torniamento chi eia abbattuto por festa [56] di matrimonio [57], perdeva l' arme. Allora gridò Buovo [58]. « Disarmate questi due abbattuti. » El conte di Monsembiai fu disarmato, e 'l ie Marcabruno [59] non si volle disarmare, ma [60] egli montò a cavallo e tornossi all' abergo. Dell' [61] arme del conte di Monsembiar fu armato Buovo, e fugli posta la ghirlanda dell' erba, ch' egli aveva fatta alla campagnia [62], in sull' elmo; e [63] abbattè il dì sessanta [64] cavalieri, e tutti gli faceva disarmare, e [3] donava l' arme [65] a [66] quelli saccomanni, e chi n' aveva un pezzo e chi [67] un altro, ed aveva drieto dugento famigli di stalla o più Drusiana si struggeva d' allegrezza [68] vedendo le prodezze d' Agostino. In questo mezzo lo ie Marcabiuno tornò armato e meglio a cavallo, e Buovo l' abbattè un' altra volta, e pei forza fu [69] disarmato e perdè l' arme. Per questo tornò a drieto all' abergo [70], e iiaimossi, e [71] comandò a' sua [72] famigli e sottoposti che s' armassino [73], e disse [74]· « Se quello ribaldo

---

[53] e. percosse per m il re F; ma Buovo diede al ie in modo M — [54] chegli O — [55] una manca a O. — [56] feste O — [57] In quel tempo et in quel ieame eia una usanza che in ogne toimamento pei festa de matrimony quel che eia abbattuto M — [58] però aloia B cridò et dixe M — [59] ma Marc. M. — [60] et cossì M — [61] Cum le M — [62] et la girlanda de la heiba che lui se haicia f a la camp gli foe posta M — [63] Comminciò a giostiare et finalmente il M, cui mancano le par il dì — [64] quaianta F — [65] Le arme daia M — [66] a tutti O — [67] a chi uno pezo et a chi M — [68] A lui ferano compagnia più de doceto famigli da stalla che gli andavano dietio Diusiana de alleqieza se stiuzeia M — [69] il foe M — [70] disaimato all' a l'; il toinò ulo alb assai aduiato M — [71] poi il M — [72] sua manca a F. — [73] Le par. che s' a. mancano a F. — [74] il loio F

m' abbatte più, taghatelo tutto con le spade » Per
avventura vi si abbattè [75] due famigli della corte del
re Erminione, e andarono [76] a dire queste cose a Drusiana; ed ella fe' che suo padre [77] comandò che, come
lo re Marcabruno giungnesse in [78] piazza, si sonasse
a torniamento finito e [3] così fu fatto [79] Allora Buovo
si tornò alla stalla a disarmare con gli altri famigli,
e diedono l' erba [80] a cavalli, e [3] Drusiana mandò per
lui, ed [81] egli non [82] volle andare, ed [83] ella, come disperata, v' andò in persona [84].

Capitolo XIV

**Come [1] Drusiana, vinta dall' amore, ando per Buovo in per-
sona insino alla stalla [2], finita che fu la giostra [3], con
certe damigelle [4].**

Vinto [5] Agostino la giostra del torniamento e tornato
alla [6] stalla, Drusiana mandò per lui, ed egli non vi [7]
volle andare. Ella [8], vinta più [9] dallo ardente amore
che dalla paura o dalla vergongna [10], si mosse come

[75] Lì per ventura se abbatterno M — [76] and incontenente M
— [77] Drusiana Di lo andò a dire al re Erminione suo padre,
et fece chel re M — [78] in la M — [79] li sonatori feceno M. —
[80] stalla cum li altri famigli et cum grande allegreza se desar-
marno Diedono poi herba M — [81] per Buovo, ma M — [82] nom O.
— [83] ed manca a M, ma F — [84] ella impazita de amore et come
ciera et desperata andò da luy in persona insino ala istalla M.
[1] C finita la giostra M — [2] andò ins alla st per B. F. —
[3] Le par. fin che fu la g. mancano a O — [4] andò in persona
per vedere Buovo insino ala stalla et cum certe dammegelle acom-
pagnata M — [5] Vinta per M — [6] lui in la M. — [7] vi manca a
F — [8] et ella F — [9] più manca a F — [10] d verg o d paura F

disperata[11], e andò[12] con una donna e con una damigella insino alla stalla; e benchè ella[13] per vedere
e' cavalli alcuna volta con più compagnia[14] vi fosse
venuta, questa volta non parve onestà di donzella; ma
chi è colui che si possa da questo cieco amore difendere? E giunta[15] Drusiana alla stalla e trovato Buovo,
cominciò[16] a dire· « O Agostino, ben ti dei[17] gloriare,
quando per mia messaggi non voi venire[18] a me, che
io venga per[19] te Egli è di bisogno che tu venga
a servirmi[20] del coltello; e sappi che non è barone
in Erminia[21], che, se io mandasse per lui, che[22] presto
non venisse a me[23] » Buovo rispuose[24] e disse. « Madonna, tornate a[25] vostra camera, chè non vi sarebbe
onore che 'l figliuolo d' uno prestimero vi tagliassi
dinanzi Togliete uno più gentile servo di me, però
che[26] io sono uno villano, e[27] sono servo di vostro
padre, comprato per denari » Ella[28] lo prese per
la mano, e andando in giù e in su per la stalla[29],
ad ogni parola Agostino s' inchinava[30], e Drusiana

11 Le par. come disp mancano a M — 12 andonne F —
13 ella manca a F — 14 conpangne F, alcuna volta ella cum p
c per ved. li cav. M — 15 che da q c a defendere et guardare
se possa? Giunta M — 16 echom. O; el suo campione B gli
comm M. — 17 certamente tu dei bene M. 18 non iem F —
19 e che io r a F — 20 mi rengha aservire O — 21 quando che
venne da me non te digne Hai voludo che io vegna da te Son
contenta, ma il te bisogna venire a servirme del coltello Sappi
però che in tutta Ermenia non è barone sì grande M — 22 che
manca a M — 23 a mi il non ven. M — 24 B gli risp M, le
par e disse mancano a O, le par risp. e mancano a F — 25 ala
M. — 26 però che manca a M, impero che O — 27 et anche M. —
28 et ella F. — 29 di giu insu pella ist O, in suxo et in giuxo
passegiando per la stalla et parlando M. — 30 singinochiava O,
s' inch. a Drusiana F.

sospirava. Aveva Buovo la ghirlanda dell' erba in capo, ed ella[31] ghele addimandò Disse Agostino[32]: « Questa ghirlanda non si fa per voi, però ch'[33] ell'è da saccomanni. » Alla fine se la cavò[34], e posela in su una banchetta[35], e disse « Se voi la volete, sì ve la toghete[36]. » Drusiana voleva che egli ghiela ponesse[37] in capo, e di questo lo[38] pregava; e pure temendo per vergongna, lasciò che non gliela[39] volle porre[40] in capo nè in mano, a Drusiana[41], ed ella[42] lasciava per vergongna di gittargli le braccia[43] al collo e di basciarlo, alla fine[44] ella prese la[45] ghirlanda e posesela in capo, e tornò sospirando[46] alla sua camera, e[47] dì e notte non aveva altro in cuore

Lo re Marcabruno e[48] gli altri baroni furono[49] dinanzi al re Erminione, e cominciossi a parlare per la maggior parte[50] che Drusiana si desse[51] per moglie al re Marcabruno di Polonia, ma[52] in questo[53] ragionamento si stette certi dì dal sì al no In questo mezzo nacque altra faccenda[54].

---

31 *Drusiana* M — 32 *Augustino gli rispose et dixe* M. — 33 *che* senza *però* O — 34 *carò de capo* M — 35 *bachetta* O, *panca* F — 36 *mettete overo toghete* F; *tolletevela* M — 37 *mettesse* F. — 38 *ella el* M — 39 *chegli nolla* O, *Il per timore et per verg che aveva lassò e n gela* M — 40 *mettere* F — 41 *Le par. a Drus* mancano a F — 42 *et ella ancora* M; *ed* manca a O — 43 *lo brazo* M — 44 *Finalmente* M — 45 *quella* M. — 46 *sospirando tornò* M — 47 *e* manca a M — 48 *con* F — 49 *singnori se n'andorono* F. — 50 *et per la m p se diceva* M — 51 *dovesse dare* M. — 52 *ma* manca a M — 53 *quello* F — 54 *del sì al no se stette certe dì et in q m n altre facende* M.

Capitolo XV

Come Lucafero di Buldras andò a campo a torno[1] al re d'Erminia per torre Drusiana per moglie, e come il re Erminione fu preso, e con lui[2] il re Marcabruno[3].

La fama di Drusiana era sparta per lo mondo, e
venne[4] agli orecchi del re di Buldras Egli[5] aveva
uno figliuolo, ch'aveva nome Lucafero, ed era molto
franco uomo di sua persona, e anche[6] si teneva[7] da
più che non era, ed[8] era molto grande[9] oltre alla
ragionevole statura Questo Lucafero aveva molte volte
udito lodare[10] Drusiana per la più bella damigella
del mondo al[11] suo tempo; per[12] questo Lucafero[13]
n'era innamorato, ed ora[14] udiva due come[15] ella si
voleva maritare Domandò al suo padre licenza[16] d'andare[17] in Erminia, e 'l padre gli armò grande quantità
di cavalieri saraini, e venne in Bussina, e[18] andò
cercando e' migliori e più franchi saraini e turchi che
egli potè trovare, e tornato[19] a Buldras, passò[20] in

---

[1] intorno F. — [2] preso in la bataglia, et cum lui foe preso
M. — [3] Erm e Marcabruno furono presi F. — [4] venuto F —
[5] dela grande belleza de Drusiana essendo per lo universo mondo
sparta venne anchora ale orechie del re de B. Questo re M. —
[6] ancora F — [7] homo de sua persona molto franco et anche
era tenuto M — [8] ma F ed manca a M, che ha poi era costuy.
— [9] gi et assai M — [10] molto uditto nominare O, udito l. M
— [11] a O. — [12] et per F [13] Luc. per questo se M — [14] ora
manca a O — [15] udendo due che M — [16] licentia al suo p M
— [17] di volere and. O. — [18] et qui M. — [19] sai del mondo et
tanti valenti turchi quanti trovare il potè Tornoe poi M —
[20] et p. M

Ischiavonia, e nel mare Adriano fece [21] entrare il figliuolo [22] in mare con cinquantamila [23] saraini, e navicarono [24] verso levante molte giornate tanto che giunse [25]
nel mare di Setalia tra l'isola di Cipri e l'Erminia
minore, ed entrò nel porto d'Almonias il terzo dì,
poi che fu finito il torniamento. Ed era per darsi Drusiana [26] al re Marcabruno, perchè il re non la voleva
dare [27] a Buovo, perchè diceva [28] essere figliuolo d'uno
prestiniero [29], ed era [30] servo comperato del re.

Giunse Lucafero; e posto campo con gran romore [31],
el re Erminione s'armò con molta gente, e con lui
s'armò [32] il re Marcabruno, e provviddono alla guardia
della città. E [33] Lucafero mandò ambasciadori drento
alla [34] città a domandare [35] Drusiana [36]: fugli [37] risposto
che non la voleva [38] dare a Saraini. Gli ambasciadori
lo sfidarono, e annunziarono per parte di Lucafero [39]
di dargli morte e di disfare la città a [40] fuoco e fiamma [41], e [42] Drusiana minacciarono di farla [43] vivere
con vituperoso modo per le terre de' Saraini [44]. Lo re
Erminione rispose e disse [45]. « Noi non abbiamo paura
di Saraini, e domattina ghele mostreremo [46]. » E [33]

21 il fece M; e fece F. — 22 il f. manca a O. — 23 L Mo di
O — 24 navichando O, verso lev navigarono M — 25 gionseno M
— 26 chel torn foe fin Drus era per darse M. — 27 nola vol. dare
ure O — 28 diceano ello M — 29 pestinatore O — 30 et che
era M — 31 L cum grande romore posse campo M — 32 s'armò
manca a F — 33 E manca a M — 34 dalla F   35 e dimandarono F. — 36 Drus. per moglie M — 37 fu loro F — 38 volevano F — 39 disfidarono et per parte de L gli minaciarno M.
— 40 emetere a O. — 41 e a f. F. — 42 A M — 43 fare F   44 per
le t de S cum vitup modo M — 45 Le par e d mancano a F.
— 46 dimosterremo F

tornati gli ambasciadori a Lucafero, ghele dissono, ed [47] egli se ne rise. L'altra mattina [48] lo re Erminione s'armò e montò a cavallo, e con lui s'armò lo re Marcabruno con la gente che aveva, e uscia [49] della città con ventimila Cristiani E, giunti di fuori, quelli del campo corsono ad [50] arme, e armossi Lucafero con sette re di corona che aveva menato [51] seco; e [52] quando le schiere s'appressarono [53], Lucafero entrò innanzi alla sua gente con una grossa lancia in mano E quando [54] il re Marcabruno di Polonia [55] lo vidde, disse [56] al re Erminione « Quello è Lucafero di Buldras » Subito [57] lo re Erminione [58] si mosse, e arrestò sua lancia verso Lucafero [59], e [33] dieronsi gran [60] colpi Lo re Erminione ruppe sua lancia, ma Lucafero l'abbattè, e fu menato preso a' padiglioni [61] E lo re Marcabruno andò contro a Lucafero, e fu abbattuto e preso e menato a' padiglioni [62]. La gente di Lucafero assalirono quelli d'Erminia, e grande battaglia si cominciò [63]. Quelli d'Erminia cominciarono a fuggire verso la città per la fierezza di Lucafero [64]

---

47 onde O. — 48 tornata la ambassaria cum tal risposta, il se la rise. La matina sequente M — 49 Le par e uscia mancano a O, che ha poi nella, et usciono M — 50 all F. — 51 menati F. — 52 cum sicco senz' e M — 53 approximarano M apisarono e O — 54 come che M, mano quando O — 55 Le par. di Pol mancano a O — 56 il dixe M — 57 e sub F — 58 Erm manca a O — 59 El re E' sub se mosse et verso Luc arestò sua lanza M — 60 dua grandi O — 61 abb da cavallo et preso il foe menato al padiglione senza l'e seg M — 62 et anche luy foe abbattuto per terra et al padiglione menato M — 63 et alora se comin grande battaglia M — 64 Lucha ferro sarano O, a volzere le spalle et per la fiereza de Lucafero fuzirano tutti verso la città M

CAPITOLO XVI

Come Ugolino, fratello del re Erminione, fu preso, e come Drusiana armo Agostino [1], e fello cavaliere, e andò alla battaglia [2].

Essendo preso lo re Erminione e lo re [3] Marca-bruno, la gente cominciarono a fuggire, e [4] nella città cominciò [5] gran pianto e paura, e [6] uno fratello del re Erminione, che aveva nome duca [7] Ugolino, uscì della città per rinfrancare la loro gente. E come egli entrò nella battaglia, s'abboccò con Lucafero, e fu gittato per terra, e fu preso e menato [8] al padiglione. La gente fu rimessa nella [9] città per forza d'arme; molti ne furono morti e una parte presi [10]. Le porte furono serrate la città era in grande [11] tribolazione e [6] romore e [6] paura e pianto, e sopra a tutti pian-gneva Drusiana [12], temendo che la città non si perdessi Buovo, essendo [13] a pie' del palazzo, udì dire che Dru-siana piangneva tanto aspramente: l'amore [14] lo fece [15] partefice al dolore, e, non curando, nè temendo alcuna cosa, andò [16] in sul palazzo, dove ella piangeva, e, giunto alla sua camera [17], la trovò piangere [18] con

---

[1] *Buovo detto Ag* — [2] *caualiere e combattè alla batt. con Lu-canfero* F — [3] *e re* O — [4] *e manca a O.* — [5] *se comm* M — [6] *e manca a M* — [7] *il ducha* O — [8] *et presso il foe menato* M — [9] *intro la* M — [10] *et molti presi* M *u p nefuno presi* O — [11] *in assai et in grande* M — [12] *pianti ma sopra a tutti Dr. amaramente pianzeua* M — [13] *Essendo B.* M — [14] *e tanto l'aspro amore* F — [15] *gli fu* O — [16] *nando* O — [17] *g. chel foe in la sua camera da lei* M — [18] *dove ella piangieua* F

molte donne. Come ella il vidde, sì gli [19] gittò al collo
e abbracciollo [20] dicendo. « O mè, Agostino, come
faremo? Ch'è preso il mio padre e 'l tuo singnore [21],
e con lui è preso lo re Marcabruno, e ora è ancora [22]
preso el duca Ugolino, mio zio » Disse Agostino [23]:
« Madonna, non avere [24] paura, chè io mi sento di tanta
virtù e possanza, che, se voi mi fate armare [25] di buone
arme e fatemi cavaliere, io andrò alla battaglia; e [26]
l'animo mi dice di riacquistare vostro padre e [27] gli
altri che sono presi; imperò che [28] l'arme che io acquistai in sul torniamento, non sono [29] sofficienti a sì
grande [30] pericolo, quant'è questa battaglia. » Drusiana [31] lo menò nella [32] sua camera, e arrecògli [33] una
buona [34] armadura, e [6] Buovo s'armò, e quando fu [35]
armato, saltava [36] e faceva pruova dell'arme, e tutte si
rompevano, e 'l bacinetto vi diede suso col pome [37]
della spada [38], e ruppelo, e [6] disse [39]. « Madonna, queste
non sono buone arme per me [40]. » Disse Drusiana [41]:
« Io non ò arme che siano migliore, ma delle piggiore n' ò io [42] assai. » E [43] poi le venne alla [44] mente
e disse · « Io ò bene una armadura che fu dell'avolo

19 gli si F — 20 bacciolo O. — 21 pi mio p e tuo s. O; noi
che l'è preso el signore re mio padre et tuo sig M — 22 anche
è M. echolui è O — 23 Buoro F, Ag rispose a ley et disse M. —
25 abiate O. — 25 me armate M — 26 onde M. — 27 et anche M
— 28 imperò che manca a M. — 29 s. buone nè F — 30 al gr O.
— 31 e D F — 32 alla M — 33 donogli F. — 34 buona e perfetta O — 35 il foe M — 36 il cum tutte le arme indosso saltava M — 37 su del F — 38 et cum el pomo dela spada il diede
in su el bacinetto M — 39 Disse poi Buoro a Drusiana M —
— 40 Le par arme p m mancano a F — 41 Di rispose et disse
M — 42 piggi ò io F — 43 E manca a O — 44 ma de pezore ne
ho bene assai Dicendo queste parole gli venne in la M.

mio, e arrecòlle [45] da Roma, secondo ch' io òne udito [46]
dire da [47] mio padre, ma elle sono rugginose e antiche. » Buovo le fece arrecare, e fecene grande pruova [18],
e trovolle forte e sofficiente, onde egli disse. « Madonna, queste [49] sono buone [50] per me »; e armossi [51],
e [6] Drusiana l'aiutava [52] a 'rmare E [6] quando fu [53]
armato, e [6] Drusiana lo fe' cavaliere, e donògli una
spada che fu anticamente [54] di messere Lancilotto del [55]
Lago, e [56] certi cavalieri inghilesi fuggiti d'Inghilterra
la portarono [57] in questo paese [58]; e [6] quando [59] l'ebbe
fatto cavaliere, si gli [60] gittò al collo e baciollo [61], e
lagrimando disse [62] « O messere Agostino, io vi raccomando il padre mio [63], e [43], imprima che voi andiate,
voglio una grazia da voi. » Disse Agostino [64] · » Madonna [65], insino alla morte sono disposto di servire
la [66] vostra persona » Ella [67] gli domandò ch'egli la [68]
dovesse sposare; e allora si tirarono da parte, e amenduni [69] si giurarono fede l'uno all'altro egli la sposò
con uno anello d'oro, che ella gli diede. Disse Drusiana [70] « Ora mi conviene avere più pensiero di voi
ch'io non avevo imprima; e a voi, messere Agostino [71],

— [45] *del padre di mio padre che la recò* Γ — [46] *io udi'* F. —
[47] *a* F. — [48] *prove* M — [49] *q arme* F — [50] *buone* manca a O.
— [51] *commincrosse armare* M — [52] *aiutò* F — [53] *il foe* M —
[54] *antiquamente era stada* M — [55] *dal* F — [56] *Lanzalotto la quale
spada* M — [57] *-erra portata harano* M — [58] *questi paesi* O —
[59] *come Drusiana* M. — [60] *si glisi* O — [61] *abracrollo e baciolo*
— [62] *gli dire* M. — [63] *el mio padre* M — [64] *ug o* O *Ang gli
risponse et dire* M — [65] *Madonna* manca a F. — [66] *di* manca a Γ,
la manca a O — [67] *et ella* F, cui manca il seg *gli* — [68] *che
la* M — [69] *am e* O senza il seg *si* — [70] *edisse dr* O; *Di
dire a Buoro* M — [71] Le par *mess Ag* mancano a M.

conviene avere [72] più pensiero di me. » Disse Buovo [73]:
« Madonna [74], da poi che siete [75] mia sposa, io [76] mi
voglio palesare a voi [77]. Sappiate che io [78] non ò nome
Agostino, ma io ò [79] nome Buovo d'Antona, e fui
figliuolo del duca Guido d'Antona, e sono **del sangue
di Gostantino imperadore** » Udito Drusiana [80] questo,
fu [81] la più contenta donna [82] del [83] mondo. Ella [84] si
cavò un altro anello di borsa [85], fatto propiamente
come quello con che [86] l'aveva sposata, e misselo in
dito a Buovo, e disse· « Questo sia sposamento [87] di
perfetto [88] amore voi [89] terrete l'uno anello, e io terrò [90]
l'altro, mentre che noi viveremo in questo mondo [91]. »
E, fatto questo, si [92] misse l'elmo in testa e andò alla
stalla, e montò in su [93] Rondello; e Drusiana gli diede
lo scudo e la lancia, e dissegli [94] « Va', che Iddio
ti dia vettoria [95]! » Buovo venne alla porta, e [96] trovò
tutti e' cavalieri [97] fuggiti della battaglia Allora egli
tolse mille cavalieri scelti, e uscì della città, e venne [98]
verso il campo de' nimici con uno stendardo spiegato.
E' Saracini si faceano grande maraviglia, e dicevano.
« Chi potrà [99] essere questo che à [100] tanto [101] ardire di

---

[72] ancora hai M — [73] B dixe M. — [74] Drusiana Γ; il seg
da manca a O — [75] chesse' F, che io s. la M — [76] io manca
a O — [77] a voi palesare M, anci enonoglio tenere più celato
ilmio nome O — [78] io son Buovo et M — [79] anzi ò F — [80] L'd
che Di ebbe F — [81] ella foe M — [82] damma M. — [83] che fusse
al Γ — [84] e allora F, ella manca a M — [85] Cavosse incontenente
de borsa uno altro anello M — [86] chegli senza con O — [87] el
sp M — [88] buono Γ — [89] e voi Γ — [90] terrò manca a O —
[91] in q m noi vi M — [92] q Buovo se M — [93] in su el M —
[94] disse Γ — [95] ventura M — [96] et ly M — [97] tutti cav. che
eru M. — [98] andò F — [99] marai dicendo che capitano potrebbe
F, marav. chi potea M — [100] havera M. — [101] tanto manca a O

tornare [102] al campo, essendo tutta l'altra gente vinta [103]
e messa in fuga, e i loro singnori imprigionati [104] » »
E levossi tutta l'oste [105] a romore [106].

Capitolo XVII

Come Buovo uccise Lucafero di Buldras [1], e cavo il re Erminione [2] di prigione e gli altri ch'erano presi [3].

Buovo, fatto così [4] capitano la prima volta [5] di
mille cavalieri, uscì della città; e [6] tutto il campo ripieno [7] di maraviglia diceano [8] l'uno all'altro· « Chi
potrà essere colui [9] che abbia tanto ardire, che venga
alla battaglia contro a [10] noi? » E [11] Lucafero n' [12] andò
al re [13] Erminione, e dimandollo: « Chi può essere
questo armato che viene alla battaglia e [6] porta uno
stendardo col campo azzurro e [14] uno lione rosso con
una listra [15] d'oro a traverso? » Disse lo re Erminione [16]: « Io non so chi egli si sia, ma cotale insegna ò io sentito dire che porta [17] uno barone di
Ponente che à nome el duca Guido d'Antona. » Disse
lo re Marcabruno [18]. « E' sarà Agostino, che Drusiana

---

[102] *tenire* F — [103] *vinta tutta l'altra zente* M. — [104] *in
prigioni* F. — [105] *et per questo l'oste tutto se leve* M; *tutto il
campo* F — [106] *a romore chome ghindono* O.

[1] *lucha fero dibultra (?) fu morto da buovo* O — [2] *et come
el re E uscì* M — [3] *presi cholui* O — [4] *E Buovo così* F, *così* manca
a O — [5] *Le par. la pi r* mancano a F — [6] *e* manca a O —
[7] *rip el e tutto* M — [8] *e diceuo* O, *l'uno al'a diceu* M —
[9] *costui* F — [10] *contra de* M. — [11] *E* manca M — [12] *n a* manca
a M — [13] *are* O — [14] *chon* O. — [15] *e una sbarra* F — [16] *LI
re E rispose et dice* M — [17] *io ho sent dire che cot. ins porta*
M — [18] *il re M d.* M.

l' arà fatto armare, e arallo fatto cavaliere » Disse
Lucafero [19]. « Adunque non voglio io [20] Drusiana per
moglie, se' ella [21] s' è sottoposta a più vile di lei [22]. »
E domandò chi era questo Agostino Lo [23] re Erminione
gli [24] disse come [25] l' aveva comperato, e com' e' avea
vinta la giostra del torniamento, e come egli era molto
franco di [26] sua persona. Per queste parole Lucafero [27]
s' armò d' arme incantate, e montò a cavallo [28], e venne
al [29] campo con la lancia in mano. Quando Buovo lo
vidde, si partì [30] dalla sua brigata, e andògli incontro.
e [11] Lucafero si partì [31] dalla sua gente, e venne contro [32] a Buovo, e [6] l' uno salutò l' altro. Disse [33] Lucafero [34]. « Cavaliere, per lo tuo Iddio ti domando
che tu non mi celi il tuo nome, e [35] chi tu se', e come
fu [36] lo tuo diritto nome. » Buovo gli disse [37] com' era
capitato per colpa di sua madre [38], e come s' era [39]
fatto chiamare Agostino, ma il suo diritto nome era [40]
Buovo d' Antona [41], figliuolo del duca Guido d' Antona,
discendenti [42] del sangue di Gostantino imperadore, e
dissegli come era fatto cavaliere per mano di Drusiana [43], e come ella l' aveva di sua mano armato,
« e per suo amore sono venuto a combattere con
teco [44]. » Disse Lucafero [45]. « Per [46] amore del tuo

---

19 *Luc d* M. — 20 *io n i* M — 21 *poi ch' ella* F. — 22 *de
ella* M — 23 *e lo* F — 24 *gli* manca a F — 25 *chome egli* O.
— 26 *de la* M — 27 *Luc per queste par* M — 28 *L' inciso e m.
a cui* manca a F. — 29 *in* M — 30 *il se partì* M — 31 *se
partì* M — 32 *incontra* M. — 33 *e disse* F. — 34 *Luc. dire* O M.
— 35 *nè* M — 36 *i* F. — 37 *rispore et dire* M. — 38 *della madre
sua* F — 39 *se havea* M. — 40 *il mio. si è* F — 41 *L et era*
M — 42 *discendente* F. — 43 *per m. di Dr. era f. cui* M —
44 *teco* senza il *con* F. — 45 *L d* M — 46 *per l'* F.

padre e del tuo avolo [17] ti voglio perdonare la vita e
per lo tuo leugnaggio [18]. Va', torna [49] alla città! »
Buovo disse « Io non sono venuto per tornare sanza
battaglia; e [50] promissi a Drusiana di portargli [51] la
tua testa e di rimenarle [52] el re Erminione, suo padre;
e [11] però ti guarda [53] da me, ch' io non ti fido se non
della [54] morte. » Lucafero, adirato, prese [55] del campo,
e diedonsi gran [56] colpi delle lance; e [57], messi [58] mano
alle spade, si tornarono [59] a ferire e cominciarono
grande battaglia e pericolosa. E [11] Drusiana vedeva
dal suo palazzo [60] la battaglia, e stava ginocchioni [61],
e pregava Iddio per Buovo; e [11] quanti colpi riceveva
Buovo [62] in [63] su l' arme, e Drusiana [64] gli ricevea nel
cuore Essendo e' due combattitori alle mani [65], Buovo
aveva già molti colpi feriti, e non poteva magagnare
l'arme del Saraino, e [66], adirato, prese a due mani Chiarenza, e gittò [67] lo scudo dopo le spalle, e diegli [68]
uno grande colpo [69] l'aria si riempiè di faville, ma [70]
non gli fe' altro male. Lucafero lo sgridò, e ferì lui
di tanta furia [71], che lo fece piegare insino a' crini
del cavallo e tutto intronato Per questo Drusiana

[47] Le par. e del t. av mancano a F. — [48] et per lo tuo l
io to toglio perd. la v. M. — [49] ractorna O — [50] io M — [51] por-
tarle F — [52] rimenargli F — [53] guàrdate M — [54] dalla O.
[55] presono O — [56] dua grandi O. — [57] poi M — [58] misono O M — [59] et tornaronse M; si tornorono si tornorono O
— [60] dal suo pal red M — [61] in zenochione M — [62] tanti
colpi quanti B riceverà F — [63] in manca a O — [64] a me tanti
Dr. senza il seg gli M — [65] Or quando ale mane li due combat-
tendi M — [66] de Lucafero et per questo M. — [67] gittossi F —
[68] dielle M — [69] sì gi il colpo che F, cholpo onde O — [70] e O
— [71] et furiatamente lo percosse et ferì lui in tal modo M.

cadde [72] distesa in terra come se lei [73] avesse ricevuto il colpo, e [b] se Buovo lo sostenne sopra all' [74] arme, e Drusiana lo sostenne nel cuore [75] Buovo, tornato [76] in sè [77] acceso d'ira [78], incominciò [79] grande battaglia; e, mentre che egli combatteva, Drusiana [80] ritornò [81] alla finestra, e per avventura [82] Buovo in quello punto alzò gli occhi verso quella parte del palazzo, e vidde Drusiana, e [6], immaginando fra [83] sè medesimo che ella [84] lo vedesse, gittò [85] via lo scudo e prese Chiarenza a due mani [86], e [6] aspramente percosse Lucafero; ma egli [87] similemente gittò via [88] lo scudo, e prese a due mani la spada [89], e, lasciate le redine della briglia, menò uno gran colpo Buovo [90] avea tocco Rondello degli sproni e' cavagli s'urtarono, e quello di Lucafero sinestrò per modo, che 'l colpo non giunse a Buovo [91], ma [92] diede dalla parte manca, e fu sì grande la forza [93] che Lucafero [94] misse [95] in questo colpo, che per forza sì [96] piegò innanzi insino in su' [97] crini del cavallo, e la punta della sua spada [98] toccò terra. Per [99] questo piegare, l'elmo, che aveva fatato,

[72] chade drusiana O; Dr cadde tutta F; lo intronò Drus per q cade senza distesa M — [73] s'ella F — [74] sost nel O — [75] quel colpo in la sua persona, però che se B lo s. sopra le arme Dr l s. n. c M; e Drus in sul quore F. — [76] ritornato O — [77] Torn B in sì et M — [78] d' ira e di fuore F — [79] comm M — [80] e Dr. F. — [81] tornoe M — [82] Le par per air mancano a O, per rent M — [83] tra M — [84] chegli O — [85] egitto O — [86] a due mani chiarezza O — [87] Lucafero M — [88] lucio O — [89] la sp a d in M, le par a d. m mancano a O — [90] ebbono O, a Buovo, ma Buovo F. — [91] non gli giunse perchè Buovo era scostato F. — [92] ma il M — [93] la f. foe sì gr M. — [94] forza di L. che F. — [95] fece M. — [96] il se M — [97] ins su li M, ins a F. — [98] spada sua F. — [99] e per F.

si [100] ruppe la cinghia ch' era affibbiato [101] di drieto, e
Buovo lo vidde scostare [102] dallo 'sbergo, e [103] menò
uno colpo, e diegli tra l' elmo e lo 'sbergo, e levògli
la testa dallo 'mbusto così [104] morì Lucafero di Buldras Per [105] questo si levò gran romore I [106] mille
cavalieri, che Buovo avea rimenati [107] di fuori, percossono alla [108] battaglia, e della città uscirono molti [109]
cavalieri, e assalirono il campo, il quale si misse [110]
in fuga, abbandonando [111] padiglioni e bandiere [112].
Buovo corse insino a' padiglioni con molti armati, e
sciolse [113] lo re Erminione e lo re Marcabruno e 'l
conte Ugolino, fratello del re Erminione, e [11] fecegli
riarmare. E mentre che [114] s' armavano, disse lo re
Erminione [115] « O Agostino [116], grande guidardone ài
acquistato. » Disse Buovo [117]· « Singnore, io non ò
nome Agostino, anzi ò nome Buovo d Antona, e fui
fighuolo del duca Guido d' Antona. » E donò [118] al re
Erminione tutto il tesoro di Lucafero, e disse: « Questo [119] vi do io [120], perchè voi mi facciate franco e
libero, quando saremo [121] drento alla [122] città. » E [11],
detto questo, montò [123] a cavallo, ed entrò [124] nella
battaglia. Allora fu tutta l' oste [125] seguitata insino

    100 gli si F — 101 afibbiata F. — 102 ischostato O — 103 e
in quel punto F — 104 e così F. — 105 et per M. — 106 e i F.
— 107 cav. di Buovo che egli aveva menati F — 108 nella F —
109 molti altri M — 110 missono F. — 111 eabandonado i O —
112 campo el essendo (sic) messo in rotta se mise in f et padiglione
et bandiere abandonarono M — 113 c. m. arm. al pad. et scosse
M. — 114 che li M — 115 el re E gli dise M. — 116 A mio M. —
117 Buovo dice M — 118 Donò poi M — 119 diregli Q. thesoro
M — 120 dono F. — 121 noi seremo M, io sarò F — 122 dalla F.
— 123 montorono O — 124 entrorono O — 125 l' oste fue tanto M.

alle navi, e [11] molta gente fu [126] morta e [127] presa, e molte nave fuggiono, e molte ne furono [128] arse. E [11] Buovo lasciò la vinta battaglia, e tornò nella città; e [11] Drusiana andò [129] per lui insino alla stalla, dove aveva legato il suo Rondello, e menòllo nella sua camera; e, cavatogli l'elmo, ella era [130] sola con lui, e gittòglisi [131] al collo, e baciollo, e [11] poi lo disarmò per fasciarli alcuna piaga piccola [132] e certe percosse. E [11] in questo [133] tornò Ugolino, zio di Drusiana, ed entrò [134] nella camera, e [11] trovò Drusiana che teneva il braccio al collo a Buovo [135]. Per questo Ugolino [136] le volle dare, e dissele [137] molte laide parole e brutte [138]. Per questo Buovo [139] non potè sofferire, e [11] abbracciò Ugolino, e gittollo in terra, e diegli molti calci e pugni, per modo che a pena potè tornare al suo palazzo così [140] tutto rotto. E intanto tornò il re [141] con la vettoria, e andò [142] a vedere il conte Ugolino credendo che [143] avesse male della [144] battaglia fatta al campo e della presura; ed egli per vergongna non disse quello che aveva. Lo re [145] lo dimandò a cui gli pareva di dare [146] Drusiana per moglie, ed egli rispose che la desse [147] al re Marca-

---

126 *però foe* M — 127 *e molta ne fu* F. — 128 *fu* O, *presa e molte nave furono* F — 129 *andò* manca a F. — 130 *essa* M, *era* manca a F — 131 *gittosegli* M — 132 *piccola piaga* M; *picola* manca a F — 133 *questa* O — 134 *intrato* M. — 135 *abraciato allcholo buono* O. — 136 *Ug. per g* M — 137 *dixegli* M — 138 *et bi pai.* M; *di brutte e di laide parole* F. — 139 *e B* F — 140 *cossì era* M. — 141 *Lo re Erm in questo mezo tornoe* M — 142 *andoe incontinente* M. — 143 *Ug suo fradello cred che il* M — 144 *per la* M. — 145 *quel che li era intravenuto nè quel che havean. Lo re Erm* M. — 146 *a chi parea a luy che il dovesse* M. — 147 *o al re Marc o a B El duca Ugol rispose et dixi Datela* M

briuno, « e io darò a Buovo una [148] mia figliuola. »
Rispose el re [149] Io voglio dare Drusiana per moglie
a Buovo »; e ritornossi al palazzo E Buovo andò [150]
dinanzi al re Erminione [151], e fece cavare carte [152] del
tesoro che Buovo aveva dato al re Erminione nel padiglione, quando lo sciolse [153], e aveva ricomperato sè
medesimo [154] e fattosi franco del tesoro di Lucafero
di Buldras acquistato [155] con la spada in mano; e lo
re lo fe' franco e libero.

Capilolo XVIII.

**Come il duca Ugolino, fratello del re Erminione, e 'l re
Marcabruno mandarono Buovo in Buldras per farlo morire; e [1] perde la spada con uno briccone; e [2] fu preso
e mandato alle forche a 'mpiccare per vendetta di Lucafero [3].**

Partito lo re Erminione dal suo [4] fratello e tornato al suo palazzo [5], e il duca Ugolino mandò pel
re Marcabruno; e, come nimico di Buovo, gli disse
tutto quello che il re [6] suo fratello gli aveva detto, e

---

[148] *la* F. — [149] *El re risp* M el re *manca a* O. — [150] *n'andò*
F. — [151] *el re Erm. al suo palazo. Buoro incontinente gli andoc*
dinanzi M — [152] *carta* F. — [153] *quando chel scosse* M — [154] *ri-*
comperatolo M. — [155] *acquistatolo* M

[1] *et come il* M — [2] *et come il* M; *chomuno br.* e O —
[3] *Come il conte Ugolino e Marcabruno ingannarono Buoro la notte,*
e dierongli la lettera e mandoronlo a Snella e del briccone che
lo rubò, e come, presentata la lettera, fu preso e mandato alle
forche F — [4] *dal duca Ugolino suo* M — [5] *dal suo pal* F —
[6] *re Erm* M, *re manca a* F

insieme giurarono la morte di Buovo, l'uno per amore
di Drusiana[7] e l'altro per vendicarsi delle busse che
Buovo gli aveva date, ongnuno[8] dispuose giungnere[9] il
modo e la cagione e 'l tempo. E[9 bis] passati alquanti
giorni, lo re Erminione ordinava di fare Buovo singnore d'una parte d'Erminia[10] e dargli per moglie
Drusiana[11]. Essendo fatto un dì[12] gran corte con[13]
molti piaceri, el re mostrò quel dì grande amore[14] a
Buovo. E[15] la notte vengnente[16] el duca Ugolino e
il re Marcabruno[17] nel palazzo del duca[18] Ugolino in
questa forma si consigliarono insieme di fare Disse
il duca Ugolino· « Voi sapete, re Marcabruno[19], che
io somiglio molto lo re Erminione[20]. Io mi vestirò di
roba reale con la corona in capo e[21] l'ordine reale,
e, passata mezzanotte, io sedrò nella sedia reale, e,
voi con certi nostri[22] amici sarete meco, e mandereno
per Buovo, e farengli[23] giurare d'andare dove io gli
comanderò. Fate[24] una lettera che vada[25] al re Baldras di Buldras, e mandategli a dire come l'appor-
tatore della lettera è Buovo, il quale uccise Lucafero,

[7] amore delatio O. — [8] ogni dì loro se M — [9] e ongnuno
di per sè trouare F. — [9 bis] Or M — [10] del reame F. — [11] sign.
de una p. de Erm B et dargli Drus p m. M. — [12] et ess. f.
u d. F, uno di facta M — [13] e con F — [14] gr am. q. di O;
el re Erm i q d mostrò gr. am M. — [15] E manca a M. —
[16] seguente M. — [17] iRre march el conte ug. O. — [18] conte F,
cui mancano le parole in questa ... Ugolino, per essere il copista corso coll'occhio da Ugolino a Ugolino — [19] fare di se e
del ducha Ug e disse voi sapete Re march voi sapete O — [20] se
consigliarno nel pal del d Ug insieme de fare in questo mnodo
Ll d Ug parloe prima et dire Voi sap re M chi io, come
rediti, somiyo molto al re Erm mio fratello M — [21] a O —
[22] nostri manca a F; e altri nostri secreti M — [23] farogli M,
fareno F — [24] Fati voi M — [25] va M

suo figliuolo, e che lo faccia impiccare. » Come [26] eglino ordinarono [27], così fu fatto. Essendo passata mezzanotte [28], sedendo Ugolino nella sedia come re [29], mandò per Buovo, ed egli s' inginocchiò [30] credendo che egli fusse il re Ermmione, ed [15] eravi pochi lumi [31], ed egli si mostrava uno poco fioco [32], per modo che Buovo credette di [33] certo che [34] fosse il re Ermmione; e fecegli [35] giurare di fornire una sua bisongna, e [15] Buovo giurò insino [36] alla morte di fare il [37] suo comandamento. Allora gli comandò ch' [38] andasse a Buldras a portare questa lettera, e diegli la lettera. Non pensò Buovo [39] ch' ella dicesse quello ch' ella diceva, e presto [40] la prese, e andossi a armare; ma Ugolino [41] disse: « Non è bisongno [42] arme nè cavallo, però che ti sarebbe più di tedio. » E mandollo a entrare in mare sanza arme [43]. solamente portò Chiarenza, la sua [44] spada, e in una galeotta misse uno ronzino E [45] navicando passò l' isola di Rodi, e, per l' Arcipelago navicando [46], passò Alispunto, e scese a terra a Polonia E poi cavalcò [47] molte giornate; e, giunto a Buldras, non trovò il re, ma [48] fugli detto ch' egli [49] era in

---

[26] e come F. — [27] ordinerano O — [28] la m M, mezza la notte F. — [29] et essendo etc F. Ugol sed come re ne la s M. — [30] et il venne et inzenochiosse M, e verdo (sic) sing O. — [31] eragli poche lume M, edeam p l. O — [32] roco F. [33] credera di F; di manca a O — [34] chel M. — [35] et cossì gli fece M — [36] per insino O — [37] di e il mancano a M — [38] chello M. — [39] B non pensoe M — [40] però il senza l' e M — [41] andarasse ad a, ma el duca Ug gli M — [42] dibis O — [43] entrare in mare e F — [44] la sua buona F — [45] portoe solam la sua sp chiamata Chiarenza et intioe cum uno ronzino in una galiotta, et cossì M — [46] et nav. per lo Arc il M — [47] Cav poi senza E M — [48] ma manca a M. — [49] chil re M

Ischiavonia a[50] una città ch'avea nome[51] Sinella
Buovo prese[52] suo cammino verso Sinella, e patì grande
fame per questo cammino di Buldras a Sinella[53] Essendo presso a Sinella a[54] una giornata, trovò in una
campagna una fonte in uno prato in[55] uno bosco, ed
eravi uno viandante[56] con una schiavina in dosso[57],
il quale mangiava, e[58] invitò Buovo a mangiare; ed
egli, ch'avea patito disagio di mangiare[59], si puose
a mangiare con lui[60] del pane e della carne ch'egli
aveva E, mangiando, quello[61] briccone si scinse uno
fiasco di vino, e diede bere a Buovo, e questo era
uno beveraggio alloppiato, e quando Buovo ebbe beuto,
si puose a dormire in su l'erba[62]; e quello rubaldo
lo rubò e tolsegli e'[63] danari e le[64] vestimenta e la
spada e 'l cavallo, e, mentre che lo cercava, gli trovò[65]
la lettera che andava al re; e, veduta la soprascritta,
per quello non lo uccise[66], e missegli[67] la lettera in
seno, e andossi via[68] con le cose che gli[69] aveva ru-
bate e col ronzino. Buovo dormì insino all'altro[70]
giorno, che mai non si risentì; e quando[71] ebbe patito
il vino[72], si risentì; e, vedendosi così ingannato, molto

50 in M — 51 chessi chiamava F — 52 preso M — 53 easi-
nela O, per g e da B a S il patì gi fame M. — 54 a manca
a M — 55 dentro M — 56 i in questa fonte M. — 57 in dosso
manca a F — 58 Custui M — 59 di fame M — 60 Le pai ed
egli . . . con lui mancano a F — 61 e g O, mang cossì insieme
quel M. — 62 d. a beiere et come Buovo hebbe beuto se pose a
dormire perchè quel beveragio era alop. senza il seg e M — 63 et
li M. — 64 la M. — 65 et cercando in la sua scarsella ti M. —
66 non lo tolse uccidere senza per g e senza il seg. e M. — 67 ri-
missegli F. — 68 andossene O — 69 le M, egli gli F. — 70 altro
sequente M — 71 Come senza e M — 72 beveragio M.

si condoleva [73]; e, cercando, trovò la lettera Allora [74]
ringraziò Iddio, e a pie' n' andò a [75] Sinella, e andonne [76] al palazzo, e appresentò [77] la lettera al re, il
quale [78] lesse la lettera [79]; e quando udì [80] ch' ella
diceva che [81] questo era Buovo che aveva morto Lucafero, suo figliuolo, molto [82] si maravigliò, perchè egli
era sì male in punto [83], e dimandò Buovo [84] s' egli era
cavaliere E' [85] rispose [86] di sì, e ch' egli era suto rubato per la via e ingannato di [87] beveraggio [88] Allora
il re gridò ad alta boce [89] ai baroni che [90] aveva dintorno « Pigliate questo traditore che à morto Lucafero, il [91] mio figliuolo [92]. » E' baroni trassono le spade,
e per forza [93] fu preso, perchè non [94] aveva arme, e
fugli legate [95] le mani di drieto, e il re comandò che
subito fosse menato [96] fuori della terra, dov' erano le
forche e ivi [97] fussi impiccato pella gola per vendetta
di Lucafero, suo figliuolo Buovo era menato alle forche [98] per impiccarlo; ed egli [99] s' andava molto lamen-
tando della sua fortuna [100] e raccomandandosi a Dio, e
molto si lamentava del re Erminione [101] che così l'aveva
ingannato, credendosi per [102] vero che lo re Erminione

[73] si dolea O. — [74] Alora il M — [75] e andonne verso F, et
cossì a pie' venne a M — [76] andoe M. — [77] epresento O. — [78] El
re M — [79] la quale egli la lesse F. — [80] et uddendo M — [81] e
quando intese che F — [82] egli F — [83] perchè era male restito F
— [84] a B M — [85] E' manca a F, ede O. — [86] risp. et dice M
— [87] del F — [88] de bec ing M — [89] ad alta voce gridando
dire M — [90] chegli O — [91] il manca a F — [92] el m f Luc
Incontinente M — [93] f il M — [94] il non M. — [95] Fugli poi
menate et lig. M. — [96] sub. el doverono menare M — [97] et che
li M — [98] Le par e ni . alle forche mancano a F [99] et
lui M. — [100] de la s f m lam senza il seg e M — [101] del re
Erm molto se lam M — [102] per lo F

l' avesse mandato per farlo morire; ed egli [103] era stato il duca [104] Ugolino

CAPITOLO XIX.

Come Margaria, figliuola del re Baldras [1], campo Buovo [2] dalle forche, e fu messo [3] in prigione; ed ella ne 'nnamorò [4].

Essendo menato Buovo alle forche per comandamento del re [5], venne a passare di [6] fuori della città allato a uno giardino del re, al quale giardino era [7] una figliuola dal re che aveva nome Margaria; e, sentendo ella el romore, andò [8] con certe donne a vedere, e domandò [9]: « Chi è [10] questo ch' è menato alla giustizia? » Fugli [11] risposto: « Egli [12] è Buovo d' Antona, il quale uccise il vostro fratello con la spada in mano alla città di Ermínia [13]. » Disse Margaria: « Dunche è questo [14] quello che si dice essere tanto franco guerriere [15]? Per la mia fe', io [16] non voglio che egli faccia morte tanto onorevole [17]! » E

103 *ed manca a* O, *egli a* M — 104 *conte* F

1 *Bald di Smella* F — 2 *scampò* M. — 3 *menato* F. — 4 *et in che muodo ella se inamorò de luy* M -orò *e non potè avere dallui cosa ch' ella volesse* F. — 5 *re Baltias* M — 6 *di manca a* F — 7 *in lo quale era per solazo* M — 8 *andoe fuori del giardino* M. — 9 *et domandando ad alcuni de colloro chel menavano dire* M. — 10 *era a* F. — 11 *fulle* F — 12 *madona ello* M. — 13 *di Erm manca a* O, *in la città de Erm cum la sp. in m ucc. Luc. vostro fr.* M. — 14 *Marg. dixe q è adonca* M — 15 *guerr. manca a* O; *cavaliero overo guerriero* M, *g e poi disse* F. — 16 *chio* O.

17 *tanto honor. morte* M

corse tanto innanzi [18], che ella lo vide, e [19] fecegli [20] sciogliere [21] gli occhi che [22] aveva fasciati con una benda, e quando lo vide tanto bello cavaliere [23] e così giovane, lo domandò s'egli era [24] cavaliere Rispuose Buovo [25] · « Madonna [26], io sono cavaliere, e sono figliuolo di duca e d'una [27] reina, e sono giudicato a questa morte a torto [28], perchè Lucafero combattè meco a [29] corpo a corpo » Disse Margaria [30] · « Rifasciategli gli occhi, chè [31] io non voglio ch'egli muoia di così [32] dengna morte, ma come traditore lo voglio fare morire [33] » E comandò che lo [34] 'ndugiassino tanto, ch' ella andasse al suo padre ic Baldras [35]; e montò a cavallo con certe damigelle e con certi cavalieri, e venne al re, e, inginocchiata a' suoi piedi [36], gli domandò [37] una grazia. El [38] padre glie la concedette, ed [39] ella disse: « Voi m' avete donato [40] Buovo che voi mandavate alle forche vivo e sano; imperò che io lo voglio fare morire a stento per la vendetta di Lucafero, mio fratello [41]; e vo' lo [42] tenere nel fondo della nostra [42 bis] torie, chiamata *Menda-follia* [43]. » El padre, non avendo altro

---

[18] *ratta inazi tatto* O. — [19] *e manca a* M. — [20] *fello* O. — [21] *sfaciare* F — [22] *cheli* M. — [23] *car* manca a O, che ha poi *e si.* — [24] *ella domandandolo dixe sei tu* M — [25] *B. risp et dixe* M — [26] *Mad* manca a F. — [27] *et de* M — [28] *a torto giud a q m* O; *a t io sono a q m zudicato* M. — [29] *da* M. — [30] *Marg d.* M — [31] *chè* manca a M — [32] *di si* O — [33] *che io el r f mor come traditore* M — [34] *lo* manca a M — [35] *p suo ic B* F, *al re B suo p* senza *l e seg* M — [36] *ali soi piedi inzen* M. — [37] *cavalieri e ingincchiossi al re e dimandogli* F — [38] *El re suo* M. — [39] *ed* manca a M — [40] *dato* M; *la grazia che ioi m' aiete fatta, ioi m' av. d.* F — [41] *per rend de Luc mio fiat io el ioglio a grande stento fare mor* M. — [42] *ioglio* M — [42 bis] *iostia* O — [43] *montefolia* O, *la mendafolia* M

fighuolo [44] nè altra fighuola, gli [45] fe' la grazia, e dielle uno anello del suo sagreto che si [46] cavò di dito acciò ch' ella fosse creduta [47]. Ella [48] tornò insino alle forche, e fece rimenare Buovo [49] insino al palazzo, e fello mettere nel fondo della torre [50] *Mendu-follia*, e minacciollo [51] di farlo morire a stento, e [52] misse a guardia della porta [52] di questa torre [53] dieci Saraini. La [54] notte venguente ella andò nella [55] torre per una cateratta ch' andava sotto [56] terra, e quando ella apriva la [57] cateratta, Buovo ebbe paura ch' egli non fosse [58] qualche serpente che lo venisse a divorare e che fosse stato diputato a [59] divorare chi fosse stato messo in quella torre [60]: e, avendo trovata [61] una spada tutta rugginosa ch' era stata d'uno cristiano ch' era morto di fame in quella torre [62], con questa [63] stava per ucciderlo ma quando [64] sentì aprire e vidde il lume del torchietto [65], nascose la spada. E [39] giunta [66] Margaria drento da lui, lo salutò e domandollo come [67] aveva nome, e per [68] che modo egli era arrivato in questa

[44] *El re suo padre, non havendo nè figliolo maschio* M — [45] *altro figliuola nè figliuola* le O — [46] *ch'esse lo* F — [47] *et acio ch'ella fosse creduta il si cavoe uno an del suo secreto dal dito et diegliilo* M — [48] *et ella* F — [49] *et feelo rim* M *tornoe* B F — [50] *t duta* M — [51] *mnacandolo* O — [52] Le par della p mancano a F. — [53] *Ala g d p d q torre ella mise* M — [54] *ella* F. — [55] *in una* F. — [56] *per sotto* M — [57] *apri la* O *aperua la* F *dato* M *quanto lo aprirano la* F — [58] *credendo chel fusse* M *che no fose* O — [59] *di* O — [60] *chi era meso inquela prigione* O — [61] *dip in quella torre per esser dal serpente devorato onde hai lui trou in questa torre* M — [62] *m. ly per fame* M *quello torre* e F *questa torre* O — [63] *questo* O — [64] *il stava cum questa in mano apparechiato per lo uccidere ma q il* M — [65] Le par. del l. mancano a F — [66] *giunto* O — [67] *come egli* F — [68] *in* M

parte [69]. Buovo gli [70] disse dal dì che [71] nacque, insino a questo punto ogni cosa che gli era addivenuto [72]. Ella n' avea tanta compassione, ch' ella piangueva, mentre che Buovo diceva la sua ventura, e poi gli disse· « Cavaliere, per mia fede [73], se tu farai il mio volere, io ti caverò di questa prigione, e farò tanto col mio padre [74], che egli ti perdonerà la vita, e faratti capitano di tutta la nostra gente [75]. Quello che io voglio da te, si è che io voglio [76] che tu sia mio marito. » Buovo rispose « Madonna, se io vi promettessi una cosa [77] per sagramento e [78] io non ve la [79] attenessi, io sarei traditore cavaliere [79 bis]. Già v' ò io detto l' amore che io ò giurato a Drusiana, il quale per nessuno modo io non fallirei, e [39] voglio innanzi morire che fallire il [80] mio sagramento. » Disse Margaria [81]: « Bene l' amate di buon cuore, ma io vi priego che voi non vogliate morire prima che lasciare il suo [82] amore. » Assai [83] il potè ella lusingare e mettere [84] paura, che Buovo mai volesse [85] acconsentire a niuna sua domanda: ella [86] gli die' termine uno mese

[69] quelle parti e F — [70] le O — [71] ch' egli F — [72] B. rispondendogli dire ogni cosa che a lui era advenuta dal dì che naque per insino a questo dì et punto M — [73] Le par per mia f mancano a O, che, mente che B dic la sua vent , ella pianzeva Quando che lui hebbe dicto ogne cosa, ley gli dixe Cavaliero, io te amo et per la mia fede te promitto che M. — [74] et cum el m p io farò tanto M — [75] de t la n z capit M; la manca a F, che dopo gente ha un e — [76] Le par che io i mancano a M — [77] una c manca a F. — [78] et che M — [79] lo F — [79 bis] uno cav trad M — [80] falsare el M, la morte che mancare del F — [81] M d M — [82] mio F — [83] e assai F — [84] ello lo potè lus et mettergli M — [85] mai manca a O, havesse voluto M, mai aconsentisse F — [86] et ella F, Finalmente ella M.

a pensare sopra a questo, e partissi. E ongni giorno
metteva uno catellino per una buca sotto l'uscio, e
legavagli al collo quello [87] ch' ella mandava [88] a Buovo
da mangiare e da bere [89], e stette uno mese [90] che mai
non gli parlò, per insino che 'l mese non [91] fu passato;
e poi [92] gli andò a parlare; ma non lo potè mai [93] convertire alla sua volontà, ma sempre [94] addimandava
innanzi la morte; intanto che a lei ne increscieva, e
mandavagli da mangiare per lo grande amore che ella
gli portava, sperando di [95] venire qualche volta alla
sua volontà E stette Buovo a questo modo [96] in prigione anni tre e mesi quattro [97].

CAPITOLO XX.

Come lo re Erminione, non potendo ritrovare[1] Buovo[2], marito Drusiana al re Marcabruno.

Lo re Erminione, avendo addomandato Buovo per
dargli Drusiana per moglie e [3] non lo potendo trovare
nè sapere come [4] fosse arrivato, temeva che egli non

---

[87] *quella* O. — [88] *voleva mandare* F — [89] Le par *da m e
da b* mancano a F — [90] *durò u m a questo modo* F — [91] *non*
manca a O — [92] *pass Passato el mese ella* M — [93] *che mai
nollo pote* O — [94] *ala s sol convertire, et il sempre gli* M —
[95] *di* manca a O. — [96] *Finalmente intanto lui persevere a stare
constante che a lei li increscea, ma per lo grande amore che ella
gli portava, gli mandava più da mangiare sperando de condurlo
qualche volta a le volontà sua. Buovo in questo modo stette* M —
[97] *tre anni e quattro mesi* F   *imprigione aquesto modo anni tre
e mesi 4* (ma il *4* è fregato) *cioè quattro mesi.*

[1] *non ritrovando* F. — [2] *buovo dantona* O. — [3] e manca
a O — [4] *dove si* F

fosse stato morto; e molto ne fece cercare[5] e spiare
quello che ne potesse[6] essere; e pure trovava l'arme[7]
e 'l cavallo sanza la spada pensò ch'egli si[8] fosse
partito per paura, per quello che[9] aveva fatto al duca
Ugolino E[10] stette la cosa in questo cercare e pensiero[11] due anni e[12] certi mesi. Alla fine[13] non lo
trovando, diliberò di[14] maritare Drusiana al re Marcabruno; e, domandandone molte volte Drusiana, ella[15]
a nulla non lo voleva; alla fine il re le fece forza,
ed[16] ella acconsentì con questo patto, che ella lo voleva, ma voleva stare[17] uno anno innanzi che[18] usassi
il matrimonio; e il re Marcabruno fu contento. E così
fu giurato per fede, ed[19] ella doveva tenere quaranta
damigelle e donne alla sua guardia, e uno suo cugino,
che aveva nome Fiorigio, con sessanta cavalieri, immaginando Drusiana[19]. « Se io sarò in Polonia, forse
che verrà Buovo[20] a me. » E 'l re Marcabruno la
sposò, e andossene in suo paese, e apparecchiò la
festa, e mandò molti[21] baroni per lei; ed[22] ella ne
menò Rondello, e portonne[23] l'arme di Buovo, e menonne uno che[24] aveva in prigione, chiamato Pulicane,
il quale era[25] mezzo uomo e mezzo cane; cane[26] era

---

[5] et fece cercare bene M — [6] quelo ne poteva O. — [7] larche
O — [8] si manca a M. — [9] chel M — [10] E manca a M —
[11] pensieri F — [12] Le par due anni e mancano a O — [13] Finalmente M — [14] di manca a M — [15] dimandonne . et ella F.
— [16] lo manca a O; non lu vol uddire questa cosa Finalmente
el re gli facea forza et per questo M — [17] ch'ella voleva stare
M, che ella lo voleva aspettare F. — [18] chegli O. — [19] -andose
Di che M — [20] Buovo venuto M. — [21] m. degli sui M — [22] ed
manca a O. — [23] e gli andoe et menò sieco R et portoe M —
[24] chella O [25] chera O, era costui M — [26] cane manca a O F

dal mezzo in giù[27], e dal mezzo in su era uomo; e[22] correva[28] tanto forte, che non era altro animale, ch'egli non giungnesse a correre, e[29] parlava molto bene; ed era[30] figliuolo d'uno cane e d'una cristiana, la quale fu gentile donna. E fu singnora sua madre[31] d'una città d'[32] Erminia, chiamata Capodozia; e uno turco, ch'era re di Ligonia e di Sauria, avendole[33] fatto gran tempo guerra e non potendola[34] vincere, trattò[35] la pace e tolsela per moglie, promettendole[36] di battezzarsi; e[10], quando[37] la menò che l'ebbe[38] in sua balìa, la fece per dispregio[39] spogliare ingnuda[40], e fecela legare in su 'n uno capo[41] d'una panca[42] boccone, e[43] fece venire[44] uno grande mastino e più volte la fece coprire a quello[45] mastino, ed ella[46] ingravidò di questo Pulicane. Essendo piengna, si[47] fuggì in Erminia al re[48] Erminione, e partorì questo animale, e morì di dolore[49] nel parto. E il re Erminione, per vedere quello che poteva addivenire di questo animale, lo[50] fe' allevare; e quando fu[51] grande, lo teneva in

[27] giuera chane O. — [28] et homo era dal m. in suzo Questo Pulicane corr. M. — [29] alchuno animale che egli nollo unciessi e O; forte che neguno altro animale non lo poteva giungere Il M. — [30] era (senza ed) Pulicane M — [31] Le par. sua madre mancano a O. — [32] in F — [33] pauendole O — [34] la g et non la potendo M — [35] il tr M — [36] le manca a M — [37] Come M — [38] et hebbela M; che egli l'e F — [39] per dispresso il la fece M — [40] ingnuda nata O — [41] 'n manca a M, in su uno canto F. — [42] di panca O. — [43] et li M — [44] menare O. — [45] questo F. — [46] et da quello più volte la fece copire et alfine ella se M. — [47] ella se M — [48] dal F — [49] Erm et andossene al re Ermenione et ly partorì et fece questo anim et per grande dolore ella morì M. — [50] per poter vedere quello ncadivenisse di questo lo O — [51] g. il venne M

prigione o incatenato per degnità, ed era chiamato
Pulicane. Questo animale addimandò Drusiana al suo
padre [52], e incatenato lo menò in Polonia; con lei [53]
menò [54] Fiorigio, suo cugino, co' [55] sopradetti sessanta
cavalieri, e aspettava [56] che Iddio le rimandassi [57] Buovo, suo [58] vero marito. Entrata [59] in mare, navicarono
per tante giornate, che giunsono in Polonia, dove si
fece gran [60] festa; e stette presso che compiuto l'anno
in Polonia [61] in uno palazzo di [62] per sè da quello del
re Marcabruno; e incominciò [63] molto a dolerare, che
Buovo non si ritrovava; e pregava sempre Iddio che
ghele rendesse [64], s'egli era vivo [65].

Capitolo XXI.

Come Buovo uscì di prigione, e capitò al [1] mare Maore [2], e uccise tutte le guardie e [3] uno nipote del re Baldras [4].

Passati anni tre e mesi quattro [5] che Buovo era
stato in prigione nella [6] città di Sinella in Ischiavonia,
era grande maraviglia nella corte [7] che egli fosse vivo,

---

[52] Le par *al suo p* mancano a Γ — [53] *lui* O — [54] *Drus
domandò al suo p questo an et menolo in Pol cathenato Menò
cum lei, come di sopra dato habiamo* M — [55] *cun* F. — [56] *ex-
pectando* (senz' *e*) *sempre et sperando* M — [57] *rimandarcie* M —
[58] *il* F, *vero* manca a M — [59] *et enti* F — [60] *gr. zuochi et* M
— [61] *in P. presso che com lo a* M — [62] *da* M. — [63] *chomincio* O
— [64] *rimandasse* F — [65] *che se il era uno giel rendesse* M

[1] *et come capitò nel* M — [2] Le par *cap al mare* M stanno
in O dopo *re Baldras* — [3] *prima t. l. g. della prigione e uccise*
Γ — [4] *del re chello seguitò insino alla marina e fu levato* F —
[5] *q in* F — [6] *alla* O — [7] *nella c era gi mei* M

perchè non gli era dato il dì se non[8] uno piccolo panetto[9] e dell'acqua, secondo l'ordine che aveva dato Margaria al[10] palese; ma in celato[11] gli mandava il catellino per la caverna sotto terra, che gli portava pane[12] e vino e di quello che gli bisognava, e di questo[13] era vivuto; ma[14] questo[15] sapeva solamente[16] Margaria e Buovo.

Uno[17] dì intervenne[18] che il capitano di quelli dieci[19] che facevano la guardia della torre, dove Buovo era in[20] prigione, disse a' compangni: « Per lo 'ddio Appollino, che lo Iddio de' Cristiani à fatto un grande miracolo per questo Buovo, che noi guardiamo in questa torre, ch'[21] egli è tre[22] anni passati ch' egli è in questa prigione, e non à mangiato altro che pane e acqua[23] Per certo ch'[24] e' nostri Iddei non l' arebbono fatto per noi » E, parlando insieme, diliberarono[25] di cavarlo di prigione e andarsene con lui[26] dicendo « Egli ci farà tutti ricchi » E diliberarono che due con uno canapo si calassino[27] nella[28] prigione, e fare[29] il patto per tutti. E, trovato uno canapo, una notte due di loro, attaccati[30] co'[31] piedi e con le mani al[32] canapo, tenendo e' piedi entro[33] una corbelletta

---

[8] altro che M. — [9] un poco di pane F — [10] in F. — [11] al cielato senza ma O, ma celatamente ella M. — [12] et pane M — [13] quello F. — [14] Le par. questo ... ma mancano a M — [15] di q. O — [16] non ne sapea niente persona altra che M — [17] e un F — [18] interviene uno dì O — [19] de X O — [20] in manca a M. — [21] ch manca a M, impero che O — [22] $\frac{III}{II}$ (sic) O. — [23] p. e a et puoco pane M — [24] ch manca a M — [25] Et così insieme parlando dil senza il seg di M — [26] cholui eglino O — [27] collassino F — [28] ala M — [29] fatto O — [30] et quigli fucesseno el pacto per sì et per li altri Trou el canapo dui de loro ataccati una nocte M — [31] che O. — [32] mani giu al O — [33] entro in O

e con uno lume in mano, e gli altri [34] compangni gli calarono giuso per la cateratta ch'era in cima della [35] torre. Quando Buovo vidde il lume e vidde costoro, immaginò [36] che eglino [37] fossino mandati [38] per legarlo e [39] per tirarlo [40] fuori della torre per farlo morire Subito prese [41] la spada che trovò [42] nella prigione, quando [43] vi fu messo da prima [44], e stava [45] cheto; e [46], quando costoro furono a uno braccio presso a terra [47], Buovo menò uno colpo, che amendue gli uccise [48], e 'l lume si spense Buovo [49] disse [50] « Voi non mi legherete » E [46], stando un poco, e' compangni ebbono sospetto che questi due [51] non facessino il patto per loro e non per gli compangni; e [52] per questo altri due n' andorono [53] giuso [54] per quello medesimo modo, e [46] Buovo fece loro [55] come aveva fatto agli altri per [56] questo modo n' uccise otto [57] E [46], stando a questo modo [58] circa a mezza ora, ed egli sentì che quegli [59] ch' erano di sopra, cominciarono a [60] dire « O traditori, voi ci volete ingannare, chè [61] voi volete fare il patto per voi e non per noi, ma noi grideremo [62]. »

<hr>

[34] *una lume in le mane li altri loro* M. — [35] *era nela* O, *in cima delu* M — [36] *il se ym.* M — [37] *eglino* manca a F — [38] *andati* M — [39] *e* manca a F — [40] *lo tuare* M — [41] *pr. sub.* M — [42] *che havera trovata* M. — [43] *torre e q.* F, *e quando* O. — [44] *da pr.* manca a O. — [45] *da prima gli foe messo, et tenendo quella in mano stava* M — [46] *e* manca a M — [47] *presso aterra a uno braccio* O; *terra e* F. — [48] *che foe de tanta potentia che uccise amenduoi* M — [49] *et B* M. — [50] *disse buono* O. — [51] *ch' eglino* F — [52] *e* manca a O — [53] *mandarono* O — [54] *q andarono giuso doi altri* M — [55] *a quisti* M — [56] *e* manca a O, *et in* M — [57] *ucc otto di loro* F — [58] *Le par a q m* mancano a F, *così* M — [59] *sentì a quegli senza ch erano* O — [60] *a minacciare e a* F. — [61] *chè* manca a M — [62] *Le par ma grid* mancano a F

Allora Buovo [63] immaginò quello [64] che egli [65] erano
venuti a fare, e disse destramente [66] : « Noi ne ven-
gnamo ; tirate su » E prese la spada in mano, e
appiccossi con una mano al canapo [67], e quelli due a
grande fatica lo tirarono [68], e con grande fatica montò
in su la torre. E, giunto [69] in su la torre, uccise [70] gli
altri due ; e poi appiccò la taglia, con che l' [71] avevano
tirato, dal lato di fuora sopra alla piazza [72], e calossi
giuso in sulla piazza. Egli era [73] in sul primo sonno
della notte (quasi un terzo [74] della notte era passata [75]), e [16] Buovo andava alla ventura per la terra ; e
a pena si ricordò donde era venuto, quando venne [76].
E, giunto al muro della cinta, entrò in uno orto, e
tolse uno grande lengno d' una pergola [77], e con quello
salì [78] in sul muro, e, tirato quello [79] in sul muro, ta-
stava di scendere di fuora. Fugli [80] grande fatica · alla
fine [81] si lasciò andare in uno fosso d' acqua, e fecesi
poco male, e [82] tutto s' immollò e imbrattò. E poi [83] si

[63] *B al.* M — [64] *pei q.* F. — [65] *loro* M. — [66] *et desti. lui
due* M — [67] *al can con una mano* F — [68] *tiraiano* F. —
[69] *in mano A grande fatica quigli doi lo tiraiono suxo Il se
appiccoe cum una mana al canapo, et cum grande fatica se sostenne insino suxo Giunto che il* M. — [70] *gli ncise* O — [71] *chon
qrelo* O. — [72] Le par. *sopra a p* mancano a F — [73] *Poi prese
la taglia cum la quale quigli lo haceiuno tirato suxo et appicola
dal lato di fuora sopra ala piaza et cum quel canapo il se calò
gioro su la piaza Era* M. — [74] *zoè quasi la terza parte* M —
[75] *pasato* O — [76] *quando vi fu menuto* F. — [77] *B come giunse
in terra, andaia per la t ala cent, et finalmente a pena se re-
cordaia donde il era venuto quando cenne a Sinela. Giunto al
m d c il introe in n. o et tolse da u perg uno grando ligno*
M — [78] *il s* M — [79] *quel legno* M — [80] *e fugli* F, *de descen-
dere giuio da la parte de fuora. Questo gli foe* M — [81] *ma finalmente il* M — [82] *ma* F — [83] *Poi il senza L'* M

mise a camminare, e camminò per la Bussina[84] molte giornate sconosciuto[85], albergando per gli boschi e per gli diserti, mangiando erbe e pomi salvatichi[86].

La mattina che egli era uscito la notte[87] della prigione, e molti della città viddono il canapo appiccato[88] alla torre[89]· ongnuno guatava, e[90] dicevano[91] : « Che cosa è questa? » E fattone sentore[92] nel[93] palazzo del re, fu mandato[94] in sulla torre; e[95], trovato molto sangue, fu detto al re; e non vi[96] trovarono[97] le due[98] guardie morte, perchè Buovo l' aveva gittate[99] nella torre. E[46] il re[100] fece cercare nella torre, e trovarono tutte a[101] dieci le[102] guardie morte. El romore fu levato, e da ongni parte[103] uscì gente da cavallo e da pie', e seguitavanlo[104]; e[46] fu mandato in Dalmazia, in[105] Corvazia e per tutta[106] Schiavonia e[16] in Ungheria e[16] in[107] Bussina e in[108] parte[109] di Romania, perchè egli fosse preso; ma egli non andava se non per luoghi[110] salvatichi, e[46] tanta fame e tanta paura[111] sostenne, che fu[112] maraviglia com' e'[113] non morì E[46] fra[114] molte giornate per avventura[115] capitò in[116] sulla marina del[117] mare

---

[84] per la B camminoe M — [85] ischonociuto e O — [86] per li b et per li dis allogiando, pomi sali. et herbe mangiando M. — [87] la notte egli era usi F. — [88] ap. il c. O — [89] torre e F. — [90] el guardava et tra loro l' uno al' altro M. — [91] dicia O — [92] sentire M — [93] in sul F. [94] ne mandò F — [95] el li foe M. — [96] le M — [97] e trouandoui O — [98] due manca a F. — [99] gitati O — [100] Le par. E il re mancano a O — [101] e O — [102] tutte le diese M — [103] p. della terra F. — [104] seguitando M — [105] e in F — [106] t. la M — [107] e U e per tutta F — [108] in manca a O — [109] et per tutta la M — [110] l stranni et sali M — [111] p. il M — [112] fu una F. — [113] che lui M — [114] per F — [115] il per cent M, e per av fra m g O — [116] in manca a M — [117] al senza in s mar F.

Maore, e vidde una città dalla sua mano sinistra [118], ch' avea nome Varna. Buovo [119] s' inviò verso quella città, e [16] certi che passavano per la marina, dissono alla città: « Noi abbiamo veduto uno tutto peloso e mal vestito in sulla riva del mare » La [120] mattina s' era partita da [121] questa città una nave di Cristiani, ch' [122] andavano verso Gostantinopoli, e andavano [123] riva riva; e Buovo fece loro [124] cenno, tanto che mandorono el battello per lui Come [125] giunse in nave [123], uno nipote del re Baldras, che aveva nome Alibrun, giunse alla riva, e gridava [127] che lo rimenassino [128] a terra; se non, ch' eglino aveano bando [129] di dieci porti di mare Per questo eglino [130] lo volevano rimenare, ma egli [131] n' uccise molti [132], e [46] gli altri gli chiesono merzè, e feciono vela. Alibrun allora [133] salì in su [134] una galeotta, e giunse la nave; e, saltato [135] in nave, uccise [136] certi galeotti; ma Buovo gli levò il capo dalle spalle, e [16] affondò [137] la galeotta, e andorono poi [138] sicuri al loro viaggio.

---

118 *da la sua mano sin il r una città* M — 119 *et B* M. — 120 *e la* F — 121 *de* M — 122 *et* M — 123 *chandauono* O, *e andara* F — 124 *alora* M — 125 *e il* M, *e come* F — 126 *imare* O, *nare e* F — 127 *dicea* M — 128 *rimettessino* F — 129 *arebbono b* F, *auieno bandi* O, *et so non rimenassono, elli hai bando* M — 130 *eglino* manca a O, *Egli per q* M — 131 *ma lui non lo iolendo permittere* M — 132 *rimettere a terra, ma egli uccise una parte di loro* F. — 133 *e Al. all* F, *Allora Alibrun* O — 134 *insun* O. — 135 *salto* M. — 136 *uccise* O, cui manca poi, come a M, la par *galeotti.* — 137 *Affondoe poi* M — 138 *poi* manca a M

Capitolo XXII

Come Buovo capito a Polonia, e[1] ritrovo il paltoniere che
   lo rubò, e[1] ritrovò la cameriera che lo campo[2] ad
   Antona[3].

Navicando Buovo per lo mare Maore verso Gostantinopoli, si[4] fece rivestire a' mercatanti della nave,
ed era[5] sì bene vestito, che pareva el padione e[6]
singnore della nave E[7], partito da Varna, ebbono
alquanto di fortuna; e, avendo vento contrario, volsono la nave[8] a terra per iscampare loro[9] vita; e
giunsono combattendo col vento[10] nella foce d'uno
fiume, e viddono una bella città. Essendo[11] nel fiume,
venne uno pescatore presso alla loro nave pescando[12];
e Buovo in questa dimandava e' marinari· « Come si
chiama[13] questa città? » Risposono che aveva[14] nome
Polonia. Allora Buovo[15] chiamò quello[16] pescatore,
ed egli s'accostò alla nave, e[17] rispose com' era[18]
dimandato, e disse[19] che la città si chiamava[20] Polonia, ed erane singnore lo re Marcabruno; e aggiunse[21]

---

[1] et li M — [2] scampò M — [3] cameriera che gli portò la
schiacciata da parte della madre e chello campò F — [4] il si M
— [5] era Buovo senz' ed M — [6] che il par. essere lay il p et lo
M. — [7] E manca a M — [8] ar la nave vento conti egli la vol-
seno M — [9] la loro M — [10] comb cum el v. giunseno M —
[11] et ess F — [12] uno pisc pesc r p a l n. M — [13] marin et
diceva, come domanda M, chiamava O. — [14] diceno. ella ha M
— [15] B alora M — [16] questo M. — [17] e manca a O. — [18] a quello
che era F. — [19] il alora M. — [20] have nome M — [21] dire M

« Sappiate che oggi si fa in quella città [22] gran [23] festa, e domane sarà [24] maggiore, perchè domane s'accompagna il nostro re Marcabruno [25] con Drusiana, figliuola del re Erminione d'Ermina [26], perchè egli è [27] un anno che [28] la menò, e non è giaciuto con lei. » Disse Buovo [29]. « Perchè non è [30] giaciuto con lei? » Rispose [31]. « Perchè fu di patto, quando la menò. » Disse Buovo « Vuoimi tu porre [32] in terra? » « Cierto no; » disse [33] il pescatore [34] « perchè [35] tu mi pigheresti per vendermi per servo: addimanda altro » Buovo tanto [36] lo pregò [37] e tanto gli promisse, che egli s'accostò alla nave, e fecegli [38] donare trecento danari d'oro a quelli della nave, ed eglino [39] gli pagorono volontieri, perchè egli uscisse della nave, e [7] Buovo salì in su la navicella del pescatore. E [7] come egli fu partito dalla [40] nave, subito [41] feciono vela e cacciaronsi in alto mare. E [7] Buovo, andando a terra [42], domandò il pescatore [43] « Per tua fe', dimmi la verità, se [44] il re Marcabruno à auto a fare con quella Drusiana che tu di'. » Rispose il pescatore: « Certo no [45], imperò che ella à alla [46] sua guardia uno suo [47] cugino,

[22] a quella ι sapp. chessι fa oggι e domane F; ιn q c. se fa M — [23] grandισιma O — [24] sι farà F, ancora serà M — [25] el nostro re domane se accompagnará M — [26] d'Erm manca a M — [27] et è F — [28] ch'egli F — [29] B. dιxe et M — [30] eglι O — [31] el marιnaro rιsp M. — [32] uo tu pormι O, B. dιce me ιoι tu porre M — [33] rispose F. — [34] terra. el pιscatore dιxe. non M — [35] che F. — [36] servo adomando tantto buono O — — [37] lo pι t M — [38] fecιesι F. — [39] da quιglι de la ιι trec. dan. de oro Eglι M — [40] de la M — [41] quιglι de la nare ιncontenente M. — [42] ando aterra e O — [43] p. et dιxe M. — [44] se manca a M — [45] el pιsc. rιspoxe. non certo M. — [46] hare ιn M. — [47] suo manca a F.

che à nome Fiorigio, con sessanta cavalieri e dodici
donne e quaranta damigelle; e fu così [48] di patto,
quando la menò d'Erminia, e promisselo per fede lo
re Marcabruno, e non falserebbe [49] la sua fede » Per [50]
questo Buovo domandò « Per quale cagione fece la
donna questa addimanda di stare uno anno ? » Rispose. « Io non ve ne [51] so dire la cagione [52], ma io
ò udito due, che uno gentile giovinetto capitò in
Erminia, che aveva nome Buovo d'Antona, fighuolo
d'uno [53] duca, che si chiamò Guido d'Antona, e [54]
fu venduto al re Erminione, e vinse [55] una battaglia con uno Turco, chiamato Lucafero, e molte altre
cose fece, e fu [56] liberato E [57] intervenne che egli
battè [58] uno fratello del re Erminione, e per paura
si partì [59]; e il re [60] lo fece cercare per molte parti,
e non lo potè mai ritrovare; e per questo el fratello
del re, che à nome duca [61] Ugolino, tanto fece [62], che
'l re Erminione la die' per moglie al re Marcabruno;
e [7] Drusiana [63] non lo [64] voleva, e [65] domandò di stare
uno anno, se Buovo tornasse. E sono oggi [66] tre anni
e quattro mesi, che di [67] Buovo non si seppe novelle;

---

[48] cossi foe M — [49] fallirebbe F — [50] e pei F — [51] none O
— [52] Per questo tal parlare del piscatore Buovo lo adomandò et
dix. et per q e Di fece q. domanda? el piscatore rispore io
non re so del certo dire la occasione M — [53] del O — [54] et
questo tale giovinetto M — [55] uisse O — [56] funne F et per questo
et per molte altre cose et prodezze che lui fece il foe M — [57] E
manca a F. — [58] battè cum pugni et scalzi M — [59] il se spartì
de Ermenia M — [60] re Erm M — [61] il re F — [62] fece tantto
O, le par che à . che 'l re mancano a M — [63] Di. però M
— [64] lo manca a O — [65] et quando ella non potè più nè al re
Ermenione suo padre, nè al suo zio resistere nè contradire ella
M — [66] oggi sono M — [67] di manca a O

e sappi [68] ch' egli è pena la testa a menzionare Buovo,
ed è andato [69] il bando per parte del re Marcabruno;
e oggi [70] finisce l' anno che Drusiana ne [71] venne a
marito, e domane s' accompagna col re Per [72] questo
si fa gran festa nella città [73]; e io e molti altri [74]
peschiamo per la corte » E [7] dicendo queste parole,
giunsono a terra; e Buovo ismontò [75], e prese la sua
spada [76], e a pie' s' inviò [77] verso Polonia, e ringraziò
il pescatore E [7] andando verso la città, trovò uno
pellegrino presso alla città all' ombra di certi alberi [78],
e Buovo lo [79] salutò, e posesi a stare un poco con
lui; e poi gli disse [80]. « Compangnone, io ti darei
volontieri e' miei panni, e tu mi dessi i tuoi [81]. »
Disse il pellegrino [82]: « Dio 'l volessi! » E [7] Buovo
si spogliò, e 'l poltrone non voleva poi [83] cambiare;
ma [84] Buovo l' abbracciò e gittollo in [85] terra, e diegli pugni e calci in quantità, e spogliollo, e trovògli
cinta una [86] spada Buovo la cavò fuori, e conobbe
ch' ell' era la sua spada Chiarenza. Disse Buovo:

---

[68] corelle El cio de Drusiana, che ha nome el duca Ugolino, foe casone de farse questo maritazo contra la voglia de
Drusiana Sappiati anchora M — [69] a chi Richorda buono andato O — [70] et per parte del re M è andato per la terra lo
bando oggi M — [71] ne manca a F. — [72] e di F — [73] nella c.
se fa gr f M — [74] altri piscatori M. — [75] sciese F. — [76] pr.
l s sp et sm a terra M. — [77] il se inviò M — [78] Le par. di c.
a mancano a F — [79] and cossi solo et a pie' verso Polonia apresso
ala città a l ombra de certi arbori trovò uno pelegrino et piacevelmente el M — [80] e poi disse o F; et diregli M — [81] io ba-
rattarei volentieri e' miei panni co' tuoi F — [82] el pel dire M
— [83] poi più M. — [84] ma manca a M — [85] a M — [86] una
zentile M

« Per [87] mia fede, questa è la mia spada ! Tu [88] debbi essere quello che mi rubasti [89] presso a Sinella. » E questo poltrone gli dimandò merzè. Disse Buovo [90]: « Se tu mi dai tutti e' tuoi panni e da' mi [91] quello barlotto del beveraggio, io ti perdonerò [92] la vita » Ei poltrone gli [93] parve mille anni per uscirgli delle mani; e [7], fatto questo, l'uno si partì dall'altro E [7] Buovo con la schiavina in dosso e col cappello e con Chiarenza cinta e col bordone in mano, e cinta la tasca e 'l [94] barlotto del vino [95] alloppiato, e l'anello, che Drusiana gli donò, riauto dal poltrone [96], n'andò alla città di Polonia E [7] giunto [97] drento alla porta, cominciò a 'ndare [98] accattando, e diceva che veniva dal Sipolcro, e, trovato [99] una loggetta [100] d' uno merca-tante, che v' [101] era a mangiare da [102] otto mercatanti a tavola, Buovo [103] entrò nella loggetta e [104] disse « Iddio vi salvi! Deh, fatemi [105] bene per l'amore di Dio e per l'anima di Buovo, che fu buono cava-liere! » E [7], domandato [106] due volte per questo modo, e' mercatanti gli dissono « Non menzionare quello [107] cavaliere. » Allora Buovo [108] diceva più forte; e [7] per

---

[87] e disse B. p O, però B dire. per la M — [88] del certo tu M. — [89] rubbò M — [90] B d M — [91] da' mi manca a M, panni etcali mma edami O — [92] io te donarò li mei panni et perdonaroti M — [93] gli manca a M — [94] et cum la tasca cinta cum lo M — [95] Le par del v. mancano a F — [96] poltroniero O et rihauto dal poltrone lo an che Di gli donò M cui manca il seg n' — [97] et entrato F — [98] and cercando et M — [99] S Cossì cercando il trovò M — [100] loggietta F — [101] che manca a O; onde li M — [102] da manca a M, che cont otto altri in — [103] ebuono O. — [104] entrò drento e F. — [105] salri ralenti ho-mini fatime M — [106] domandate M — [107] qui quel M — [108] B alora M

paura e' mercatanti si levorono da [109] tavola per temenza di non essere accusati al re ; e Buovo mangiò
sanza vergongna di quelle vivande ch'erano in tavola,
e [110] non gli fu detto niente, avendo [111] di grazia che
egli mangiasse e poi s'andasse con Dio ; ed egli così
fece [112]. Com'ebbe mangiato, s'andò con Dio ; e [7],
andando per [113] la città [114], giunse a una chiesa, e [115]
vidde molte donne che uscivano della chiesa, e Buovo
s'accostò a quattro, che [116] parevano donne da [117] bene,
e disse loro [118]: « Fatemi bene [119] pei l'amoie di
Dio e per l' [120] anima di Buovo che fu buono cavaliere. » Le tre [121] si chiusono il viso e passarono oltre,
e [17] una ne rimase a dietro, e [122] disse · « Di [123] quale
Buovo di' tu ? » Rispuose. « Di [124] Buovo d'Antona,
marito di Drusiana. » Disse la donna [125] « Come
conosci tu Buovo ? Saprestimi tu [126] dire novelle veruna ? [127] » « Per mia fe', sì, » disse « Madonna ; chè
io sono stato in [128] piigione con lui tie anni e presso
a quattio mesi, e smontai di nave con lui questa mattina. » Disse la donna [129]. « Amico mio, cerca [130],

---

[109] li merc p p se lev dela M. — [110] Le par ch'er in i e
mancano a M — [111] perchè haierano M — [112] fece cessì M —
[113] e com'ebbe mangiato, si partì, e andò per Γ. — [114] andato
uno pezo pei la teiia M. — [115] et li stando et domandando M —
[116] a q de quelle che le M — [117] a 4 donne che parenonno da
bene O. — [118] a loro diie M — [119] del b M. — [120] e dell' F. —
[121] tie deglie M — [122] et a Boio domandando pianamente M —
[123] Di manca a O — [124] dicho di O — [125] la d d M — [126] tu
manca a M, saprestine tu F — [127] dire nulla Γ. — [128] fe disse
ei chio s istato in O noiella alcuna desso Il iipoie Pei la mia
fele, madonna, sì Io sono stato a Smela in M — [129] et questa
matina smontai de naie cum lui. La d. d M, donna pei Dio
Γ — [130] ceicha pei lui O; il seg pei Dio manca qui a F.

per Dio [131], se tu lo puoi trovare, e menalo sagretamente a Drusiana, imperò ch'ella à giurato di git-
tarsi a terra de' balconi e d'uccidersi [132], innanzi che
consentire d'essere [133] moglie d'altro uomo che di
Buovo Se [134] tu lo truovi, digli [135] ch'io sono quella
cameriera, per cui [136] la sua madre gli mandò il [137]
veleno alla sua [138] camera, e che lo feci [139] campare;
e [17] perch'egli [140] scampò, convenne che io e 'l mio
marito ci fuggissimo. Ed essendo [141] in Grecia, udimmo
dire che Buovo era in Erminia, e andammo in Erminia, e non lo potemmo [142] trovare; e [7] Drusiana per
suo amore mi [143] ritiene con seco, e fidasi più di me
che d'altra donna [144] » E [7] mentre ch'ella diceva
queste parole, sempre piangneva; poi [145] si cavò di
borsa quattro danari d'oro, e donògli a Buovo, e dissegli: « Se [146] tu fossi addimandato di che [147] parlavi
meco [148], dirai. — Addimandavami del viaggio del Sipolcro, chè vi [149] dee volere [150] andare — » E [7] partissi [151] da lui, e raggiunse [152] le compangne, e disse loro
che 'l domandava del viaggio del Santo Sipolcro [153].

[131] *Dio bene et presto* M — [132] *d. b o daciersi* O, *dal balcone
et de se uccidere* M. — [133] *d'essere mai* F. — [134] *e se* F — [135] *Digli
ancora se tu le trovi* M — [136] *cum la quale* M. — [137] *che sua m
g. m. chol* O — [138] *sua* manca a M; a F mancano tutte tre le
pa a s c — [139] *et chel fece* M — [140] *per cagione ch'e* F —
[141] *che una cum el mio mai fug Quando noi arrivassemo* M —
[142] *potemo mai* O — [143] *ne* F — [144] *che de altra persona del
mondo* M. — [145] *e poi* F — [146] *Quando ella hebbe dito et con-
cluso, ella se carò dela bursa quattro d. d o. et d a B. et d. se
per ventura* M — [147] *fussi di che domandaui quando* O. — [148] *parlato teco* F — [149] *li* M — [150] *che vuoi* O — [151] *part. ella* M —
[152] *e giunsse* O — [153] *Le par del viaggio mancano a O e elle
Io domandava d del sancto sepulchro* M

Capitolo XXIII

Come Buovo andò [1] al palazzo di Drusiana, e fu per uno
suo amico [2] mandato alla cucina [3], dove trovò Fiorigio.
e fece quistione [4].

Partita [5] la donna, e Buovo n' andò verso el [6]
palazzo di Drusiana, e trovò in una loggia del palazzo [7]
molti gentili uomini, che giucavano, chi a tavole [7 bis], e
chi a [8] scacchi, tra' quali era uno cavaliere, che avea
perduto dieci danari d'oro con uno mercatante. Buovo [9]
si fermò e disse « Fatemi bene per Dio e per l'anima [10] di Buovo che fu buono cavaliere. » Disse quello
ch' avea perduto [11]. « Va' alle forche, poltrone, e non
ci menzionare [12] quello che tu menzionasti. » E [13] Buovo
domandò un' altra volta al [14] proprio modo, e [13] quello
cavaliere si levò ritto, e prese lo scacchiere per dargli
in su la testa [15], ma quello [16] mercatante, ch' avea
vinto e' danari, l' abbracciò e [17] tanto gli disse, che lo
aumiliò; e [13] poi si volse al pellegrino, cioè a Buovo,
e preselo per mano, e partillo da quella loggia, e
disse [15] « Vieni meco, e farotti limosina. » E [13] an-

---

[1] capitò F — [2] et come per u s a. il foe. M. — [3] chucia O
— [4] quistione co' quorli F. — [5] partitto O. — [6] al M. — [7] et in
una logia del palagio il trovò M. — [7 bis] tavoli M — [8] a li M. —
[9] ebuoro O, inanzi de costoro M — [10] per l amore di D e del-
l' a F. — [11] Q ch' a p. dire M — [12] menz più M — [13] E
manca a M — [14] B u a r dom a quello M — [15] dare in s
l t. a Buovo F — [16] El senza ma M — [17] Le par l' abr e
mancano a F — [18] diregli M

dando lo dimandò « Per quale [19] Buovo domandi tu? »
Rispose [20]. « Per Buovo d'Antona, marito di Drusiana » Disse il mercatante [21]: « O saprestine tu dire [22]
novelle di lui? » Disse Buovo [23]. « Chi siete voi che
ne domandate? » Rispose [24] « Io sono marito di quella
cameriera che lo campò [25] dal veleno; e [13], se io lo
potessi ritrovare ancora, ò io [26] tanto tesoro, che io
gli [27] solderei uno anno dugento cavalieri [28]. » Rispose
Buovo [29]: « Abbiate buona speranza; ch' egli è vivo
e sano come la mia propia [30] persona; e [31] sono stato
tre anni e più [32] con lui in prigione, e fuggimmoci [33]
a un' otta lui e io di prigione; e non passeranno pochi [34] giorni che egli mi [35] verrà a trovare in questa
città. Ma io vi priego che voi mi diciate [36] il vero, se
lo re Marcabruno è [37] giaciuto con Drusiana » Rispose
il mercatante [38] che no, e dissegli tutta la cosa come
era stata [39], e [13] Buovo disse che voleva andare al
palazzo del re, ed [40] egli si rimanesse [41]. El mercatante
gl' insegnò a 'ndare alla cucina del re, dove tutte
le [42] nozze si cocevano [43], e donògli quattro danari d'oro,

---

19 -sina e andandolo domandando p q O, Cossì andando quel
mercadante gli dise Per la anima de qual M — 20 lo diman-
dara Disse F — 21 el merc. d M, rispose il gientile huomo F
— 22 or sapresti tu dirne O, Ma dime per la tua fede· ne sape-
reste mai tu dire M — 23 B d M — 24 che cossì ne dom risp
et dire M — 25 chel scampò M — 26 one O; io ho ancora M —
27 che gli M — 28 per uno a. d. cavalli M, dug cai due anni
F. — 29 B gli dise M — 30 propria manca a F. — 31 io M. —
32 e più manca a F. — 33 cum lui in pi hi anni e p et fuzis-
semo M. — 34 sara p. O. passerà troppi F. — 35 vi O. — 36 to-
gliate due M — 37 è mai M. — 38 rispposegli i m F, el merc
risp. M — 39 stata et come era passata M — 40 e ch' F. —
41 rimase O — 42 tutte quante le cose delle F. — 43 chonciarono O.

e pregollo ch'[44] andasse a trovare Buovo, e confortas-
selo[45] ch' egli tornasse da[46] lui. Buovo si partiva[47],
quando il mercatante[48] lo pregò[49] che egli non ricordasse Buovo nella corte, perchè era bando la testa a
chi lo menzionasse[50]. E[13] Buovo ne venne alla[51] corte,
cioè alla[51] cucina, dove erano più di cinquanta cuochi[52], e[53] cominciò a domandare[54]· « Fatemi bene
per l' amore di Dio e per l'[55] anima di Buovo, che fu
buono cavaliere » A queste parole[56] un siniscalco
di[57] cucina gridò a' cuochi[58]· « Pigliate questo briccone, e menatelo[59] al giustiziere » Allora[60] tutti e' cuochi e guatteri e famigli di cucina corsono sopra a
Buovo, chi[61] con pale[62], chi[61] con ischidoni, chi[61] con
ramaiuoli[63] e chi[61] con bastoni, ed ebbe Buovo alcuna
bastonata; ed[64] egli si vergongò di cavare la spada,
ma prese il bordone[65], e 'l primo fu il siniscalco che
lo provò[66], e[13] fello[67] tramortire, e tutti e' cuochi
percosse[68], e ruppe molte[69] masserizie. E ognuno
fuggì di[70] cucina, e[13] alcuno se ne fuggì verso[71] sala,
e scontrorono Fiorigi, fratello cugino[72] di Drusiana, e

---

[44] che il M. — [45] confortolo M — [46] a M — [47] partì F —
[48] e 'l m F. — [49] lo troro lopregho O — [50] menzionava F —
[51] nella M, cui manca ne avanti a venne, le par alla corte cioè
mancano a F. — [52] huomini che cocevano — [53] et li M — [54] due
F, adomandare et diceva M — [55] e dell F — [56] pare O — [57] de
la M — [58] e et due M — [59] questi briccon e menategli F. —
[60] Allora manca a O, Alora incontenente M — [61] alcuni M. —
[62] pali M, palette F — [63] ramaiolo M. — [64] ma O, ed manca
a M — [65] bastone senza l' e seg. O, ma il p. uno bastone M
— [66] lo primo che lo provò foe el siscalco M — [67] che lo fè F ·
[68] percosse tutti li cuogi M, senza il seg e — [69] qualche M —
[70] tuti fugivano de la M, molti di loro se ne fuggirono di F
— [71] alcuni andavono fugendo verso la M, alc di loro si f. v.
F — [72] fratello manca a M, cugino a F

dissongli il grande romore che era alla [73] cucina Fiorigi andò [74] alla cucina; e, trovato Buovo, gli disse [75].
« Ribaldo, ch' ài tu fatto [76]? Perchè ài tu fatto così? »
Disse Buovo [77]. « Udite la mia [78] ragione », e [13] contò
come egli chiedeva [79] bene per Dio e per l'anima di
Buovo, che fu buono cavaliere [80]. Fiorigi lo prese per
mano, e cavollo di cucina, e mandò [81] i cuochi a fare
loro ufficio [82]; e menò [83] Buovo in una camera, e dimandollo [84] per quale Buovo [85] domandava. Disse: « Per
quello [86] d'Antona, marito di Drusiana, il quale uccise
Lucafero. » Fiorigi [87] lo domandò [88]: « Come conosci [89]
tu Buovo? » Rispose. « Io [90] sono stato tre anni e
quattro mesi in prigione con lui [91] in una città che à
nome [92] Sinella, e quando Buovo uscì [93] di prigione,
me ne fuggi' ancora io [94], e [13] sono certo che egli [95]
sarà qui oggi o domane Io vengo per sapere se Drusiana è giaciuta [96] col re Marcabruno. » Fiorigi [97] rispose di no [98], e tutta la cosa gli contò, e [99] poi lo
pregò che gli [100] piacesse di parlare a Drusiana E

---

[73] e a ello dixeno el romore grande c. e in la M — [74] nando
O. — [75] trovò B e dissegli F — [76] Chi hai tu f rib M —
[77] B dixe M — [78] mia manca a F — [79] ragione, io chiedeia F
— [80] contogli come per dio e per l anima de B haieia domandato
del bene M, chanaliere e O, caialiere; et eglino mi roleiano
amuzzare con ischidoni e con ramaiuoli F.   [81] comandò F. —
[82] il loro u F. loro efizione M — [83] Menò poi M — [84] dimandò
F — [85] per la anima de quale B il M — [86] Buoro rispoie
per la anima de Buoio M — [87] efioiigi O.   [88] domandolo gli
dire. e M. — [89] chonoiesti O — [90] io lo coynosco perchè M —
[91] con lui in prigione F. — [92] se chiama M — [93] fugi O. —
[94] io ancoia me ne fuzi cum lui M. me ne usi anche io F
— [95] lui M — [96] è mai g. M; à giaciuto F. — [97] F. gli F. —
[98] risp ma dio no M. — [99] e manca a O. — [100] che il ge M

Buovo rispose [101]. « Volentieri! » E [13] Fiorigi lo lasciò
in questa camera, e disse. «Aspettami [102] qui, che io
andrò a [103] Drusiana, e parlerolle, e poi [104] verrò per
te » E così fece Egli venne in sala, e parlò segretamente a Drusiana, e disse ch' [105] aveva saputo novelle di Buovo. Ella [106] stette un poco, e poi si partì
di sala [107], e venne alla sua camera; e disse a Fiorigi « Va' per quello pellegrino che tu dicesti [108], e
menalo insino a me. » Ed [13] egli venne per Buovo, e
menollo verso la camera di Drusiana, passando [109] per
la sala tra la baronia

Capitolo XXIV.

Come Buovo fu riconosciuto da Rondello e [1] da Drusiana.

Giunto Buovo dov' era Drusiana, con Fiorigi,
s' [2] inginocchiò e salutolla [3] da parte di Buovo, ed [4]
ella lo prese per [5] mano, e menollo in più celata parte,
e [4] menò Fiorigi con lei; e dimandollo [6] di novelle di
Buovo. Ed [4] egli rispose « Madonna, fatemi dare imprima [7] da mangiare; e poi vi dirò novelle di Buovo »
Ella gli fe' portare [8] da mangiare [9] e da bere; e [4],

101 *le risp che* F — 102 *diregli Erp* M, *aspetta* F. —
103 *insino a* O - 104 *poi io* M — 105 *che il* M, *le par e disse* mancano a O — 106 *et ella* F — 107 Le par *e pois p di s* mancano a F — 108 *tu di* O — 109 *epasando* O

1 *prima et poi* M — 2 *il se* M — 3 *et s cum grande reve-
rentia* M *sing salutandola* O. — 4 *ed* manca a M — 5 *poi la*
M — 6 *domandogli* M — 7 *prima* O. — 8 *dare* F. — 9 Le par
e poi ii . da mangiare mancano a M

quando ebbe mangiato, Buovo disse a Drusiana [10]
« Buovo mi disse che io vi domandassi [11], se voi era-
vate giaciuta [12] col re Marcabruno. » Rispose Drusiana [13] « Imprima mi lascierei ardere, ch' egli toccasse
mai [14] la mia persona; e direte [15] al mio siugnore che
istasera mi ucciderò io istessa, prima [16] che io mi
voglia ritrovare [17] nel letto col [18] re Marcabruno »
Buovo le [19] contò che [20] era stato tre anni in prigione con Buovo; « e a un' otta fuggimmo [21] di prigione E sappiate ch' egli [22] volle innanzi istare in
prigione che egli [23] volesse acconsentire che una damigella, che lo campò [24], gli baciasse la gota; e [25] se
egli l' avesse voluta torre [26] per moglie, sarebbe [27] singnore d' Ungheria e di Bussina e di Schiavonia; e [28]
innanzi elesse [29] di stare in prigione tutto il tempo
della sua vita [30] per vostro amore. » Drusiana [31] cominciò a piangnere E in questo giunse in [32] camera
lo re Marcabruno; e, vedendo piangnere [33] Drusiana,
disse al pellegrino « Io ò voglia di farti gittare a terra [34] di questo palazzo » Disse Drusiana [35] « Singnore,
non fare [36], chè questo è [37] uno santo uomo, che [38]

---

10 *disse buoro o drusiana* O, *d Madonna* M — 11 Le par *che
io ii dom* mancano a O — 12 *site mai graziuta* M — 13 *Dr
risp.* M — 14 *mai* manca a Γ; *che mai il tocc.* M — 15 *dite* M
— 16 *uoc imprima* F *instessa più tosto* M — 17 *che m i ritro-
iare* M — 18 *con lui cioè col* F — 19 *le* manca a M — 20 *come*
F, *che ello* M — 21 *uscimo* F, *fugirono* O — 22 *anchora che* M
— 23 *che mai* M — 24 *scampò* M — 25 *e* manca a O. — 26 *ai.
iol torla* F — 27 *adesso il serebbe* M — 28 *ma* M, *e* manca a
Γ — 29 *il el* M — 30 *ritu sua* F — 31 *e Dr* F — 32 *Giunse
i q in la* M — 33 *p u* O — 34 *a t da le finestre* M — 35 *Di
d senza Singnore* M 36 *n f per Dio* F, *no fale singnori
senzi il che seg* O — 37 *costui* F — 38 *Il* M

viene dal Santo Sipolcro di Cristo, e fu in Erminia, e ámmi detto che 'l mio [39] padre è morto; e [25] per questo piango [40]. Iddio gli perdoni! » El re [41] per questo si partì, e pianse alcuna lagrimetta [42] per amore di Drusiana. Ella [43] priega il pellegrino che le [44] faccia vedere Buovo; ed [4] egli rispose [45] « In [46] questa notte ve lo farò vedere, chè [47] egli vi porta grande amore, e nella prigione lo [48] dimostrò, quando egli [49] non contentò la donzella, che lo campò da morte, per vostro amore » E ragionando con lei e con Fiorigi, sentì ringhiare uno cavallo molto forte Disse Buovo [50] · « Quello debbe essere uno [51] fiero cavallo. » Rispose la donna [52]. « Nel mondo non è il migliore cavallo [53] · quello si è Rondello, che fu di Buovo d'Antona; e ancora io ò [54] le sue arme in questa camera Volesse pure Iddio [55] ch'egli tornasse! » Disse Buovo. « O [56] chi governa quello [57] cavallo? Chè [58] Buovo mi disse che [59] non si lasciava toccare [60] se non a voi e a lui [61]. » Ella rispuose [62] « Egli è incatenato » Per mia fe', » disse Buovo « ch'io [63] ò tanta speranza in Dio [64], per amore di Buovo, che io [65] il concerei »

[39] chemio O — [40] io p et M, piangnero F — [41] re manca a M — [42] et per q il re si p e gittò alcuna lagrima F — [43] et ella F — [44] gli F la M — [45] risp et dice M — [46] In manca a O — [47] chi manca a M — [48] uelo O — [49] cyli manca a O, le parole e nella .. rostro amore mancano a M — [50] B aloia d re M — [51] uno manca a O — [52] La d risp et dice M — [53] carallo manca a F — [54] ò io F. — [55] Dio benedeto M — [56] B d et M, o O — [57] questo F — [58] Chi manca a M — [59] chel M — [60] gorernare F — [61] alui eunoi O — [62] disse F, risp et dice M. — [63] ch' manca a F. B. dice Per la mia fe che io M — [64] domino dio M — [65] che io p am di B. F

Allora disse Drusiana [66]. « Io non ti [67] credo, ma andiamo a vederlo. » E andorono ella e Fiorigi e [68] Buovo alla stalla dov'era Rondello, e non v'andò altra [69] persona; alcuni [70] ànno [71] detto che v'andò il re [72], ma i più dicono che [73] non è vero E [74] giunti tutti a tre, Drusiana e Buovo e Fiorigi [75], nella stalla, e Buovo sgridò Rondello [76] Quando el cavallo [77] lo sentì, subito lo riconobbe, e [78] cominciò a ringhiare e a mostrare [79] sengno di festa, e [4] Buovo gli si [80] gittò al collo e abbracciollo E [4] Drusiana molto si maravigliò [81] e disse « Pellegrino, per certo [82] tu fai questo per incantamento, imperò che veruna [83] persona non lo può toccare [84] se non Buovo ed io [85] » Disse allora Buovo [86] « Più senno à una bestia: chè [87] prima m'à riconosciuto uno cavallo che la mia moglera » E Drusiana lo guatò [88], e cominciollo [89] a raffigurare [90], e [4] nondimeno volle [91] provare per sengni [92] s'egli era desso. e disse · « Adunche siete voi Buovo il mio singnore [93] »

---

[66] D a d M, allora manca a F — [67] tel M lo F — [68] cum F et cum M — [69] alcuna altra F — [70] ali però M — [71] alchuno a O — [72] anche el re Marchabruno M — [73] e O — [74] ma alcun dicono che v'andò altri e F E manca a M — [75] Le par e F mancano a O — [76] el cavallo F. Giunti tutti tr nella stalla, zoè Fiorige, B e Dr B cridò et dise Rondello M — [77] q Rondello F. — [78] sentì, lo ric. e subito F — [79] e mostrando F. — [80] si gli F — [81] maravigliana O, maravigliandose molto M — [82] per e peregrino M — [83] nruna M. — [84] potè toccare mai M — [85] ed io manca a F — [86] B a d M, e all d B F — [87] anno le besti e m O — [88] Grandemente me maraviglio, una bestia che me ha cognosciuto ha più senno che la mia moglie, zoè uno cavallo Drusiana alora el guardoe M — [89] lo manca a M. — [90] figurare O — [91] n ella volse M — [92] p altri e M. per segno F — [93] B mio e F, el mio s. B M

Se voi siete desso, dov' è Chiarenza, la mia spada [94] ? »
E [4] Buovo le mostrò la spada, in su la [95] quale erano
lettere che dicevano « Io sono Chiarenza. » E [4] Drusiana domandò. « Dov' è l' anello che io vi donai? »
E [4] Buovo le mostrò [96] l' anello Ed [4] ella disse· « Ancora non sono [97] certa, se io non veggio [98] il sengno
che Buovo avea in su la spalla ritta, cioè il niello [99]
della casa di Francia, il quale sengno recò Fioravante
del ventre della sua madre. » E [4] Buovo le mostrò
la spalla ritta Allora disse Drusiana [100]   « Ora conosco
bene che voi siete il [101] mio singnore », e abbracciollo,
e Buovo abbracciò lei [102] piangnendo di tenerezza e
d' allegrezza [103].

[94] la m sp Ch M — [95] in manca a M, la a O — [96] B
demostrò M. — [97] Di dixe per questo non sono anchora a M. —
[98] diritto sio noui ueglio O, se non regio anche M — [99] niello
fu in F aggiunto da una 2ª mano nello spazio che qui il copista
aveva lasciato in bianco, lanello M. - [100] ella disse F, Di al
il M. — [101] Buoio il M — [102] e Buoro la abracciò e baciolla,
et ella lui F, Ella lo abiazoe e lui abiazoe lei et M. — [103] alegrezza istretti insieme O; de ten. et de all. l' uno et l' altra pianzendo M

Capitolo XXV.

Come Buovo fu riconosciuto da Rondello, e come lo fece riferrare, e menollo a bere fuori della porta, e vidde Montefeltron el castello: e[1] l'ordine che[2] diede a Drusiana, tornato nella città.

Veggendo Fiorigi la grande allegrezza, piangnendo[3] disse « Carissima sorella, andianne di[4] questo luogo, imperò che[5], se il re Marcabruno ci trovasse qui, noi saremo tutti[6] morti. » Allora si ritornarono in sul palazzo reale[7], e[8] la sera venne il re[9] a visitare Drusiana, perchè l'altro[10] giorno doveva la donna essere accompagnata seco, e, vedendola lagrimosa, la[11] confortò, credendo[12] ch' ella piangnesse per la morte del[13] suo padre. Ed[8] ella disse. « Singnore per mia fe', che[5] questo pellegrino à sentito ringhiare[14] Rondello egli[15] mi dice che gli darebbe il cuore di domarlo. » Rispose il re[16]: « Iddio lo volesse! Imperò che[5], s'egli facesse che io lo potessi cavalcare, poco curerei altro[17] cavaliere che sia al mondo » E[8] Drusiana disse: « Egli[18] dice che gli dà il cuore[19]

---

[1] et de M — [2] che manca a O, che il M — [3] Fior. lo pianto et la allegrezza grande de B et de Di pianzendo cum egli a loro M — [4] da M — [5] che manca a O — [6] tutti manca a Γ — [7] reale manca a O — [8] e manca a M — [9] el re venne M, andò il re F — [10] el seguente M — [11] il la M — [12] red piangnere credendo Γ — [13] di O — [14] ragnine M, e così altrove per ringhiare Γ, piangnere overo ringhiare Γ — [15] et il M, Rondello egli credo mandarlo avedere egli O — [16] El re Marchabruno risp et dixe M — [17] de altro M. — [18] Egli manca a O. — [19] dara ilhuore O. chel ha animo M.

di domarlo. » El re volle andare con lui alla stalla con certi [20] baroni, e [8] Buovo sgridò il [21] cavallo, e preselo pe' crini [22], e tenevalo [23] saldo, e 'l re ghiele die' a [24] suo governo, e promissegli molto tesoro. La [25] mattina vengnente Buovo mandò [26] per uno maliscalco, e fece ferrare e sellare [27] e imbrigliare il cavallo, e, poi che l'ebbe adorno di quelle cose che bisongnava, vi [28] montò suso, e menollo a bere [29] fuori [30] della città. E [8] passò per lo mezzo della piazza, e [31] tutti e' baroni correvano a vederlo dicendo [32] · « Questo pellegrino è [33] uno buono cavalcatore » E [8] giunto Buovo di [34] fuori della città al fiume, e dando bere [35] a Rondello, diceva fra sè medesimo [36]: « Or come faremo [37], Rondello? » E mentre che egli parlava e sospirava [38], alzò gli occhi, e vidde gran pezzo da lungi uno [39] bello castello, e parvegli molto forte; ed egli chiamò uno villano che zappava terra allato al fiume, e dimandollo. « Che castello è quello [40]? » Ed [8] egli rispose [41]. « Quello castello si chiama [42] Montefeltron, ed è [43] d'uno gentile duca che à nome duca [44] Canoro, ed è nimico

20 altri O; et meno cum lui certi M — 21 al M — 22 per le giegne M — 23 tennelo F. — 24 al F — 25 e lu F — 26 mandò Buovo M, B fece mandare F — 27 efecielo ferare O, cui mancano le par e sell e imbr. il c, et fece sellare, ferrare M — 28 cose li besognava il M, chera dibisongno ebuono in O. — 29 Le par a b mancano a F — 30 da fuora M — 31 e manca a O — 32 a r et dicevano M, le par a ied mancano a F. — 33 si è F — 34 di manca a O — 35 a bevere M, città e dando bere al fiume F. — 36 tra si medesimo dicea M. — 37 far noi M — 38 p sempre suspirava M p sopirava e F — 39 uno pelegrino et M — 40 era quello F; è questo M — 41 risp et dixc M — 42 anome O — 43 -tron Boro lo adomandò de chi ello? El villano rispose Ello e de M — 44 el duca M

del re Marcabruno, nostro [45] singnore » E [8] Buovo [46] immaginò di fuggire con Drusiana a questo [47] castello, se egli potrà E [8] tornò [48] al palazzo, e, quando passava dalla [49] piazza, alcuni [50] dicevano · « Vedi [51] quanto cavalca bene il pellegrino quello cavallo che soleva cavalcare [52] colui [53] d'Antona! » E [8] Buovo lo menò alla [54] stalla, e come l'ebbe governato, se [55] ne andò alla camera di Drusiana, e dissele come [56] avea veduto uno castello, dove [57] aveva speranza d'andare con lei, e dielle la polvere da fare il beveraggio, e dielle il barlotto che egli tolse [58] al falso pellegrino, e dissegli: « Se tu ne darai a [59] bere al re Marcabruno quando s'andrà [60] a letto, come egli sarà nel letto [61], di subito s'addormenterà. Allora [62] verrai a me alla stalla, e io aspetterò [63] a pie' della scala, e andrencene, ma porta le chiavi della porta che va [64] a Montefeltrone, dove noi anderemo » E [8] dato questo ordine, si tornò [65] alla stalla a governare Rondello

<hr />

45 nostro F — 46 Buovo alora se M — 47 quel M. — 48 tornossi F — 49 il passo di M, p per F — 50 alchuno O — 51 guarda M — 52 in su quel cavallo che cavalcava M — 53 quello F. — 54 in la M. — 55 il se M — 56 disse come F ed dove O — 57 dissegli del castello de Montefeltrone che haveva reduto, et come — 58 chel haveva tolto M — 59 a manca a O — 60 se ne andarà M. — 61 La frase come .. letto manca a F — 62 Tu alora M, e all. F — 63 t' aspetterò F. — 64 la chiave d' andare F — 65 il tornò M, si tornava F

Capitolo XXVI

Come Buovo se ne [1] mena Drusiana, e uccise [2] le guardie
della porta [3] di Polonia; e come Drusiana non poteva
cavalcare.

La festa fu grande, e le nozze furono fatte riccamente, e grandi balli, e giuochi di molte ragione [4] ·
alla fine, appressandosi il tempo d'andare a dormire,
Drusiana fu menata nella [5] camera sua [6] all'usanza
reale; e poco stante [7] venne lo re Marcabruno, disi-
deroso di dormire con Drusiana E come egli entrò
nella camera, mandò via tutte le donne e serrossi
dentro con Drusiana [8]; e [9] quando [10] la volle abbracciare, ed [9] ella [11] disse « Singnore, io vi prego facciate prima [12] collezione con meco » Ed egli disse [13]
ch'era contento; ed [14] ella gli diede d'uno confetto
lavorato con la sopradetta [15] polvere, e poi gli diede
bere [16] del beveraggio che era chiaro e stillato; e come
egli [17] ebbe beuto, disse Drusiana. « Io voglio dire
alcuna orazione per l'anima di mio padre, e subito
enterrò nel [18] letto: entrate intanto nel [19] letto » Ed

---

[1] ne manca a M — [2] et come il u M; ucide O. — [3] p dela
città M — [4] di più i F, fui ire et in grande giochi de molte
rag et cum balli facte M — [5] alla F — [6] sua manca a M —
[7] et stando uno puoco M — [8] Le par E come . Drusiana mancano a F — [9] e manca a M — [10] q egli Γ. — [11] e gli M. —
[12] prima manca a O — [13] mecho edisse O — [14] Allora M. —
[15] chola detta O. — [16] d da berere M — [17] egli manca a Γ, il
lo M. — [18] ne verrò a F — [19] tantto nel O, intanto a F

egli subito [20] si spogliò ed entrò [21] nel letto; e poco
stette che egli [22] s' addormentò per la [23] forza di quello
ch' e' aveva mangiato e beuto Allora tolse Drusiana [24]
le chiave sopradette [25], e mise sia 'scoltare, s' ella sentiva persona; e [9] quando [26] sentì tacito per tutto, ed
ella [27] pienamente per Buovo, e diegli tutte le sue
arme; e andorono dov' era Rondello, e tolsono un
altro buono cavallo per Drusiana, e, montati a cavallo [28], vennono alla sopradetta porta; ed [9] ella [29] tremava tutta [30] di paura E aperto [31] la porta, cioè quello
che poteva, colle chiavi ch' aveva [32], non poteva aprire
il portello [33], perchè teneva le chiave uno borgese [34]
allato alla porta; e, chiamatolo, venne con le chiavi [35],
e quando [36] vidde la damigella, disse a Buovo· « Chi
siete voi ? Chè [37] non mi pare onestà [38] a menare via
questa damigella » Disse Buovo [39] « Apri la porta
e non ti dare altro [40] impaccio, chè [41] 'l re mi manda
in [42] uno suo bisongno » In [43] questo giunsono due
suoi compangni, e dicevono [44] aspre parole; e uno [45]
disse. « Per mia [46] fe', che questo cavallo mi pare [47]

---

[20] presto F — [21] Signore, te priego che andati in lecto et
che suati contento, chè io voglio dire alc ... per la an del mio p
El re Marcabruno subito introe M — [22] et come il stette un puoco
il M — [23] la manca a O — [24] Di al t M — [25] all t le
chiavi drusiana sopra detta O — [26] q ella M — [27] Le par ed
ella mancano a M — [28] montorono a cav e F, chan ne O —
[29] Drusiana M — [30] forte F — [31] aperta M — [32] che presso a
si il har. M — [33] paura e aperto il portello della porta F —
[34] uno b. t le ch M — [35] chollu chiave O — [36] Or quando custui
M — [37] Il M — [38] chè questo n mi p. honesto F — [39] B d M
— [40] ti e altro mancano a M. — [41] chè manca a M   [42] per
F — [43] e in O — [44] dissono F. — [45] uno d'egli M — [46] P' la
mia M. — [47] questo cavaliere mi pare che abbi sotto F

Rondello »; ed [48] era dallato Allora el cavallo [49] si volse destramente, e diegli uno paio di calci nel petto [50], e gittollo morto in terra [51]; e Buovo trasse la spada e uccise [52] gli altri due, e [9] tolse [53] le chiave, e [54] aperse la porta, e uscirono fuori, e inverso Montefeltron presono loro via; e tutta [55] notte cavalcarono Essendo presso [56] al fare del dì, e Drusiana disse: « Io sono stracca [57], io non posso più cavalcare » E ismontò [58], e andò uno poco [59] a pie', e [9] poi rimontò [60] a cavallo E quando il dì fu chiaro, ed [9] ella voleva [61] ismontare, e Buovo lo mostrò la città donde erano partiti e disse [62] « A noi conviene affrettare di cavalcare, chè gente non ci sopraggiunga [63] », e cominciolla a confortare e a dirle [64] certe novelle [65] per trarle malinconia [65]. Ed ella era stanca per lo sonno, e per lo cavalcare, e maladiva [67] il dì [68] e 'l punto ch' ella innamorò lui, e rimproveravagli [69] le pene ch' ella aveva sofferte [70] per lui E Buovo disse « Le mie pene non vi voglio io [71] rimproverare; chè, quante più n' ò patite [72] per voi, tanto più v' amo e amerò. » Ed ella se ne [73] rise

48 *Costui* M — 49 *el cav. al* M — 50 Le par *nel p* mancano a F — 51 *in t in* M, *in perterra* O — 52 *amazzò* F. — 53 *tolse poi* M — 54 *et cum quelle* M. - 55 *et presono la sua via verso* M *et tutta la* M, *fuori e cavalcarono verso* M. *et* F. — 56 *presto* M — 57 *stanca* M — 58 *ismontata senza l' e seg* F, *ismondo* O — 59 *un pezzo* F — 60 *rimontata* F. — 61 *voleva* manca a F — 62 *dove erano parti, zoè Polonia, et dissegli* M — 63 *sopraquingnesse* F — 64 *due* O — 65 *novellette* F — 66 *per tale in* O, *per trarli la m* M — 67 *era sì stracca p l s e p l e ch'ella mal* M, *Ma per lo s et per lo c ella era st et maledicendo* M — 68 *l'ora* F — 69 *et improverandogli* O, *che de lui ella se inamorò lo rimproverava* M. — 70 *sostenute* F. — 71 *io non voglio le p m.* M. — 72 *aute* F — 73 *se la* M

CAPITOLO XXVII

Come Sanguino chiamo [1] il re del letto, e come Marcabruno
re fece cavare [2] Pulicane di [3] prigione, e mandollo drieto
a Buovo [4] ; e l'ordine che diede Pulicane [5].

Già era [6] il sole passato il quarto vento e sopra
allo Scilocco, quando el duca Sanguino, fra gli altri
baroni dandosi piacere, cominciò a dire. « Questo re
Marcabruno non si leva questa mattina [7] », e [8] dicendo
queste parole lo andarono a chiamare Ed entrati [9]
drento nella camera, lo trovò [10] dormire, e, chiamandolo [11], non si destava Ma [12] egli lo cominciò a toccare, tanto che egli lo fece [13] risentire, e [8], aperto [14]
le finestre, e non vedendo Drusiana, domandava [15] il
re di lei; ed egli contò come [16] gli era addivenuto, e
com' ella gli die' [17] bere e come [18] s' era addormentato
In [19] questa disse uno barone « Istanotte furono [20]
morte tre persone alla tale [21] porta, e fu aperta la

---

1 carò F — 2 Marc carò Γ, Come el re marchabruno foe
descedato da Sanguino in lo lecto et come el re M f e M. — 3 da M.
— 4 L'inciso e mando   Buovo manca a Γ — 5 et de l'ordine
che il diede a Pul M — 6 era già M — 7 levera mai Γ — 8 e
manca a M — 9 entrarono F — 10 trovono M, alla cam e tro-
rollo F. — 11 chiamandolo manca a F, chiam. il M — 12 Ma
manca a M — 13 che lo feceno M — 14 Apersono poi M, aperte
tutte O — 15 domandavano F — 16 quello che F, el re domandò
de lei Sanguino li contò come baroni se maravigliarono dela tar-
dità del suo levare suso el re contoe a loro come il M   17 diede
da M — 18 gli avea fatto beie e come egli Γ — 19 e in Γ —
20 uno barone dire in questa nocte sono state M — 21 tale manca
a M, allato alla O

porta. » Subito fu[22] per lo palazzo cercato[23], e, non
non trovando[24] Drusiana, el duca Sanguino andò al[25]
palazzo di Fiorigi con molta gente armata, e nessuna
sua scusa fu ricevuta. eglino[26] uccisono Fiorigi e tutta
la sua compangnia[27] Per lo cavallo Rondello e per
l'arme di Buovo[28] che non si ritrovavano, fue immaginato che il pellegrino fusse stato Buovo d'Antona
Essendo il re e' baroni[29] ragunati in sul palazzo[30],
tutta la città correva ad arme per questa novella
Allora consiglò uno antico barone il[31] re Marcabruno,
e disse. « Fate per mio consiglio, se voi volete[33]
giungnere Buovo e[34] Drusiana. Voi avete nella prigione incatenato[35] Pulicane, il quale nacque d'una
donna[36] e d'uno grande mastino, ed è mezzo cane, e
Drusiana lo teneva[37] incatenato, egli è[38] molto rube-
sto E sappi che il re Erminione, quando nacque[39],
lo volle fare ardere; ma Drusiana lo chiese di grazia
e[40] per una maravigliosa cosa lo fe' allevare. Egli
corre più forte che uno cervio o[41] uno daino, ed à

22 *disubito efu* O — 23 *ala porta che va a Montefeltrone et
la porta foe aperta Subbito foe cerc per tutto el pal* M, *subitamente fu levato el romore per lo palazzo e levato el romore si
cercò di Drusiana* F — 24 *trovandose* M — 25 *nel* O — 26 *che
egli* M — 27 *la s e t* M, *compangnia e* F — 28 *Rond e per lo
ritenere Buovo* F — 29 *Rondello foe ymag chel pel f st B d'A
et per le arme de B. che non se rtti Ess lo re Marchabruno
cum tutti li soi baroni* M — 30 *insul palagio Raghunati* O —
31 *Uno ant bar. alora cons al* M — 32 *per* F, *Signore fati
per* M. — 33 *volti et del certo voi* M — 34 *o* O — 35 *me nela
pres* M — 36 *donzella* O, *nobele donna* M — 37 *tiene* F — 38 *era*
O — 39 *et perchè il è molto robusto Di el tenera incat Et quando
il naque lo re Erm* M — 40 *e manca a* O — 41 *e* O, *il seg
uno manca a* F

buono naso, e tira per forza bene uno arco Se [42] tu gli prometti [43] di liberarlo della prigione e della catena, egli giungnerà Buovo e combatterà con lui, e intanto la tua gente gli sarà alle spalle, e [8] per [44] questo modo racquisterai la donna e farai morire Buovo » Subito [45] fu mandato per Pulicane: e, giunto legato dinanzi al [46] re, egli gli contò [47] sotto [48] brevità come la cosa stava, e dissegli [49] « Se tu mi prometti di giungnerlo [50] e fare ch' io l'abbi nelle mani, io ti giuro per questa corona che io ò in testa, di donarti una città e di farti [51] franco, e terrotti nella mia corte molto caro » Pulicane, per volontà d'uscire della carcere e d'essere libero [52], ongni cosa gli [53] promisse, e dimandò certe arme di cuoio cotto leggere [54] e uno arco con molte saette e una spada e tre dardi, e volle fiutare le vestimenta che Buovo aveva portate, di pellegrino, e [55] poi disse al re « Fatemi seguire » E [55] tolse un pezzo di pennone stracciato e disse. « Se io entrassi per selva, io appiccherò a certi bronconi [57] di questo pennone [58] uno poco, e la vostra gente a quello sengno mi seguiti [59], chè io lo giungnerò tosto » E [55], detto questo, uscì per la [60] porta, donde [61] era uscito Buovo, e seguita [62] la sua traccia E molta gente ar-

[12] esse F. — [13] voi li promittiti M — [44] in O — [45] e subito F — [46] giunto din dal F. — [47] liquanto dinanzi al re marchabi uno et contogli el re M — [48] in F — [49] disse egli O — [50] del giunzere M — [51] de te fare M — [52] Pul per essere libero e e uscire delle e F — [53] gli manca a O — [54] et legiero M — [55] e manca a M. — [56] E manca a M, epoi O — [57] boncone M — [58] Le par di q p mancano a F — [59] giente e a quello mi seguite F — [60] uscì fuori della F — [61] onde F. — [62] sequitata M

mata gli venne [63] drieto seguendolo [64] all' orme [65] e
a' segni dati da Pulicane, e pure tenne proprio [66] la
via [67] che aveva fatta Buovo, sentendola [68] al fiuto [69]
e all' orme

Capitolo XXVIII

Come Buovo si congiunse la prima volta con Drusiana, e
come Pulicane lo giunse, e [1] cominciorono insieme la
battaglia [2].

Camminando [3] Buovo con Drusiana insino al [4]
mezzogiorno, la donna [5], stanca per lo sonno e per
lo cavalcare, disse a Buovo [6] « O singnor mio, io
sono tanto stanca [7], che io non posso più stare a
cavallo Io ti priego che noi usciamo un poco della
strada, tanto che io pigli un poco di riposo » E [8]
Buovo, non potendo fare altro, così fece E, usciti [9]
della strada tanto quanto [10] uno gittasse [11] in tre volte
o poco più [12] una piccola pietra, e trovato uno piccolo
praticello, ismontorono allato a [13] uno piccolo fiumi-

[63] venia M — [64] seguitandolo F — [65] dalorme O — [66] propio
manca a F — [67] Andogli dietro molta zente armata a l'orme et
ali signi dati per Pul sequendolo Tenne poi Pul. quella via propria M — [68] sentendolo O — [69] fiato M

[1] et come M — [2] la b ins M insieme manca a O — [3] Ca-
minato M — [4] a F — [5] Drusiana M — [6] buomo senza l'O seg
O — [7] tanto forte stanca M, tanta isancha O — [8] E manca a
M — [9] e euscitto O, fece cossi Usci M — [10] che O — [11] traesse
M. — [12] Le par e p p mancano a O — [13] loro smontarono
allato de M

cello dove correva una acqua chiara [14], e, dato bere [15] a' cavalli, si posono a sedere. E come [16] amore il più delle volte fa [17], avvenne che, guatando [18] l' uno l' altro, Buovo si disarmò, e, avendo [19] piacere del luogo foresto [20] e parlando de' cavalieri erranti già [21] passati della Gran Brettangna, qui si congiunsono insieme alquante fiate [22], e poi Buovo le misse [23] il capo in giembo [24], ed ella [25] gli pose il capo in sul fianco, e cominciarono a dormire E [8] Rondello venne loro sopra [26] capo e vidde come dormivano. lasciò [27] il pascere, e attendeva più a guardare [28] che a pascere In [29] questo mezzo Pulicane giunse dove Buovo era uscito di [30] strada, e sentì al naso come s' era volto. Subito [31] si volse, e appiccò un poco del [32] pennone per modo, che, quando il re Marcabruno con la sua giente giunse, seguirono [33] la traccia di Pulicane E [8] per avventura due orsi [34] e tre cerbi, fuggendo [35] dinanzi a Pulicane che annasava la traccia, feciono [36] sì grande romore. che Rondello s' avvide di Pulicane, e corse intorno a Buovo, e fece sì gran romore, e co' piedi gli toccò, e la donna si levò ritta, e [37], udendo [38] il romore, fece

---

[14] pietra, e trovato uno più fium d. c. u u ch ismontorono dallato F '— [15] a bevere M — [16] chome senza L' O, et cum M — [17] fu che M, fa uvere O — [18] guardando M — [19] pigliando M — [20] forte F. foresto manca a O — [21] d'uno chaualieri qui O — [22] alcuna rolta F — [23] le misse (sic) più uollte O — [24] in suo o in lo giembo M — [25] ello O — [26] loro venne sopra el M, sopra u F — [27] Il lassò M — [28] guardargli M — [29] e in O — [30] dela M — [31] et al naso sentì che B et Di se erano volte, et il subito M — [32] de M — [33] giunsesse cum la sua zente, seguissono M — [34] dui orsi per ventura M — [35] fuggivano F. — [36] fece O — [37] e manca a O — [38] udì F.

rizzare [39] Buovo, il quale a fretta [40] si misse lo sbergo in dosso, e allacciossi [41] l'elmo, e imbracciò lo scudo, e montò [42] a cavallo E [8] come fu [43] a cavallo, e [8] Pulicane lo vide: subito si volse [44] verso lui gridando [45]: « O Buovo d'Antona, tu se' morto. se tu non ti arrendi a me! E [8] male per te ài tolta Drusiana al re Marcabruno [46] » Buovo arresta [47] la lancia, e corse [48] verso Pulicane; ma egli saltò da parte [49], e non lo potè toccare E [8] Pulicane gli lanciò [50] uno dardo, e Rondello si gittò oltre con uno lancio [51] sì che il dardo non lo toccò, e tutti e' dardi schifò per destrezza di Rondello · per questo cominciò Pulicane [52] a saettare el cavallo Allora Buovo [53] smontò, e trasse la sua spada, e venne contro a Pulicane [54], e cominciò a due. « O Pulicane, nessuno buono cavaliere combatte con le saette [55], ma facciamo con le spade » Allora Pulicane [56] gittò l'arco in terra [57], e prese la spada in

[39] subito fe' levare F — [40] a pena F — [41] el romore et tanto spaventatamente fuzerano, che cossì fuzendo cum li piè li toccorno Drusiana, toccata ancora dal cavallo Rondello, cum la testa se levoe ritta Rondello, quando se avitte del Pulicane, il corse intorno a Buovo, e cum li soi piedi faceva sì grande el romore che il se sentì, et levosse ritto, chiamato ancora da Drusiana, che, quantonca ella non vedeva Pulicane, uldiva puro el suo furioso romore Buovo se mise lo sbergo in dosso in freza et luzasse M — [42] in incontinente M — [43] Come el foe Buovo M — [44] subito el vide et volsese M — [45] volse allui e gridò F, uld et dicendo senza l O seg M — [46] M et menatola via M — [47] arestò M — [48] ranne F — [49] dallato F — [50] slanzò senza gli M — [51] si lanciò dallato F, cum una lanza M — [52] et per la destr de R Buovo schivò t li d Pul per q comm M — [53] B al M — [54] L'inciso e venne contro a P manca a F — [55] lanze M. — [56] Pul al M — [57] in terra l'arco F

mano, e cominciò la battaglia [58] con Buovo con la spada [59] in mano

Capitolo XXIX

Come Drusiana fece la pace tra Buovo e Pulicane [1], e come n' [2] andarono al [3] castello di Monte Feltron, e 'l duca Canoro gli accettò [4].

Combattendo con la spada in mano [5], era tanta [6] la destrezza di Pulicane [7], che Buovo non lo poteva mai toccare, ma Pulicane ferì lui di cinque piaghe. Molto si maravigliava Buovo [8] della grande [9] destrezza di Pulicane, e [10] sempre perdeva Buovo [11] del suo sangue, onde egli aveva [12] grande ira E [13] quando Pulicane vidde Buovo [14] stanco, immaginò che egli non potesse campare [15] alla [16] gente del re Marcabruno, e, per avere onore di rappresentare [17] Drusiana al re Marcabruno [18], lasciò stare Buovo, e [19] corse contro a Rondello, e [13] non si potè Rondello [20] difendere da lui per la [21] sua destrezza, e Pulicane [22] lo prese e menollo

---

[58] *a combattere* M. — [59] *tholla ispada chon buovo senza in mano* O.

[1] *fe' fare la p. a Pul con B* F — [2] *n manca a* M. — [3] *nel* M; *a senza cast. di* F. — [4] *e come el d C gli ritenne* F. — [5] *mano Buovo e Pulicane insieme* M — [6] *tantto* O. — [7] *la destr. di P era t* M — [8] *B se mar m.* M — [9] *grande manca a* M — [10] *e manca a* F. — [11] *B perd.* M. — [12] *nania ma* O — [13] *E manca a* M — [14] *B. essere* M — [15] *scampare* M — [16] *dalla* F — [17] *rapresentargli* F, *raquistare* O — [18] *Lo par al i* M. *mancano a* F. — [19] *e manca a* O — [20] *Rondello manca a* O — [21] *dalla* O — [22] *Rond non s p d de la destr de Pul Finalmente* M; *che Pul* F

alla gentile Drusiana, e [23] diceva· « Madonna, montate in su [24] questo cavallo, e venite al [25] re Marcabruno » Ma Buovo, con tutto che fusse [26] ferito e carico d'arme, giunse e ricominciò la battaglia con Pulicane allato a Drusiana In questa volta Drusiana [27] vidde da lungi apparire la gente del re Marcabruno, ed [19] ebbe grande paura, e [28] vedeva Buovo [29] stanco e ferito, e [30] cominciò a dire a Pulicane. « O Pulicane, è questo il merito che tu mi rendi del servigio, che io ti feci, quando io ero d'età [31] di nove anni, che [32] tu fusti menato per essere arso nel fuoco ardente [33], e [34] dicevano che tu eri nato di mortale peccato. e generato d' [35] animale irrazionale, come [36] era uno mastino, in una femina razionale [37], e io ti domandai di grazia al padre mio [38], e scampa'ti dalla [39] morte? E [19] ora tu mi vuoi [40] fare morire me e 'l [41] mio singnore? Chè [42] sai che Buovo è primo mio [43] marito O franco Pulicane, quando mi renderai merito di [44] quello ch' io t' ò allevato, e nodrito, se tu non mi meriti a questo punto? Oi [45] non credi tu che Buovo ti possa fare

---

[23] e a lia il M — [24] suxo senza in M — [25] dal F — [26] sia O — [27] Andando in Pul. et menandone Di e Roud , Buovo, cum tutto che era ferito et car d a. gli giunse et al lato de Li il ricommincò la battaya cum Pul. Drus in questa i. M — [28] perchè ella M — [29] B essere M — [30] e manca a O; però piacevelmente et pranzendo ella M — [31] deleta O — [32] che manca a M, e O — [33] arzette O le par per ess in su mancano a F — [34] perchi M — [35] d uno F, peccato mortale et de M — [36] che M — [37] ragionevole O, rationale generato M — [38] al m p d gi M — [39] echanpati d O et scampai te de la M. — [40] et che ora tu vogli M. — [41] a mi et al M — [42] e O, che tu M. — [43] il pi in O, mio pi M — [44] rend tu el merito de questo et de M — [45] O F

gran singnore ? E faratti [46] battezzare in acqua santa,
e sarai fedele cristiano » Udito Pulicane queste parole [47], pianse di tenerezza e disse alla donna · « Io [48]
sono vostro fedele », e gittossigli ginocchioni [49], e ren-
delle la spada come suo prigione, ed [13] ella l' abbracciò
e fegli perdonare a Buovo, e [50] fece la pace [51]; e Pulicane disse [52] · » O caro mio singnore, per [53] amore
di Drusiana io t' avviso che lo re Marcabruno ti [54]
viene a dosso con grande [55] frotta [56] di cavalieri », e
disse [57] come Fiorigi, fratello di Drusiana, era morto con
sessanta [58] cavalieri. Allora disse la donna « Partianci
di [59] qui ! » E [13] Buovo e Pulicane si giurarono fede [60]
l' uno all' atro. Allora montò Buovo a cavallo, e così
Drusiana, e [61] Pulicane andava a pie' più che loro [62]
a cavallo, e andorono [63] al castello, che Buovo aveva
veduto. E [13], giunti alla porta, domandarono [64] d' entrare
drento, ma [65] la guardia n' andò al singnore, che aveva
nome il duca Canoro, ed egli domandò la sua donna,
s' ella voleva che gli lasciasse entrare drento Ella,
per vaghezza di [66] vedere quello che la guardia diceva

<hr>

[46] Il te farà M, farati senz E O. — [47] Ud questo Pulic F
— [48] christiano fedele come sian noi, et come foe la tua madre
Come Pul uddite queste tal parole, de ten il pianse et a Drusiana dize Madama, io M m' arete a comandare che io F —
[49] manzi in zenochione M — [50] da B. et cossì M - [51] Le pai.
e s pi . la pace mancano a F — [52] pace Pul poi dize a
Buovo M — [53] per lo M — [54] et O M — [55] cum una M —
[56] quantità F — [57] disse manca a F — [58] 40 O — [59] levanci
di F, Drusiana al dize andiamo via da M — [60] fedeltà senza
le 4 par seg. Γ, f in la presentia de Drusiana M — [61] Le par
Di e mancano a O — [62] che nofacienono loro O — [63] andu-
rono O, Boro alora montò a cavallo et andarono M — [64] ordinarono Γ, p del castello dom M — [65] ma manca a M — [66] cheglino dentro gli laciasino entrare ella per O.

essere mezzo uomo[67], disse al duca: « Lasciategli
entrare, e, s' eglino[68] saranno valenti della persona,
farete loro onore; quanto[69] che no, manderetegli
via[70] » Allora die'[71] licenza che[72] fussino lasciati
entrare[73], e furono[74] menati alla magione del duca,
e assegnuò loro una stanza, e fece loro grande onore[75]

.

Capitolo XXX

**Come lo re Marcabruno andò per dare il guasto a Monte
Feltron, e Buovo s'apparecchiò con Pulicane d'assaltarlo, e 'l duca con loro[1].**

Quando Buovo e[2] Drusiana e Pulicane[3] furono
entrati nel castello di Monte Feltron col duca Canoro,
molto si maravigliorono di Pulicane e' faceva loro
grande onore, e la duchessa faceva grande onore, e
la duchessa faceva grande onore a Drusiana[4] E la
sera cenarono insieme, e[2] poi fu[5] data una ricca camera a Buovo e a Drusiana[6], e[2] un' altra ne fu data

---

[67] mezo romo e mezo chane O — [68] el se M ess'egli F —
[69] et quanto M — [70] faretegli andare via F. — [71] el duca al d.
M, all fu data F. — [72] ch' egli M — [73] lie gli lasciassino
entrare drento F — [74] Intrarono et f M — [75] duca Canoro
fece loro poi grande honore et diegli la stanzia per loro et
buona M

[1] s' ap alla battaglia insieme con Pul e assaltorono il campo
con quelli del castello F et come B et Pul se apparecchiarno
insieme cum el duca Canoro de assaltarlo M — [2] e manca a M
— [3] e Pul e Drus O — [4] ella duchessa facieva loro grande
onore e a Dr F Pulicane Lo duca et la duchessa loro facciano
gr hon. et specialmente la duch honorava a Drus senza l'F
seg M — [5] fue poi M — [6] dato ab ea drus u r e O

a Pulicane. E[2] l'altra mattina[7] si levarono per tempo;
e, mentre che Buovo si vestiva, giunse Pulicane[8], e
guardando da' balconi[9] la campangna del castello,
viddono[10] venire le[11] bandiere del re Marcabruno, il
quale era giunto il dì dinanzi[12], dove Buovo aveva
combattuto con Pulicane, e, non gli avendo potuti
trovare[13], giurò[14] di fare guastare dintorno[15] a Montefeltron ongni cosa E[2], stando Buovo e Pulicane
a' balconi e guatando la gente e parlando insieme,
giunse a loro[16] il duca Canoro e disse. « Iddio vi
dia[17] il buon giorno! » E[18] rendutogli il saluto, gli
mostrorono la[19] gente del re Marcabruno Disse il
duca Canoro « Anche anno mi[20] venne a dare il
guasto, e viene a[21] guastare le mie possessioni, che
sono intorno[22] a questo mio castello » Allora disse
Buovo[23]. « Io non sono sì ferito che, se voi volete,
che noi gli andiano a 'ssaltare, Pulicane ed io[24]   »
Rispuose il duca[24 bis]. « Egli fu già mio singnore, e ora
è mio[25] nimico e, se voi volete pungnare[26] contro a
loro[27], io farò armare trecento cavalieri » E Buovo

---

[7] la matt F, La matina sequente M — [8] Pul y M —
[9] dal balcone M, le par seg la e del c mancano a F. — [10] idde
F. — [11] zente cum le M — [12] el dì den era q. M — [13] areva
pot trovare e F, li potendo ritrovare M — [14] aria giurato O —
[15] intorno F. — [16] Cossì stando in lo balcone B cum P. parlando
ins et guardando la zente, giunse alora M — [17] salu F. a O
manca il seg il — [18] Igli M — [19] la grande O. — [20] el duca
Can d La anno passato anche il M — [21] et per M — [22] intorno
manca a F — [23] disse all b. O, B d senz' allora M — [24] chen-
noi andreno loro ussaltare il campo Pul e io F che non possa
armare, se voi voliti che io e Pul li andiamo a assaltare M
— [24 bis] el d risp M — [25] ma ora è mio nimgno M — [26] pure
ne O. — [27] allui F.

ne lo [28] confoitò, e disse. « Voi e Pulicane [29] andrete
da una porta con dugento cavalieii, e io da un'altra
con cento [30] » E così fuiono accordati [31], e 'l duca
comandò che in prima si confortassino tutti e mangiassino e beessino, e [32] così feciono tutti li cavalieri,
e [2] ordinò [33] buone [34] guaidie alle poite e alle mura [35]
del castello, e, come furono armati, dierono [36] ordine
d'uscire fuori alla battaglia

CAPITOLO XXXI.

**Come Buovo uccise il duca Sanguino, e come il duca Canoro
fu pieso, e de' suoi cavalieri furono ¹ morti dugento ²,
e ³ Pulicane fu ferito; e ³ lo re Marcabruno perdè quattrocento cavalieri e tornossi ⁴ a Polonia, e Buovo nello
castello ⁵.**

Al dipaitire [6] che feciono dal castello [7], Diusiana
pregò Buovo molto [8] che egli s'avesse buona [9] guardia; e [10] uscito [11] el duca [12] con Pulicane e con dugento
cavalieri da [13] una porta, e Buovo uscì con cento [44]
da un'altra [15] bene armati e bene [16] in punto, e molta

28 cui cum voi B lo M — 29 io e Pul e F — 30 cho Co
danna altra senza l'E seg O — 31 in accordo M — 32 Le par.
e b e mancano a O — 33 ordinate F — 34 buono O — 35 alt
muri M — 36 diede

1 ne furono M. — 2 de' suoi f m dug. cavalieri F — 3 et
come M. — 4 peiduti q e de li soi se ne toinò M. — 5 B si
toinò al castello F, nel cast de Montefeltione M. — 6 paitne F,
dispaitne M — 7 fuoia del cast de Montefeltione M, cast e F
— 8 molto a B M, molto manca a O. — 9 buona manca a O,
bona et diligente M — 10 e manca a M. — 11 usciti F — 12 d
Canoro M — 13 de M — 14 cento altri M — 15 altra porta M
— 16 bene manca a F

fanteria v' era a pie'[17] ch' usciva fuori del castello,
se bisongno facessi Buovo, assaliti e' nimici, si scontrò[18] col duca Sanguino e dieronsi grandi colpi delle
lance[19]; Buovo lo passò insino di drieto e molto l'abbattè[20] a terra del cavallo[21]; e poi passò verso le
bandiere, e il romore si levò grande[22]· portava Buovo
per arme[23] uno lione rosso nel campo azzurro con
una sbarra d'argento[24], e faceva maraviglia della
sua persona correndo per lo campo[25] Pulicane e il[26]
duca Canor assalirono lo[27] campo, e grandissima battaglia si cominciò da ongni parte; alla fine[28] furono
morti più di cento cavalieri[29] del castello, e radot-
tisi[30] insieme quelli ch' erano con Buovo con quegli
di[31] Pulicane, e[10] la maggior parte erano feriti. El
duca Canor era stato preso, e Pulicane aveva fatto maraviglie[32] ed era alquanto ferito e[10] Buovo era molto
affannato e molto sangue perdeva[33] delle ferite dell'altro
giorno ricevute[34] da Pulicane; e per questo, avendo
auto grande aiuto[35] da' pedoni, si ritornarono nel[36]
castello con grande danno Ma nondimeno erano morti
de' nimici[37] più di quattrocento cavalieri, onde[38] il

---

[17] con m f a pie' F, E agli cum egli molta fantaria du
pie' M — [18] assali inimici rischontrossi O. — [19] cum 'e l gi colpi
M, le pai delle l mancano a O lancie e F — [20] lo gitto O —
[21] da cavallo a terra M — [22] La pai grande in O fu scritta e
poi fregata — [23] Le pai per arme mancano a O M — [24] d'oro
F — [25] et con per lo c. fac maravigli de lu s pers M, champo
e O — [26] cum el M. — [27] per lo F — [28] parte e O, da ogne
parte se cominciò grandenessema battaglia Finalmente M —
[29] cav di queali F — [30] radutonsi O, raduttose M — [31] B e
quelli ch' erano con F — [32] maravigliare O — [33] il perdea
M — [34] ricevuto O — [35] q cum lo grande aiuto che haveano
M — [36] dentro lo M — [37] Niente dimeno (senza il ma) degli ei
m M — [38] onde manca a M

re Marcabruno si tornò a [39] Polonia. E [10] nel castello era gran pianto della [40] gente che avevano [41]
perduta La duchessa fece loro [42] grande onore per la
loro valentia [43], e fecegli medicare; e [10], mentre che
si medicavano, la duchessa fece soldare dugento cavalieri E [10] quando Buovo fu guarito e Pulicane, ogni
giorno correvano [44] per lo paese di Polonia rubando
e predando tutto il paese [45], e facevano grandissima
guerra

Capitolo XXXII

**Come lo re Marcabruno trasse el duca Canoro di [1] prigione,
ed egli [2] promisse di [3] dare Buovo e Pulicane presi, e
diede [4] due suoi figliuoli per istatichi [5], andonne [6] a
Monte Feltron con tremila cavalieri [7].**

Mentre che questa guerra si faceva, sempre era
il duca Canoro [8] in prigione in [9] Polonia; e [10] il re
Marcabruno lo fece chiamare a sè, e, quando l'ebbe
nella [11] sua camera, gli [12] disse · « Canoro, se tu vorrai
fare quello che io ti dirò, io ti caverò fuori di [13] prigione, e farò la pace con teco, e donerotti tre castella

---

[39] si ritorno in O — [40] per la M — [41] ch'era F — [42] loro
fece M — [43] valenteza M — [44] correvano ongni giorno F — [45] el
paese tutto M, il seg e manca a O

[1] de la M. — [2] gli manca a F, et il le M — [3] di manca
a M — [4] et come diede al re Marcabruno M — [5] per ist. d s.
f F — [6] et lui libero andò M — [7] cum tri cavaleri M chon
M° chau cioe $\overset{m}{III}$ O — [8] el duca canoro era sempre M —
[9] a F — [10] uno dì M — [11] alla F — [12] il gre M — [13] della F.

che già furono tue [14], e sempre ti terrò per caro amico »
Ed [15] egli promisse di fare il suo comandamento Era
stato Buovo otto mesi o più a Monte Feltron, e [16]
Drusiana aveva il corpo grande. Disse [17] il re. « Manda
per tuoi figliuoli alla duchessa [18], e dirai che tu vuoi
fare pace con meco con patto [19], che Buovo e Pulicane
si vadano con Dio, e [15] tu, quando [20] sarai nel castello,
farai loro [21] grande allegrezza e festa e grande impromesse, e tieni [22] modo di darmegli presi o morti,
e [15] io ti giuro [23] di fare Lionido e Lione, tuoi figliuoli [24],
amendue cavalieri, e donerò loro le due castella quali
tu vorrai, delle [25] tre ch io t'ò impromesso [26], ma io
gli voglio per statichi. » El duca [27] per volontà d'uscire [28] della prigione e per tornare nella grazia del re [29],
promisse di fare [30] tutto il suo potere, e scrisse [31] una
lettera segretamente alla duchessa a Monte Feltron in
atto della pace, ma non le [32] scrisse il tradimento;
ed [15] ella, per volontà d'avere [33] il marito e la [34] pace,
gli mandò amendue e' figliuoli [35], Lionido e Lione,
segretamente. Allora il re diede [36] al duca Canoro tre-

[14] *li tui* M. — [15] *Ed* manca a M — [16] *a Montelti on otto
mesi e poi* F; *Buoro era stato octo mesi et più cum Pulicane et
cum Drusiana a Monfeltione et* M — [17] *e disse* O — [18] *Le par
alla duch* mancano a F, *che ha per e non per avanti a tuoi, El
re Marchabi uno dire al ducha Canoro, manda a la duchessa* M
— [19] *cum questo patto* M — [20] *Poi q tu* M; *tu* manca a F —
[21] *a loro* M — [22] *promesse grande, Tenera poi* M — [2] *prometto*
F — [24] *Le par tuoi figl* mancano a F — [25] *degli* O — [26] *Le
par ch'io t'ò impi* mancano a F — [27] *Mal ducha* O, *El duca
Canoro* M [28] *per uscire* F, *vol che haveia grande de usci* M
— [29] *del re Marchabruno* M — [30] *farne* M — [31] *fecie* O —
[32] *gli* O — [33] *di havere* F — [34] *mai alla* O — [35] *figl cioè* F
— [36] *El re Marchabruno diedi alora* M

28

mila cavalieri, e partissi a otta da [37] Polonia, ch'egli
giunse in sulla mezza notte a Monte Feltron, e ancora
non ne sapeva niente [38] Buovo nè Pulicane E dato
sengno alla guardia, e la duchessa aperse al duca [39];
e quando fu [40] drento per la porta del soccorso, la
domandò [41] che faceva Buovo, ed [15] ella lo menò insino
alla camera, dove dormiva Buovo con [42] Drusiana, ed
alla camera dove dormiva Pulicane [43]. Quando [44] el
duca sentì che amendue dormivano, disse [45] alla duchessa: « Ora è tempo [46], sanza dare più indugio, al
fatto nostro Io ò con meco tremila cavalieri. io gli
metterò drento e piglierò costoro innanzi che [47] sia il
giorno [48] », e dissegli [49] tutto il trattato ch' egli aveva
ordinato Ed ella disse: « O singuore mio, nessuno
de' tuoi non furono mai chiamati traditori [50]; or [51]
come vuoi tu acconsentire a [52] tanto tradimento? Per
Dio [53], di' innanzi a Buovo che si vada con Dio egli
è cavaliere tanto da bene, ch' egli se [54] ne andrà, egli
e Pulicane e Drusiana, e [55] non sarai chiamato traditore » Disse il duca [56]. « Io voglio fare a mio modo. »

37 di F — 38 nulla O — 39 ap laporta O. — 40 a una otta
da Pol. et a tale hora che in la meza nocte giunse a Montefeltrone Bovo et Pulicane non ne sapeano anchora niente. Dato
ala guardia el signo ordinato la duch ap al duca Quando il M
41 drento dal portello, et egli la d quello F, soc. el duca
Canoro dom M — 42 e O — 43 dove dorm Pulicane et alla cam.
dove dorm B cum Di M — 44 e quando F — 45 il dire M, el
duca disse F — 46 è el t M — 47 chel M — 48 sia giorno F —
49 dissele O. — 50 fu mai chiamato traditori O — 51 tutto che era
ordinato tra el re Marchabruno et luy Ella rispose et dire Sign
mio mai nesuno de' toi foe traditore nè chiamati traditori et M. —
52 a manca a M. — 53 D. te priego M. — 54 che se M — 55 et cossì
tu M — 56 el duca dire M

Ed[15] ella disse· « Io non lo consentirò[57] mai. » Allora
il duca[58] la cominciò a battere con pugni e con calci.
Quivi[59] non era altri[60] che loro due, perchè[61] el duca
non voleva che altra persona lo sentisse[62]; e[15], mentre
che egli le dava, ed[15] ella lo pregava umilemente[63]
che egli non facesse tanto tradimento, e forte piangneva, e 'l duca la minacciava di morte.

Capitolo XXXIII.

**Come Pulicane uccise il duca Canoio, e serrò la duchessa
nella camera, e[1] chiamò Buovo, e fuggironsi da Monte
Feltron; e[1] per la via trovorono le some del re Baldras di Sinella.**

Faccendo el duca questa contesa[2] con la duchessa,
e Pulicane si sentì; e, udendo questa contesa[3], si
levò pianamente, e venne all' uscio[4] della camera, e
pose mente per uno fesso[5] dell' uscio, e[1] conobbe el
duca, e udì minacciare di morte la duchessa[6], e già
avova[7] in mano uno coltello E[8] Pulicane prese la
spada, e uscì fuora, e disse: « O duca traditore, non
ti verrà fatto, ch'io ò inteso che tu[9] voi dare questo

---

[57] *achonsentno* O — [58] *et io non consentnò mai El duca
alora* M — [59] *e quivi* F — [60] *Qui non li era altro* M — [61] *perchè
manca a* M. — [62] *el sapesse nè sentesse* M — [63] *humelmente lo
pregava* M.

[1] *e manca a* O. — [2] *quistione* F. — [3] *questa tale e* M , *chon-
testa, poi chontessa* O — [4] *e venne all'uscio e venne all' uscio* F. —
[5] *pel fesso* F, *per una fexa* M — [6] *chontessa* O — [7] *et havea
già* M. — [8] *E manca a* M — [9] *bene inteso ogni cosa Tu* M.

castello al re [10]; e [1] perchè la duchessa [11] non vuole
acconsentire, tu la vuoi uccidere, ma tu morrai prima [12]
di lei. » E alzò la spada, e levògli la testa dalle
spalle Come [13] l'ebbe morto, disse alla duchessa·
« Dove è la gente che egli voleva mettere [14] drento? »
E [8] ella lo menò all'entrata [15] del castello [16] e mostrògli la gente ch'erano [17] di fuori che aspettavano [18]
d'entrare [19]; e [8] Pulicane confortò pianamente le guardie di fare buona guardia, e disse alla duchessa [20].
« Andate a dormire e non abbiate paura. » Ed [8] ella entrò
piangnendo nella camera per grande paura ch'aveva [21]
de' suoi fighuoli (ma Pulicane non sapeva [22] ch'ella
avesse mandati e' fighuoli a Polonia), e [8], come la
duchessa fu nella camera, e [8] Pulicane serò l'uscio
di fuori, perchè ella non ne potesse uscire [23], e subito
n'andò alla camera di Buovo e chiamollo e raccon-
tògli tutto il fatto, e [24] come di fuori era molta gente
armata, e come egli aveva [25] morto el duca [26], e la
cagione [27] perchè egli l'aveva morto. Buovo fece levare
Drusiana e disse· « Se noi aspettiamo [28] insino al giorno, noi siamo [29] morti, imperò che, sentendo quelli
del castello che [30] noi abbiamo morto el duca, tutti si
daranno al re [31], e io temo più per [32] Drusiana che

10 re Marchabruno M — 11 madonna la duch M. - 12 imprima
M — 13 e come F — 14 mettere manca a M. — 15 alo intrare M
— 16 cassero F — 17 era M — 18 expectavano M — 19 enti
drento F — 20 et la duchessa dire Madonna M. — 21 chella aria O;
ch' ebbe F — 22 della gi paura che hav de li soi figlioli intrò
nela camera piauzendo Pul non sap però M — 23 Le par perchè ... uscire mancano a F — 24 el fucto tutto zoè M — 25 era
F — 26 duca Canoro M — 27 duchessa O — 28 expectiamo M
— 29 s tutti F. — 30 chome O — 31 duca Canoro loro signore,
egli se darano al re Marchabruno M — 32 di O

per me. » E³ di subito s' armarono, e Pulicane sellò
Rondello e un altro cavallo per Drusiana, e sagreta-
mente³³ uscirono da³⁴ una porta ch' era sopra³⁵ a
una ripa d'uno monte, perchè da quello lato la gente
di fuori non ponevano cura³⁶. Buovo e Drusiana andavano a pie', e⁸ Pulicane menava³⁷ e' cavalli a³⁸
mano. E a³⁹ grande fatica scesono da quello lato, e
montorono a cavallo Buovo e la donna, e Pulicane
andava⁴⁰ innanzi, e così si partì Buovo e Pulicane e
Drusiana da Monte Feltron E non⁴¹ furono di lungi
tre leghe, ch' eglino⁴² trovarono molte somerie⁴³ d'arme, e dimandarono di chi⁴⁴ erano Rispuosono⁴⁵· « Del
re Baldras di Sinella, che viene⁴⁶ drieto a noi con
diecimila Saraini⁴⁷, e va⁴⁸ in aiuto al⁴⁹ re Marca-
bruno⁵⁰ per porre il⁵¹ campo a Monte Feltron » Allora
Pulicane⁵² cominciò la zuffa con loro⁵³, e uccisene
dieci; e cercò⁵⁴ tra le some, e tolse certa vettuvaglia;
e Buovo disse: « A noi conviene uscire della strada ».
E⁸ così feciono⁵⁵ per non si scontrare con la gente

³³ diviatamente Γ; al più che possevano secretamente M. —
³⁴ fuori da F. — ³⁵ di sopra O — ³⁶ noponeuono chiura daquello
lato O, d q l la zente da fuora non poterano darle impedi-
mento. M, da quella p. la giente di fuori non poterano bene redere e non vi poneuano cura F — ³⁷ menauono O — ³⁸ in M
— ³⁹ a manca a O, cum M - ⁴⁰ and appiè F - ⁴¹ come fuorono
gioso, montarono a cavallo. Pulicane andara manzi. B et Di
de dietro Cossì se partirono da Montefeltrone B, Di e Pul
Non M — ⁴² tre miglia che M — ⁴³ una grande someria F —
⁴⁴ chui O — ⁴⁵ Fu lor detto F — ⁴⁶ uenia O — ⁴⁷ chaualieri O
— ⁴⁸ euenua O — ⁴⁹ del F — ⁵⁰ Marc de Polonia M — ⁵¹ il
manca a M. — ⁵² Pul al M — ⁵³ Le par con loro mancano a F
— ⁵⁴ cercò poi senza l' e prec M — ⁵⁵ Le par così fec sono in
M trasportate dopo Sinella

del re Baldras di Sinella, e [8] entrorono per una gran foresta, ed era Drusiana [56] gravida d'otto mesi e [57] di quindici giorni [58], e aveva il corpo molto grande.

CAPITOLO XXXIV.

Come lo re Marcabruno fece disfare il castello di Monte Feltron.

El romore de' vetturali [1] fu grande nella [2] gente saraina, e la gente traeva [3], e molto [4] s'affaticavano di trovare questi [5] due, cioè Buovo e Pulicane, perchè sentirono [6] da quelli ch' erano fuggiti, la statura di Pulicane. alla fine n' [7] andarono a Monte Feltron. E giunsevi il [8] re Marcabruno con cinquemila cavalieri appresso a quelli che aveva menati el duca [9] la notte; e [10] quando quelli del castello trovarono morto el loro singnore, cercorono [11] tutto el castello per dare la morte a Buovo [12] e a Pulicane; e, trovato [13] la duchessa serrata, la menarono [14] fuori, ed ella disse che Pulicane l' aveva serrata, perchè ella voleva [15] gridare, quando [16] uccise il suo [17] marito. Allora s'accordorono col re Marcabruno, e dierogli il castello [18], ed egli [19]

---

[56] *for a caminare Dr eru* M. — [57] *di* manca a F. — [58] *di* F.

[1] *vetturai* M — [2] *fu grande nenetturali della* O. — [3] Le par *e lu g ti* mancano a F — [4] *m. igli* M — [5] *que* O. — [6] *sentirano* F — [7] *n'* manca a M — [8] *giunsono al* F — [9] *d Canoro* M — [10] *e* manca a M — [11] *e cerc* F — [12] Le par. *a B* mancano a O — [13] *trovata* F — [14] *trassono* F — [15] *io voli* O — [16] *quando il* M — [17] *mio* O — [18] Le par *e dier il castello* mancano a O — [19] *El re Marchabruno* M

entrò drento; e, com' egli sentì ch' egli non poteva [20] avere Buovo nelle mani [21], fece ardere tutto il castello [22] e rubare; e [10], disfatto [23] il castello, si ritornorono [24] a Poloma, e il re Baldras si [25] tornò a Sinella con la sua gente [26] Molto fu grande il dolore del re Marcabruno [27] d' essere rimaso così scornato di Drusiana, che se n' era andata [28] con Buovo, e di Pulicane, il quale [29] l' aveva tradito e non gli aveva attenuta [30] la fatta promessa.

Capitolo XXXV

Come Buovo [1] e Pulicane [2] vanno con [3] Drusiana per la foresta, e Drusiana era nel tempo di [4] partorire; e alloggiaronsi in una bella riviera della foresta; e come [5] Drusiana si sentì [6] le doglie del parto [7].

Dirizzasi l' autore [8] a Buovo e a Pulicane e [9] a Drusiana, che [10], poi ch'uscirono della strada e per la foresta si missono [11], grande fatica era a Drusiana a

.

---

[20] di non potere F, chegli nopote O — [21] che B non se poteva havere in sua possanza M — [22] tutto il c ard O. — [23] rubato M — [24] ritornò F. — [25] si manca a M — [26] Le par con la s g mancano a O — [27] el dolore d i M f m gi M — [28] così and. F — [29] che F a cui manca l' ultima prop del capit. ' e non promessa' — [30] attesa M.

[1] B d'Antona M — [2] Pul ne F; Pul smarriti M — [3] cum la bella M — [4] del O — [5] Le par e come mancano a O. — [6] comminò a sentire F. et come tutti tre de brigata insieme se allogiono in una b i. d f. et come Dr li se sentì M — [7] le d rl dolore d. p. O; le par. del p mancano a F — [8] la storia l' — [9] e manca a M — [10] li quali M — [11] istrada simisono nella for O

cavalcare [12], perchè [13] era nel tempo presso [14] al partorire, imperò [15] ch' ella era gravida d' otto mesi e [16]
quindici giorni [17], quando uscirono di [18] Monte Feltron;
e [9], andando per la [19] foresta, tre giorni mancò loro
da [20] mangiare. Ora pensi ognuno [21], come poteva fare
la misera [22] Drusiana ch' era [23] gravida! E il terzo
giorno Pulicane [24] uccise uno danio assai [25] giovane, e
non ne potevano però cuocere [26], perchè non [27] aveano
fuoco. E [9] per ventura [28] trovorono uno piccolo fiumi-
cello che menava molti sassi, e Buovo disse a Puli
cane « Togli uno di quegli sassi neri » (che era una
pietra da fare fuoco) E [9] poco andarono, che giunsono
tra grande quantità di cerri, ed eravi uno di quegli
cerri [29] molto grosso che 'l vento di più tempo innanzi
avea [30] rotto e fatto cadere, ed era mezzo marcio [31].
Buovo smontò da cavallo e disarmossi, e, tratta la
spada, con quella pietra nera e con quello cerro tanto
s' affaticò, ch' egli accese il fuoco in quello cerro, e
feciono gran fuoco Pulicane [32] scorticò il danio, e
arrostirono della carne [33], e di quello [34] mangiorono,

12 *nel chanalchaualcar e* (sic) O — 13 *et introrono nela for se
misono grande fatica specialmente Drus per lo cavalcare, però che
ella* M — 14 *sopra* O — 15 *epoi* O — 16 *et de* M — 17 *XV di* O
— 18 *da* O — 19 *la deserta* M — 20 *loro mancò de* M, *e and
p la f andarono quindici g m l da* F. — 21 *pensemo tutti bene*
M — 22 *povera* F — 23 *e cossì* M — 24 *el Pul* M — 25 *d. e
asai* O — 26 *e non pot però quocerlo* F — 27 *non il* F. —
28 *ventura* F — 29 L'inciso *ed eravi . . carri* manca in O, per
essere il copista corso coll'occhio da *cerri* a *cerri; Uno ne era tra
li altri de quigli cerri che era* M — 30 *che da più tempo manzi
il vento l'area* F — 31 *era macicro* F. — 32 *epulichane* O —
33 *arrostillo* F. — 34 *quella* M.

e[9] l' avanzo appiccarono agli arcioni de' cavalli[35], e
portaronla[36] con loro, e[9] tolsono dell' esca del cerro
unogrande pezzo, e portaronlo[37] con loro. E andorono
per questa foresta quindici giorni che mai non trovorono paese dimestico, e mangiavano carne e[9] ghiande
e[9] nocciuole e pome[38] salvatiche. E[9] tiovato[39] una vena
d' acqua molto chiara e[40] dolce, caine[41] disperati di
non tiovare terreno dimestico, si posono a riposaie in
questa parte, perch' ell' era[42] una bella iiviera; e[43]
feciono uno bello alloggiamento, per loio e per li
cavalli[44], di lengname e di frasche, e[9] ragunaiono
molto fieno ch' era secco alla[45] campangna sì pei li
cavalli e sì per doimne in sul fieno[46] E qui si sentì
Diusiana[47] le doglie del partoiire, e[48] per questo
s' eiano alloggiati più che per altro[49]

[35] e apicasonne agli arcioni, cioè quello che avanzò loro F. —
[36] -ionlo F — [37] portaiala M. e tolsono un gian pezzo di quello
cierro per esca e poitaionlo F. — [38] meluzze F — [39] Tioraino
M, tiovata O. — [40] acqua chiaia e assai F — [41] et come M —
[42] pei che lì eia M — [43] in Buoio et Puliiane M — [44] pei
Drusiana, pei l. et pei li c et feieno quello M — [45] f secco
ch' eia in la M. — [46] freno O — [47] in suro quello Dius si sentì
qui M, e qui comiiiciò Dius a sentiie F — [48] e manca a O —
[49] più che pei altro se eiano allogiati M

Capitolo XXXVI.

Come Drusiana partorì due figliuoli maschi [1], Guidone e [2]
Sinibaldo, nella foresta; e Buovo andò a cercare [3] paese
dimestico, e trovò il fiume e la nave; e aveva lasciato [4]
Pulicane con Drusiana.

Sì come piacque a Dio [5], a pena avevano compiuto [6] di fare gli alloggiamenti, che Drusiana partorì
due fighuoli maschi, e Buovo l'aiutava il meglio che [7]
poteva e sapeva, e, non avendo fascie, si cavarono
le camicie e le sopravveste dell'arme, e in quelle gli
fasciavano E [8] Pulicane andava per la foresta [9], e
arrecava ora lepre, ora [10] fagiani, e quando altre uc-
cellagioni [11], e di questo vivevano, e [8] riposossi così
Drusiana [12] otto [13] giorni poi [14] ch'ebbe partorito; e [8]
battezzorono [15] e' fanciulli, e posono nome all'uno [16]
Guidone, che fu il primo che nacque [17], e al secondo
puosono nome Sinibaldo E [8] passati gli [18] otto giorni,
disse Pulicane [19]. « Per certo che io cercherò tanto [20]
di questa foresta, ch'io troverrò qualche capo o via

1 *maschi* manca a O — 2 *et posse nome a l'uno Guidone,
a l'altro* M — 3 *per trovare* F. — 4 *et come lassò* M — 5 *a Dio
piaque* M — 6 *fornito* F — 7 *chella* O cui mancano le par *e sap.,
al meglio che il* M — 8 *E* manca a M. — 9 *campangna* F —
10 *e ora* F — 11 *altri uzellami* M — 12 *e rip a questo modo* D
F, *Dr si riposò cossì* M — 13 *da tre* F — 14 *e poi* O — 15 *ba-
tezato* O. — 16 *aluno nome* O — 17 *et al primo che naque possono
nome Guidone* M. — 18 *gli* manca a F. — 19 *Pul. d* M — 20 *tanta*
F, *voglio tanto cercare* M.

o [21] abitazione dimestica, e [8] priegovi, Buovo [22], che
pei tre giorni che io peni [23] a tornare [24], voi non vi
diate malinconia di me [25]. » Disse Drusiana [26]: « Omè,
Pulicane [27], per Dio [28], non ci abbandonare, imperò
che [29], se tu ci abbandoni, noi morieno di fame. »
Allora disse Buovo [30] a Pulicane: « Egli è molto meglio, per amore di Drusiana, che tu rimanga [31], e io
andrò alla ventura cercando, e tornerò infra tie giorni,
o truovi io [32] ventura, o no » E [8] a questo [33] s'accoi-
dorono. Molto raccomandò Buovo [34] a Pulicane la sua
donna [35] e' suoi figliuoli [36], e [8] piangendo [37] montò a
cavallo, e missesi per la foresta, cercando di trovare
luoghi dimestici [38] E [8] in capo di due giorni trovò [39] uno
grandissimo fiume; e, seguitando il fiume, trovò [40] una
nave piena di mercatantia [41], e piegògli pei l'amore
di Dio ch' e' dovessino [42] levare lui e uno suo compangno [43] e una sua donna, la quale aveva partoriti [44]
due figliuoli. A' meicatanti increbbe [45] della donna, e
dissono d'aspettarlo [46] insino [47] a tutto l'altro giorno

---

[21] *omia chio tiouerò qualche* O*, et alcuna* M. — [22] *preghoti
buouo* O; *pi.* B *signoie mio* M — [23] *penassi* F. — [24] *ceicare* M.
— [25] Le par *di me* mancano a F — [26] *Rispuose Di.* O, *Dius.
i ispoxe et dixe* M — [27] *Pul* manca a O — [28] *p D te piego* M
— [29] *imperò* manca a F; *che* manca a O — [30] B *aloia dixe*
M — [31] *resti* M — [32] *tioro io* M *io* manca a F — [33] *q finalmente* M — [34] B *raiommendò molto* M — [35] *d Diusiana* M —
[36] *f Guidone et Simbaldo* M — [37] *e subito* F — [38] *luogo dimestico* F, *pianz. poi basò Drusiana et li fanziulli et montò a cauallo sopia Rondello et ceicando de tioi luochi dom se mese a
caminaie pei la foiesta* M — [39] *Buoio tioiò* M — [40] *il tioiò*
M. — [41] *meicadanti* M — [42] *iolessono* M, *che lo doi* F — [43] *u
altio s i.* M, *una sua compagnia* F — [44] *paitoiito* F — [45] *ne-
ciebe e* O, *ienciesui* M. — [46] *d'expectaili* M — [47] *insino* manca a F

in quello luogo medesimo [48] E [8] Buovo disse a Rondello [49] « O nobile cavallo, ora è bisongno [50] che tu t'affatichi di ritornare all'alloggiamento [51] ; ch' [52] io per me non vi saprei mai ritornare [53] » El cavallo tornò per la via ch'eglino avevano fatto [54], presto quanto poteva [55].

Capitolo XXXVII.

Come Pulicane uccise due lioni, e' quali ferirono lui a morte; e come Drusiana si [1] fuggì co' [2] due fanciulli in braccio per paura de' lioni.

Intervenne che il secondo dì [3] che Buovo si partì dallo alloggiamento, dove [1] lasciò Pulicane e Drusiana, essendo chiaro il dì, Pulicane [5] si levò, e prese l'arco e 'l turcasso [6] e la spada, ed entrò per la foresta [7] per pigliare cacciagione da mangiare per la donna e per sè [8]. E [9] avendo prese certe [10] cacciagione, tornava allo alloggiamento, ed egli trovò [11] presso all'alloggiamento a due trai di mano due grandissimi lioni che avevano mangiato uno cerbio pure allora. Questi [12] lioni erano

[48] *l'altro seguente g in q med luogo* M — [49] *e buouo disse a rondello e buono disse* O, le par seg. *O nob car* mancano a F — [50] *è de b* M, *ora bisongna* M. — [51] *ritrouare l'alogg* F — [52] *pero che* M. — [53] *sap. tornare* M. — [54] *facta et* M, *egli anne fata* O — [55] *pote* O

[1] *si* manca a M — [2] *cum* M — [3] *dì secondo* F. [4] *oue* O. — [5] *epul* O — [6] *et lo curasso* M — [7] *nella for* O, *per la selua* F *et prese de andare dentro per la f* M — [8] Le par. *per la d e per sè* mancano a O — [9] *E* manca a M — [10] *presa ceretta* O. — [11] *alalogramentto esendo* O, *et cossì tornando il trotò* M. — [12] *Questi dui* M

passati [13] allato allo alloggiamento, e ivi allato [14] avevano preso il cerbio e morto [15] presso a quaranta braccia [16] all'alloggiamento E quando Drusiana gli vidde [17],
ebbe paura, e prese e' due [18] fanciulli in braccio, e
ficcossi per la foresta tutta ispaventata [19], e pensava
ch' e' lioni avessino morto Pulicane e che Buovo fusse
per lo diserto perduto o morto; e perciò [20] così [21] spa-
ventata fuggiva [22] per la foresta co' due fanciulli [23] in
braccio In [24] questo mezzo Pulicane giunse [25], e vidde
e' due lioni, e [26] non si pose a badare con loro, ma
egli venne [27] allo alloggiamento; e, non trovando Drusiana, la [28] chiamava; ma ella era per avventura più
d' una lega di lunge [29]. Pulicane cominciò a dolorare,
pensando [30] ch' e' lioni avessino mangiato Drusiana
e' [31] figliuoli, e cominciò a dire [32]. « O lasso a me dolente! O che [32 bis] dirà Buovo che mi raccomandò tanto
Drusiana e' suoi figliuoli? » E per lo dolore [33] non si
diede a cercare col naso la traccia di Drusiana, ma
egli misse mano alla spada, e assalì quelli due lioni,
e al primo colpo partì all' uno la testa per lo mezzo [34],

---

[13] pasato O — [14] allato manca a O — [15] mortolo O. —
[16] presso a circa di quar. br. presso F. forse quaranta brazi
presso M — [17] vide li lioni M. — [18] grande paura Prese per
questo li dui soi M — [19] e spav. si ficò per la f. F — [20] fusse
perd per lo dis. et anche dubitava che il fusse morto et però
ella M — [21] tutta F — [22] fugi O, che ripete le par così spav
dopo foresta — [23] figliuolini M — [24] e in O — [25] giunse pulichane O, Pul. in q in q M — [26] e manca a O. — [27] corse F,
neuennia O — [28] Di cridandola O — [29] per ventura era da
lunzi più de una liga M. — [30] et pensava M, com a pensare e
pensò F — [31] eduu O — [32] chom adolorare edisse O — [32 bis] dol.
che mi F, lasso mi dol o chi M. — [33] che cossì strettamente et
tanto Drus me recommandò et li soi fanzulli? Per dolore M. —
[34] per mezzo F

e morto lo gittò in [35] terra; nondimeno il lione gli fece [36] grande straccio nel petto Ma l'altro lione gli fece [37] peggio, imperò che egli [38] gli si avventò con le branche di drieto, e stracciò l'arme e la carne [39], e vollelo pigliare con la bocca nel collo [40]; ma Pulicane si volse sì presto [41], che egli non potè, e diegli della punta della spada negli interiori [42], e passollo dall'altro lato El lione se gli [43] gittò incontro [44], e giunse con le zampe [45] Pulicane nello [46] corpo, e dinanzi l'aperse; ma Pulicane gli diede una [47] altra punta per modo, che 'l lione cadde morto in terra. Non si potè partire Pulicane venti passi, che egli cadde come morto in terra [48], e le budella gli [49] uscivono del corpo, e [9] stette così tutto quello giorno e la notte appresso All'altra mattina giunse Buovo all'alloggiamento [50]

---

[35] alla O. — [36] le fece uno M. — [37] Le par. gli f. mancano a F — [38] f p. ello M. — [39] le carne F — [40] vuolendolo pigliar e il lione pulichane pello chollo O; et tute le arme li strazò et la carne et cum la bocca lo volse piare in nel collo M — [41] tosto O — [42] nelle interiora O, nelo interiore M — [43] lione si F — [44] chontro O — [45] et cum le z giunse M — [46] incontro con le zampe dinanzi e giunse a Pulicane entro 'l F — [47] d'una F — [48] Le par. Non si terra man cano a M — [49] gli manca a M — [50] nocte sequente et la matina venente B g in lo al M, agli aloggiamenti F

Capitolo XXXVIII.

Come Buovo torno all'alloggiamento, e, trovato Pulicane, lo battezzò e sotterrollo; e, [1] non trovando Drusiana, volle [2] tornare alla nave; e [3] Drusiana n' [4] ando in Erminia isconoscuita [5] alla città del suo padre [6].

Buovo aveva tutta la notte cavalcato [7] per tornare a tempo alla nave, e, giunto allo alloggiamento la mattina e non vi trovando persona, chiamava [8], e persona non gli rispondeva. Ed egli [9] addolorato guatava di qua e di là, e [10] vidde il sangue del cerbio, ed egli [11] si maravigliò [12] e diceva [13]. « O vero [14] Iddio, che sangue potrà essere questo? » E [15] lamentandosi e guatando attorno [16], vidde e' due lioni moiti, e, andando sopra a loro, vide [17] Pulicane in terra, che [18] non era ancora morto, ed egli lo [19] domandò di Drusiana; e [20] Pulicane [21] gli contò [22] quello che gli era intervenuto, e dimandavagli [23] di grazia ch'egli lo battezzasse innanzi che egli morisse E Buovo disse « Io ti battezzerò, ma dimmi il vero, se tu sai quello che

---

[1] *Pul e, contogli tutto il caso, Buovo lo batt e sotterrò e F, el Pul cossì da li hione male tract lo b e s et come M —* [2] *il volse M —* [3] *et come M —* [4] *n' manca a M -* [5] *iscon. manca a M —* [6] *del p F, di suo p O. —* [7] *Ar. la notte cai Buovo F, Tutta la n B hai. cai M —* [8] *il cridando chiam M —* [9] *et luy M —* [10] *guardava di là et di qua et cossì guardando il M —* [11] *e molto F —* [12] *De zo il se maravigliava M —* [13] *mar. dicendo O —* [14] *o i. et omnipotente M. —* [15] *E manca a O, Cossì M —* [16] *at ot no manca a F, guardando intorno F —* [17] *il ride M. —* [18] *ma M —* [19] *lo manca a F —* [20] *e manca a M —* [21] *egli O. —* [22] *disse senza gli F —* [23] *domandando M, domandollo O*

di Drusiana sia addivenuto [21] e dc' miei [25] figliuoli. »
Disse Pulicane [26] · « Io non te ne so dire altro che [27]
quello ch' io [28] t' ò [29] detto; ma io credo che questi
lioni si mangiassino [30] lei c' figliuoli, e però, non tro-
vandola quando tornai, adirato [31] feci battaglia [32] con
questi lioni. » Allora Buovo [33] lo battezzò dell' [34] acqua
che usciva dello alloggiamento, e poitògli da bere,
e come Pulicane ebbe beuto, si [35] morì. E [20] Buovo
rimase addolorato tanto [36], quanto mai fosse cavaliere [37], sì per la donna, sì [38] per li figliuoli e [39] sì per
Pulicane; e [20] fece una fossa il [40] meglio che egli potè,
e [41] sotterrò Pulicane, e [41] poi [42] addolorato chiamando
cercò [43] molto per la foresta· alla fine prese [44] suo
cammino per ritornare [45] dove aveva lasciata [46] la nave.

In [47] questo mezzo Drusiana per avventura [48] arrivò [49] per un' altra via al fiume che Buovo aveva
trovato; e, andando su pel fiume, trovò la nave Ed
era [50] già al fine del dì che Buovo dovea tornare;
e [20], giungnendo la donna [51], li marinari la tolsono in
nave, ed [20] ella si raccomandò a certi mercatanti, e

---

[21] sia adivenuto di Drus F — [25] de due F — [26] Pul. dixe
M — [27] de M, le par che quello mancano a O — [28] io manca
a M — [29] abia O — [30] mangiarno M — [31] ad. n. tr. q. t O;
adirato in M — [32] combattei F. — [33] e all B F. B al. M —
[34] con l' F. — [35] il M — [36] tanto manca a O. — [37] chai del
mondo O, q cav che mai f M. — [38] e sì M — [39] e manca a
F — [40] et al M — [41] e manca a O M. — [42] Poi cossì M —
[43] chiamo eciercho O, ciercando e chiamando F — [44] riprese el
M. — [45] Le par per rit mancano a F — [46] lasciato F — [47] et
in M — [48] ventura M. — [49] ar per ar F — [50] la nare dore
B era arrivato et era F, fiume che Drusiana dovea andare cum
Buovo et cum Pulicane, onde era la nave che B havera trovata
et mando (sic) ella su per la fiume trovò la nave Era M — [51] g
in quel luoco Drus. M.

a loro ne 'ncrebbe [52], e dieronle una particella della [53] nave, a lei e a' suoi figliuoli [54], e davonle di [55] quello che le bisongnava Come [56] fu sera, non vollono più aspettare [57], pensando tra loro che quello cavaliere l' avesse rapita ove che sia [58] e che ella si fusse fuggita da lui; e per non le dare malinconia, non le [59] dissono niente E partiti, andando [60] alla seconda dell' acqua, entrarono in [61] mare nel golfo detto Propontis presso a Gostantinopoli el fiume donde uscirono, aveva nome Nopolisi [62]. E Drusiana [63] domandò dove andavono, rispuosono [64] · « Noi andiano in Cipri » Ed eglino [65] andavono in molte [66] parte; nondimeno ella gli [67] pregò che, s' eglino potessino [68], la ponessino [69] in Erminia, ed [20] eglino infra [70] molto tempo [71] la posono nel porto d' Erminia minore; e [72] quivi era singnore lo re Erminione, suo padre. Ella [73] si cambiò di viso con l' erbe che Buovo tolse [74] al paltoniere [75], e stava molto coperta, e raccomandossi [76] el re Erminione, suo padre; e [77] sconosciuta si [78] stette gran [79] tempo nella sua corte, e [80] allevò quelli [81] due figliuoli [82], cioè [83] Guidone e Sinibaldo.

---

[52] a loro rencrescì M — [53] nella F. — [54] fanciulli F — [55] di manca a O — [56] e come F. — [57] expectare. — [58] in qualche luogo F — [59] li M. — [60] andavano F — [61] nel O, entrarono manca a F — [62] el fiume detto si chiama donde uscirono anome nopopolis O — [63] Ella M — [64] et rispoxeno M — [65] Cipro elli però M — [66] et in altre M — [67] gri (sic) O — [68] che potendo F — [69] Le par la pon O — [70] enonui fu O — [71] Fra molto tempo illi M — [72] e manca a O. — [73] et ella F — [74] havea tolto M. — [75] partorne O — [76] rachom mollto O — [77] et cossì M — [78] si manca a M — [79] luongo M — [80] et ly M. — [81] questi O — [82] fanziulli M — [83] cioè manca a O

INDICE

LIBRO II

LIBRO III